Gerhard Bauer · Robert Stockhammer (Hrsg.)

Möglichkeitssinn

Gerhard Bauer · Robert Stockhammer (Hrsg.)

Möglichkeitssinn

*Phantasie und Phantastik in der
Erzählliteratur des 20. Jahrhunderts*

Springer Fachmedien Wiesbaden GmbH

Die Deutsche Bibliothek – CIP-Einheitsaufnahme
Ein Titeldatensatz für diese Publikation ist bei
Der Deutschen Bibliothek erhältlich

Alle Rechte vorbehalten
© Springer Fachmedien Wiesbaden 2000
Ursprünglich erschienen bei Westdeutscher Verlag GmbH, Wiesbaden, 2000
he Verlag ist ein Unternehmen der Fachverlagsgruppe BertelsmannSpringer.

www.westdeutschervlg.de

Höchste inhaltliche und technische Qualität unserer Produkte ist unser Ziel. Bei der Produktion und Verbreitung unserer Bücher wollen wir die Umwelt schonen: Dieses Buch ist auf säu-
refreiem und chlorfrei gebleichtem Papier gedruckt. Die Einschweißfolie besteht aus
Polyäthylen und damit aus organischen Grundstoffen, die weder bei der Herstellung noch bei
der Verbrennung Schadstoffe freisetzen.

Umschlaggestaltung: Horst Dieter Bürkle, Darmstadt

ISBN 978-3-531-13350-8   ISBN 978-3-322-90722-6 (eBook)
DOI 10.1007/978-3-322-90722-6

Inhalt

Einleitung und theoretischer Zugang

Das fortdauernde Aufschweben der Phantasie; seine zunehmenden äußeren und inneren Hinderungsgründe

Gerhard Bauer

1. Lust am Absonderlichen und Verdächtigen
2. Noch nicht Wirkliches als „Aufgabe und Erfindung"
3. Einsprüche, Skrupel, Obsessionen, Grenzen
4. Spiel mit dem Ernstfall

> Überhaupt ist die Phantasie noch die unerforschteste und vielleicht die unerforschlichste aller menschlichen Seelenkräfte: denn da sie mit dem ganzen Bau des Körpers, insonderheit mit dem Gehirn und den Nerven zusammenhangt, wie so viel wunderbare Krankheiten zeigen: so scheint sie nicht nur das Band und die Grundlage aller feinern Seelenkräfte sondern auch der Knote des Zusammenhangs zwischen Geist und Körper zu seyn, gleichsam die sproßende Blüthe der ganzen sinnlichen Organisation zum weitern Gebrauch der denkenden Kräfte.[1]

Alles scheint möglich, wenn man das große Kapitel der Phantasie, zumal der Phantasie in der Literatur, aufschlägt. Phantasie lockt mit dem Wilden, Verwegenen, Üppigen. Sie verheißt die Durchbrechung all derjenigen Regulative, die uns im gewöhnlichen Leben, welches herkömmlicherweise als das wirkliche definiert wird, einsperren oder gängeln. Die Grenzen unserer Erkenntnis und vielleicht sogar (was aber umstritten ist) der Vorstellungskraft, die Grenzen des Anstands wie des ernst-haftesten Sittengesetzes, zunehmend auch die Grenzen des Geschmacks werden für nichts geachtet, wenn die Einbildungskraft, wie es bezeichnenderweise heißt, „die Zügel schießen lässt". Es ist erstaunlich, auf was für Erweiterungen und Verunsicherungen die findigen Poeten dieses Jahrhunderts gekommen sind, von Kafka und Joyce bis zu Pynchon oder Hilbig - natürlich ließen sich die Exempla dieses Buches noch um ein Vielfaches vermehren. Gleichwohl wäre es fahrlässig, durch jede historische Erfahrung widerlegbar, der Phantasie schlechterdings unbegrenzten Spielraum zuzuschreiben. Wenn wir uns mit der Erwartung begnügen, dass wir in den Schöpfungen der Phantasie dasjenige antreffen, was die Menschheit bis heute für möglich, für imaginierbar und imaginierenswert gehalten hat, ist das Feld der Attraktionen wie der Aufgaben für die Reflexion immer noch reicher, als dass die stets nachhinkende Phantasie der Philologen es ausschöpfen könnte.

Die Freiheit, die der Phantasietätigkeit ebenso wie ihren Kreationen gern zuge-schrieben wird, ist noch heftiger umstritten als der Umfang dieser Kreationen. Ist Phantasie ebenso bannend, obsessiv, wie freisetzend und erschließend? Das soll hier

---

1 Johann Gottfried Herder, *Ideen zur Philosophie der Geschichte der Menschheit*, in: *Sämtliche Werke*, hg. von B. Suphan, Berlin 1877-1913, Bd. XIII, S. 307 f.

nicht vorab festgelegt werden. Die Abstoßung von „der Wirklichkeit" mit all ihren Kräften des Festhaltens und Festlegens wird von dem ansteigenden Bewusstsein untergraben, dass die Wirklichkeit nicht ganz oder nicht nur wirklich ist. Die beiden folgenden theoretischen Zugänge zum Problem dieses Bandes reflektieren die Grundfragen im Feld der phantastischen Literatur so kontrovers, dass jeweils ein völlig anderer Gegenstand als der eigentlich würdige für diesen Ehrentitel ausgemacht wird...

1. Lust am Absonderlichen und Verdächtigen

Im allgemeinen Wortgebrauch gilt „Phantasie" - bei Kindern etwa, bei Künstlern, bei nicht strikt erwerbsfixierten und steuerpflichtigen Mitbürgern, denen man sie gern zubilligt - als eine erfreuliche Gabe: herzerweiternd, augenöffnend, rührend, selbst für hartgesottene Realisten ein wenig ansteckend, wenn auch nur in der Vorstellung, d. h. eben „in der Phantasie". Die Bezeichnung 'Phantast' oder 'phantasma' dagegen verweist sofort auf den Pferdefuß dieser Digression vom kausalbestimmten, normgemäßen Alltag der „Erfahrungswelt". Die freie Vorstellung, die sich aus den vielerlei Regeln des gewöhnlichen Umgangs mit „der Wirklichkeit" emanzipiert, gilt zumindest als verdächtig, unzuverlässig, vielleicht als schlechterdings verlogen oder, was manche für genauso schlimm halten, verspielt, unverantwortlich. Womöglich ist sie nichts als Überspannung, klinisch gesprochen: Wahnsinn. Diese grobe Abfertigung des Störenden findet sich sogar bestärkt durch die Skrupel so mancher literarischer Helden, von Hoffmanns Medardus bis zu Pynchons Oedipa Maas, die sich mit Phantasmen konfrontiert sehen und sich voll Selbstmisstrauen fragen, ob sie den Verstand verloren haben.

Im Bereich der Poesie wird der Phantasie ein besonderer Auslauf zugestanden und werden die schönsten Effekte von ihr erwartet. Traditionellerweise gilt sie als das Herzstück der poiesis, der literarischen Verfertigungskunst. Sie produziert die „Fabel", den fabulierenden Umgang mit der Welt, sie dirigiert die „Fiktion" und erschafft „andere" Welten. Aber statt auf das Offene, Freie, Produktive, statt auf das anerkannt „Schöne" richtet sich gerade die literarische Phantasie oft, man kann sagen bevorzugt auf das Absonderliche und Verdächtige. Sie nistet sich in der Enge des Geistes oder der Emotion, in allen möglichen Beklemmungen ein. Peter Weiss stellt an der literarischen Sozialisation, die er in *Abschied von den Eltern* zeichnet, lauter destruktive, desorganisierende Wirkungen der phantastischen Literatur heraus und sucht damit offensichtlich nicht nur eine ausgefallene, sondern eine für ein gewisses Alter in bestimmten sozialen Umständen unumgängliche Lektürebiographie zu erfassen.

> Das Chaos in mir von unausgegorenen Sehnsüchten, von romantischen Verstiegenheiten, von Ängsten und wilden Abenteuerträumen wurde aus unzähligen Spiegeln auf mich zurückgeworfen, ich bevorzugte das Anrüchige, Zweideutige, Düstere, suchte nach Schilderungen des Geschlechtlichen, verschlang die Geschichten von Kurtisanen und Hellsehern, von Vampiren, Verbrechern und Wüstlingen, und wie ein Medium

fand ich zu den Verführern und Phantasten und lauschte ihnen in meiner Zerrissenheit und Melancholie.[2]

Die angeblich freie Wahl, mit der das hier gezeichnete literarische „Ich" eine bestimmte Sorte jener Literatur „bevorzugt", soll nicht darüber hinwegtäuschen, dass dieses Ich in seinem Verhältnis zu jenem Stoff für seinen Imaginationshunger nicht frei, sondern gebannt ist: „wie ein Medium". Vor allem die Entsprechung zwischen den in ihm selbst ausgebildeten Verstiegenheiten und dem Bilder- oder Handlungsangebot der Schauerliteratur hält den jungen Menschen auf dieser Stufe fest, die sich erst von später aus betrachtet als eine Durchgangsstufe erweist. „Das Grauenhafte war mein Bereich".[3]

Die Rede von der Phantasie als einer immer gleichbleibenden Potenz, die besonders in der Literatur mächtig ist und ihren Verheißungen und Verführungen zugrunde liegt, ist natürlich eine traditionelle Betrachtungsweise. Sie soll die hier vorgelegten Untersuchungen nicht regieren, aber in dieser Einleitung muss wenigstens kurz die Macht dieser Tradition vergegenwärtigt werden. Die Schöpfungen oder auch Ausgeburten der literarischen Phantasie aus 3000 Jahren und aus einer Reihe von angesehenen Nationalliteraturen sind im heutigen literarischen Unterbewussten (wenn es das gibt) präsent und bilden einen gewaltigen Schatz oder Alb für alle, die sich als Autoren wie als Leser mit neuen Bildungen der Phantasie beschäftigen. Von Homer bis Ariost oder Rabelais, bis Shakespeare oder Cervantes wurden die Bilder, Figuren, Konstellationen gewissermaßen akkumuliert. Sie wurden an Intensität wie an Extension bereichert und immer komplexer gemacht. Giambattista Marino, der als einer der Meister des Manierismus gilt, definiert als das entscheidende Merkmal des Dichters seine Verpflichtung zur Tätigkeit der eigenen Phantasie wie zur Erregung der Phantasie der Leser. „Das Ziel des Dichters ist das Wunderbare. // Wer kein Entsetzen hervorrufen kann, der soll lieber Pferde striegeln".[4] In der europäischen Romantik wurde die Einbildungskraft gewissermaßen losgelassen und zu einer ganz großen, ja universellen Potenz erklärt. Sie emanzipierte sich von dem „regulativen", aus Freiheit und Zweckmäßigkeit raffiniert zusammengebundenen „Spiel", in dem Kant ihr eben noch ihren legitimen Platz hatte anweisen wollen - laut Goethe hatte Kant selbst schon durch den Akzent auf der Fixierung ironisch über die Fixiertheit hinaus verwiesen.[5] Die Romantiker beschränkten den Spielraum ihrer Phantasie nicht auf die schöne Literatur. Nach

---

2 Peter Weiss, *Abschied von den Eltern* (1961), in: *Werke in 6 Bänden*, Frankfurt a..M. 1991, Bd. 2, S. 90.

3 A.a.O., S. 92.

4 Oder, zweideutig: der hat es selbst nötig, sich striegeln zu lassen: "È del poeta il fin la meravigla, // Chi non sà far stupir, vada alla strigla" (Giambattista Marino, "La Murtoleide, Fischiata XXXIII", in: *Opere*, hg. von Alberto Asor Rosa, Mailand 1967, S. 852). Das Zitat nimmt die 1. und 3. Zeile des ersten Terzetts des Sonetts "Vuo' dar una mentita per la gola" auf, die durch eine eingeschobene Abgrenzung ("parlo de l'eccellente, non del goffo") unterbrochen sind.

5 Die Abenteuer der Einbildungskraft in dem von ihr stark bewegten deutschen Idealismus werden in ihrer großen gedanklichen Dynamik entfaltet und in ihrem selber ironischen Duktus klassifiziert und freigesetzt bei: Feger, *Die Macht der Einbildungskraft*. - Kurztitel verweisen hier wie im folgenden auf die Auswahlbibliographie im Anhang dieses Bandes.

ihren Spekulationen sollte die Philosophie, die Wissenschaft, die Praxis überhaupt von allen Schematismen befreit, „entphlegmatisiert", „(re)vivifiziert" werden, und zwar entscheidend durch die Kraft der Phantasie. (Wenigstens in der Weite des Programms klingt das sehr ähnlich wie diejenige Erweiterung, die im 20. Jahrhundert die Surrealisten sich vorgenommen haben, siehe den Beitrag von Karlheinz Barck.) Die Phantasie selbst aber blieb nicht die strahlende, allbelebende Kraft etwa der philosophischen Fragmente der deutschen Frühromantik. Sie entfaltete ihre „Nachtseiten", ihre schauerliche und destruktive Kraft bei de Sade, in der „Schwarzen Romantik", beim „Gespenster-Hoffmann", und diese „Nachtseiten" haben über Poe, Baudelaire u.a. bis heute nur noch zugenommen. (Viel gründlicher geht darauf Norbert Miller ein).

Im 20. Jahrhundert wirkt diese üppige, in sich höchst spannungsvolle Tradition vielfältig nach, doch verbindet sie sich mit einer spezifischen Stufe der Moderne, wie sie erst nach Nietzsche und Freud erreicht wurde. „Modern" waren schon die Neuerer des 16. und 17. Jahrhunderts gewesen, und die Romantiker hatten sich als durch und durch moderne Köpfe präsentiert. Auch die Postmoderne ist nicht erst eine Erfindung unseres Jahrhunderts, denn schon bisher hatte zu jeder neuen Schule auch eine Überbietung der bis dahin als modern geltenden Tendenzen oder Kunstgriffe gehört.[6] Wir können uns, da diese Abgrenzung hier nicht unsere Hauptfrage ist, an die beiden plausiblen Faustregeln von Lyotard halten: „Mit der Moderne geht stets, wie man sie auch datieren mag, eine Erschütterung des Glaubens und, gleichsam als Folge der Erfindung anderer Wirklichkeiten, die Entdeckung einer, wie *wenig wirklich* die Wirklichkeit ist", und: „Ein Werk ist nur modern, wenn es zuvor postmodern war".[7] Wenn etwas die verschiedenen Modernismen unseres Jahrhunderts miteinander verbindet, dann ist es die Verunsicherung, die zwanghafte Selbstrechtfertigung und unendliche Reflexion. Das schöne Bewusstsein, über eine frühere Stufe fortzuschreiten und sich in eine bessere Zukunft zu bewegen, ist zumindest gebrochen. Der Gedanke ist nie auszuschließen, dass die jeweils neueste Gedankenmode, womöglich auch die heute zunehmende Virtualisierung und Simulation, ein Atavismus sein könnte. Günther Anders sprach von der „Antiquiertheit des Menschen", Virilio von einem „rasenden Stillstand", und damit war die Bewegung des Denkens, die Abfolge der geschichtsbestimmenden Postulate nicht weniger gemeint als die der Zivilisationstechniken, Atombomben inklusive. Die Herausgeber wie die Spezialistinnen und Spezialisten, die mit ihren Beiträgen diesen Band erst möglich gemacht haben, sind sich darin einig, dass wir es in den großen Phantasieproduktionen dieses Jahrhunderts mit keiner stolzen, selbstbewussten Moderne mehr zu tun haben, sondern mit einer, die ihren Platz und Grund erst sucht, die gleichsam um Entschuldigung für ihre erneute Abweichung, um

---

6 Vgl. dazu Jung, *Von der Mimesis zur Simulation*, sowie Andreas Kilb, „Die allegorische Phantasie. Zur Ästhetik der Postmoderne", in: *Postmoderne: Alltag, Allegorie und Avantgarde*, hg. von Christa und Peter Bürger, Frankfurt a. M. 1987, S. 84 - 113.

7 Jean-François Lyotard, „Beantwortung der Frage: Was ist postmodern?", in: *Wege aus der Moderne*, hg. von Wolfgang Welsch, Berlin 1990, S. 199.

Verständnis für ihre besonderen Kreationen bittet. Diese Gebrochenheit, das Flackern sogar in den selbstherrlichen Gesten bei Joyce oder Borges oder den Surrealisten ist ein durchgehendes Merkmal der Neuerungen, die in unserem Jahrhundert nur immer rascher aufeinander folgen. Deshalb soll hier die historische Vergegenwärtigung mit Kafka beginnen, der die Künste der Selbstzurücknahme, die Verunsicherung jeder fiktionalen Setzung, die Verfilzung und Verhakelung bis in die Gestalten seiner Phantasieschöpfungen in einer reinen, schon klassisch zu nennenden, von heute aus gesehen fast unschuldig erscheinenden Form ausgebildet hat.

Die Faszination jedoch, die von der Phantasie ausgeht, ist in unserem Jahrhundert keineswegs erloschen. Die Leserinnen und Leser werden auf ausgesprochen mächtige, in sich glühende oder funkelnde Kaskaden oder Labyrinthe von Spuk oder unauflöslichem Zauber stoßen. Die Emphase liegt aber, sofern die zauberhaften Gestaltungen emphatisch dargeboten werden, weniger auf den Phänomenen selbst und fast gar nicht auf deren Sinn oder Moral. Die romantischen Hintersinnigkeiten von Schuld und Gnade sind ganz zurückgetreten. Selbst die nach wie vor aktuelle Funktion der Warnung dominiert in der Literatur kaum jemals noch solo und um ihretwillen. Statt dessen wird als das wichtigste Faszinosum die Alterität selbst herausgestellt. Nicht die Sonderbarkeit der jeweiligen Phantasieschöpfung gilt als das Staunenswerte, sondern ihre Abweichung von der gewohnten Wirklichkeit, die Vermehrung der modi unseres Weltbezugs auf mehr als einen, mit Musil gesprochen der Möglichkeitssinn als solcher. Der nüchterne Musil, darin stimme ich mit Robert Stockhammer völlig überein, scheint vom Funktionieren der Phantasie mehr zu verstehen als mancher Phantast.

2. Noch nicht Wirkliches als „Aufgabe und Erfindung"

Die räsonierende Stimme, die uns an Stelle des konventionellen „Erzählers" den *Mann ohne Eigenschaften* präsentiert, wird in dem berühmten Kapitel „Wenn es Wirklichkeitssinn gibt, muß es auch Möglichkeitssinn geben"[8] geradezu programmatisch. Sie hebt den energischen, aktiven Möglichkeitssinn von jedem „wehleidigen" Ausweichen vor der Wirklichkeit ab, stellt ihn den „Träumen nervenschwacher Personen" gegenüber und landet mit einem Sprung, über jede Logik hinweg, bei einer unerwarteten Definition des „Möglichen" als solchem: Das hier gemeinte produktive Mögliche stelle „die noch nicht erwachten Absichten Gottes" dar. Was ist damit gewonnen? Mit Religion oder Frömmigkeit hat Musils Mann ohne Eigenschaften ebenso wie der spöttische Kommentator, der ihn ins rechte Licht rückt und immer wieder in ein schiefes Licht bringt, denkbar wenig zu tun. Dieser „Gott" wird nicht mehr im mindesten dem Menschen gegenübergestellt, ihm werden keine strafenden, aufrüttelnden und sonstwie moralischen Absichten beigelegt, wie in der Tradition oft, wenn Menschen sich auf die Grenze ihrer Schulweisheit besinnen und alte oder neu ausgedachte Fälle des Wunderbaren

---

8 Musil, *Mann ohne Eigenschaften*, Bd.1, S. 16-18 (Kap. I. 4).

anführen. Dennoch sind die „noch nicht erwachten Absichten Gottes" eine merkwürdige Bezeichnung für das, was die Menschen sich bisher noch nicht haben einfallen lassen, was aber in ihrer kollektiven Potenz des Erfindens und Ausdenkens läge. Der Ausdruck lässt aufhorchen. Er markiert einen Hiat, einen Trennungsstrich gegenüber dem Zusammenhang der Dinge, der sonst als „wirklich" gilt. Die reine Potentialität, der Charme des bis jetzt erst nur Möglichen, das noch nicht durch die Wirklichkeit entweiht und trivial geworden ist - aber eben möglich ist, also weitsichtigen Geistern freisteht - wird durch die höchste Autorität der Tradition weniger mit einer Aura umgeben als in ein helles Licht gerückt, im Sinne Musils müsste man sagen: in den ersten Strahl des Morgenlichts.

An anderen Stellen des *Mann ohne Eigenschaften* wird das Mögliche geradezu furchtsam, eifersüchtig davor bewahrt, in die Wirklichkeit einzutreten. Die Sorge ist, dass die Wirklichkeit als solche, dieser ganze Apparat festgelegter Orte, Eigenschaften, Zwecksetzungen (wie z.B. Berufe), von Familienverhältnissen und Rechtspflichten ganz zu schweigen, die Spontaneität zum Erlahmen bringt und den Impuls zu immer neuer Erprobung von Alternativen ausleiert oder abtötet. Hier dagegen wird das Mögliche als Vorbereitung und Ausweitung des Wirklichen verstanden. Es hat einen Drang in sich, sich zu ver-wirklichen. Die Entwertung, die es dadurch erleiden würde, bleibt außer Betracht; auf das Moment des Übergangs, die Bereicherung der (bisherigen) Wirklichkeit wird alles Gewicht gelegt.

> Ein mögliches Erlebnis oder eine mögliche Wahrheit sind nicht gleich wirklichem Erlebnis und wirklicher Wahrheit weniger dem Werte des Wirklichseins, sondern sie haben, wenigstens nach der Ansicht ihrer Anhänger, etwas sehr Göttliches in sich, ein Feuer, einen Flug, einen Bauwillen und bewußten Utopismus, der die Wirklichkeit nicht scheut, wohl aber als Aufgabe und Erfindung behandelt.

Was hier propagiert wird, hat wenig mit dem Wunderbaren der Romantik zu tun, aber es ist wunderbarer als jeder von außen hereinbrechende Spuk. Es schafft keine leuchtenden oder verklärten, sondern ganz scharfe Augen. Der Art nach gilt diese Ausweitung durch das, was noch nie verwirklicht wurde, für jedermann. Allerdings wird sie durch die spezifische Ausgestaltung im *Mann ohne Eigenschaften*, gewissermaßen exemplarisch, an den einen Könner gebunden, der die Möglichkeiten - vor allem in seinem Intellekt, mehr als in der Praxis - „wahrnimmt".

Weit über Musil hinaus ist die Entdeckung der puren Potentialität eines der größten Vergnügen dieses sonst nicht mit Vergnügungen gesegneten Jahrhunderts. Virginia Woolf kommt immer wieder auf das nur Denkbare zurück und gestaltet es mit luftigen Zuschreibungen aus, ohne ihm allzu viel von der klumpigen Wirklichkeit zuzuerteilen. Was z.B. die Wiederholung oder Verdoppelung, aber auch Verkehrung, Distanzierung und Einrahmung der Menschengestalt durch ihr Bild im Spiegel alles freisetzt, was sie an unverantwortlichen, nicht mehr zu kontrollierenden Phantasien erregt und wie der Trug dieser Gedankenveranstaltung das fabulierte Produkt einholt und aushöhlt, aber doch nicht zum Verschwinden bringt, das liest sich wie ein Hymnus auf die Kraft der Phantasie.[9] Bruno Schulz konzentriert sich in seinen *Zimtläden* auf die nur halb verwirklichten, nicht zu Ende geschaffenen, „ephemeren" Figurationen der menschlichen Phantasie. Sie werden als bloß kindisch oder mutwillig deutlich in die zweite Reihe gegenüber den ernsten Werken des Schöpfers gesetzt, aber auf ihnen liegt das ganze Interesse, wenn man so will, die Würde der menschlichen Existenz, auch der Stolz des sekundären, menschlichen „Demiurgen". Die Zeiten verzweigen und verwirren sich, schreibt Borges in einer seiner krönenden Geschichten. „In allen erdichteten Werken entscheidet sich ein Mensch angesichts verschiedener Möglichkeiten für eine und scheidet die anderen aus; im Werk des schier unentwirrbaren Ts'ui Pên entscheidet er sich - gleichzeitig - für alle."[10] Ein halbes Jahrhundert später stellt Wisława Szymborska, die jüngste polnische Nobelpreisträgerin, mit Bescheidenheitsfloskeln und doch mit einem gewissen Triumph fest: „Ein beiläufiges Wunder, beiläufig wie alles: / was undenkbar ist - ist denkbar".[11]

3. Einsprüche, Skrupel, Obsessionen, Grenzen

Aber schon im Aufschwung ihrer inneren Bewegung, im Anspruch, den sie an sich wie an die Welt stellt, wie erst recht in den Schritten zu ihrer Ver-wirklichung ist die Phantasie damit konfrontiert, dass sie eben nicht frei bleibt. In unserem Jahrhundert macht sie diese Erfahrung noch heftiger als in früheren. Auf der trivialsten Ebene wie in ihren sublimsten Volten stößt sie mit der nicht veränderten, nicht in ihre Möglichkeitsform aufgelösten Wirklichkeit zusammen. Der triviale Widerspruch ist vielleicht besonders lehrreich, da er nicht nur die Enge und Härte der Wirklichkeit geltend macht, sondern obendrein ihre Banalität: Sie will weder fließend und schwebend noch schön oder erhaben werden; sie bleibt schlechterdings, wie sie ist. Wilhelm Busch häuft im ersten Kapitel seines *Balduin Bählamm* die gesamte nachromantische, für den Hausgebrauch stilisierte und verkitschte Vorstellung von den unbeschwerten Fabulierkünsten der Poeten. Ein rechter Dichter weicht den Misshelligkeiten ernsthafter wie kleinlichster Natur einfach aus und zieht in eine eigene, die „Poetendimension". Als ob Busch zunächst erwogen hätte, die poetischen Gebilde zusammen mit allem Übernatürlichen in eine Klasse der Wesenheiten zu stecken, hebt er sie wie in einer Selbstkorrektur von dem übrigen metaphysischen Gewimmel, also auch von den Gebilden der Phantastik explizit ab, weil diese ihre eigene Enge und Ausschließlichkeit produziert. Er klassifiziert die Poetendimension als „Die fünfte, da die vierte jetzt / Von Geistern ohnehin besetzt". Offensichtlich spielt er damit auf die, zu seiner Zeit erst beginnende, wissenschaftliche Diskussion der wissenschaftlich nicht fassbaren Phänomene

---

9 Vgl. Virginia Woolf, "The Lady in the Looking-Glass: A Reflexion" (1929), in: *The Complete Shorter Fiction of Virgina Woolf*, hg. von Susan Dick, London 1985, S. 215-219.
10 Jorge Luis Borges, „Der Garten der Pfade, die sich verzweigen", in: *Ausgewählte Werke*, Bd. I, S. 152-166, hier: 162.
11 Wisława Szymborska, „Jahrmarkt der Wunder" [aus: *Dzieci epoki*, 1986], in: *Hundert Freuden*, übers. von K. Dedecius, Frankfurt a. M. 1997, S. 20 f.

sowie die Konjunktur des Spiritismus an, die in diesem Band im Kapitel über die Zauberer entfaltet werden soll. Erst die reine Höhenluft der Poesie enthebt den Poeten der Berührung mit allem möglichen Störenden. „Hier ist es luftig, duftig, schön, / Hier hat er nichts mehr auszustehn".[12] So aber sieht es nur in der Theorie oder im Vorspann aus. In der dann ausgemalten Wirklichkeit wird die Unbelangbarkeit oder die zugrundeliegende Unverantwortlichkeit nur um so gnadenloser demontiert. Nicht allein die gleichgültige Natur mit ihrem Rindvieh, ihren Nesseln und dergleichen, nicht nur die verständnislose menschliche Umwelt, die keinen Denker und Dichter gewähren lassen will, sondern vor allem das eigene irritierbare Innere des Poeten vereitelt es, dass es zu dem im allgemeinen Begriff vorgesehenen freien Strömen und kunstgerechten Ballen der Phantasie - wie Butter in der Molkerei - kommt. Die Ablenkungsmanöver von außen sind dem Möchtegerndichter vielleicht sogar als Ausrede willkommen, da sie verdecken, dass er nichts zu sagen hätte. Für die wort- und bildmächtigen Fabulierer unseres Jahrhunderts ist Buschs Bählamm eine denkbar unpassende Karikatur. Die Wirklichkeit behält nicht von vornherein, nicht mit dem Augenzwinkern des gesunden Menschenverstandes immer recht. In Borges' *Tlön, Uqbar, Orbis Tertius* gibt die Wirklichkeit vor der erdachten „Evidenz eines geordneten Planeten" nach - „fast sofort" und „in mehreren Punkten". Indem Busch jedoch den Finger auf das Problem der subjektiven Beglaubigung des Erdichteten legt, ist sein hämischer Einwand dann doch nie mit Sicherheit zurückzuweisen.

Aus sich heraus sind die modernen Phantasiewelten stärker bedroht als vom Zusammenstoß mit der ungerührt-beständigen Wirklichkeit. So wie im Urlaub, im Abenteuerurlaub erst recht, die erholungssuchenden Menschen sich selbst mit ihren ungelösten Problemen in die fremden Gegenden mitschleppen, so führen sie auch ihre Skrupel, ihre Anwandlungen von Zweifel oder schockartigem Zusammenfahren in die Landschaften ein, die sie selbst ausgedacht haben. Die Kraft der Phantasie kann plötzlich erlahmen, das Phantasiegebäude kann Risse bekommen, durch die die abgetane Wirklichkeit umso bedrohlicher hereinsieht. In einer zentralen Partie von *Tausend und einer Nacht* entpuppt sich, für heutige Leser besonders interessant, eine paradiesisch schöne Insel, auf der die Menschen sich ergehen, als riesiger Fisch, der unterzutauchen droht und damit das ganze wunderbare Areal zum Verschwinden bringen würde.[13] Bei Borges wird der Widerspruch der Wirklichkeit selber mentaler, intellektueller. Die raffiniertesten seiner Labyrinthe, auch das „Labyrinth aus Labyrinthen", das „gewunden wuchernde Labyrinth", das „im strengen Sinne unendliche" Labyrinth, sind, weil von Menschen gemacht, doch noch irgendwie berechenbar, eventuell nicht mehr von einzelnen Menschen, doch von allen zusammen. Die Wüste aber sprengt die Rechenkünste der Menschen, hier

---

12 Wilhelm Busch, „Balduin Bählamm, der verhinderte Dichter", in: *Ausgewählte Werke*, Stuttgart 1988, S. 397. Die eigene Dimension für die Poesie wird dann noch einmal realitätshämisch ironisiert, als Bählamm im Zug „in die bekannte Dichterklasse" einsteigt, denn dann ist sicher die schäbigste, die Vierte Klasse gemeint (vgl. S. 415).

13 Vgl. die ersten rückblickenden Aufsätze bei Thomsen/Fischer (Hg.), *Phantastik in Literatur und Kunst*.

erliegt der noch so scharf kalkulierende Forscher.[14] Gerade die hingebungsvoll „phantastischen" Poeten der neuesten Zeit umspielen beim Fabulieren ständig auch die Grenzen und Bedingungen des Fabulierens. „Der Künstler spielt auf unserer Seele, aber wer spielt auf der Seele des Künstlers?" lautet die letzte Frage des kongenial erfundenen Andrew Marbot in Hildesheimers angeblicher „Biographie".[15]

Die Wirklichkeit, auf die die Phantasie draußen stößt, und die inneren Grenzen, über die sie in ihren noch so lockeren, experimentierenden Verfahren nicht hinauskommt, wären immer noch erst Hindernisse, gegen die sie anrennen und im Spiel oder Kampf ihre ganze Verve entfalten könnte. Zum Teil tut sie das auch, in jüngeren Werken nicht minder als in denen früherer Jahrhunderte, und spielt darin ihre spezifische Attraktivität aus. Das aber setzt voraus, dass sie selbst, als Phantasie, frei ist und spielen, also auch einrasten und wieder locker lassen kann. Häufig aber zeigt die Phantasie, mindestens seit Kafka und Meyrink, im Russischen seit Belyj, weit über die Vorbilder bei Hoffmann oder Gogol hinaus, in ihrem eigenen Verfahren Züge der Obsession und Unfreiheit. Die literarischen Geschöpfe, die diese Autoren sich und uns am nächsten bringen, werden überfallen von Gesichten, Lieblingsvorstellungen, Ängsten. Sie hängen psychisch in ihnen fest, versuchen sich vielleicht zu wehren, erliegen ihnen dann aber erst recht.

Der Körper behindert eher den spirituellen Gebrauch der Phantasie, desorientiert oder hemmt ihn, als dass beide so ideal kooperieren, wie Herder das in dem hier als Motto vorangestellten Zitat sich ausmalt. Und nicht nur physisch-psychische Obsessionen setzen den Menschen zu, sondern alles, dem sie als Subjekte - oder sich auflösende Subjekte - nicht gewachsen sind: die Repressionen, Verfolgungen, Kriege ihrer Lebenszeit, die über ihre Köpfe wegschreitende technische und wirtschaftliche Entwicklung, die Zwänge des Systems, zu denen sie meist selbst noch beitragen müssen, ohne es verändern oder gutheißen zu können. So gern die Leser phantastischer Literatur (und womöglich schon ihre Verfasser) sich hinwegtragen lassen über diese Welt des Zwanges, des „Realitätsprinzips" - der Zwanghaftigkeit der weltlichen Erscheinungen entkommen sie nicht, da diese in den Lieblingsstoffen der Phantastik ebenso wie in ihren Antriebskräften und ihrer Bildlogik steckt, oft sogar schroffer, als sie sich in der vertrauten Welt bisher gezeigt hat.

Dass im Bereich der artes liberales Gebilde auftauchen, die nicht dem Kunstgesetz der Freiheit unterliegen, auch nicht das freie Spiel von Einbildungskraft und Verstand bedienen, bildet natürlich einen Skandal, der den Theoretikern der reinen und schönen Kunst fortlaufend zusetzt. Einen interessanten Versuch zur Rettung des Schönen macht Wolfgang Iser, indem er die möglichen Kontrastierungen und Dynamiken des Spiels so vervielfältigt - 'Spiel' in einem ganz weiten, Wittgensteinschen Sinn genommen und fast flächendeckend ausgebaut -, dass auch noch das Pathos, die Komik, die Aporie usw. mit unter die

---

14 Vgl. Hans Joachim Piechotta über Borges: „Vorformen des Phantastischen. ,Tausenundeinenacht'", in: Thomsen/Fischer (Hg.), *Phantastik in Literatur und Kunst*, S. 111-130.
15 Vgl. Wolfgang Hildesheimer, *Marbot*, Frankfurt a. M. 1981.

Grundbestimmung Spiel fallen.[16] Allerdings fragt man sich, ob man damit wirklich ein erklärungstaugliches Prinzip oder nur ein verbindendes Wort für eine de facto auseinanderfallende oder sich ins Unendliche erstreckende (Dis-)Kontinuität in die Hand bekommt. Brauchbarer als die Subsumption der Phänomene unter ein einziges, sei es auch noch so weitgespanntes Erklärungsprinzip scheint mir wie meinem Mitherausgeber die theoretische Anerkennung des festzustellenden Skandals, die begriffliche Arbeit mit Widersprüchen, die nicht aufgehen.

4. Spiel mit dem Ernstfall

Schon Musils ahnungsvoll-optimistische Verbildlichung des „Möglichkeitsmenschen" enthielt ein Moment, in dem die Ebene der Beschreibung verlassen, ein Sprung auf eine andere Aktionsebene vorgeschlagen und verlangt wurde. Der Wirklichkeitsmensch, hieß es in dem schon angesprochenen grundlegenden Kapitel des *Mann ohne Eigenschaften*, „gleicht einem Fisch, der nach der Angel schnappt und die Schnur nicht sieht", der Möglichkeitsmensch aber wird an das andere Ende der Angel versetzt, er schnappt nicht nach dem Köder, sondern zieht eine Schnur durchs Wasser und hat keine Ahnung, ob ein Köder daran sitzt.[17] Die Möglichkeit eines solchen rettenden Sprungs ist jedoch, auch laut Musil, keineswegs nach Belieben gegeben. Oft *wäre* der Sprung nur die Rettung, aber reichen die Kräfte dafür nicht aus oder besteht die Möglichkeit gar nicht, sich von dem gefährdeten Ufer abzustoßen. Deshalb scheint mir Todorovs Bestimmung der „Unschlüssigkeit" des ästhetischen Verhaltens gegenüber der phantastischen Literatur eine höchst bedeutungsvolle, verweisende, eigentlich listige Kategorie. Im wörtlichen Sinne trifft sie vielleicht gar nicht richtig zu: Todorov selbst hat darauf verwiesen, dass es nicht viele Werke der Phantastik gibt, in denen das Übernatürliche = Wunderbare und das Noch-nicht-Erklärte=„Seltsame" oder „Unheimliche" einander so die Waage halten, wie er es verlangt. Als heuristische Figur aber beschreibt die „Unschlüssigkeit" ein ideales Verhalten gegenüber derlei Phänomenen. Beide Seiten - die Erklärung wie die Unerklärbarkeit, die Vereinnahmung wie der Abstand - sollen gelten, keine darf die andere einfach ausschalten.[18] Mit „Unschlüssigkeit" ist angezeigt, dass es an sich am Betrachter läge, eine Entscheidung herbeizuführen, aber mit der Entscheidung wäre das Phänomen, das irritiert hat, weg oder tot, gleichgültig. „Die Wahrheit ist möglich, aber sie ist mit der Erzählung unvereinbar".[19] Lyotard geht so weit, dass er die Versöhnung, den atavistischen Wunsch nach „dem Ganzen und dem Einen" direkt als Liebäugeln mit dem „Terror" interpretiert. Selbst die durch einen Abgrund geschiedenen Vermögen oder Verstandesinteressen, die laut Kant im Gefühl des Erhabenen miteinander ringen, findet Lyotard so dringend getrennt zu halten, dass er sich durch jede Bewegung der Aussöhnung, à la Hegel, an das ganze Ausmaß des

---

16 Vgl. Wolfgang Iser, *Das Fiktive und das Imaginäre*.
17 Musil, *Mann ohne Eigenschaften*, S. 17 (Kap. I. 4).
18 Vgl. Todorov, *Einführung in die phantastische Literatur* , S. 40-44 u.passim.
19 Tzvetan Todorov, *Poetik der Prosa*, Frankfurt a. M. 1972, S. 150.

im 19. und 20 Jahrhundert erfahrenen Terrors erinnert fühlt.[20] Allerdings möchte man den großen Meister, ja Pathetiker des Widerstreits fragen, ob in der Gegenüberstellung zwischen dem „Nicht-Darstellbaren", der puren „Anspielung", und der verdächtigen heimeligen Sehnsucht nach „transparenter und kommunizierbarer Erfahrung" nur die eine Seite die wahre, mutige, die andere nichts als böse und zu vermeiden sein soll. Womöglich müsste es erst recht zwischen den beiden einen lohnenden, notwendig auszutragenden Streit geben.

Viele der folgenden Einzelbeispiele führen uns nur zu dem Resultat, dass die Suche selbst der Sinn der Suche ist oder, wie Todorov es aus einer langen Henry-James-Paraphrase herausarbeitet, dass die Lösung des Problems nichts als seine Exposition darstellt.[21] Das ist eine Denkfigur, an die man sich nachgerade gewöhnen kann. Die Gewöhnung aber würde dem widerstreiten, was die höchst unterschiedlichen Autoren dieses Jahrhunderts mit dieser Denkfigur beabsichtigt haben. Nicht mit einem methodischen Gewinn, einer Art Lehrsatz werden wir aus den phantastischen Gehäusen und Labyrinthen entlassen, sondern mit bestimmten zugespitzten, virulent gemachten Fragen. Es stimmt schon, dass die moderne und postmoderne Literatur, die phantastische ebenso wie die realistische und die reflektierende (und ihre vielen Zwischenformen) immer weitere einst als verlässlich angesetzte Verhältnisse und Annahmen in Frage stellt oder ganz bodenlos macht. Es stimmt auch, dass von ihr ein gewisser drive zum Bezweifeln und Neubetrachten überhaupt ausgeht. Aber diesem Anstoß zum Weitergehen, Drüberhinweggehen steht ein mindestens ebenso starker Impuls des Festhaltens an dem Gegebenen und Erdachten gegenüber. Bei Kafka, Borges, Hilbig und manchen anderen sind es oft mutwillig gestellte Probleme, an denen die Aufmerksamkeit festhängt, aber sie entfalten bei der Lektüre, sowie noch nachträglich, einen regelrechten Bann. Sie wirken absolut gestellt, als ginge es um Leben oder Tod. Hin und her wird in Kafkas berühmter Parabel, der Max Brod den Titel „Von den Gleichnissen" gegeben hat, mit den Äquivokationen von „Wirklichkeit" und „Gleichnis" herumgespielt, als bloße Redefigur wird eine Wette angeboten und sogleich „gewonnen", und dann bekommen wir wie ein Endurteil zu hören, mit einer aus dem intellektuellen Spiel heraus geballten und plötzlich unwiderruflich gemachten letzten Autorität: „Nein, in Wirklichkeit; im Gleichnis hast Du verloren."[22]

Zum Spiel der Phantasie in der Literatur gehört mithin, dass jeweils etwas, etwas Bestimmtes, manchmal höchst Dringliches auf dem Spiel steht. Der großen Verschiedenartigkeit der Phantasmata in unserem Jahrhundert lässt sich kaum anders gerecht werden als durch striktes Individualisieren. Deshalb bilden, nach der annäherungsweisen Vermessung von vier „Feldern" der literarischen und immer auch über die Literatur hinausreichenden Phantasie, die sieben Exempla dieses Bandes das eigentliche Anschauungsmaterial und die Beweisstücke für die Kraft wie die Verunsicherung oder Überforderung der Phantasie in unserer Epoche.

---

20 Lyotard, a.a.O., S. 203.
21 Vgl. Todorov, *Poetik der Prosa*, a.a.O., S. 146-178.
22 Kafka, *Nachgelassene Schriften und Fragmente II*, Teilbd. 1, S. 531.

Exempla sind die gewählten Autorinnen und Autoren zugleich für ganze
Richtungen und Schulen, für Erfindungen, die nicht sie allein gemacht haben. Die
Geschichte der literarischen Phantasie ist voll von Echos, Anspielungen, Antworten.
Von der „Methode Kafka" ist häufiger die Rede als in dem einen Kapitel, das
seinem frühen Werk gewidmet ist. *Ein* roter Faden wäre für das Geflecht von
Motiven, Metaphern, Problematiken und Lösungsstrategien ein viel zu schwaches
Orientierungsmittel. Mit Hilfe der vielen, nur locker verknüpften Reflexionen von
den überraschendsten Funden in den Texten aus hoffen wir eine ebenso einladende
wie ertragreiche Präsentation der immer wieder erstaunlichen literarischen Phantasie
des gerade zu Ende gegangenen Jahrhunderts zu bieten.

„Phantastische Genauigkeit":
Status und Verfahren der literarischen Phantasie im 20. Jahrhundert

Robert Stockhammer

1. Der Glanz der Phantasien und die phantastische Wirklichkeit
2. Verrücktheit als Sprachschicht
3. Basteln am Mythos

1. Der Glanz der Phantasien und die phantastische Wirklichkeit

> Jeder, der das, was die Griechen φαντασίαι nennen - wir könnten 'visiones' (Phantasiebilder) dafür sagen -, wodurch die Bilder abwesender Dinge so im Geiste vergegenwärtigt werden, daß wir sie scheinbar vor Augen sehen und sie wie leibhaftig vor uns haben: jeder also, der diese Erscheinung gut erfaßt hat, wird in den Gefühlswirkungen am stärksten sein. Manche nennen den εὐφαντασίωτος (phantasievoll), der sich Dinge, Stimmen und Vorgänge am wirklichkeitsgetreuesten (secundum verum optime) vorstellen kann, und das kann uns, wenn wir wollen, leicht gelingen. Umgeben uns doch schon in Zeiten der Muße, wenn wir unerfüllten Hoffnungen nachhängen und gleichsam am hellen Tage träumen, solche Phantasiebilder so lebhaft, als ob wir auf Reisen wären, zu Schiffe führen, in der Schlacht ständen, zum Volke redeten oder über Reichtümer, die wir nicht besitzen, verfügten, und das alles nicht nur in Gedanken, sondern wirklich täten. Sollen wir aus dieser Schwäche nicht einen geistigen Gewinn machen? (Hoc animi vitium ad utilitatem non transferemus?) Ich habe Klage zu führen, ein Mann sei erschlagen. Kann ich da nicht all das, was dabei, als es wirklich geschah, vermutlich vorgefallen ist (quae in re praesenti accidisse credibile est), vor Augen haben? Wird nicht plötzlich der Mörder hervorbrechen? Nicht das Opfer voll Angst aufschrecken? Wird es schreien, bitten oder fliehen? Werde ich nicht den Schlag fallen, das Opfer zusammenbrechen sehen? Wird sich nicht sein Blut, seine Blässe, sein Stöhnen und schließlich sein letzter Todesseufzer meinem Herzen tief einprägen?
> Daraus ergibt sich die ἐνάργεια (Verdeutlichung), die Cicero 'illustratio' (Ins-Licht-Rücken) und 'evidentia' (Anschaulichkeit) nennt, die nicht mehr in erster Linie zu reden, sondern vielmehr das Geschehen anschaulich vorzuführen scheint, und ihr folgen die Gefühlswirkungen so, als wären wir bei den Vorgängen selbst zugegen.[1]

Der römische Rhetorik-Professor Quintilian handelt in seinem am Ende des ersten nachchristlichen Jahrhunderts entstandenen Lehrbuchs von „Phantasien" im Plural,

---

1 Quintilian, *Institutio oratoria*, Kap. VI. 2, 29-32.

weil es ihm nicht - oder nicht in erster Linie - um jene Seelenkraft zu tun ist, die auch unter den Namen 'Einbildungskraft' und 'Imagination' bekannt ist und die Herder als „die unerforschteste und vielleicht die unerforschlichste aller menschlichen Seelenkräfte" bezeichnet hat.[2] Der Reflexionstradition der Rhetorik entsprechend stehen hier vielmehr Einheiten im Zentrum der Aufmerksamkeit, die sich in einer sprachlichen Gestalt objektivieren. Da das Medium des rhetorischen Handelns die Sprache, das ihrer Produktion die Schrift ist, untersucht sie die Fähigkeiten des Menschen von vornherein unter dem Aspekt ihrer Realisierung in sprachlicher Form. Für eine Beschäftigung mit genuin literarischer Phantasie bietet dies einen Vorzug gegenüber den meisten anthropologischen Theorien, die von einem nichtsprachlichen Vermögen ausgehen, das seinen sprachlichen Ausdruck erst noch finden muss.[3]

Quintilian bezieht die φαντασίαι auf eine Reihe von rhetorischen Verfahren, deren Namen nicht nur glanzvoll klingen - einer von ihnen, ἐνάργεια, leitet sich offenbar auch etymologisch von ἀργός ('glänzend') ab. Diese Verfahren lassen sich, um von Differenzen im Detail hier abzusehen,[4] als solche der „Anschaulichkeit" im Wortsinne zusammenfassen. Mit ihnen wird etwas „nicht nur ausgesprochen, sondern gewissermaßen vorgeführt", vor Augen geführt,[5] als sei es, hier und jetzt, am Ort und im Akt der Rede, da.

Nicht alles an dieser Bestimmung ist von unvermittelter Aktualität. Die moderne Literatur steht in einem gespannten Verhältnis zu einer Konzeption, welche die Sprache in den Dienst optischer Wahrnehmung stellt, wie sie im Kino heute anscheinend einfacher zu simulieren ist. Darum konzentrierte sich das Interesse des 20. Jahrhunderts für die antike Rhetorik weniger auf die Prozeduren der Anschaulichkeitserzeugung als vielmehr auf die Metapher, der ein Moment der Unanschaulichkeit inhärent ist (und die in der Antike bemerkenswerterweise ohne jeglichen Rekurs auf „Bilder" bestimmt wurde). Doch ist, wie Lessing betont hat, auch der rhetorischen 'evidentia' ein unhintergehbar sprachliches Moment eingeschrieben: „Ein poetisches Gemälde" - das Lessing ausdrücklich mit „Phantasieen" im antiken Sprachgebrauch gleichsetzt und an die Konzeption der „Enargie" koppelt -, „ist nicht notwendig das, was in ein materielles Gemälde zu verwandeln ist", wohl nicht

---

2 Vgl. das Motto des Einleitungsbeitrags, oben, S. 9.
3 Wolfgang Iser wäre auf seinem Weg von den anthropologischen Kategorien des Fiktiven und des Imaginären zu ihrer Gestaltung in der Literatur (vgl. *Das Fiktive und das Imaginäre*) vielleicht mit weniger als 500 Seiten ausgekommen, wenn er die rhetorischen Theorien der ‚Phantasien' anstelle der einen oder anderen Theorie der Phantasie berücksichtigt hätte.
4 Weitere Bestimmungen von 'energeia' und verwandten Begriffen bei Quintilian: *Institutio oratoria*, Kap. IV. 2, 63-65; VIII. 3, 61-71 (dort auch, 61, eine überraschende Formulierung, wonach die 'evidentia' oder 'repraesentatio' „sich gewissermaßen selbst zur Schau stellt"), VIII. 3, 89 u. IX. 2, 40-44. - Vgl. dazu und zum Kontext, insb. auch zur Unterscheidung von 'enargeia' und 'energeia', Art. *Evidentia, Evidenz*, in: *Historisches Wörterbuch der Rhetorik*, hg. v. Gert Ueding, Darmstadt 1992 ff, Bd. III, Sp. 33-47, insb. 39-45.
5 Quintilian, *Institutio oratoria*, Kap. IV. 2, 64 - 'pro ommatoon poiein' (vor Augen führen) ist ein anderer, hier nicht ausdrücklich verwendeter, aber in der Beschreibung der Verfahren ins Spiel gebrachter Terminus für die 'evidentia'.

einmal in die „lebenden" Bilder des Films.[6] Wenn Homer etwa den unsichtbaren Kampf der Götter darstellt, erlaubt er der Einbildungskraft des Lesers ein „freies Spiel",[7] während der Betrachter eines sichtbaren Bildes vom selben Gegenstand noch um die Einsicht in dessen Unsichtbarkeit betrogen wird.

Wenn die rhetorische Tradition, die im 18. und 19. Jahrhundert nur in zerstreuten Elementen überlebt hatte, im 20. Jahrhundert eine Wiederentdeckung erfuhr, so geht dies einher mit dem Verfall gesicherter Annahmen über die Welt. Die Rhetorik regelt den Umgang mit einer derartigen Situation, da ihr Gegenstandsbereich aus denjenigen Dingen besteht, „welche sich allem Anschein nach auf zweierlei Weise verhalten können."[8] Wenn Quintilian gelegentlich auf ein "verum" rekurriert,[9] das es zu vergegenwärtigen gelte, so ist diese Rede nur ein ideologisches Tribut an die Philosophie, hat jedoch keinen integralen Status in einer Disziplin, der es vor allem um das Glaubwürdige ("credibile") zu tun ist. Die Rhetorik ist, mit einem Wort aus Musils *Mann ohne Eigenschaften*, das angestammte Feld des Möglichkeitssinns, der nicht nur erprobt, was auch anders sein kann, sondern zugleich diese Möglichkeiten überzeugend darzustellen unternimmt. Ihre Emphase liegt nicht auf der Wirklichkeit des Vergegenwärtigten, sondern auf der Eindringlichkeit seiner Vergegenwärtigung. Wenn diese Vergegenwärtigung gelingt, so suspendiert sie jede Entscheidung darüber, ob das Vergegenwärtigte wirklich (oder nur möglich, vielleicht gar unmöglich) war. Die Kategorien der Wirklich- und Unwirklichkeit werden überführt in die der Präsenz und Absenz.

Theorien der phantastischen Literatur hingegen können auf die ontologische Unterscheidung von Wirklichem und Unwirklichem offenbar nur schwer verzichten. Auf ihr beruht auch die bekannteste der vorliegenden Theorien, Tzvetan Todorovs *Introduction à la littérature fantastique*, derzufolge das Phantastische in einer "hésitation" besteht, in einem Zögern vor der Entscheidung, ob das Dargestellte der "réalité" entspricht.[10] Diese Realitätsprüfung betrifft natürlich nicht die Frage, ob ein konkretes Ereignis tatsächlich vorfiel - Musils *Mann ohne Eigenschaften* ist nicht etwa schon deshalb ein phantastischer Roman, weil man unschlüssig sein mag, ob in Wien an einem schönen Augusttag des Jahres 1913 ein Fußgänger von einem Lastwagen überfahren wurde -, sondern ob es im Rahmen jener „Realität" möglich ist, die Todorov selbst schon in Anführungsstriche setzt und als diejenige bestimmt, auf die sich "l'opinion commune" zu einem bestimmten historischen Zeitpunkt geeinigt hat. Das „Phantastische" existiert nur in jenem konstitutiv flüchtigen - wenngleich in seltenen Fällen bis zum Ende eines literarischen Textes durchge-

---

6 Gotthold Ephraim Lessing, *Laokoon oder Über die Grenzen der Malerei und Poesie*, in: *Werke und Briefe in zwölf Bänden*, hg. von W. Barner u.a., Frankfurt a. M., Bd. 5/2, 1990, S. 113, vgl. a. die dortige Anm. 1, S. 113 f.

7 A.a.O., S. 103.

8 Aristoteles, *Rhetorik*, übers. u. hg. von Franz G. Sieveke, München 1980, S. 16 (Kap. I. 2, 12).

9 Vgl. neben dem "secundum verum optime" des Eingangszitat a. *Institutio oratoria*, Kap. IV. 2, 64 ("quid veri", ebenfalls im Rahmen einer Bestimmung der 'energeia').

10 Vgl. Todorov, *Introduction*, S. 46 (dt. Ausgabe S. 40).

haltenen - Zaudern, das von zwei Seiten bedroht ist:[11] Wenn das Geschehen mit den allgemein anerkannten Naturgesetzen nicht zu erklären ist, so rückt es in den Bereich des „Wunderbaren" ('merveilleux'); zum „Seltsamen" hingegen ('étrange' - die deutsche Übersetzung hat hier das missverständliche Wort 'Unheimliches') ist es zu rechnen, wenn es mit den allgemein anerkannten Naturgesetzen erklärt werden kann, selbst wenn dabei unwahrscheinliche Zufälle im Verlauf des Geschehens oder komplizierte Täuschungsmanöver einer handelnden Figur angenommen werden müssen. (Gelegentlich - zu dieser paradoxen Pointe gelangen etwa die Disputanten in Schillers *Geisterseher* - mutet die Anhäufung solcher Seltsamkeiten nachgerade wunderbarer an, als wenn man ein Wunder einräumen würde).

Nun statuiert Todorov, dass es im 20. Jahrhundert keine phantastische Literatur mehr gebe. Diese Bemerkung - die in der Phantastik-Forschung ungefähr den Status einnimmt, den Hegels legendäre Rede vom Ende der Kunst in Ästhetik-Debatten besitzt -, hat ihm ebensoviel Unverständnis wie Kritik eingebracht. Da sie den Zeitraum betrifft, auf den sich der vorliegende Band konzentriert, verdient sie eine genauere Betrachtung. Todorov begründet dieses Ende mit zwei historischen Ereignissen, von denen zumeist nur das erste referiert wird: die Herausbildung der Psychoanalyse, welche aus Todorovs Perspektive die phantastische Literatur ersetzt und damit der Zwecklosigkeit überantwortet habe. Statt - wie Freud selbst schreibt - „psychologisch *beinahe* korrekt"[12] von Dämonen zu sprechen, können wir heute, psychologisch ganz korrekt, von sexuellen Trieben sprechen.

Der zweite Grund für das Ende der phantastischen Literatur ist von noch größerer epistemologischer Tragweite. Phantastische Literatur könne es im 20. Jahrhundert nicht mehr geben, weil die Grundlage dieser Bestimmung, die basale Unterscheidung zwischen „Natürlichem" und „Übernatürlichem", zwischen „Realem" und „Imaginärem" (im voranalytischen Sinne)[13] verwischt sei:

> Das 19. Jahrhundert war zwar in einer Metaphysik des Realen und des Imaginären befangen, und die fantastische Literatur ist nichts anderes als das schlechte Gewissen des positivistischen 19. Jahrhunderts. Man kann aber heute nicht mehr an eine unveränderliche äußere Realität glauben und ebensowenig an eine Literatur, die nur die Transkription dieser Realität wäre.[14]

Unschlüssigkeit, so ließe sich zugespitzt formulieren, charakterisiert um 1900 nicht erst die phantastische Literatur, sondern schon die "opinion commune". In einem

---

11 Die Rhetorik einer „Gefährdung" oder „Bedrohung" des Phantastischen durchzieht Todorovs *Introduction*.

12 Sigmund Freud, „Das Unheimliche". In: *Studienausgabe*, hg. von A. Mitscherlich u.a., Frankfurt a. M. 1969-79, Bd. IV, S. 241-274, hier: 266 (Hv. von mir [R. St.]).

13 Denn offensichtlich gebraucht Todorov die beiden Wörter nicht im Lacanschen Sinne.

14 Todorov, *Introduction*, S. 176 f: "Le xixe siècle vivait, il est vrai, dans une métaphysique du réel et de l'imaginaire, et la littérature fantastique n'est rien d'autre que la mauvaise conscience de ce xixe siècle positiviste. Mais aujourd'hui, on ne peut plus croire à une réalité immuable, externe, ni à une littérature qui ne serait que la transcription de cette réalité." (dt. Ausgabe S. 150; Übersetzung leicht modifiziert).

populärwissenschaftlichen Werk über die neuere Physik hat Arthur Stanley
Eddington dieses Zaudern 1928 ganz buchstäblich genommen:

> Ich stehe auf der Türschwelle, im Begriffe, ein Zimmer zu betreten. Das ist
> ein kompliziertes Unternehmen. Erstens muß ich gegen die Atmosphäre
> ankämpfen, die mit einer Kraft von 1 Kilogramm auf jedes Quadratzenti-
> meter meines Körpers drückt. Ferner muß ich auf einem Brett zu landen
> versuchen, das mit einer Geschwindigkeit von 30 Kilometer in der Sekunde
> um die Sonne fliegt; nur den Bruchteil einer Sekunde Verspätung, und das
> Brett ist bereits meilenweit entfernt. Und dieses Kunststück muß fertig-
> gebracht werden, während ich an einem kugelförmigen Planeten hänge, mit
> dem Kopf nach außen in den Raum hinein, und ein Ätherwind von Gott
> weiß welcher Geschwindigkeit durch alle Poren meines Körpers bläst.
> Auch hat das Brett keine feste Substanz. Darauftreten heißt auf einen
> Fliegenschwarm treten. Werde ich nicht hindurchfallen? Nein, denn wenn
> ich es wage und darauf trete, so trifft mich eine der Fliegen und gibt mir
> einen Stoß nach oben, ich falle wieder und werde von einer anderen Fliege
> nach oben geworfen, und so geht es fort. Ich darf also hoffen, das Gesamt-
> resultat werde sein, daß ich dauernd ungefähr auf gleicher Höhe bleibe.
> Sollte ich aber unglücklicherweise trotzdem durch den Fußboden hindurch-
> fallen oder so heftig emporgestoßen werden, daß ich bis zur Decke fliege,
> so würde dieser Unfall keine Verletzung der Naturgesetze, sondern nur ein
> außerordentlich unwahrscheinliches Zusammentreffen von Zufällen sein.[15]

Walter Benjamin hat diese Passage auf Kafkas Werk bezogen und dabei betont, dass
dort vergleichbare moderne Erfahrungen mit überlieferten mystischen nicht einfach
in einem Spannungsverhältnis stehen, sondern sich gar ineinander verschränken:

> Es ist das eigentlich und im präzisen Sinne *Tolle* an Kafka, daß diese aller-
> jüngste Erfahrungswelt ihm gerade durch die mystische Tradition zuge-
> tragen wurde.[16]

Wo die Wirklichkeit selbst so phantastisch geworden ist, bricht die Grundlage für
eine Unterscheidung zwischen „Phantastischem", „Wunderbarem" und „Seltsamen", ja zwischen „phantastischer" und „realistischer" Literatur, in sich zusammen. Der Streit zwischen Todorov und seinen Kritikern, den Liebhabern der phantastischen Literatur des 20. Jahrhunderts, lässt sich also mit einer Präzisierung
schlichten: Es gibt im 20. Jahrhundert keine phantastische Literatur mehr, *die
Todorovs Bestimmung entspricht* - oder wenn es sie noch gibt, so ist sie offenbar
nicht auf der Höhe ihrer Zeit.
    Wenn gleichwohl auch die zeitgemäße moderne Literatur eine Fülle von phanta-
stischen Zügen aufweist, so müssen diese in anderen Kategorien beschrieben
werden. Vier der hier versammelten Beiträge legen dies explizit dar. Wenn es, wie
Karlheinz Barck betont provokativ formuliert, im Surrealismus kein Phantastisches

---

15 A[rthur] S[tanley] Eddington, *Das Weltbild der Physik und ein Versuch seiner philosophischen
   Deutung*, Braunschweig 1931, S. 334.
16 Walter Benjamin, *Briefe*, hg. von G. Scholem/Th. W. Adorno, Frankfurt a. M. 1978, Bd. II, S. 762 (Hv.
   dort).

gibt, so weil das „Sur-" von „Surrealismus" kein Jenseits des Realen, sondern ein Jenseits der Alternative von Realem und Nicht-Realem meint. James Joyce stellt, wie Wilhelm Füger vorführt, schon das vermeintlich Empirische selbst in Frage, so dass jeder Versuch, etwa in dem 'Circe'-Kapitel des *Ulysses* drei Referenzebenen (eine „naturalistische", eine von dem personalen Erzähler perspektivierte sowie eine „halluzinatorische") zu unterscheiden, zum Scheitern verurteilt ist, so notwendig er auch in heuristischer Hinsicht bleiben mag. In Jorge Luis Borges' Texten über eine Landkarte im Maßstab 1:1 oder Pierre Menards Unterfangen, den Don Quixote noch einmal zu schreiben, nimmt (in der Rekonstruktion von Carlos Rincón) schon die vermeintlich exakte Repräsentation oder Wiederholung des Realen phantastische Züge an. Thomas Pynchons Oedipa Maas verirrt sich in einem Labyrinth von Zeichen, bis – mit der Formulierung Heinz Ickstadts - „das Phantastische zur Wahrnehmungsbedingung des Realen wird". Der Einschlag der V 2, deren erzählerische Analyse ebenfalls Pynchon unternommen hat, markiert die Konsequenzen einer physikalischen Entwicklung, die Eddington zwei Jahrzehnte zuvor noch vergleichsweise spielerisch darstellen konnte: Eine Rakete, deren Flug erst zu hören ist, nachdem sie eingeschlagen ist, setzt besonders nachhaltig das früher gültige Gesetz aller Wahrnehmung außer Kraft, wonach jede Wirkung einer Ursache folgt. Spätestens damit gelangt allerdings auch ein Konzept der Phantasie, das allein auf die Erzeugung von Anschaulichkeit setzt, an seine Grenze.

2. Verrücktheit als Sprachschicht

Quintilian bezieht die rhetorische Handlung auf ein Korrelat im Phantasiehaushalt des Alltagsmenschen, wenn er die Stärke des Redners darin verortet, das allzu menschliche „Laster" der Tagträume auszunutzen und diese in kontrollierte, sprachlich objektivierte φαντασίαι zu überführen.[17] 1800 Jahre später vergleicht Sigmund Freuds kleiner Vortrag *Der Dichter und das Phantasieren* ebenfalls die Tagträume des Erwachsenen mit den Schöpfungen des Dichters. Besonders die Werke der „anspruchsloseren Erzähler von Romanen, Novellen und Geschichten" gewähren ihren Helden die Wunscherfüllungen, denen der Erwachsene im Tagtraum nachhängt, weil sie ihm in der Wirklichkeit verwehrt sind. Zwar ist die Beziehung der Literatur zum Nachttraum, die Norbert Miller hier am Frühwerk Franz Kafkas und seiner Tradition untersucht, ebenso prekär wie produktiv, da der Traum die literarische Phantasie inspiriert, ihr jedoch zugleich seine abweichende Logik aufzudrängen droht. Im Tagtraum hingegen erkennt man so leicht wie in „anspruchsloserer" Prosa den narzisstischen Agenten der Wunscherfüllung, „Seine Majestät das Ich, den Helden aller Tagträume wie aller Romane."[18] Nach Freud oszilliert der dichterische Umgang mit Phantasien zwischen zwei Extremen: Am

---

17 Quintilian erlaubt sich dabei die selbstreflexive Pointe, unter die Beispiele solcher Tagträume auch die Vorstellung zu rechnen, „als ob [...] wir zum Volke redeten", zählt also die Situation, in der wir ein Laster in einen Gewinn transformieren, selbst zu den Situationen, die unser lasterhaftes Phantasieren sich ausmalt.

18 Beide Zitate: Freud, „Der Dichter und das Phantasieren", S. 176.

einen Pol stehen "wir" Nicht-Dichter, die ihre Phantasien unterdrücken, weil sie sich ihrer schämen; am anderen Pol steht jenes „Überwuchern und Übermächtigwerden der Phantasien", welches „die Bedingungen für den Verfall in Neurose oder Psychose" herstelle.[19]

Damit berührt Freud einen alten Topos, auf den auch Benjamin anspielt, wenn er „das eigentlich und im präzisen Sinne *Tolle* an Kafka" bestimmt: die Nähe der literarischen Phantasie zu jenem Phantasieren, das fließende Grenzen zum Wahnsinn unterhält. Wohl schon bei Platon, spätestens aber in der deutschen Spätaufklärung (exemplarisch etwa im Werk des „Erfahrungsseelenkundlers" *und* Kunstphilosophen Karl Philipp Moritz), ist die Reflexion auf Phantasie von der Verflechtung zweier gegenstrebiger Modelle geprägt: dem kritischen, „diätetischen" Umgang mit den „Ausschweifungen" der Phantasie und der Nobilitierung der Einbildungskraft (nicht nur, aber vor allem) auf dem Gebiet der Kunstproduktion und –rezeption.[20] Freud, der den „breite[n] Seitenweg zur Pathologie" in seinem Vortrag *Der Dichter und das Phantasieren* nur auffallend knapp erwähnt, hat später, besonders in dem äußerst dichten metapsychologischen Aufsatz *Der Realitätsverlust bei Neurose und Psychose*, das Verhältnis dieser beiden nosographischen Gruppen zur Phantasie prägnant unterschieden: Der Neurotiker war vor einem Stück Realität geflohen, indem er einen Triebanspruch zu *verdrängen* versucht hatte, an dessen Stelle die Neurose als Resultat einer unvollständigen Verdrängung tritt; der Psychotiker *verleugnet* ein Stück der Realität und baut es um. Beide kompensieren den „*Realitätsverlust*" durch einen „*Realitätsersatz*", zu dessen Herstellung sie sich einer „Vorratskammer" namens „*Phantasiewelt*" bedienen -

> Aber die neue, phantastische Außenwelt der Psychose will sich an die Stelle der äußeren Realität setzen, die der Neurose hingegen lehnt sich wie das Kinderspiel gern an ein Stück der Realität an - ein anderes als das, wogegen sie sich wehren mußte -, verleiht ihm eine besondere Bedeutung und einen geheimen Sinn.[21]

Todorov bezieht sich ausdrücklich auf diese Unterscheidung, wenn er die Themen der phantastischen Literatur in „Ich"- und „Du"-Themen ausdifferenziert: Die „Ich-Themen" umfassen die Gruppe der (psychotischen) Phänomene, mit denen sich die Grenzen zwischen Subjekt und Objekt oder zwischen Physischem und Psychischem verwischen; in den „Du-Themen" sind die exzessiven (neurotischen) Formen und Transformationen der sexuellen Begierde versammelt.[22] Ganz unabhängig jedoch von der Frage, ob die Literatur psychotische oder neurotische *Themen* behandelt, oszilliert ihr *Status* zwischen zwei Extremen: Zwar beansprucht sie nur in seltenen Ausnahmefällen, sich an die Stelle der äußeren (psychotischen) Realität zu setzen -

---

19 A.a.O., S. 175.
20 Vgl. dazu Vietta, *Literarische Phantasie*, S. 13.
21 Alle Zitate: Sigmund Freud, „Der Realitätsverlust bei Neurose und Psychose", in: *Studienausgabe*, a.a.O., Bd. III, S. 355-361, hier: 360 f (Hv. dort).
22 Vgl. Todorov, *Introduction*, S. 113-164, insb. 156 (dt. Ausgabe S. 97-139, insb. 132 f) und dazu Brittnacher, im vorliegenden Band, S. 46.

doch begnügt sie sich ebenso selten mit dem Status von (neurotischen) Kinder-
spielwelten. Wenn das Sprechen der Dichter bisweilen „toll" (so verrückt wie
beeindruckend) anmutet, so weil es mit dem der Psychotiker und Neurotiker bei
allen Unterschieden das Verfahren teilt, Elemente aus der Phantasiewelt und der
„Realität" so ineinanderzufügen, dass beider scharfe Grenze hinfällig wird. Ob es
diese Grenze je gegeben hat, ist unter den gegebenen historischen Bedingungen so
zweifelhaft, dass es nicht verwundert, wenn Freud das „gesunde" Verhalten nur
noch als Spezialfall zweier pathologischer Verhaltensweisen bestimmt: Das
„zweckmäßige, normale Verhalten" vereine neurotische und psychotische Züge,
insofern es „die Realität sowenig verleugnet wie die Neurose, sich aber dann wie die
Psychose um ihre Abänderung bemüht". Dabei allerdings begnüge es sich im
Gegensatz zum psychotischen nicht „mit der Herstellung innerer Veränderungen",
sondern arbeite „an der Außenwelt": „es ist nicht mehr *autoplastisch*, sondern
alloplastisch."[23]

So wenig die Produktion von Literatur einer bestimmten nosographischen
Kategorie beizuordnen ist, so sehr entzieht sie sich sogar der Alternative von
„zweckmäßig"-alloplastischem und „pathologisch"-autoplastischem Verhalten:
Indem ein Text durch seine bloße Hervorbringung (und jedenfalls durch seine
Drucklegung) die Außenwelt verändert, ist er das Zeugnis einer alloplastischen
Tätigkeit, selbst wenn sich in ihm „nur" eine autoplastische Phantasietätigkeit
objektiviert hat. Dies allerdings unterscheidet ihn nicht von den Aufzeichnungen
eines Psychotikers wie etwa Daniel Paul Schrebers zu Beginn dieses Jahrhunderts
entstandenen *Denkwürdigkeiten eines Nervenkranken*.[24] Den spezifischen Unterschied zwischen einem literarischen Text und einem autobiographischen Fallbericht
vermag nur die „eigentliche *Ars poetica*" auszumachen, die auch Freud im Aufsatz
Der Dichter und das Phantasieren kurz streift, wenn er die dichterische Gestaltung
und Transformation des Tagtraums hervorhebt. Er führt jedoch noch den „rein
formalen, d.h. ästhetischen Lustgewinn", der daraus beim Leser entstehe, sogleich
in psychologische Kategorien zurück: Der Dichter verfüge damit über die „Technik
der Überwindung jener Abstoßung", jener Scham, mit der wir normalerweise auf
unsere eigenen Phantasien oder die, die uns mitgeteilt werden, reagieren. Seine
Darstellung der Phantasien gewähre uns eine „*Vorlust*",[25] die uns aus den Spannun-
gen befreit, in denen wir uns befinden, solange die Scham im Widerstreit mit dem
Tagtraum liegt.

Wenn Dichtung derart als Einübung in den scham-losen Genuss der eigenen
Phantasien erscheint, ist ihr Status jedoch nicht genau genug beschrieben. Denn

---

23 Freud, „Realitätsverlust", a.a.O., S. 359.
24 Freud ist dieser Sachverhalt bewusst, wenn er sich in seiner Schreber-Analyse ausführlich dafür
  rechtfertigt, ausnahmsweise einen Fall zu untersuchen, der ihm nicht aus der eigenen Praxis, sondern
  nur aus der Lektüre bekannt ist (vgl. Freud, „Psychoanalytische Bemerkungen über einen autobio-
  graphisch beschriebenen Fall von Paranoia [Dementia paranoides]", in: *Studienausgabe*, a.a.O., Bd.
  VII, S. 139 f) - eine Freud-Ausgabe, die nach behandlungstechnischen (also durchaus psychoanalytisch
  adäquaten) Kriterien geordnet wäre, müsste diese Fallstudie in enge Nachbarschaft zu seinen Literatur-
  Interpretationen rücken.
25 Alle Zitate: Freud, „Der Dichter und das Phantasieren", S. 179.

längst ist es möglich, Schrebers *Denkwürdigkeiten* von ihrer Funktion - im Kontext des (gewonnenen) Prozesses um die Aufhebung seiner Entmündigung, den die im Anhang abgedruckten Akten dokumentieren - zu lösen, um den außerordentlichen Phantasiereichtum und Witz des Buches mit ebensowenig peinlichen Gefühlen zu genießen wie etwa Thomas Bernhards in oberflächlichen Merkmalen vergleichbare Romane. Diese Rezeptionshaltung ist typisch für einen anti-psychiatrischen Gestus in seiner unreflektierten Spielart, der die vorgebliche Weisheit oder radikale Andersheit des Irren idealisiert - und dabei vielleicht nur die Kehrseite des Rufs nach seiner Hospitalisierung ist. Auch die Poetik trägt gelegentlich zu dieser selbst-missverständlichen Faszination am Wahnsinn bei: Breton etwa strebt mit bestimmten poetischen Verfahren einen Zustand an, „welcher den Wahnsinn um nichts mehr beneiden muß".[26]

Deshalb ist neben der „Vorlust", die ver-rücktes Sprechen jeder Art demjenigen gewährt, der es aus sicherem Abstand vernimmt, noch die Erkenntnislust zu beschreiben, die dieses Sprechen nur in seiner spezifisch literarischen Transformation gewährt. Nur die Literatur entbindet den Wahnsinn von partikularen Subjekten und bewahrt so die verrückte und verrückende Phantasie vor dem therapeutischen Zugriff des Psychiaters ebenso wie vor dem identifikatorischen Zugriff des anti-psychiatrischen Möchtegern-Irren. In der Formulierung Shoshana Felmans, die das tollste Buch zum Verhältnis von Literatur und Wahnsinn geschrieben hat, inkorporiert Literatur *„einen Wahnsinn, der spricht*, der in der Sprache ausagiert wird, dessen Funktion jedoch kein sprechendes Subjekt übernehmen kann".[27] Als Sprachschicht ist der Wahnsinn eine genuin kollektive Schicht, die nicht einmal in isolierbaren Kollektiven zu verorten ist, deren Heilung oder Idealisierung unternommen werden könnte.

Diese Bestimmung gilt selbst für fiktionale Prosatexte, die einzelne Figuren als mögliche Verrückte ausmachen. Robert Musil verschränkt im *Mann ohne Eigenschaften* den Wahnsinn als Sachgehalt, den er an verschiedenen Personen exemplifiziert, ausdrücklich in die Frage nach einer Form der Phantasie, die sich vom Wahnsinn als Sprachschicht affizieren ließe, ohne sich mit ihm zu identifizieren. Der Roman erzählt leitmotivisch von dem Mörder Moosbrugger, dem der Galgen oder die lebenslange Internierung in einem Irrenhaus droht, weil er eine Prostituierte erstochen hat, von der er sich verfolgt glaubte - vielleicht auch wurde er „von Geistern verfolgt".[28] Moosbrugger denkt nicht wie andere: „Er dachte besser als andere, denn er dachte außen und innen. Es wurde gegen seinen Willen in ihm gedacht." (240) Er verkörpert das Wahnsystem, an dem sich die poetische Gerechtigkeit bewähren muss, weil ihm jede andere versagt ist. Gerichtsmedizinische

---

26 Breton, "Second Manifeste", S. 90 („la recréation d'un état qui n'ait plus rien à envier à l'aliénation mentale" - die Übersetzung „die Wiederherstellung eines Zustandes, welcher dem Wahnsinn in nichts nachsteht" ist zu frei).

27 Shoshana Felman, *Writing and Madness (Literature/Philosophy/Psychoanalysis)*, Ithaca/New York 1985, S. 252 (Hv. dort: „a *madness that speaks*, a madness that is acted out in language, but whose role no speaking subject can assume").

28 Musil, *Mann ohne Eigenschaften*, S. 69. (Zitate daraus werden im folgenden durch bloße Angabe der Seitenzahl im fortlaufenden Text belegt).

Diskussionen über die Definition der Zurechnungsfähigkeit arbeiten sich an diesem Grenzfall ab, bis sie ins Bodenlose metaphysischer Überlegungen stürzen (vgl. 242 ff u.ö.). In den Bausteinen zu einer Theorie der Phantasie hingegen, die der Roman, teils im Namen seines Protagonisten Ulrich, teils in dem des auktorialen Erzählers, zusammenstellt, erscheint Moosbrugger als „die wilde, eingesperrte Möglichkeit einer gefürchteten Handlung" (534), die dazu zwingt, das Verhältnis von Phantasie und Wirklichkeit zu reorganisieren, sei es auch um den Preis ihrer Paradoxierung:

> Denn in Wirklichkeit gibt es ja nicht nur die phantastische Genauigkeit (die es in Wirklichkeit noch gar nicht gibt), sondern auch eine pedantische, und diese beiden unterscheiden sich dadurch, daß sich die phantastische an die Tatsachen hält und die pedantische an Phantasiegebilde. Die Genauigkeit zum Beispiel, mit der der sonderbare Geist Moosbruggers in ein System von zweitausendjährigen Rechtsbegriffen gebracht wurde, glich den pedantischen Anstrengungen eines Narren, der einen freifliegenden Vogel mit einer Nadel aufspießen will, aber sie kümmerte sich ganz und gar nicht um die Tatsachen, sondern um den phantastischen Begriff des Rechtsguts. Die Genauigkeit dagegen, die die Psychiater in ihrem Verhalten zu der großen Frage, ob man Moosbrugger zum Tode verurteilen dürfe oder nicht, an den Tag legten, war ganz und gar exakt, denn sie traute sich nicht mehr zu sagen, als daß sein Krankheitsbild keinem bisher beobachteten Krankheitsbild genau entspreche, und überließ die weitere Entscheidung den Juristen. (247 f)

Weil man mit Grund vermuten kann, dass Musil mit dem Modell der „phantastischen" Genauigkeit die implizite Poetik seines eigenen Romans entwirft, ist die äußerst ambivalente Funktion des Wortes 'phantastisch' in dieser Anordnung genauer zu betrachten: Als Modus des Agierens - der 'Genauigkeit' beigeordnet - verspricht die Phantasie singulären Erkenntnisgewinn, die Erkenntnis des singulären Falles Moosbrugger. Sobald sich die Phantasie jedoch in Begriffen oder Gebilden verhärtet, ist sie eins mit der Pedanterie. Im Prinzip der Systembildung berührt sich die pedantische Genauigkeit mit dem Wahnsystem des Paranoikers.

Die phantastische Genauigkeit, „die es in Wirklichkeit noch gar nicht gibt", die bisher nur in der Literatur praktiziert werden kann, darf sich also ebensowenig mit der real existierenden Gerichtsbarkeit bescheiden wie mit Moosbrugger oder anderen Irren identifizieren. Skeptisch verhält sich der Roman deshalb nicht nur gegenüber den Systemen der Gerichtsmedizin, sondern auch gegenüber Clarisses forciertem Interesse an Moosbrugger. Clarisse, eine „vielleicht geisteskranke Frau", die aber allenfalls „beneidenswert verrückt" (790), nicht also akut internierungsgefährdet ist, spekuliert zwar darauf, dass der Wahn sich als erlösende Gnade erweisen möge. Dies aber wird mit dem Vergleich ironisiert, im Wahn sei „das Leben so praktisch eingerichtet wie eine moderne Küche" (910). Obwohl also in Irrenhäusern - mit den Worten des Arztes oder „Zauberkünstler[s]" (989) Dr. Friedenthal - „oft große, ganz moderne Künstler" (983) einsitzen,[29] haben diese Orte „etwas von der Phantasielosigkeit der Hölle." (986)

Und doch „geschehen zuweilen noch Wunder, wenn auch mit Vorliebe in Irrenhäusern" (992). Clarisse nämlich tritt plötzlich einem internierten, zornig gestimmten Mörder entgegen und sagt einen Satz, „sinnlos wie ein beliebiger Laut, den man einer Trompete entlockt":

> „Ich komme von Wien!" [...] als sie das sagte und in Erregung flammend vor dem Mörder stand, ging plötzlich ein Glanz über ihn; seine Steinbrecherzähne zogen sich unter die Lippen zurück, und über den stechenden Blick breitete sich Wohlwollen. „Oh, das goldene Wien! Eine schöne Stadt!" sagte er mit dem Ehrgeiz des früheren Mittelständlers, der seine Phrasen kennt, wie sie sich gehören. (992)

Dieses Wunder überführt den Wahn weder in die Heilung noch in eine Gnade. Seine „Energie" (seine Evidenz oder sein Glanz) lässt sich in keine therapeutische, juridische oder heilgeschichtliche Teleologie einreihen - sie liegt ganz in der Singularität des Ereignisses, im Austausch eines „sinnlosen" und eines phrasenhaften Satzes.

Mit Moosbrugger und Clarisse treten hier zwei Figuren, die unterschiedliche Inklinationen zum Wahnsinn aufweisen, an einem dramaturgischen Höhepunkt zusammen, um etwas entstehen zu lassen, was sich der Alternative von Wahnsinn und Normalität entzieht. Ein vergleichbares Verfahren prägt in vielen literarischen Texten sogar die Makrostruktur. Canettis *Blendung* wäre wohl das anschaulichste Beispiel für eine absurde Spielart dieser Erzählstruktur, Virginia Woolfs *To the Lighthouse* ist das eindringlichste Beispiel für eine behutsame, den handelnden Figuren sympathetisch gesonnene Variante desselben. Im Modus eines 'polylogue intérieur' werden dort die verschiedenen Phantasmata miteinander konfrontiert, bis der Leser, ohne dass sein Zweifel ausdrücklich erregt wird, doch zu Recht daran zweifelt, ob Mr. Ramsays phänomenologische Spekulationen über einen Tisch noch Philosophie heißen können oder ob Lilly Briscoes Vision so visionär ist, wie sie selbst anzunehmen scheint. Und Pynchon hat in *The Crying of Lot 49* nicht nur von der vielleicht paranoischen, vielleicht aber auch realitätsgerecht detektivischen Zeichensuche und -sucht seiner Heldin Oedipa Maas erzählt; er hat ihr überdies eine eigene Gruppe von Figuren beigeordnet, welche die paranoische Lesart der Geschichte beim Namen nennt: Für einige, teils gereimte, teils ungereimte Zeilen des Romans sorgt eine Popgruppe (eine „Garagenband"), die sich 'The Paranoids' nennt, weil nicht einfach nur paranoid sein kann, wer sich selbst so nennt.

3. Basteln am Mythos

Mit Claude Lévi-Strauss lässt sich im Bereich kollektiver Phantasiearbeit die Tätigkeit des Bastlers von der des Ingenieurs unterschieden. Während Ingenieure von

---

29 Damit dürfte sich Musil übrigens einen kleinen Anachronismus geleistet haben, da die Begeisterung der Irrenhausdirektoren für die ästhetische Produktivität ihrer Insassen sich erst in den 20er Jahren herausbildete.

allgemeinverbindlichen Strukturen ausgehen, in die sie partikulare Ereignisse
einpassen, nehmen Bastler Ereignisse „oder vielmehr Überreste von Ereignissen"[30]
zum Anlass, um daraus Strukturen zu schaffen. Zwar sollte man nicht behaupten,
dass Ingenieure keine Phantasie hätten. Dr.-Ing. Berthold Leibinger, Geschäfts-
führender Gesellschafter der Maschinenbaufirma Trumpf GmbH, Ditzingen, hat mit
gutem Grund auf einem Symposion der Deutschen Akademie für Sprache und
Dichtung und des Gesamtverbandes der metallindustriellen Arbeitgeberverbände
schon im Titel seines Vortrags betont, dass „Phantasie - Die Lebensgrundlage des
Unternehmens" sei.[31] Vermutlich unterliegen sogar die Staats-Konstrukteure aus
Evgenij Zamjatins (Anti-)Utopie *Wir* einem Selbstmissverständnis, wenn sie die
Phantasie schlechterdings zur Krankheit erklären - während es doch auch einiger
Phantasie bedurfte, den dort beschriebenen Einzigen Staat zu einem solchen Maß
der Geschlossenheit zu formieren, dass Widerstand darin nicht nur zwecklos,
sondern fast schon nicht mehr denkbar ist. (Vielleicht handelt es sich bei der etwas
holzschnittartigen Antithese von phantasieloser Hegemonialmacht einerseits und
ausschließlich subversiv gedachter Phantasie andererseits sogar um ein Selbstmissverständnis des ehemaligen Schiffbauingenieurs Zamjatin). Noch weniger wird man
unterstellen, dass Thomas Alva Edison, der vermutlich berühmteste Ingenieur aller
Zeiten, keine Phantasie besessen hätte, als er - in der unwesentlichen Übertreibung
von Villiers de l'Isle-Adam - das „Weib der Zukunft" (so der Titel der zeitgenössischen Übersetzung seines Romans *L'Eve future*) synthetisch herstellte.

Obwohl jedoch zwei dieser Beispiele der Literatur entnommen sind, obwohl
manche Avantgarden im ersten Drittel dieses Jahrhunderts mit guten Gründen auch
den Literaturproduzenten selbst lieber als Konstrukteur denn als Künstler entwarfen,
steht dessen Tätigkeit der des Bastlers näher als der des Ingenieurs. Emblematisch
verkörpert wird diese Tätigkeit weniger von der perfekten Eva Villiers' als vielmehr
von den nur zur Hälfte belebten Schaufensterpuppen des „Vaters" aus Bruno Schulz'
Zimtläden. Dieser Vater ist der Bastler par excellence, der es mit Demiurgos, dem
Industriellen unter den Schöpfern, aufnimmt, obwohl er ausdrücklich darauf
verzichtet, in puncto Vollkommenheit mit ihm zu konkurrieren. Er arbeitet, wie der
Bastler nach Lévi-Strauss, mit einer „Sammlung von Überbleibseln menschlicher
Produkte", mit Elementen, die er nicht mit Rücksicht auf ein bestimmtes End-
produkt zusammensucht, sondern die er vorrätig hat, weil er sie „nach dem Prinzip
'das kann man immer noch brauchen' gesammelt und aufgehoben" hat.[32] Seine
Tätigkeit unterscheidet sich nur um ein Weniges – insofern er eben Schöpfer, nicht
ausschließlich Sammler ist - vom surrealistischen Interesse an den 'objets trouvés'.
Seiner Arbeit korrespondiert ein poetologisches Credo:

> Unsere Kreaturen werden nicht die Helden vielbändiger Romane sein. Ihre
> Rollen werden kurz und lapidar, ihre Charaktere - ohne weitere Pläne sein.

---

30 Claude Lévi-Strauss, *Das wilde Denken*, Frankfurt a. M. 1973, S. 35.
31 Vgl. den Aufsatz von Berthold Leibinger, in: Heckmann/Dette (Hg.), *Phantasie als Leistung*, S. 41-53.
32 Lévi-Strauss, a.a.O., S. 32 u. 30.

Oft nur für eine Geste, für ein einziges Wort werden wir uns der Mühe unterziehen, sie für diesen einen Augenblick ins Leben zu rufen.[33]

Die Engführung gebastelter Kreaturen mit kleinen oder offenen Erzählformen entspricht dem Umstand, dass der „Sohn" des Demiurgen (Schulz' Erzähler) nicht mit Stoffresten und Schneiderpuppen bastelt, sondern mit Sprach- oder Erzähleinheiten. Mindestens die gelehrten Exkurse über Demiurgos legen nahe, dass viele dieser sprachlichen Materialien nicht einfach einer individuellen Vorratskammer entstammen, sondern im kollektiven Gedächtnis über lange Zeiträume hin tradiert wurden, d.h. Mythen sind. Lévi-Strauss beschreibt mit seiner Unterscheidung von Bastler und Ingenieur eben dieses mythische Denken und ordnet es, mit sympathetischer Verve, ausschließlich dem improvisationsfreudigen Basteln zu. Dem wäre allerdings, mit einer Einsicht der *Dialektik der Aufklärung*, entgegenzuhalten, dass es auch ein engineering von Mythologie gibt. Die mythische Schicht, deren Wiederkehr Max Horkheimer und Theodor W. Adorno analysieren, ist freilich „nicht so sehr bei den eigens zum Zweck des Rückfalls ersonnenen nationalistischen, heidnischen und sonstigen modernen Mythologien zu suchen" - nicht so sehr etwa im Germanenkult der Nazis - als vielmehr in einem gesellschaftlichen Ganzen, in dem „der hygienische Fabrikraum und alles, was dazu gehört, Volkswagen und Sportpalast [...] selbst zur Metaphysik werden, zum ideologischen Vorhang, hinter dem sich das reale Unheil zusammenzieht".[34]

Das erkenntnistheoretische Korrelat dieses „Mythos dessen, was der Fall ist"[35], liegt für Horkheimer/Adorno im Positivismus, also in eben der „Metaphysik des Realen und Imaginären", deren Hochkonjunktur Todorov im 19. Jahrhundert verortet. In dieser Anordnung fanden die Figuren, welche die Mythen und Sagen der früheren Jahrhunderte bevölkert hatten - Gespenster, Vampire, Monstren und Teufel[36] - ihr Asyl im säuberlich abgegrenzten Bezirk der phantastischen Literatur. Als diese Anordnung um 1900 zusammenbrach, meldeten gespenstische Erscheinungen jedoch ihre Rückkehr in den Bereich des Wissens an. Die Parapsychologie wäre trotz ihrer Hochkonjunktur im ersten Drittel des 20. Jahrhunderts vielleicht keiner Erwähnung wert, wenn sie nicht in besonders charakteristischer Weise beanspruchte, noch das vormals Unzugängliche dem positivistischen Arrangement zu unterwerfen: Sie modelt die ehedem an den Rändern der Religionen beheimateten Sagengestalten in amorphes „Teleplasma" um und legt dieses auf die Präzisionswaage. Ihre Gespenster, die so nicht mehr heißen dürfen, spuken in hygienischen Laborräumen, kontrolliert von Ingenieuren der paranormalen Kommunikation. Was ehedem Mythos war, wird jetzt zu dem gezählt, was der Fall ist.

---

33 Schulz, *Die Zimtläden*, S. 39 („Traktat über die Mannequins").
34 Max Horkheimer/Theodor W. Adorno, *Dialektik der Aufklärung*, in: Adorno, *Gesammelte Schriften*, Frankfurt a. M., Bd. 3, 1981, S. 14 u. 15 f.
35 A.a.O., S. 10.
36 Hier in der Reihenfolge der ersten vier Kapitel von Brittnacher, *Ästhetik des Horrors* (während die künstlichen Menschen seines fünften Kapitels einer anderen historischen Logik folgen, da ihre Verfertigung erst im Labor des modernen Ingenieurs optimiert wird).

Der anhaltend dringlichen, ja unter den Bedingungen der „entzauberten Welt"
noch dringlicher gewordenen Frage nach Ursache und Funktion der gespenstischen
Erscheinungen stellt sich die Parapsychologie, welche solche Erscheinungen für
erwiesen hält, ebensowenig wie der ältere Positivismus, der sie geleugnet hatte. Dies
wird zum Aufgabengebiet der Psychoanalyse, die sich zu einer Theorie der mythischen und sogenannten abergläubischen Phänomene entwickelte, seit Freud die
Vorlesungen des Hexenforschers, wenn nicht -meisters, Jean-Martin Charcot
besuchte. Der Bundesgenosse der Psychoanalyse ist eine Literatur, die sich dem
Phantastischen mit fiktionalen Mitteln stellt, ohne einfach „phantastisch" heißen zu
können – denn gegen eine allzu weite Ausdehnung des Begriffs 'Phantastik' wendet
sich Hans Richard Brittnacher in diesem Band zu Recht. Kafka hat in einem kurzen
Dialog (aus dem letzten Stück der *Betrachtung*) das neue Modell im Umgang mit
Gespenstern ausdrücklich eröffnet:

> „[...] Aber wie, wenn man überhaupt nicht an Gespenster glaubt?"
> „Ja meinen Sie denn, ich glaube an Gespenster? Was hilft mir aber dieses
> Nichtglauben?"
> „Sehr einfach. Sie müssen eben keine Angst mehr haben, wenn ein
> Gespenst wirklich zu Ihnen kommt."
> „Ja, aber das ist doch die nebensächliche Angst. Die eigentliche Angst ist
> die Angst vor der Ursache der Erscheinung."[37]

Weil das Nichtglauben nicht hilft, halten moderne Gespenstergeschichten an der
Erscheinung von Gespenstern fest, von „flüchtig hingemachten"[38] freilich, um einen
Ausdruck Schrebers zu verwenden. Und diese Gespenster tragen einen markanteren
historischen Index als ihre Vorfahren, wenn etwa in Virginia Woolfs *To the
Lighthouse* die verstorbene Mrs. Ramsay als pars pro toto für die Toten des Ersten
Weltkriegs wiederkehrt.

Literarische, sprach-bastlerische Modelle sind genuine Gegenentwürfe zur industriellen Verfertigung von Mythologie, auf die sich die *Dialektik der Aufklärung*
weitgehend beschränkt. Doch verhärten sie sich gelegentlich ihrerseits zu in sich
geschlossenen, para-mythischen Fluchtwelt-Bildern. Besonders deutlich wird dies in
den Fantasy-Konstruktionen, die sich anhaltender Beliebtheit erfreuen.[39] Auch den
Phantasmen der Macht, die so manchen Roman über moderne Zauberer durchziehen, entspricht ein Interesse an der Flucht aus der Geschichte. Ambivalenter
funktioniert Wolfgang Hilbigs Erzählung *Alte Abdeckerei*, die eine postindustrielle
Ruinenlandschaft entwirft, in der die verschiedensten politischen Gebilde deutscher
Geschichte seltsam gleichzeitig verrotten. Auf den ersten Blick werden hier historische Ereignisse in einer mythischen Landschaft stillgestellt, doch ist diese Landschaft, wie Uwe Schoor und Gerhard Bauer schreiben, nicht nur „mythisch über-

---

37 Franz Kafka, „Unglücklichsein", in: *Drucke zu Lebzeiten*, S. 38 f.
38 Vgl. Daniel Paul Schreber, *Denkwürdigkeiten eines Nervenkranken*, hg. von Samuel M. Weber,
   Frankfurt a. M./Berlin/Wien 1973, S. 101 u.ö.
39 Vgl. Hans Richard Brittnacher, „Vom Zauber des Schreckens. Phantastik und Fantasy in den siebziger
   und achtziger Jahren", in: *Deutschsprachige Literatur der 70er und 80er Jahre. Autoren – Tendenzen –
   Gattungen*, hg. von Walter Delabar/Erhard Schütz, Darmstadt 1997, S. 13-37.

höht", sondern zugleich „mythisch unterspült". Dies verdankt sich wohl „bloß" - aber das ist hier das Entscheidende - ihrer sprachlichen Konstruktion: Der eigentümlich hymnische Ton, den Hilbig gelegentlich einschlägt, wird durch das Verfahren der Wortzersetzungen so konterkariert, dass seine Falschheit erkennbar wird.

Eine moderne literarische Praxis, die auf der Höhe der Zeit ist, entspricht einer Konzeption des Mythos, wonach dieser nicht so sehr Ursprünge restituiert als vielmehr deren Verlust tradiert. Der experimentelle oder provisorische Charakter, der den Mythos danach schon von Beginn an prägt, wird in den meisten seiner literarischen Neu- oder Um-Schreibungen unterstrichen. Wiederum Kafka hat dafür das einprägsamste Modell entworfen, indem er nicht einfach von Prometheus berichtet, sondern davon, welche (einander widersprechenden) Berichte über Prometheus sich angesammelt haben. *Arbeit am Mythos* - nicht umsonst endet Hans Blumenbergs so betiteltes Buch mit Kafkas Text[40] - muss spätestens hier in Basteln übergehen, wenn sie ihren Arbeitscharakter nicht an die Ingenieure der Mythologie verlieren will.

---

40 Vgl. Hans Blumenberg, *Arbeit am Mythos* (1979), Frankfurt a. M. 1996, S. 685-689.

Vom Risiko der Phantasie.
Über ästhetische Konventionen und moralische Ressentiments der phantastischen Literatur am Beispiel Stephen King.

Hans Richard Brittnacher

1. Schwierigkeiten mit dem Begriff Phantastik

Einem unbedachten wissenschaftlichen Sprachgebrauch gilt die phantastische Literatur als ein Genre, in dem sich Mutwille und kombinatorische Willkür über die Ansprüche von Logik oder Plausibilität hinwegsetzen - eine zügellose Form literarischen Fabulierens also, vor dem die Strenge des Begriffs versagen muss. Zu diesem Eindruck wird unweigerlich gelangen, wer die Verwendung des Begriffs 'Phantastik' in der literaturwissenschaftlichen Terminologie der beiden letzten Jahrzehnte prüft. Ob es die turbulenten Geschichten von Gabriel García Márquez, die skurrilen Einfälle von Herzmanovski-Orlando, die traumhaften Topographien Kafkas, die unheimliche Genauigkeit Musils, die Fabulierfreude von Günter Grass oder die Erinnerungsmanie von Uwe Johnson ist — sie alle werden großzügig mit dem Begriff 'phantastisch' bedacht. Als „phantastisch" gelten andererseits aber auch jene Tausende von populären, doch verächtlich als trivial qualifizierten Werke zweit- und drittrangiger Autoren, die von Gespenstern und Monstren, von entsetzlichen Ereignissen und übernatürlichen Erscheinungen erzählen. Wenn der gleiche Begriff auf so grundverschiedene Autoren wie Thomas Pynchon und Stephen King Anwendung finden kann, ist eine Überprüfung seiner Tauglichkeit überfällig.

Ursprünglich meint der Begriff eine Spielart des Erzählens, die auch nach dem Zusammenbruch einer verbindlichen metaphysischen Wert- und Weltordnung die Existenz übernatürlicher Kräfte gewissermaßen in effigie nachzuweisen sucht. Im französischen Sprachgebrauch hat sich dafür die Gattungsbezeichnung 'conte fantastique' eingebürgert.[1] In diesem Sinn vermochte der Begriff ganz unterschiedliche Epochen, Stile und Gattungen zu umgreifen: Er hat Anwendung auf Autoren des Aufklärungszeitalters wie Carl Grosse und Cajetan Tschink gefunden, die zur

---

[1] Eine französische Enzyklopädie des 19. Jahrhunderts bezeichnet als Gegenstände des phantastischen Erzählens die "imaginations les plus surnaturelles". Zitiert nach: Reimer Jehmlich, „Phantastik – Science Fiction – Utopie. Begriffsgeschichte und Begriffsabgrenzung", in: Thomsen/Fischer (Hg.), *Phantastik in Literatur und Kunst*, S. 11-33, hier: 13; vgl. auch Jens Malte Fischer, „Science Fiction – Phantastik – Fantasy. Ein Vorschlag zu ihrer Abgrenzung", in: *Neugier oder Flucht? Zu Poetik, Ideologie und Wirkung der Science Fiction*, hg. von Karl Ermert, Stuttgart 1980, S. 8-17.

Bekräftigung ihrer Zweifel an den Segnungen der Rationalität in dickleibigen Schauerromanen das Geisterreich anriefen; er traf gleichermaßen auf englische Romanciers wie Matthew Gregory Lewis oder Charles Robert Maturin zu, die, der Lebenslügen des empfindsamen Zeitalters überdrüssig, ein von Dämonie und Begierde beherrschtes Universum ausfabulierten; das Prädikat umfasste auch Erzählungen der deutschen Romantiker, die vor der drohenden Banalität der Moderne in geheimnisvolle Zwischenwelten flüchteten wie Tieck oder der von Hegel als „Gespenster-Hoffmann" geschmähte Autor; und schließlich zählen zur phantastischen Literatur auch jene realistischen Autoren, die hinter einer scheinbar positivistisch erfahrbaren Welt unheimliche Jenseitsmächte am Werk sahen. Da diese Art des Erzählens, das Ausschweifen der Phantasie in die Welten des Wunderbaren und Schrecklichen, mit der Erfahrung sozialer Krisen fast unlöslich verklammert ist, hat die Phantastik die Katastrophen des 20. Jahrhunderts ohne nennenswerte Schäden überstanden. In einer Zeit, die allgemein den Niedergang der Lesekultur beklagt, verweist der ökonomische Erfolg der Phantastikreihen zahlreicher Taschenbuchverlage immer noch auf das Phänomen einer massenhaften und schichtenübergreifenden Lektüre.

Über Themen, Handlungsverlauf und die typischen Protagonisten der phantastischen Literatur herrscht unter Autoren, Verlegern und Lesern auch heute noch ein intuitives Einverständnis, das nur von der Literaturwissenschaft konsequent missachtet wird. Während die Philologie unverdrossen daran arbeitet, die Phantastik zum besonderen Fall eines allgemeinen texttheoretischen Phänomens zu befördern, etwa zum Idealtypus für den virtuellen Status, den literarische Produkte überhaupt haben, beschränkt die elementare Einsicht von Lesern und Autoren die Reichweite des Begriffs auf das Label für eine Prosa, die vom Wirken übernatürlicher Kräfte in der natürlichen Welt erzählt. In einer Gesellschaft, die sich nicht mythisch, sondern historisch ableitet, entspricht die Darstellung des Übernatürlichen dem Bedürfnis nach einem ästhetischen Ausdruck für die Erfahrung von Hilflosigkeit und Ohnmacht. In der phantastischen Literatur geht es um eine Abfuhr paranoider Ängste, um die Drohung des Kontingenten, um die Erfahrung der Machtlosigkeit. Nach dem Ausmaß der vom jeweiligen ästhetischen Szenario in Aussicht genommenen Beschädigung der Welt und der Art der Verängstigung der von diesem Unglück betroffenen Menschen lassen sich dabei minimalistische und maximalistische Varianten differenzieren: Die minimalistische Phantastik belebt die Welt der Dinge und führt die allmähliche Depotenzierung des Subjekts vor, die maximalistische Phantastik beschwört das Übernatürliche als dämonische Gewalt, die sich als katastrophischer Exzess der Natur äußert. In der minimalistischen Variante, etwa in Erzählungen wie *Der Kupferstich* von Montague Rhode James oder *Das Umfallen der Kegel von einer bäuerlichen Kegelbahn* von Peter Handke, sind es kleine Abweichungen von der Norm, das Vagieren der Dinge, geringfügige Anomalien im Verhalten von Personen oder Veränderungen auf einem Bild, die den Bildbesitzer bzw. die Besucher um den Verstand zu bringen drohen. Maximalistische Varianten, Erzählungen von Howard Phillips Lovecraft etwa oder Alfred Kubins Roman *Die andere Seite*, lassen das Übernatürliche als Exzess des Widernatürlichen erscheinen, als eine Orgie aus Schrecken und Ekel. Vor allem die maximalistischen Varianten der Phantastik sind von der Erfahrung des Horrors geprägt. Während die minimalistische Variante die Raffinesse des Möglichkeitssinns herausfordert, stellt der Horror den ästhetischen Ernstfall der Phantastik dar.[2]

Diese Art ästhetischer Darstellung beeindruckt durch rhetorische Energie, nicht durch formale Innovation. Bei der phantastischen Literatur sensu strictu handelt es sich um einen eher schlichten Bestand der literarischen Tradition, um ein Korpus literarischer Texte, das sich nur selten akademischer Aufmerksamkeit erfreut: Stephen King, nicht Thomas Pynchon, Gustav Meyrink, nicht Franz Kafka, Wolfgang Hohlbein, nicht Wolfgang Hilbig, Maurice Renard, nicht Raymond Roussel sind die repräsentativen Vertreter eines beim Lesepublikum so populären wie bei der Literaturkritik verpönten Genres. Die phantastische Literatur erzählt von Fabelwesen, von Monstern, von Fluch und Erlösung, von Grauen und nächtlichen Heimsuchungen. Die ästhetische Leistung dieser Literatur ist bestenfalls zweifelhaft - wer vom Wirken übernatürlicher, außergesellschaftlicher und subjektunabhängiger Gewalten in den ausgetretenen Konventionen von Heldensagen oder Märtyrerlegenden erzählt, trägt kaum zur Selbstdarstellung der ästhetischen Avantgarde bei. Die phantastische Literatur ist in der Regel nach Schema F konzipiert, nachlässig geschrieben, sie stimuliert und bedient den schlechten Geschmack. Oft genug fehlt es schon dem Entwurf an intellektueller Dignität, seiner Ausführung an ästhetischer Leidenschaft und den Empfindungen bei der Lektüre endgültig an sittlichem Ernst. Alles, was üblicherweise nicht als Gegenstand der *belles lettres* taugt, hat in diese Art von Belletristik Eingang gefunden. Der obsessiven Energie, mit der diese Literatur das Ekelhafte, Perverse und Entsetzliche umkreist, entspricht ihr demonstratives Desinteresse an der Kultur der ästhetischen Form.[3] Die wenigen Texte, die als Meisterwerke des Genres Eingang in die Literaturgeschichte gefunden haben, scheinen dem phantastischen Anliegen eher abgetrotzt als von ihm inspiriert.

Das Verdienst dieser Literatur besteht nicht in der Genauigkeit ihrer Wirklichkeitsaufnahme oder gar im Raffinement der sprachlichen Darstellung, sondern in der elementaren Anthropologie ihrer Themen: Die entgötterte Welt der Moderne ist in der Wahrnehmung der phantastischen Literatur vor allem ein Ort der Entfremdung und des Leidens - von nichts anderem erzählt sie mit solcher Leidenschaft wie von menschlichen Leibern, die wehrlos fremden Gewalten ausgeliefert sind und sich unter dem Griff unheimlicher Kreaturen in Schmerzen krümmen. Die Erfahrung sozialer Entfremdung, privater Einsamkeit und metaphysischer Verluste illustriert die Phantastik in der Bilderwelt einer dämonischen Heimsuchung - sie wird zur zentralen Metapher für die Ohnmachtserfahrung des Subjekts in der Lebenswelt der Moderne: Vampire saugen das Blut der Menschen, nisten sich in ihren Gedanken ein, lassen sie dahinsiechen; Werwölfe lauern ihnen auf, fallen über sie her und reißen sie in Stücke; Gespenster

---

2 Vgl. dazu ausführlicher Brittnacher, *Ästhetik des Horrors*.
3 Vgl. Hans Richard Brittnacher, „Erregte Lektüre — der Skandal der phantastischen Literatur", in: *Germanisch-Romanische Monatsschrift* 44 (1994), S. 1-17.

erscheinen ihnen, bis ihnen das Blut gefriert, die Haare zu Berge stehen und der Herzschlag aussetzt. In der phantastischen Literatur kommt zum Ausdruck, wovon die hochgewertete Literatur des bürgerlichen Zeitalters lange geschwiegen hat und was sie noch in diesem Jahrhundert, nach dem Bruch ihres Schweigens und der Rehabilitierung des Hässlichen als ästhetischer Kategorie, zumeist zu sublimieren bestrebt ist: Tod und Verfall, Krankheit und Gewalt, Ekstase und Schmerz. Das Chaos der äußeren Natur und der Abgrund der inneren Natur unterliegen in einer Ästhetik, die sich zum Zivilisationsauftrag der Mäßigung und Modellierung der Affekte bekennt, einem Darstellungsverbot. Gegen diesen ästhetischen Purismus, mehr noch als gegen die Rationalität der Moderne, verstößt die phantastische Literatur mit allem Nachdruck.

Mit der Darstellung von Anathema hat sich diese Provinz literarischer Imagination ein zumindest relatives Daseinsrecht erobert. Doch entspricht dem Widerstand gegen das ästhetische Selbstverständnis des bürgerlichen Zeitalters zugleich eine Neigung zu Primitivismus und Ritual. Wo die Phantastik die Moderne als Ort universaler Entfremdung perhorresziert, erhält umgekehrt die Darstellung archaischer Gemeinschaften oft genug Züge des goldenen Zeitalters und findet sie in den dort praktizierten Kulten den bereits verlorengegebenen religiösen Trost wieder. Wenn die phantastischen Darstellungen körperlichen Verfalls in die Affirmation eines Schicksalsgedankens münden, wenn der sieche Erbfolger den Fluch des Ahnherrn büßt, zeigt sich die bedenkliche Neigung der Phantastik zu konservativen, mitunter auch reaktionären Deutungsmustern. In einem zumeist nur polemisch rezipierten, aber instruktiven Essay hat der schwedische Schriftsteller Lars Gustafsson als erster den grundsätzlich reaktionären Impuls der Phantastik am Beispiel der *Carceri*-Zeichnungen Piranesis illustriert. Die Entfremdungserfahrungen einer unübersichtlich werdenden Welt, die Überzeugung des Subjekts von seiner Ohnmacht und das resignierte Einverständnis mit der überlegenen Macht verdichten sich in den Zeichnungen Piranesis zu den Bildern eiskalter Räume, unsichtbarer Machthaber und wehrlos ihrem Schicksal ergebener Sklaven:

> Das Phantastische in der Literatur besteht letztlich darin, die Welt als *undurchsichtig*, als der Vernunft prinzipiell unzugänglich darzustellen. [...] Es ist ein Unterschied, ob man die Welt als das natürliche Milieu des Menschen betrachtet, oder ob man sie [...] als einen Ort darstellt, wo der Mensch nicht zu Hause ist [...] Die phantastische Literatur ist ein gefährliches, ein menschlich bedrohliches Milieu. Sie stellt die kälteste aller ästhetischen Klimazonen dar.[4]

Doch ist das Phantastische nicht nur reaktionär, weil es, wie Gustafsson behauptet, prinzipiell die Möglichkeiten einer Intervention bestreitet, sondern auch, weil es aus der Diagnose des heillosen Weltzustandes ein Plädoyer für Regression, Archaik und Primitivismus ableitet.[5] In den Gräueln der Moderne hat der Kulturpessimismus der

---

4 Gustafsson, „Über das Phantastische in der Literatur", S. 17 u. 24 (Hv. dort).
5 Zu konservativen Tendenzen der Phantastik im ersten Jahrhundertdrittel vgl. Peter Cersowski, „,Ja, mein Lieber, wir sind konservativ.' Politische Aspekte bei Phantastik-Autoren des 20. Jahrhunderts bis

phantastischen Literatur seinen treuesten Verbündeten; jede Innovation deutet sie zuverlässig als Menetekel, das ihren Fluch auf die Moderne aufs Neue herausfordert und legitimiert. Doch zugleich gibt der Fatalismus der Phantastik auch den Blick frei auf das, was jenseits des aufklärerischen Traums von Verfügbarkeit liegt und aus Gründen zivilisatorischen Fortschritts und notwendiger Affektmodellierung missachtet wurde: die kreatürliche Gegebenheit des Lebens und Sterbens und die dunkle Seite der menschlichen Natur. Verdienst und Problematik der phantastischen Literatur liegen dicht beieinander: In keiner anderen literarischen Tradition wird so ungeniert von der moribunden Natur menschlicher Existenz gesprochen. Wo Monster ihre Opfer zerstückeln, Vampire ihr Blut trinken und Tote aus den Gräbern auferstehen, haben die Gebote ästhetischer Dezenz das Nachsehen. Andererseits leitet die phantastische Literatur aus der Darstellung sozialen Lebens nach dem Modell einer unbarmherzigen und gefräßigen Natur die Berechtigung zur ästhetischen Popularisierung reaktionärer Tendenzen ab. Während die Subgenres der Fantasy oder der Science Fiction vor allem zu Eskapismus oder Fatalismus neigen, rät der Horror zu einem neuen Archaismus.

Die Trivialität und der problematische Wirklichkeitsbezug dieser Literatur hat die Philologie davon abgehalten, an den repräsentativen Beispielen dieser Literatur, sozusagen im Herzen der Phantastik, einen tragfähigen Phantastik-Begriff zu entwickeln. Stattdessen sucht sie ihn aus der Analyse von Autoren zu gewinnen, die in keiner oder bestenfalls in loser Beziehung zur Phantastik stehen: Alfred Jarry,[6] Charles Baudelaire,[7] Lewis Carroll,[8] Jorge Luis Borges,[9] Boris Vian,[10] Raymond Roussel,[11] Carl Einstein oder Paul Scheerbart.[12] Dass wir in der Unschuld der Alltagssprache für schwer deutbare Vorgänge den Begriff 'phantastisch' genauso selbstverständlich verwenden wie für schönes Wetter, gelungene Theaterinszenierungen, das Design eines Sportwagens oder sein Kurvenverhalten, beweist die enorme Elastizität einer Kategorie, der die Literaturwissenschaft besser keine Trennschärfe zutrauen sollte. Der phonetische Aplomb des Begriffs suggeriert, er

---

zum Nationalsozialismus", in: *Die dunkle Seite der Wirklichkeit*, hg. von Franz Rottensteiner, Frankfurt a.M. 1987, S. 33-59. Für die Literatur der jüngeren Vergangenheit vgl. Hans Richard Brittnacher, „Vom Zauber des Schreckens. Phantastik und Fantasy in den siebziger und achtziger Jahren", in: *Deutschsprachige Literatur der 70er und 80er Jahre. Autoren, Tendenzen, Gattungen*, hg. von Walter Delabar/Erhard Schütz, Darmstadt 1997, S. 13-37.

6 Vgl. Lothar Baier, „Ist phantastische Literatur reaktionär? Zu den Thesen Lars Gustafssons", in: *Akzente* 16 (1969), S. 267-287.

7 Vgl. Wolfgang Drost, „Die Logik des Absurden. Zur Phantastik in Baudelaires Dichtung und Kunsttheorie", in: Thomsen/Fischer (Hg.), *Phantastik in Literatur und Kunst*, S. 182-200.

8 Vgl. Dieter Stündel, „Phantastik bei Lewis Carroll. Realität und Mechanismus", in: Thomsen/Fischer (Hg.), *Phantastik in Literatur und Kunst*, S. 237-254.

9 Vgl. Hans Joachim Piechotta, „Jorge Luis Borges als Mimetiker des Labyrinthischen", in: *Quarber Merkur. Aufsätze zur Science Fiction und Phantastischen Literatur*, hg. von Franz Rottensteiner, Frankfurt a. M. 1979, S. 217-238.

10 Vgl. Wolfgang Freise, „Mit den Augen der Katze. Zu Boris Vian: *Der Herzausreißer*", in: *Phaicon 5. Almanach der phantastischen Literatur*, hg. von Rein A. Zondergeld, Frankfurt a.M. 1982, S. 101-117.

11 Vgl. Jens Malte Fischer, „*Locus solus*. Verbergen und Enthüllen bei Raymond Roussel", in: *Phaicon 4. Almanach der phantastischen Literatur*, hg. von Rein A. Zondergeld, Frankfurt a.M. 1980, S. 78-105.

12 Vgl. Karl Riha, „Enthemmung der Bilder und Enthemmung der Sprache. Zu Paul Scheerbart und Carl Einstein", in: Thomsen/Fischer (Hg.), *Phantastik in Literatur und Kunst*, S. 268-280.

besäße eben das, was ihm doch mehr als alles andere fehlt: Prägnanz. Dass an der sprachlichen Oberfläche der Vokabel 'Phantastik' noch der Begriff 'Phantasie' durchschimmert, reicht nicht hin, einen deskriptiven und eher diffusen Terminus zu einer emphatischen literaturwissenschaftlichen Mehrzweckkategorie zu befördern. Mal soll sie eine Stileigentümlichkeit[13] charakterisieren, mal wird sie texttheoretisch verstanden;[14] mal gilt sie als eher weltanschauliche Kategorie mit hoher prognostischer Kraft,[15] mal als ästhetischer Ausdruck einer psychotischen Welterfahrung,[16] mal soll sie Strukturen in literarischen Texten bezeichnen;[17] mal heißt so eine Gattung,[18] mal umfasst sie benachbarte literarische Bereiche wie Science Fiction, Fantasy und Utopie,[19] mal Kriminalroman und Detektivgeschichte,[20] mal findet der Begriff exklusiv Verwendung für die nonkonformistischen Autoren der ästhetischen Moderne,[21] und dann wieder handelt es sich um eine eher wirkungsästhetische Kategorie, die sich an Texten zu bewähren habe, denen vornehmlich an der Verängstigung ihrer Leser liegt.[22] Und schließlich, auch dies sollte erwähnt werden, durchläuft die Verwendung des Begriffs sämtliche Tonlagen des philologischen Urteils, von anerkennend bis verwerfend.

Überdeterminierter kann ein Begriff schwerlich sein – seine hartnäckige Verwendung in der zweifelhaften Verbindung mit Autoren der ästhetischen Avantgarde deutet eher auf Verlegenheiten der Interpreten als auf Eigentümlichkeiten der in Frage stehenden Werke. Der inflationäre Gebrauch hat eine Genrekategorie in ein Gütesiegel verwandelt, das mangels besser geeigneter Begriffe den großen Solitären der Erzählkunst für ihren ästhetischen Nonkonformismus verliehen wird. Nahezu jedes literarische Produkt, das aus Traditionen ausschert oder ein besonderes Maß an gedanklichem Aberwitz und erzählerischer Phantasie vorzuweisen hat, setzt sich mittlerweile der Gefahr aus, von einer ratlosen Literaturwissenschaft mit dem Etikett 'phantastisch' traktiert zu werden. An einigen Autoren haftet der Begriff wie Pech, man denke an Anthony Burgess, Lewis Carroll, Bruno Schulz, Franz Kafka, Dino Buzzati, Carl Einstein oder André Breton. Alle diese Autoren werden mit beiläufiger Selbstverständlichkeit „phantastisch" genannt, doch haben sie, genau besehen, fast nichts miteinander gemein — außer dem ästhetischen Rang, was den

---

13 Vgl. Andrzej Zgorzelski, „Zum Verständnis phantastischer Literatur", in: *Phaicon 2. Almanach der phantastischen Literatur*, hg. von Rein A. Zondergeld, Frankfurt a.M. 1975, S. 54-63.

14 Vgl. Todorov, *Einführung in die phantastische Literatur*.

15 Vgl. Berg, *Schlimme Zeiten, böse Räume*.

16 Vgl. Joachim Metzner, „Die Vieldeutigkeit der Wiederkehr. Literaturpsychologische Überlegungen zur Phantastik", in: Thomsen/Fischer (Hg.), *Phantastik in Literatur und Kunst*, S. 79-108.

17 Vgl. Wünsch, *Die phantastische Literatur der Frühen Moderne*.

18 So der Vorschlag bei Todorov, *Einführung in die phantastische Literatur*.

19 Vgl. Juli Kagarlitzki, *Was ist Phantastik?*, Berlin 1977. Zu einem ähnlichen Befund gelangte, wenn auch aus ganz anderen Voraussetzungen, Erwin Gradmann, *Phantastik und Komik*, Bern 1957.

20 Vgl. Horst Conrad, *Die literarische Angst. Das Schreckliche in Schauerromantik und Detektivgeschichte*, Düsseldorf 1974 .

21 Vgl. Edward Verhofstadt, „Ideologisierung des Phantastischen. Das Phantastische in der deutschen Literatur als Medium luzider Intellektualität", in: *Akten des 5. Internationalen Germanisten-Kongresses*, hg. von Leonard Forster/Hans-Gerd Roloff, Cambridge 1975, S. 235-244.

22 Vgl. Roger Caillois, „Das Bild des Phantastischen. Vom Märchen bis zur Science Fiction", in: *Phaicon 1. Almanach der phantastischen Literatur*, hg. von Rein A. Zondergeld, Frankfurt a.M. 1974, S. 44-83.

Verdacht begründet, hier werde entweder einem suspekten Gegenstand zu literarischem Renommé verholfen oder die eigene exegetische Ratlosigkeit angesichts eines verqueren Autors durch den Gebrauch einer klangvollen Kategorie überspielt., Doch gerade zur Charakterisierung des ästhetischen Nonkonformismus ist der Begriff 'phantastisch' denkbar ungeeignet - eher trifft das Gegenteil zu.

Zwar liegt die sprachliche Nähe von Phantastik und Phantasie durchaus auch im Wesen der Sache, doch zehrt die Phantastik weniger vom irrlichternden Einfallsreichtum der Phantasie als von dem Revanchismus, der sie beseelt. Nur Gedankenlosigkeit lässt für die Phantasie und die in ihrem Namen Tätigen eine grundsätzliche Unschuldsvermutung gelten. „Le poète travaille", der Dichter arbeitet - diesen Satz schrieb der Surrealist Saint-Pol-Roux an seine Tür, bevor er sich schlafen legte.[23] Was im Schlaf über ihn kam, sollte anderntags zu Literatur werden. Das surrealistische Programm, dem Schlaf das Geheimnis der Poesie abzulauschen, verführt uns dazu, auch der Tätigkeit der Phantasie die Unschuld des Schlafes zuzubilligen. Doch stärker als von der faktischen Unschuld des Schläfers ist die Phantasie gezeichnet vom Vergeltungswillen des Träumers: „Man darf sagen, der Glückliche phantasiert nie", heißt es in Freuds berühmtem Aufsatz *Der Dichter und das Phantasieren*, „nur der Unbefriedigte. Unbefriedigte Wünsche sind die Triebkräfte der Phantasien, und jede einzelne Phantasie ist eine Wunscherfüllung, eine Korrektur der unbefriedigenden Wirklichkeit."[24]

Phantasien, in denen sich das Versagen Befriedigung, die Begierde Abfuhr und die Verzweiflung Luft verschafft, können schwerlich unschuldig sein. Die Phantasie hat nicht erst ihre Unschuld verloren, sie hat sie nie besessen.[25] Sie dient nicht der Menschheit, sondern immer nur einem einzelnen Träumer. Selten geht es ihr um eine Veränderung der Verhältnisse, in denen das Unglück gedeiht; sie will nur die Auswechslung der vom Glück Begünstigten, ausnahmslos und sofort. Bekanntlich brachte die Parole "L'imagination au pouvoir", die im Mai 1968 von den Pariser Studenten skandiert wurde, die Republik ins Wanken. Unversehens schien der Traum von einer neuen Form der Macht wahr geworden, mitten im bleigrauen Zeitalter des Industriekapitalismus trug der Protest die Farben des Happenings. Die Phantasie verwandelte sich vom utopischen Traum zur politischen Antriebskraft. Ihre Legende fand diese Erfahrung später in der historischen Anekdote vom Staatschef, der aus dem Elysée-Palast flüchtete, um sich im Elsass der Loyalität seiner Generäle zu vergewissern. Nach wenigen Jahren war der Machtwechsel vollzogen. In den U-Bahnhöfen fanden sich statt der handgemalten Graffiti riesige Plakate, auf denen in blutroten Lettern wieder die Machtergreifung der Phantasie gefordert wurde — im Namen eines neuen Auftraggebers, des führenden Pariser Kaufhauses. Im neuen Design präsentierte sich die Phantasie nicht mehr als Bruch mit der Wirklichkeit oder als Flucht aus ihr, sondern in begeisterter Zustimmung zu ihr. Was

---

23 Vgl. Breton, *Manifeste des Surrealismus*, S. 18.
24 Freud, „Der Dichter und das Phantasieren", S. 173.
25 Vgl. Kamper, *Zur Geschichte der Einbildungskraft*, S. 22.

einmal alle Zeichen unversöhnlicher Feindschaft zeigte, war mittlerweile übergelaufen und beteiligte sich am ästhetischen Arrangement der Warenwelt.

Eine Literatur, die zum gedanklichen und ästhetischen Karriolen in verschiedenen Welten und Möglichkeiten einlädt, ist gegen ideologische Indoktrination keineswegs immun – ihr Selbstbewusstsein, dank ihrer üppigen Phantasie gegen Einflüsterungen jeder Couleur gefeit zu sein, erhöht eher ihre Anfälligkeit für Infektionen. Dass der radikale Wunsch nach dem eigenen Glück kein Pardon kennt, dass „seine Majestät, das Ich, der Held des Tagtraums",[26] nur zu gern über Leichen geht, zeigt ein weiteres Risiko der Phantasie, dem die von Freud als „anspruchsloser" apostrophierten Autoren vielleicht eher erliegen als jene, deren Erfindungen noch an die Wirklichkeit erinnern, die sich dem Glück verweigert. Der Eskapismus, die Flucht aus der Wirklichkeit, ist das offensichtlichste der Risiken der Phantasie; ihm sekundieren einerseits die lüsterne Apathie des Fatalismus und andererseits apokalyptische Visionen, bei denen kein Stein auf dem anderen bleibt. Dass all diese Phantasien, die doch immer aufs Ganze gehen, in ästhetischer Hinsicht zumeist von gestern sind, bieder und betulich, ist die eigentliche Ironie einer Literatur, die das Bekenntnis zur Phantasie im Namen führt.

Zu welchen problematischen Einsichten theoretische Ansätze gelangen, die aus der impliziten Berufung auf die Vermögen der Phantasie die besondere ästhetische oder sogar philanthropische Leistung eines literarischen Genres ableiten wollen, sei im folgenden am Beispiel der prominentesten Definitionsvorschläge zur phantastischen Literatur dargelegt.

2. Theorien der phantastischen Literatur

Die Unordnung beim Gebrauch des Begriffs 'Phantastik' ergibt sich nicht zuletzt daraus, dass es sich um einen Relationsbegriff handelt. Sinnvoll lässt sich von 'phantastisch' nur in Korrelation mit seinem Gegenbegriff sprechen. Monika Schmitz-Emans hat in einem instruktiven Beitrag zu dieser Problematik eine Reihe denkbarer Korrelationsbegriffe und die sich daraus ergebenden Konsequenzen aufgelistet. Ist realistisch das Gegenteil zu phantastisch? Oder real bzw. wirklich? Möglich? Alltäglich? Wahrscheinlich? Deutlich wird an diesen Fragen immerhin zweierlei: Die phantastische Literatur verspricht offenbar die Beschäftigung mit Gegenständen, die von leidigen Alltagserfahrungen fortführen, was die Attraktivität dieser Literatur erklärt. Denn „der Weg fort vom ‚Alltäglichen' und ‚Realen' kann ja durchaus als ein Weg empfunden werden, der fort von Zwängen, Konventionen und einengenden Regeln führt, der gleichsam das feste Mauerwerk des Tatsächlichen aufsprengt."[27] Andererseits bezieht die phantastische Literatur ihre Energie offensichtlich aus einem Ordnungskonflikt, den ihre Theoretiker als Gegenüber zweier Welten beschrieben haben, einer ordnungsgemäßen und einer, in

---

26 Freud, „Der Dichter und das Phantasieren", S. 176.
27 Monika Schmitz-Emans, „Phantastische Literatur. Ein denkwürdiger Problemfall", in: *Neohelikon* XXII, H. 2 (1995), S. 53-116, hier: 54.

der es nicht mit rechten Dingen zugeht.[28] Doch ist damit für eine Definition wenig gewonnen, denn auch die Realität, die dabei in konstitutive Opposition zur Phantastik gestellt wird, ist wie diese ein Produkt von Interpretationen und sozialen Verabredungen. Eine phantastische Literatur, die auf die Realität pfeift, gehört eigentlich - so hat Marianne Wünsch es definiert - zur nicht-mimetischen Literatur. Wenn aber eine Epoche „an Geister, Hexen, Werwölfe, Vampire usw. glaubt, [müsste] ein Text, in dem ein solches Phänomen auftritt, [...] durchaus als mimetisch gelten."[29] Demzufolge könnte eine Gespenstergeschichte von Jung-Stilling nach der Definition von Wünsch im ausgehenden 18. Jahrhundert in bestimmten streng pietistischen Regionen Deutschlands als mimetisch gegolten haben und wäre heute, da im Ernst kaum noch jemand an Geister glaubt, anti-mimetisch, also phantastisch. Über die Zugehörigkeit eines Werks zur phantastischen Literatur entschieden folglich keine innerliterarischen Aspekte, sondern die Mehrheitsverhältnisse bei der Beantwortung der Gretchenfrage.

So problematisch also die Zwei-Weltentheorie, das Gegenüber von Realistischem und Phantastischem, von Natürlichem und Übernatürlichem auch sein mag, weil jeweils der Korrelationsbegriff in Frage steht, bleibt doch diese Beobachtung als Basispostulat jeder theoretischen Auseinandersetzung mit phantastischer Literatur erhalten. Der Gedanke des Ordnungskonflikts steht auch im Zentrum der beiden bekanntesten und folgenreichsten Theorien zur phantastischen Literatur, die von Roger Caillois und Tzvetan Todorov entwickelt wurden.

Roger Caillois geht bei der Bestimmung der phantastischen Literatur von der „Einfachen Form" Märchen aus: Während in der Welt des Märchens das Wunderbare als normal erscheint, provoziert es in der phantastischen Literatur ein

> Ärgernis, einen Riß, einen befremdenden, fast unerträglichen Einbruch in die wirkliche Welt. [...] [D]ie Welt des Märchens und die wirkliche Welt durchdringen sich reibungs- und konfliktlos. [...] Im Phantastischen aber offenbart sich das Übernatürliche wie ein Riß in dem universellen Zusammenhang. Das Wunder wird dort zu einer verbotenen Aggression, die bedrohlich wirkt. [...] Es ist das Unmögliche, das unerwartet in einer Welt auftaucht, aus der das Unmögliche per definitionem verbannt worden ist.[30]

Das Phantastische und die reale Erfahrungswirklichkeit stehen sich bei Caillois unversöhnlich und fremd gegenüber. Anders als im Märchen mit seinem konstitutiven happy end herrscht in der Phantastik ein Klima des Grauens, weil die moderne, aufgeklärte Welt das Wunderbare für immer verbannt hat und auf seine Parusie nur mit Angst reagieren kann. In dem Maße jedoch, in dem wissenschaftliche Utopien den vakanten Platz des Wunderbaren übernehmen, indem sie bislang für unmöglich Erachtetes - „durch die Lüfte fliegen oder die Sterne erreichen"[31] - zu Wirklichkeit

---

28 Vgl. dazu Dieter Penning, „Die Ordnung der Unordnung. Eine Bilanz zur Theorie der Phantastik", in: Thomsen/Fischer (Hg.), *Phantastik in Literatur und Kunst*, S. 34-51.
29 Wünsch, *Die phantastische Literatur der Frühen Moderne*, S. 17. Zur Kritik an diesem Konzept vgl. Schmitz-Emans, a.a.O., S. 64.
30 Caillois, a.a.O., S. 45 u. 46.
31 A.a.O., S. 81.

werden lassen, büße die Phantastik ihre wirklichkeitstranszendierende Kraft ein und mache der Science Fiction Platz, die ein neues Wunderbares aus der Welt von morgen beschreibe.

Caillois' Geschichtsphilosophie phantastischer Formen will eine anrüchige literarische Tradition retten, indem sie das ästhetische Skandalon der Phantastik, das Schreckliche und Angsterregende, zwar als Gattungseigentümlichkeit behauptet, aber zugleich entschärft, indem sie es in eine beruhigende, als ursächlich behauptete Nähe zum sympathischen Wunderbaren des Märchens stellt. Die Motive des phantastischen Schreckens verdanken sich jedoch eher der Sage als dem Märchen.[32] Bei dieser Unterscheidung zwischen Märchen und Sage handelt es sich nicht um Beckmesserei: Hier stehen sich in zwei einfachen Formen nicht nur Natur und Geschichte gegenüber, sondern auch die beiden Bereichen zugeordneten Deutungsmuster und Weltanschauungen, Anarchie und Legitimität, Profanität und Glauben, Spiel und Ernst, happy end und Schicksal.[33] Als eine im historischen Raum angesiedelte Chronik von Eroberungen und Kolonisierungen, von Blutschuld und Hybris liefert die Sage einen Großteil der Motive, von denen auch die Phantastik zehrt: die weiße Ahnfrau, der Nachzehrer, der Fluch usf. Das Märchen hat als stoffliche Quelle für die phantastische Literatur nicht einmal sekundäre Bedeutung - seine Adelung zum genus proximum soll seinen unverwüstlichen Optimismus offenbar auch der eher düsteren Phantastik zugute kommen lassen.[34] Die Verortung der Phantastik auf einem Mittelplatz in der Gattungskette „Märchen - Phantastik - Science Fiction" unterstellt zudem einen defizitären Charakter des phantastischen Anliegens, das ohne wesentliche Einbuße auch von anderen Genres zu vermitteln sei.

Nachdem die Formel des Philosophen Caillois vom „Riss in der Wirklichkeit" als eine Art Kernbestimmung lange die Phantastik-Forschung prägte, hat sich mittlerweile der anfangs heftig umstrittene, aber stärker literaturtheoretisch argumentierende Ansatz von Todorov durchgesetzt. Zunächst schließt sich auch Todorov der These einer Kollision zweier unverträglicher Welten an: „In einer Welt, die durchaus die unsere ist, die, die wir kennen, eine Welt ohne Teufel, Sylphiden oder Vampire, geschieht ein Ereignis, das sich aus den Gesetzen eben dieser vertrauten Welt nicht erklären lässt."[35] Entscheidend für die Berechtigung

---

32 Bei der Bestimmung von Sage und Märchen orientiere ich mich an André Jolles, *Einfache Formen. Legende, Sage, Mythe, Rätsel, Spruch, Kasus, Memorabile, Märchen, Witz* (1930), Tübingen 1982. Dass eher die Sage als das Märchen für die Bestimmungen des Phantastischen relevant ist, hat bislang allein Gerhard Haas gesehen: vgl. „Struktur und Funktion der phantastischen Literatur", in: *Wirkendes Wort* 5 (1978), S. 340-356.

33 Ausführlicher dazu Brittnacher, *Ästhetik des Horrors*, S. 13 ff.

34 Auch aus der Bilderwelt der Mythologie borgt sich die Phantastik einige ihrer Motive - Zerberus, die Sphingen, die Harpyien oder die Empusen liefern durchaus pittoreske und inspirierende Vorlagen für die Kreaturen der phantastischen Erzählkunst; vor allem das Subgenre Fantasy sucht mit Göttern, Helden und Barbaren die naive Bilderwelt des Mythos zu beerben. Dem düsteren, mönchischen Ernst der konventionellen phantastischen Erzählkunst jedoch ist die Frivolität des Mythos und die *chronique scandaleuse* des olympischen Götterhimmels fremd.

35 Todorov, *Einführung in die phantastische Literatur*, S. 25.

jedoch, diesen Konflikt als phantastisch zu bezeichnen, ist die „Unschlüssigkeit",[36] „ob die evozierten Ereignisse einer natürlichen oder übernatürlichen Erklärung bedürfen".[37] Diese Unschlüssigkeit wird als „eine Funktion des Lesers [verstanden], die im Text impliziert ist".[38] In dem Maße, in dem etwa eine Erzählung zum *explained supernatural* neigt, also dazu, ein nur scheinbar übernatürliches Ereignis als natürlich aufzuklären, verliert sie ihre phantastische Qualität und wird beispielsweise zu einer Kriminalgeschichte; nimmt sie den Einbruch des Übernatürlichen hingegen für bare Münze, nähere sie sich einer der Gattungen des von Todorov so genannten „Unvermischt-Wunderbaren" an, werde sie zu einem Märchen oder einer Legende. Den Wildwuchs phantastischer Motive sucht Todorov zu ordnen, indem er sie, der Unterscheidung von Neurose und Psychose folgend, in Ich- und Du-Themen gliedert. Die „Ich-Themen" umfassen das Verhältnis des Menschen zur Welt - darunter fallen z.B. Motive wie Doppelgänger, die verlorene Zeit, der verschwundene Raum, die Verlebendigung von Dingen usw. Die „Du-Themen" haben das Verhältnis der Menschen untereinander zum Gegenstand, zu ihnen gehören Motive wie z.B. Teufelspakt, Vampire, Monster. Todorovs Psychologisierung des Motivinventars definiert als das wesentliche Anliegen der phantastischen Literatur die Darstellung unterdrückter oder tabuisierter sexueller Ansprüche:

> Gehen wir noch weiter: die Psychoanalyse hat die phantastische Literatur ersetzt und damit überflüssig gemacht. Man hat es heute nicht mehr nötig, auf den Teufel zurückzugreifen, um über eine exzessive sexuelle Begierde sprechen zu können. [...] Die Psychoanalyse und die Art von Literatur, die [...] von ihr inspiriert ist, handeln davon in unverhüllten Begriffen. Die Themen der phantastischen Literatur sind buchstäblich zum Gegenstand der psychoanalytischen Forschung der letzten 50 Jahre geworden.[39]

Die Behauptung, die Psychoanalyse habe phantastische Literatur ersetzt, bedeutet letztlich, so hat der polnische Autor Stanisław Lem in einer rabiaten Auseinandersetzung mit den Thesen Todorovs befunden, „daß das Phantastische eigentlich von der Zensur erschaffen wurde, denn es stellt ein Umgehungsmanöver ihrer Schranken dar. Diese lächerliche Behauptung wird von vielen Werken umgestoßen."[40]

Problematisch an Todorovs Theorie ist nicht allein seine immer wieder kritisierte Orientierung an der Psychoanalyse. Seine Definition des Phantastischen als durchgehaltene Unschlüssigkeit, die sich nur um den Preis der Selbstaufhebung der Seite des Erklärbaren einerseits (dem Kriminalroman), des „unvermischt Wunderbaren" (Märchen, Legende) andererseits zuneigen dürfe, bestimmt das Phantastische als

---

36 So die kluge Übersetzung von Todorovs Begriff „hésitation".
37 Todorov, *Einführung in die phantastische Literatur*, S. 33.
38 A.a.O., S. 31.
39 A.a.O., S. 143.
40 Stanisław Lem, „Tzvetan Todorovs Theorie des Phantastischen", in: *Phaicon 1. Almanach der phantastischen Literatur*, hg. von Rein A. Zondergeld, Frankfurt a.M. 1972, S. 92-122, hier: 110. Dass die im übrigen ungewöhnlich heftige Attacke Lems argumentativ nicht immer ergiebig ist, hat Wünsch, *Die phantastische Literatur der Frühen Moderne*, S. 10, zu Recht moniert.

bloßen Grenzwert. Es ist kein Zufall, dass er in seinem - ohnehin eher dürftigen - Textkorpus nur zwei Texte namhaft machen kann, die diesem Kriterium entsprechen sollen, nämlich Prosper Merimées *Vénus d'Ille* und Henry James' *The Turn of the Screw*. Doch schon eine oberflächliche Lektüre liefert eine ganze Reihe von Indizien, die gegen Todorovs Kriterium durchgehaltener Unschlüssigkeit sprechen - bei Merimée wird der Abdruck, den die Statue im Bett hinterlässt, ausdrücklich als so tief beschrieben, dass er von keinem menschlichen Wesen verursacht worden sein könne; und bei James erlaubt die Identifizierung der Gespenstererscheinung durch die unverdächtige Haushälterin nicht länger die psychologische Deutung des Spuks als Halluzination der sexuell frustrierten Gouvernante. [41]

Das Phantastische bei Todorov stellt eine überaus delikate, von verschiedenen Kräften an ihrer Realisierung gehinderte, in letzter Konsequenz bloß ideelle Gattung dar: Es „scheint sich eher an der Grenze zwischen zwei Gattungen anzusiedeln, als dass es eine selbständige Gattung wäre."[42] Dieser chimärische Grenzstatus des Phantastischen ist so flüchtig wie die ästhetische Erfahrung, weil die Unschlüssigkeit nicht einmal den Abschluss der Lektüre zu überdauern vermag: „Am Ende der Geschichte kommt, wo nicht die Person, immerhin der Leser zu einer Entscheidung; er wählt die eine oder andere Lösung und tritt durch eben diesen Akt aus dem Phantastischen heraus."[43] Das Raffinierte an Todorovs Konzept des Phantastischen ist zugleich seine Crux. Einerseits will Todorov eine dezidierte Qualität des Phantastischen angeben, ihm sogar den Status einer Gattung zuweisen, andererseits bestimmt er diese Qualität als Flüchtigkeit. Der flüchtige Eindruck der Unschlüssigkeit beim Leser kann aber schwerlich als Qualität eines Textes namhaft gemacht werden; das Phantastische bei Todorov ist „kein Gegenstand, keine Eigenschaft, sondern eine vorübergehend bestehende Beziehung zwischen Text, Textinhalt und Leser, ein vorübergehend aufgebautes Spannungsfeld",[44] das sich mit Abschluss der Lektüre wieder auflösen soll. Wenn das Phantastische im Wesentlichen über die Unschlüssigkeit des Lesers definiert wird, bezeichnet es keine Texteigentümlichkeit, sondern eine Empfindung. Wenn man jedoch „vom Fantastischen als einer Empfindung sprechen kann, hat es wenig Sinn, über fantastische Texte zu sprechen; Texte empfinden nicht."[45]

Ein weiteres Problem ergibt sich, wenn Todorov den gleichen Text nacheinander verschiedenen Gattungen angehören lässt, weil er sukzessiv verschiedene Effekte erzeugt. „Hat es Sinn, von literarischen ‚Gattungen' zu sprechen, wenn der vordere Teil eines Textes der einen, der hintere einer anderen angehört, [...] wenn [...] der Text durch den Lektüreprozess die Gattung wechselt?"[46] Um dieses Problem, das

---

41 Zu Henry James vgl. Edith Kreischer, „Henry James' *The Turn of the Screw*", in: Thomsen/Fischer (Hg.), *Phantastik in Literatur und Kunst*, S. 219-236, hier: 231.
42 Todorov, *Einführung in die phantastische Literatur*, S. 40.
43 A.a.O., S. 40.
44 Schmitz-Emans, a.a.O., S. 79.
45 A.a.O., S. 80.
46 A.a.O., S. 82.

sich auch bei Caillois stellt, an einem Beispiel zu illustrieren: In Jean Lorrains Erzählung *Les trous du masque* (dt.: *Die Öffnungen der Maske*) wird der Icherzähler von einem Freund zur Teilnahme an einem Maskenball überredet. Dort geht es sonderbar und unheimlich zu, die verkleideten und verlarvten Gestalten bewegen sich wie bei einem Totentanz; als sich selbst die wenigen nicht-maskierten Gestalten wie Polizisten und Pförtner bei näherem Zusehen als belebte Wachspuppen erweisen, droht der Icherzähler den Verstand zu verlieren. Er will sich endlich Klarheit verschaffen, zerrt einer der Gestalten die Maske vom Kopf und starrt in einen Hohlraum; ihn ergreift Entsetzen, er demaskiert immer mehr Gestalten, blickt immer wieder ins Nichts und reißt sich schließlich selbst, in höchster Seelennot, vor einem Spiegel die Maske vom Gesicht - und auch hier bleibt ihm die Entdeckung nicht erspart, dass er ein Nichts ist, gesichtlos, körperlos, schemenhaft. Und dann, am Ende der Erzählung, buchstäblich im letzten Satz der Geschichte, erwacht der Erzähler aus einem Ätherrausch - er hat nur geträumt.

Nach Todorovs strengen Kriterien hätte diese Erzählung im letzten Satz die Gattung gewechselt: war sie solange phantastisch, wie der implizite Leser unschlüssig war, ob er das Beschriebene für bare Münze zu nehmen habe, wird sie im letzten Satz zu einer realistischen Erzählung - der Nachschrift eines Ätherrauschs. Auch vor den Augen von Caillois und der ihm verpflichteten Theoretiker der phantastischen Literatur hätte diese Erzählung allenfalls als Groteske[47] oder Arabeske oder welcher Hilfskategorie auch immer passieren können, weil über die Gattungszugehörigkeit eines Werks ein Satz entscheiden kann. Die seitenlangen Beschreibungen fahler Beleuchtungen, düsterer Geschehnisse, beklemmender Stimmungen werden bedeutungslos angesichts der prosaischen Schlussformel der Erzählung. Die Zustimmung zu diesem Kriterium kommt der Ausweisung des größten Teil englischer und deutscher Schauerromane aus dem Bereich der phantastischen Literatur gleich. Aber auch der gegenteilige Fall, die unzweideutige und bis zum Schluss einer Erzählung aufrechterhaltene Behauptung des Übernatürlichen, verträgt sich nach Todorov nicht mit dem Anliegen der phantastischen Literatur. Mit den beiden Dimensionen des Übernatürlichen und der Angst verbannt Todorovs ausgerechnet die beiden *conditiones sine qua non* der Phantastik aus ihrer Bestimmung. Selbst die Weird Fiction und ihr bekanntester Vertreter, Howard Phillips Lovecraft, werden von Todorovs resoluter Ausgrenzungsstrategie erfasst. Lovecrafts ganz auf Angst und Grauen abgezweckte Erzählungen können nicht ins Corpus der Phantastik gehören, weil sonst „die Gattung eines Werkes von der Nervenstärke seines Lesers abhängt."[48] Hätte Todorov auch der „Angst" – als prinzipieller Erfahrung eines impliziten, nicht eines empirischen Lesers – den Status eines gattungskonstitutiven

---

47Wenn man beispielsweise dem sonderbaren Vorschlag Freunds folgt: „Das Groteske verwirklicht sich im Nebeneinander heterogener Bereiche [...]. Im Unterschied zum Grotesken verwirklicht sich das Phantastische nicht im Nebeneinander, sondern im Gegeneinander." (Winfried Freund, „Einführung in die phantastische Literatur", in: *Phantastische Geschichten*, hg. von W. F., Stuttgart 1979, S. 75-89, hier: 75).

48Todorov, *Einführung in die phantastische Literatur*, S. 35.

Merkmals verliehen, wären der Phantastikforschung wohl eine Reihe unfruchtbarer Diskussionen erspart geblieben.

Die literaturtheoretische Karriere von Todorovs *Einführung* ist nur verständlich angesichts der geringen Vertrautheit der Literaturwissenschaft der 60er und 70er Jahre mit Standardtexten der phantastischen Literatur. Sein energischer literaturtheoretischer Zugriff, der auf ideologische Zurechtweisungen weitgehend verzichtete, sollte für die strukturalistische Methodologie richtungsweisend werden. Todorovs Kategorien besitzen zweifellos jene analytische Energie, die man zumeist bei Theoretikern der phantastischen Literatur vermisst, sind jedoch entweder literarischen Beispielen abgewonnen, die nicht zum Korpus der literarischen Phantastik gehören, oder ziehen aus den richtigen Beispielen falsche Schlussfolgerungen, die dann als Charakteristika der Phantastik ausgegeben werden. Umgekehrt beschränkt sich der Vorschlag von Caillois auf die eher banale Beobachtung vom Märchen im Alltagskleid, die, mag sie auch nicht ganz falsch sein, in letzter Konsequenz doch wenig zur Profilierung des Genres beiträgt.

Eine von Todorovs Bestimmungen des Phantastischen jedoch besitzt tatsächlich jene analytische Energie, die man vorschnell seinen anderen Bestimmungen zugeschrieben hat. Die entscheidende Beobachtung Todorovs betrifft die tropologische Dimension der Phantastik. Ein phantastischer Text muss so beschaffen sein, dass sich eine allegorische oder gleichnishafte Lesart verbietet. Die Beschreibungen des Übernatürlichen im Text sollen nicht „uneigentlich" als Allegorien oder bloße Gleichnisse gelesen werden, sondern eigentlich, das heißt wörtlich als etwas, das sich so und nicht anders verhält oder zugetragen hat. Diese Unterscheidung ist außerordentlich hilfreich, will man Werke wie die Bibel, die *Odyssee* oder Kafkas Erzählungen vor ihrer falschen Vereinnahmung zu Paradebeispielen der phantastischen Literatur schützen.

Was aber ist phantastische Literatur, wenn sie keine Gattung, wie flüchtig auch immer - im Sinne Todorovs -, und auch keine moderne Form des Märchens - im Sinne von Caillois - darstellt? Die Literaturwissenschaft ist gut beraten, auf texttheoretische Ableitungen des Begriffs zu verzichten und sich mit einem elementaren, aber produktiven Phantastik-Begriff zu bescheiden, der sich unseres intuitiven Vorverständnisses erinnert und jene Literatur charakterisiert, die ohne erkennbare allegorische Absicht von phantastischen Themen, Wesen oder Gegenständen handelt. Es gibt weder eine phantastische Gattung noch gibt es phantastische Strukturen, sondern lediglich phantastische Motive. Bestimmt man das Phantastische im Wesentlichen über seine Motive, erledigt sich ein weiteres populäres Vorurteil: das seiner Nähe zur Avantgarde. In ihrem exaltierten, disjunktiven und epiphanischen Charakter entspreche phantastische Literatur der ästhetischen Moderne, sei gewissermaßen der angemessene stilistische Ausdruck ihres eigenwilligen ideellen Programms.[49] Diesem Vorurteil schließt sich zumeist ein zweites an: Die phantastische Literatur begegne dem Rationalitätsschub der

---

[49] Vgl. etwa Berg, *Schlimme Zeiten, böse Räume*, Wünsch, *Die phantastische Literatur der Frühen Moderne*, und Verhofstadt, a.a.O.

gesellschaftlichen Entwicklung mit radikaler Verweigerung dieser Rationalität. Kurz: Phantastik tendiere in ästhetischer Hinsicht zur Avantgarde und in moralischer oder politischer Perspektive zur Subversion. Nichts könnte falscher sein - eher trifft das Gegenteil zu.

3. Die ästhetischen Konventionen und moralischen Ressentiments der phantastischen Literatur. Stephen King.

Phantastik fingiert nicht nur, wie es notgedrungen jede Literatur tut, sie lügt, dass sich die Balken biegen. Aber damit diese Lügen halbwegs glaubhaft erscheinen, werden sie mit der Kunstfertigkeit realistischen Erzählens gesponnen: „Das Phantastische erhält sein Echtheitszertifikat vom Realismus".[50] In dem Maße, in dem eine Fiktion sich als phantastische ernst nimmt, in dem es ihr um das Tolldreiste des Einfalls geht und nicht um das, was er außerhalb eines selbstbezüglichen Schreckens bedeuten könnte, muss sie mit den Mitteln des Realismus arbeiten. Eine Vielzahl von Strategien, von der Ichform der Erzählung über die Schachteltechnik bis hin zum Motiv des Manuskriptfunds soll noch den bizarrsten Geschichten den Anschein von Glaubwürdigkeit verleihen.

Wer sich die Lektüre eines Romans von Stephen Kings zumutet, wird mit einem erheblichen Aufwand an Lesezeit den Realismus dieses phantastischen Autors beglaubigen. Selten umfassen Kings Romane weniger als 800 Seiten, und mindestens einen, zumeist zwei solcher Romane, dazu eine Reihe von Kurzgeschichten, legt er jährlich vor. Wer glaubt, von der Produktivität dieses Autors auf einen Mangel an erzählerischer und formaler Disziplin schließen zu könne, übersieht den kühlen Umgang des Autors mit der Ökonomie des Schreckens: Der Horror setzt die Idylle voraus; je ausführlicher diese vorgestellt wird, desto brutaler kann jener wirken. Nicht minder als in der höhergewerteten Literatur, eher noch mehr, hat sich auch bei Stephen King die Phantasie der Mühsal der Arbeit zu unterstellen und ein stimmiges System auszufabulieren: Wohl flunkert sie, doch mit Methode.

Über Stephen King zu schreiben, heißt in erster Linie über eine maßlose Art von Lektüre zu schreiben; ihn zu lesen, heißt in erster Linie, auf erworbene Distanzierungstechniken der ästhetischen Erfahrung zu verzichten und sich wieder einer elementaren Form des Lesens, dem Schmökern, zu überlassen. Gemeinplätze wie die, dass die Fertigkeit des Lesens zu verschwinden drohe, und dass am Genre des literarischen Horrors nur eine kleine Gemeinschaft abgebrühter Leser Gefallen finde, werden durch Kings Romane schlagend widerlegt. Sie lassen sich nicht Wort für Wort und Satz um Satz lesen, sondern nur in einem Exzess, der Seite um Seite verschlingt. Bei einer Literatur, die den Mangel an sprachlicher Finesse durch die Exuberanz von Details und Effekten überspielt, muss sich ein philologischer Purismus, der auf der Lektüre literarischer Werke in originaler Gestalt und Sprache insistiert, als deplatziert empfinden. Schon bevor Nachdenken und Überlegung den

---

[50]Georges Jacquemin, „Über das Phantastische in der Literatur", in: *Phaicon 2. Almanach der phantastischen Literatur*, hg. von Rein A. Zondergeld, Frankfurt a.M. 1975, S. 33-53, hier: 49.

ästhetischen Eindruck ernüchtern können, hat sich das Auge losgerissen und setzt sich einem Trommelfeuer weiterer Eindrücke, Stimmen und Bilder aus - das Tempo der Lektüre darf dem Zweifel des Lesers keine Chance lassen. Seine Bereitschaft, mit der vom Erzähler vorgelegten Geschwindigkeit Schritt zu halten, verdankt sich dem Wissen um die Gattungskonvention und dem Vertrauen, dass auch der Erzähler sie respektiert: für seinen Lektürefleiß wird der Leser im Zieleinlauf mit der Epiphanie des Schreckens belohnt. Glaubhaftigkeit gewinnt dieses Versprechen, weil King das Phantastische im Herzen des nordamerikanischen Alltags situiert. Kein *Urban Horror*, in dem die Stadt zum Dschungel wird und grauenhaft entstellte Mutanten in U-Bahn-Schächten lauern, sondern die friedliche Welt einer Kleinstadt mit Vorgärten und Barbecues liefert die bevorzugte Kulisse von Kings Romanen.[51] Das Idiom der Protagonisten und der Slang der Alltagssprache verleihen ihnen ein vertrautes Timbre; die beiläufige Mitteilung sorgfältig recherchierter Fakten schafft die sachliche Grundlage des Vertrauens. Mit dem Einspielen von Klischees aus Soap operas und Rocksongs verweist King nicht etwa auf die Artifizialität seiner Schöpfung, sondern verleiht ihr den Charakter eines typischen Ausschnitts aus der amerikanischen Gegenwartskultur. Stein um Stein entsteht vor dem inneren Auge des Lesers das plastische Bild einer geschlossenen ästhetischen Welt. Wenn ein bestimmtes Lektürepensum überschritten ist, hat sich der Leser mit einzelnen Figuren oder Problemen so vertraut gemacht, dass er - im Rahmen des üblichen ästhetischen Vorbehalts - auch das Unglaubliche zu glauben bereit ist.

In dem Roman *Needful Things* (1991; dt.: *In einer kleinen Stadt*) stellt King seine Fassung eines der traditionellsten phantastischen Motive, des Satanspaktes, vor. Leland Gaunt, ein älterer Herr, eröffnet in Castle Rock, Maine - hier oder in anderen Kleinstädten Maines spielen die meisten von Kings Geschichten - ein Antiquitätengeschäft. Erst nach langer Zeit wird dem Leser klar, dass es sich um den Teufel handelt, der in seinem Laden feilbietet, wofür seine Kunden ihr Seelenheil zu verkaufen bereit sind: Für die an Arthritis erkrankte Heldin ist es eine schmerzlindernde Zaubersalbe, für einen kleinen Jungen das heiß begehrte fehlende Bild in seiner Sammlung von Baseballstars, für den vor Zorn rasenden Nachbarn eine Schnellfeuerwaffe usf. Doch bis es zur phantastischen Klimax kommt, der Enttarnung Satans und dem Paroxysmus der Gewalt, wird der Leser über Hunderte von Seiten mit der Welt von Castle Rock bekannt gemacht, lernt er die Infrastruktur der Stadt und die Eigenheiten ihrer Bewohner so gut kennen, bis sie vor seinem inneren Auge den Charakter einer prinzipiell wirklichen Welt angenommen hat, der er sich selbst als idealer Bewohner zugehörig fühlt.[52] Nach der phantastischen Epiphanie geht es vergleichsweise schnell mit den Büchern Kings zu Ende. Nur

---

51 Vgl. Joachim Körber, „Notizen aus der toten Zone. Die Romane von Stephen King", in: *Das Stephen King-Buch*, hg. von J.K., München 1989, S. 477-499, hier insb.: 484 f.

52 Im Interesse des Realismus greift King auch auf das bei Balzac beliebte Erzählverfahren zurück, in neueren Romanen beiläufig des Schicksals von Personen aus früheren Romane zu gedenken. Im derzeit neuesten Roman, *Bag of Bones*, hat auch Ralph Roberts, der Held aus dem vorletzten Roman *Insomnia*, einen Cameo-Auftritt, zudem erfährt der Leser, dass der Protagonist von *The Dark Half*, Thad Beaumont, mittlerweile Selbstmord begangen hat usf.

selten speist der Autor seine Leser mit ersprießlichen happy ends ab, aber fast immer erspart er seinen Protagonisten ein langsames Sterben - der Tod ereilt sie unvermeidlich und mit überwältigender Grausamkeit, aber zügig. Die Vitalisierung seines Personals betreibt der Autor mit größerem Engagement und offenbar auch mit größerer Anteilnahme als seine Eliminierung. Auch ein phantastischer Autor ist in erster Linie ein realistischer Erzähler, der mehr Mühe an den Aufbau seiner Welt wendet als an ihre vom destruktiven Gattungsgesetz geforderte Vernichtung.

Der sorgfältige realistische Aufbau der ästhetischen Wirklichkeit ist die Voraussetzung ihrer effektvollen Zerstörung. Die Krudität dieser Zerstörung charakterisiert Kings singuläre Stellung in der zeitgenössischen Phantastik. Seine Darstellungsweise hat dem Begriff *American Gothic* eine neue Dimension erschlossen. Denn der Schrecken, mit dem seine Protagonisten sich auseinander zu setzen haben, ist im Unterschied zu dem der europäischen Phantastik handfest, ein nach unten deklassiertes Böses. Es tritt nicht als Parusie einer ungreifbaren dämonischen Energie auf, sondern in körperlicher Gestalt, als ein Wesen von massiver physischer Präsenz. Ob es sich dabei um die Materialisation eigener Wünsche und Ängste handelt – wie der Clown Pennywise in *It* (1986; dt.: *Es*) – oder um biologische Anomalien, wie sie die Bewohner von Haven, Maine in *The Tommyknockers* (1987; dt.: *Das Monstrum*) zeigen, denen nach der Berührung toter Aliens Tentakel wachsen: immer handelt es sich um einen Horror buchstäblich „zum Anfassen". Die Zwanghaftigkeit, mit der die Vorstellung einer unvermeidlichen Berührung des Abscheulichen insinuiert wird, zeigt die Bedeutung des Ekelkoeffizienten im Werk Stephen Kings.

Besonders deutlich wird die Tendenz zum materialistischen Horror an der Bearbeitung eines der delikatesten Motive der literarischen Phantastik, des Doppelgängers. In seinem Roman *The Dark Half* (1989; dt.: *Stark*) erzählt King die Geschichte des hoffnungsvollen Schriftsteller Thad Beaumont, der nach einer Schreibkrise eine Reihe erfolgreicher und gewalttätiger Kriminalromane unter dem Pseudonym George Stark geschrieben hat. Die Drohung eines Erpressers, seine Doppelexistenz zu enthüllen, nimmt Beaumont zum Anlass, zur seriösen Literatur zurückzukehren. Als er in einer publicity-trächtigen Werbeaktion sein Pseudonym wie ein leibhaftiges Wesen auf einem Friedhof beisetzt, wird dieses tatsächlich lebendig, entsteigt dem Grab und beginnt, alle an seiner Liquidierung und Beerdigung beteiligten Personen zu ermorden und den Autor zu zwingen, ihm mit einem weiteren Werk wieder zum Leben zu verhelfen. Lässt man einstweilen außer acht, dass King mit diesem Roman – wie in vielen anderen - im Subtext auch poetologische Fragen thematisiert,[53] fällt die Tendenz zur elementaren Verkörperlichung eines ideellen Problems auf. Denn der Leser erfährt nur beiläufig von Beaumonts

---

[53]Nicht zufällig gehören Schriftsteller, vornehmlich solche, die von Schreibkrisen geplagt sind, zu den Lieblingshelden Stephen Kings. Schon Ben Mears, der Held von *Salems's Lot*, plagt sich mit dem Geschäft des Schreibens; der erfolglose Schriftsteller Jack Torrance verdingt sich in *Shining* als Hausmeister in einem abgelegenen Hotel in den Bergen; Thad Beaumont, der Krimiautor aus *The Dark Half*, wird von den Geschöpfen seiner Phantasie heimgesucht; Besuch von Aliens erhalten die Schriftsteller Bobbi Andersen und Jim Gardener in *The Tommyknockers;* Paul Sheldon in *Misery* wird sein Beruf zum Schicksal, und schließlich laboriert auch Michael Noonan in Kings neuestem Roman, *Bag of Bones*, an einer Schreiblähmung.

- im übrigen eher belanglosen - Reflexionen über seine Verantwortung als Schriftsteller, umso ausführlicher darf er an seiner Anamnese teilhaben: In seiner Kindheit wurde Beaumont ein Genom, der fötale Rest eines Zwillings, chirurgisch aus seinem Gehirn entfernt. Das Pseudonym, unter dem der Dichter Schund produziert, stellt den lebendig gewordenen Zwilling des Helden dar. Die dezidierte psychologische Dimension, die dem Motiv des Doppelgängers in der phantastischen Literatur zumeist ermöglicht, auf Spaltungen, Unausgelebtes und Verbotenes innerhalb eines Subjekts zu verweisen, verwandelt sich hier zum physischen Konflikt zweier Brüder. Doch die tragische Dimension ihres Antagonismus, den Kampf um das Leben, das sie sich wechselseitig bestreiten, gespiegelt im gespaltenen Bewusstsein des Überlebenden zwischen Klage und Triumph,[54] verschenkt King an die zwar richtige, aber schlichte Einsicht, dass mit dem Tode nicht zu handeln sei. Kaum ist George Stark, der Klon Beaumonts, dem Tode entlaufen, fordern die Wächter des Totenreiches zurück, was ihnen zusteht. In einer Anspielung auf eine Erzählung Daphne du Mauriers, die Hitchcock zu seinem berühmten Film verarbeitet hat, tauchen gewaltige Sperlingsschwärme auf, zerfleischen den Klon und entführen seinen Leichnam mit sich ins Totenreich.

In dem Maße, in dem die Monster Kings an dämonischer Aura verlieren, wachsen die Protagonisten seiner Romane über sich hinaus und erobern sich damit, was ihre Gegenspieler eingebüßt haben: einen Anteil an übernatürlicher Energie, an spiritueller Kraft. Kings Helden demonstrieren das erfolgreiche Recycling des Erhabenen: Angesichts der Drohung einer überwältigenden natürlichen Gewalt entdecken sie in sich selbst eine Instanz unantastbarer Moral – nicht das Sittengesetz des deutschen Idealismus, aber die Philosophie Thoreaus und Emersons. Die konservativen Werte des amerikanischen Mittelstandes, das Selbsthelfertum des Pioniergeistes, die Integrität der Familie und die Bereitschaft zum heroischen Selbstopfer werden als moralische Orientierung aktiviert, um einen auf die Dimension banaler Biologie reduzierten Horror zu bekämpfen. Den Höhepunkt des phantastischen Geschehens bildet nicht wie in einer traditionellen phantastischen Erzählung eine abschließende Klimax, eine letzte Begegnung zwischen dem Guten und den Mächten der Finsternis, sondern ein beispielloses Massaker. Nicht das Seelenheil eines Einzelnen steht auf dem Spiel, sondern das Wertesystem einer ganzen Gesellschaft. Dem Ausmaß der Bedrohung entspricht der apokalyptische Zuschnitt des Showdowns: Blut fließt in Strömen und Tote wandeln auf der Erde, bis endlich ein Held erscheint und mit seinem heroischen Selbstopfer dem Töten ein Ende setzt.

Die europäische Phantastik war lange von einem aristokratisch inspirierten Konzept des Dämonischen bestimmt: Dem perfiden Wüstling des gotischen Romans lieh der Aristokrat des Ancien Régime das äußere Erscheinungsbild; Kälte und Blässe des Vampirs sind dem düsteren Höfling des 18. Jahrhunderts nachempfunden. In der Gestalt verkommener Adliger denunzierte der Bürger Luxus und Laster.

54Niemand hat diesen Konflikt des Überlebenden so eindringlich beschrieben wie Elias Canetti, *Masse und Macht*, Frankfurt a.M. 1991, hier insb. S. 249-312. Die Ächtung des Todes rückt King in die Nähe dieses Autors, so gravierend auch sonst die Unterschiede sein mögen.

Indem er sich selbst als deren Opfer imaginierte, büßte er zugleich seine historische Durchbruchsschuld. Aber er verschwieg auch nicht den Glanz der Verführung und das Charisma der Herrschaft, mit dem der Adel ihn in Bann geschlagen hatte. Mit seiner Sinnlichkeit enthüllte sich das Böse nicht nur als Verführung, sondern auch als Empörung. Denn nachdem die Ordnung des Guten alle Sinnlichkeit von sich gestoßen hatte, war auch die Begierde zur rebellischen Kraft geworden. Das Böse bezeichnete nicht nur den Namen des Feindes, es barg in sich auch eine unerlaubte Lust, der eine düstere Moral die Missgestalt des Kreatürlichen verlieh. Das Böse in der europäischen Phantastik hatte seinen Platz im Pendelschlag zwischen der Möglichkeit zur Ketzerei und dem Abgrund des Begehrens.

Die US-amerikanische Phantastik hat das metaphyische Surplus der europäischen Phantastik weitgehend nivelliert und ihren Biologismus radikalisiert. Zwar folgte der erste namhafte amerikanische Roman, Charles Brockden Browns *Wieland; or the Transformation* (1798), selbstbewusst im Untertitel als "An American Tale" ausgewiesen, noch dem europäischen Muster der *gothic novel*. Aber Brown verlagert entschlossen den Schrecken der neuen Welt ins Innere seiner Protagonisten, deren psychische Verfassung in einer brutalen Versuchsanordnung auf ihre Belastbarkeit hin geprüft wird. Dabei erspart der Autor seinen Lesern nicht nur das gotische Inventar, die mittelalterlichen Burgen, gräflichen Erbschleicher und pittoresken Banditen, sondern auch die bewusstseinsphilosophische Aufwertung des Schreckens zu einem Therapeutikum für empfindsame Seelen. Während die hypersensiblen Protagonistinnen der Ann Radcliffe am überstandenen Schrecken seelisch reifen, bleiben die Helden Browns, denen der religiöse Trostbestand der alten Welt nicht mehr zur Verfügung steht, bis an ihr Lebensende gezeichnet zurück.[55] Brown wurde von den englischen Romantikern begeistert rezipiert, konnte aber in Amerika keine literarische Tradition begründen – wenn man von unbedeutenden Einflüssen bei E. A. Poe und Nathaniel Hawthorne absieht. James Fenimore Coopers eher unphantastische Grenzerromane mit ihrer Evokation der gewaltigen und gefährlichen Wildnis Nordamerikas hingegen haben der kulturellen Identität Amerikas zu einem Selbstbild verholfen, dessen charakteristische Züge sich noch in den bizarresten Beispielen moderner amerikanischer Phantastik wiederfinden lassen.

Was in der europäischen Schauerliteratur die aristokratischen Villains und gräflichen Wüstlinge leisteten, übernahmen in der Weird Fiction Amerikas Ungeheuer, die ihre Schrecklichkeit allein ihrer überwältigenden physischen Präsenz verdankten. Amerikanische Monster setzen in Größe und Konsistenz neue Rekordmarken des Widerwärtigen. Die Ungeheuer Lovecrafts werden in einem beispiellosen rhetorischen Delirium als gewaltige, lepröse und bestialisch stinkende Schleimgebilde beschworen.[56] Ihre Widerwärtigkeit versagt ihnen grundsätzlich, worauf noch das verworfenste der Geschöpfe in der europäischen Phantastik Anspruch hatte: Erlösung. Selbst das Antlitz des Erzbösewichts Dracula erstrahlt nach erfolgreicher

---

55 Vgl. das instruktive Nachwort von Norbert Miller, „Die Stimmen aus dem Dunkeln. Anmerkungen zu Charles Brockden Brown", in: Brown, *Wieland oder Die Verwandlung,* München 1973, S. 323-351.
56 Vgl. Hans Richard Brittnacher, „Paranoia als ästhetisches Gesetz. Das literarische Universum des Howard Phillips Lovecraft", in: *Compar(a)ison* II/1996, S. 51-72.

Enthauptung im Glanz göttlicher Gnade. Mitunter ging die Phantastik der Alten Welt so weit, das vermeintlich Böse zu rehabilitieren und als wahre Schuldige seine von fanatischem Eifer erfüllten Verfolger zu diffamieren. Die Vampire der englischen und französischen Literatur straften oft das Image gnadenloser Blutsauger Lügen und erwiesen sich als kultivierte Gestalten, mitunter gar als betörende und zerbrechliche Frauen, die vielleicht den Tod brachten, aber zuvor exquisite erotische Erfahrungen gewährten. Ihre Hinrichtung, etwa die Pfählung der Titelheldin in Sheridan Le Fanus *Carmilla* oder die Tötung Clarimondes in Théophile Gautiers *La Morte amoureuse*, ließ auch deren Opfer seelisch gebrochen zurück. Die amerikanische Phantastik hingegen kennt nur die radikale Vernichtung des Bösen. Hier haben die Vampire jeden Liebreiz und auch den gräflichen Habit abgelegt; sie sind zu Zombies geworden, zu lebenden Kadavern, die in Lumpen herumlaufen und keine anderen Gefühle einflößen als Abscheu. Ihre Tötung stellt auch kein Sakrileg dar, sondern eine unvermeidliche seuchenhygienische Maßnahme, zu deren Durchführung es keiner geheimen Kenntnisse, sondern nur der richtigen Logistik und einer gehörigen Portion Sportsgeist bedarf.

Der Verwandlung ehrwürdiger Ikonen des Schreckens zu Figuren aus Dreck und Schleim ergibt sich aus Erfahrungen der Besiedlung eines Landes, das vor seiner Besiedlung keine Geschichte – im Sinne einer von Gewalttaten skandierten Teleologie - hatte:

> Die literarische Gotik war erfunden worden, weil man mit der Vergangenheit und Geschichte von einem typisch protestantischen, aufgeklärten Standpunkt aus fertig werden wollte; doch was sollte das in einem Land, das [...] weder eine richtige Vergangenheit noch eine Geschichte besaß? [...] Wie konnten traditionsreiche Institutionen wie Aristokratie, Mönchtum, Inquisition, Geheimgesellschaften [...] überzeugend auf die amerikanische Szene transponiert werden? [...] Wie stand es mit dem Spukschloß, der verfallenen Abtei, den Kerkern der Inquisition?[57]

Die Erfahrungen des Lebens in der Neuen Welt erwiesen sich als kaum verträglich mit dem metaphysisch imprägnierten literaturhistorischen Bestand der Alten Welt. Er wurde deshalb nicht unverändert übernommen, sondern eingeschmolzen. Die großen Themen der amerikanischen Literatur, die Wildnis, die Grenze und die Unschuld bilden die Eckpunkte beim Neuarrangement des überlieferten phantastischen Inventars. Das von R.W.B. Lewis entwickelte Modell des „American Adam", der unbelastet von den Sünden der Alten Welt in den Wäldern und Prärien des Landes ein Leben in heroischer Unschuld führt,[58] findet in die amerikanische Phantastik genauso Eingang wie die so genannte „Frontier-Hypothese", die in ihrer folgenreichsten Ausarbeitung bei Henry Nash Smith besagt, dass amerikanisches Selbstverständnis und amerikanische Institutionen von der Vorstellung einer

---

57 Leslie A. Fiedler, *Liebe, Sexualität und Tod. Amerika und die Frau*, Frankfurt a.M./Berlin 1987, S. 130f.
58 Vgl. Richard Warrington Baldwin Lewis, *The American Adam. Innocence, Tragedy, and Tradition in the 19th Century*, Chicago 1955.

unberührten Wildnis und ihrer fortdauernden Eroberung in Richtung Westen bestimmt werden.[59]

An der besonderen Vorliebe für wortkarge Helden nach dem Vorbild der Trapper und Cowboys und an seiner Sympathie für die engen Bindungen rauer Männer in eigentümlich keuschen Buddy-Beziehungen zeigt sich die Gültigkeit dieser literaturtheoretischen Paradigmen für die Romane und Erzählungen Kings. In den Kontext dieser Ideologie gehört auch seine von der Literaturkritik häufig monierte Aversion gegen die Darstellung heterosexueller Liebesbeziehungen. Diesem Vorbehalt entspricht die in Kings Romanen spürbare Sehnsucht nach einem Zustand der Reinheit, für den die zahlreichen Kinderhelden des Autors einstehen. Darin zeigt sich King als repräsentativer Vertreter einer Kultur, die Huck Finn, Charlotte Temple und Peter Pan zu ihren populärsten Ikonen zählt.

Auch mit einem spezifisch handwerklichen Ethos empfiehlt sich King nicht nur als typischer amerikanischer Schriftsteller, sondern zugleich als genuiner Horrorautor. Die verschlossenen Türen, hinter denen seltsame Geräusche zu vernehmen sind, bleiben in der vornehmeren Phantastik, etwa in W.W.Jacobs berühmter Erzählung *Die Affenpfote*, tunlichst geschlossen. Ihr Autor ist sich sicher, dass keine Manifestation des Schreckens sich mit der Phantasie des Lesers messen kann. Für den bekennenden Horrorautor und sein agonales Verständnis der Darstellung des Schreckens ist eine solche Zurückhaltung ehrenrührig: Der minimalistische Phantast verhält sich in den Augen des maximalistischen Phantasten parasitär zum Leser – er geht auf Nummer sicher, setzt sich keinem Risiko aus, spielt „nicht auf Sieg, sondern auf Gleichstand".[60] Der wahre Phantast hingegen nimmt, auch auf die Gefahr hin, hinter der Erwartung des Zuschauers zurückzubleiben, den Schrecken mit seinen ästhetischen Mitteln in Angriff.

Diese Mittel bestehen in erster Linie in der Biologisierung des Horrors und der radikalen Verkörperlichung von Konflikten. An die Stelle von Dämonie tritt Körperkraft, an die von sittlicher Verdorbenheit leibliche Fäulnis. Die adligen Erbschleicher werden durch neurotische Bankrotteure ersetzt. Schauplatz sind nicht länger verfallene Adelssitze im schottischen Hochmoor, sondern Eigenheime in einer neuenglischen Kleinstadt. Hier betören keine gut gekleideten Wüstlinge auf kultivierten Teegesellschaften anämische Opfer, die sich insgeheim nach Unterwerfung sehnen, sondern verfaulende Untote und muskulöse Ghettobewohner zerfleischen, wer auch immer ihnen in die Fänge gerät. Die materialistische Neukalibrierung der Phantastik vereinfacht zwar das Szenario der Phantastik, indem sie ihre spirituelle Ladung verringert, aber radikalisiert dabei deren eigentliche Subversivität, indem sie an das anthropologische Anliegen der Phantastik erinnert. Nicht so sehr der Kampf mit unbegreiflichen Jenseitsmächten bildet den zentralen Konflikt, sondern die Erfahrung von Tod und Sterblichkeit.

---

[59] Vgl. Henry Nash Smith, *The Virgin Land. The American West as Symbol and Myth*, Cambridge (MA)/London 1950.

[60] Vgl. dazu Stephen King, *Danse macabre. Die Welt des Horrors in Literatur und Film*, München 1988, S. 158 f.

Nahezu alle großen Themen der europäischen Phantastik hat Stephen King den Versuchsbedingungen der amerikanischen Lebenswirklichkeit ausgesetzt. *Salem's Lot* (1970; dt.: *Brennen muss Salem*) versteht sich als amerikanische Reverenz vor Stokers *Dracula*. Während sich die europäische Phantastik auf die erotische Dimension der Opfer–Täter-Beziehung konzentrierte, dehnt King den paranoiden Grundgedanken des Vampirismus ins Politische aus. Kaum hat sich Barlow, der Vampir, in Salem niedergelassen, greift das Sterben um sich. Barlow erscheint in dem von King neu vermessenen Vampirismus nicht als charismatischer Sadist, sondern als politischer Führer, dessen Opfer zu Marionetten mutieren. Nach und nach verwandeln sich die Bewohner der Stadt zu Gefolgsleuten Barlows, eine gespenstische Parade willenloser Mitläufer. Wenn Ben Mears, der Held des Romans, am Ende die Vampire in einer gewaltigen Feuersbrunst zu vernichten sucht, handelt er weniger aus privaten Gründen denn aus dem Bewusstsein seiner staatsbürgerlichen Verantwortung. Die gleiche Konfiguration von paranoider Angst vor Infektion und der Sehnsucht nach einem gewalttätigen Befreiungsschlag bestimmt auch die Handlung von *The Tommyknockers*. Auch hier ergreift nach und nach die Energie toter Außerirdischer Besitz von den Bewohnern von Haven, bis Jim Gardener sich opfert, das Raumschiff aktiviert und dem Spuk ein Ende bereitet. Die archaischen Vorstellungen von sozialer Durchseuchung und vom reinigenden Feuer verbinden sich mit dem Plädoyer für den heldenhaften Einzelnen, der sich weigert, der regressiven Verlockung zum Untertauchen in der Masse nachzugeben, zu einem Loblied auf das Modell amerikanischer Individualität. Ähnlich setzt auch der - gewiss nicht zufällig mit dem Allerweltsnamen John Smith versehene – Protagonist aus *The Dead Zone* (1979; dt.: *Das Attentat*), nach einem Kindheitsunfall und fünfjährigem Koma mit der Gabe des zweiten Gesichts mehr geschlagen als gesegnet, Leib und Leben daran, einen Präsidentschaftskandidaten, der ihm in einer Vision als Urheber eines Atomschlags erschienen ist, zu töten. Dass Smith bei dieser Aktion sein Leben lässt, garantiert den Erfolg des Unternehmens. In solchen Konstruktionen lassen sich sowohl die Idee von allgegenwärtigen Konspirationen, die sentimentale Berufung auf die Tugenden der Pionierzeit, das Pathos des Selbstopfers als auch das fast unbegrenzte Vertrauen in Schusswaffen und Gewalt als universale Deutungsmuster des amerikanischen Selbstverständnisses erkennen.

Wie sehr King das Ethos der Gründerzeit der amerikanischen Gesellschaft mitsamt ihren Werten der religiösen Toleranz und der sozialen Solidarität bedroht sieht, zeigen seine Romane am Schicksal von Außenseitergestalten. In seinem ersten Roman *Carrie* (1974) hat King die Geschichte eines paranormal begabten Mädchens erzählt. Die unansehnliche, als Außenseiterin gemiedene und von einer Mutter mit religiösen Zwangsvorstellungen drangsalierte sechzehnjährige Carrie White erinnert weniger an eine der machtvollen hexenhaften Frauen, von denen die phantastische Literatur Europas erzählt, als an eine arg vom Schicksal geschlagene Märchenfigur wie Aschenputtel. Dass auch das Dienstmädchen einen Märchenprinzen findet, dass auch die Armen Glück haben, hat Jolles als die „naive

Moral" des Märchens bezeichnet.[61] Diesem Optimismus erliegt auch Carrie White, als ihr Leben sich zu verändern beginnt, bis ein grausamer Streich ihrer Mitschülerinnen alle ihre Illusionen zerstört. Carrie nützt ihre telekinetischen Fähigkeiten zur Rache und entfesselt eine Gewaltorgie. Wie im Märchen wird das hässliche Entlein zum strahlenden Schwan, aber sie ertrotzt sich nicht den Königssohn, sondern verwandelt sich in dem Augenblick, in dem sie metaphorisch zur Frau wird, zugleich zu einer Göttin der Zerstörung, die grausam Rache für alle erlittenen Demütigungen nimmt.

Mit diesem Werk, aber auch mit späteren Romanen und Erzählungen wie *Firestarter* (1980; dt.: *Feuerkind*), *The Stand* (1978; dt.: *Das letzte Gefecht*) oder *The Mist* (1980; dt.: *Der Nebel*) liefert King einen Kommentar zum Verfall moralischer Werte und zur sozialen Brutalisierung in der Reagan-Ära. Charlie McGee, die Heldin aus *Firestarter*, verfügt über paranormale Fähigkeiten, weil der Geheimdienst medizinische Versuche mit ihren Eltern durchgeführt hat; in *The Mist* entweicht ein todbringender Nebel aus einem geheimen Forschungslabor; Jack Sawyer in Kings - gemeinsam mit Peter Straub verfasstem - Roman *The Talisman* (1984, dt.: *Der Talisman*) reist durch eine ökologisch verseuchte Welt; in *The Stand* vernichtet ein experimentell hergestellter Virus nahezu die gesamte Menschheit. Immer arbeiten die Romane Kings Szenarien aus, die auf die Bereitschaft des amerikanischen Lesers setzen, hinter sozial produzierten Katastrophen geheime Komplotte mehr oder minder regierungsnaher Einrichtungen zu vermuten.

King klagt nicht nur die Hybris wissenschaftlichen Fortschritts, die Grausamkeit des sozialen Miteinanders und die Korruption des politischen Systems an, er liefert gleichzeitig ein Szenario lehrreicher und gewalttätiger Bestrafung, in dem die Opfer es ihren Peinigern heimzahlen. Wie Carrie einen ganzen Ort, so legt auch Charlie McGee – nachdem ihr Vater mit seinem Opfertod der Tochter die Flucht ermöglichte - eine ganze militärische Einrichtung in Schutt und Asche; das Häuflein der Überlebenden aus *The Stand* errichtet auf den Trümmern der untergegangenen Welt ein neues, gerechteres soziales System, in dem auch Behinderte und Benachteiligte mehr als eine Alibi-Funktion ausüben. In Kings korrigiertem Universum regiert die Allianz der Schutzlosen, deren Unschuld zur Stärke wird - der Kinderkreuzzug ist die heimliche Obsession im Werk des Stephen King. Allein Kinder und Behinderte besitzen die Reinheit, die Voraussetzung ist, den Gral zu finden.[62] Es ist dieses Vertrauen in die Macht der Unschuld, nicht allein der Respekt vor den Regeln der Political Correctness,[63] das die Besetzung der zentralen Rollen in Kings Romanen durch ethnische Minderheiten und Behinderte erklärt. So geben in *The Stand* ein Gehörloser und ein geistig Zurückgebliebener ein fast unschlagbares Team ab.

Sowohl in den Sympathien des Autors für einzelne seiner Figuren wie in den apokalyptischen Strafszenarien wird das strukturierende Prinzip der Vergeltungsphantasie deutlich. Die Perspektive des Romans folgt der Perspektive des Opfers,

---

61 Jolles, a.a.O., S. 240.
62 Vgl. Körber, a.a.O., S. 479 f.
63 Vgl. Burkhard Müller, *Stephen King. Das Wunder, das Böse und der Tod,* Stuttgart 1998, S. 15.

beobachtet, wie das Gewahrwerden besonderer Fähigkeiten die bisherige Erfahrung der eigenen Belanglosigkeit verdrängt und sich schließlich zum Phantasma der Grandiosität ausweitet. Endlich darf auch der bislang von aller Macht ausgeschlossene Underdog über Leben und Tod entscheiden. In solchen Konstruktionen zeigen Kings Romane eine zumindest bigotte, wenn nicht aporetische Struktur: Sie ermahnen zur Toleranz und drohen bei Nichtbefolgung grausame Strafen an. Indem die Handlungsführung von Kings Romanen die Entwicklung von Opfern zu Tätern distanzlos schildert, affirmiert sie die Entstehung sozialer Gewalt, statt sie zu analysieren. In der Drohung, dass die Zukurzgekommenen wiederkehren, um Rache zu üben, zeigt der Kommunitarismus sein apokalyptisches Antlitz.

Auch der Komplex der Nekromantik, der Geisteranrufung und Totenbeschwörung, erfährt bei Stephen King eine materialistische Korrektur. Der Roman *Pet Sematary* (1985; dt.: *Friedhof der Kuscheltiere*) erzählt von dem Arzt Louis Creed, der durch einen Autounfall seinen geliebten zweijährigen Sohn Gage verliert. Fast besinnungslos vor Schmerz begräbt er das Kind auf einem indianischen Friedhof, dessen schamanisch geheiligte Erde Tote wieder zum Leben erweckt. Der kleine Gage kehrt wie erhofft zurück, aber er bringt den Lebenden einen martialischen Tod. Deutlich wird in diesem Roman die in den 80er Jahren mit großer Erregung geführte Debatte über Möglichkeiten und Grenzen der modernen Medizin und Gentechnologie. Vor diesem Hintergrund wird Creed zu einem faustischen Charakter, der sich mit dem Tod nicht abfinden kann und der Natur ins Handwerk pfuscht.[64] Aber bei King werden nicht mit kabbalistischen Zitaten oder in sterilen Séancen die Geister Verstorbener herbeizitiert, bei ihm wird der Tote buchstäblich aus der Erde ausgegraben. Selten – allenfalls in Mary Shelleys *Frankenstein* – hat dieses Kernthema der phantastischen Literatur eine so ungeschminkte, fast pietätlose Darstellung erfahren. Der obligate Dank, den Autoren im Vorwort ihrer Romane für fachliche Beratung abzustatten pflegen, geht in diesem Roman nicht zufällig an Leichenbestatter und Einbalsamierer. Sie haben King die erforderlichen Informationen geliefert, einen ästhetischen Skandal sachlich richtig zu beschreiben: Der Vater hält seinen bereits seit Tagen toten Sohn in den Armen, während der von Faulgasen aufgedunsene und stinkende Körper schreckliche Geräusche von sich gibt.

Das Bild bezieht seine Brutalität aus der Revision des Pietà-Motivs: keine Gefasstheit und Ergebung aus der Fülle des Glaubens, keine jubilierend aus sterblicher Hülle in den Himmel sich aufschwingende Seele, sondern Schmerz bis zum Wahnsinn und die so fatalen wie banalen Folgen der Putrefaktion. Die Romane Kings, daran kann kein Zweifel bestehen, ächten den Tod – wegen der phyischen Entwürdigung, die der Sterbende ertragen, und wegen der Trostlosigkeit, die der Zurückbleibende erleiden muss.[65] Wo Kings Romane zeitkritisch sein wollen, in der Wahrnehmung und Darstellung von Krisenphänomenen, argumentieren sie fundamental antimodernistisch. So zutreffend die Diagnose der Modernisierungsschäden

---

64 Vgl. Körber, a.a.O., S. 493.
65 B. Müller, a.a.O., S. 8, liest deshalb Kings Romane als „Nachrichten vom Innern des Todes".

auch ausfallen mag, so problematisch ist die vorgeschlage Kur der Besinnung auf Pioniergeist und Gewalt. Dass Kings Romane an die Beschädigungen des Menschen und seine existentielle Not, an seine moribunde Leiblichkeit und an die obszöne Tatsache des Todes erinnern, ist die Leistung der phantastischen Literatur – nicht mehr, nicht weniger.

Vier Felder der literarischen

und nie nur literarischen

Phantasie

Traum- und Fluchtlandschaften.
Zur Topographie des jungen Kafka. Mit einem Exkurs über die Träume in der „Schwarzen Romantik"

Norbert Miller

Die Spur der Romane führt bei Franz Kafka immer in den Traum zurück, in jene gespenstische und phantastisch-komische Nachwelt, die für ihn, den überraschten, seine Position immer wieder nachprüfenden Wanderer zwischen den Realitäten, die gleiche Erfahrungsdichte und ein höheres Maß von Wahrheit besaß wie das Erwerbsleben zwischen Familie und Versicherung oder die bizarr in das neue Jahrhundert hineinstarrenden Türme, Erker und Hofwinkel der Prager Gassen. Wie der Untergang des Angestellten K. im *Proceß* ist auch die zufällige Begegnung des Reisenden K. mit der winterlichen Welt des Schlosses aus einer Art Traumgesicht oder halb kontrolliertem Wachtraum hervorgegangen. Für den Tagebuchschreiber Kafka, den man nach der Anlage seiner Notizhefte ohnehin vom Erzähler und Dichter nicht trennen sollte, wird der von der Imagination wachgerufene Augenblick der Ankunft an einem unwirtlichen und fremden Ort zum Stachel für ein bohrendes, nach Vergegenwärtigung und nach Ablösung drängendes Schreiben. „Verlockung im Dorf" heißt die Geschichte, die unter dem 11. Juni 1914 eingetragen ist. Das Ich, prononciert herausgestellt, dem Charakter, aber nicht der Erzählhaltung nach der Josef K. seiner Romane, der nur wenig später, am 29. Juli in dem Erzählfragment: „Josef K. [...] Himmel auf" im gleichen neunten Tagebuchheft auftaucht, bewegt sich mit der stumpfen Offenheit auf das Neue durch eine abweisende Umgebung. Es ist solche Erfahrungen gewohnt und sucht sie mit der Routine des Alltags zu bewältigen. Rasch wird deutlich, dass die sich öffnenden Türen, die sonderbar redenden und Ratschläge gebenden Bewohner den Fremden in die Irre schicken. Fruchtlose Gänge, die in die entgegengesetzte Richtung zielen und wieder zurückgegangen werden müssen, lassen die Geschichte zum Albtraum werden, ohne dass der Reisende von seinem Vorhaben, dem aussichtslosen, abzubringen wäre. Erst acht Jahre später hat Kafka bekanntlich aus dieser ungewissen Atmosphäre die klar umrissene Konzeption seines *Schloß*-Romans geschaffen. Nicht anders steht es um den *Verschollenen*, den in Amerika spielenden ersten Roman, dessen Spuren die Aufzeichnungen des Jahres 1913 durchziehen, und erst recht gilt für den *Proceß*-Roman und sein Umfeld: Beide Romane sind in den Notizheften mit ihren Anfangskapiteln begonnen, beide Anfänge haben den gleichen, spontan aus der Imagination

hervorgegangenen Charakter einer beunruhigenden Nachschrift eines Diktats, wie
das Kafka selbst für seine in *einer* Nacht geschriebene Erzählung *Das Urteil* von
1913 mit Verwunderung konstatiert hat. Nur das Amerika-Buch hat eine wieder-
erkennbare geographische Situierung, auch wenn diese mit Prager Augen sehnsüch-
tig betrachtete Neue Welt oder 'novy svet' zwischen New York und dem
Naturtheater von Oklahoma bizarr genug wirken mag. Die Stadt im *Proceß* dagegen
trägt zwar die Züge Prags, sie ist aber die in der Topographie schwer fassbare,
verwinkelte Bühne der zerstörerischen Rechtsbürokratie. Und auch das *Schloß* hat
schon vom Titel her Züge eines abstrakten Labyrinths, das Orientierungen oder gar
die Eingliederung der vom Erzähler beschworenen Welt in einen realistischen, von
außen her fassbaren geographischen Raum nicht zulässt. Die Interpretationen haben
diese abstrakten, surrealen, bloß zeichenhaften Räume einer weitläufigen Unentrinnbarkeit beinahe zum Wahrzeichen Kafkas erhoben. So als wären seine Orte
weniger Traumszenarien als der Rahmen von Gleichnissen und unaufhebbaren
Rätseln. Dass die Raumfluchten so wichtig sind wie die Instanzenwege des Prozesses, dass die Zeitdehnungen jedes Vorgangs ein wesentliches Element für die
Bedrohlichkeit des Geschehens darstellen, stand immer außer Zweifel. Wie aber
steht die imaginäre Welt der Romane und Erzählungen zu den Traumlandschaften,
genauer zur Struktur der Traumlandschaften, aus denen sie bei Kafka hervorgegangen sind? An zwei Beispielen aus den frühesten uns erhaltenen Fragmenten
seiner Erzählkunst lassen sich diese Fragen stellvertretend behandeln. Auf einem
langen Umweg, der den Zusammenhang von Topographie und Traumlandschaft in
der europäischen Literatur des 19. Jahrhunderts sichtbar machen soll, kommt die
Untersuchung dann, in einem dritten Beispiel, zu der Welt des Josef K. zurück.[1]

1. Die taumelnden Plätze: *Beschreibung eines Kampfes*

> Dann aber wenn ich einen großen Platz zu durchqueren habe, vergesse ich
> an alles. Die Schwierigkeit dieses Unternehmens verwirrt mich und ich
> denke oft bei mir: „Wenn man so große Plätze nur aus Übermuth baut,
> warum baut man nicht auch ein Steingeländer, das durch den Platz führen
> könnte. Heute bläst ein Südwestwind. Die Luft auf dem Platz ist aufgeregt.
> Die Spitze des Rathhausthurmes beschreibt kleine Kreise. Warum macht
> man nicht Ruhe in dem Gedränge? Was ist das doch für ein Lärm! Alle
> Fensterscheiben lärmen und die Laternenpfähle biegen sich wie Bambus.
> Der Mantel der heiligen Maria auf der Säule rundet sich und die stürmische
> Luft reißt an ihm. Sieht es denn niemand? Die Herren und Damen, die auf
> den Steinen gehen sollten, schweben. Wenn der Wind Athem holt, bleiben
> sie stehn, sagen einige Worte zu einander und verneigen sich grüßend, stößt

---

1 Dieser Aufsatz ist aus zwei Vorträgen hervorgegangen. Auch wenn ich beim Schreiben auf den
  mündlichen Duktus der Formulierungen selbstverständlich keine Rücksicht genommen habe, will ich
  mir doch die größere Freizügigkeit in der wissenschaftlichen Präsentation herausnehmen. Die
  Anmerkungen beschränken sich deshalb auf die Nachweise der Zitate. Auf weiterführende Aspekte,
  auf die Diskussion mit der ins Unabsehliche sich erweiternden Literatur zu Franz Kafka oder auf die
  Rechtfertigung dieser aus der Textinterpretation gewonnenen Behauptungen gegenüber anderen,
  vermutlich wichtigeren Perspektiven wird verzichtet.

aber der Wind wieder, können sie ihm nicht widerstehn und alle heben gleichzeitig ihre Füße. Zwar müssen sie fest ihre Hüte halten, aber ihre Augen schauen lustig, als wäre milde Witterung. Nur ich fürchte mich." (93 f)[2]

Der Abschnitt ist Franz Kafkas frühester Erzählung entnommen, die auf dem Manuskript der Erstfassung den Titel *Beschreibung eines Kampfes* trägt. Aus dieser hier zitierten Urfassung ist er beinahe ohne Veränderungen in die Reinschrift übernommen worden, die sonst auf weiten Strecken bis in jede Formulierung von der Vorlage sich gelöst hat. Offenbar betrachtete Kafka die sonderbare Szene, wie der Wind die Leute auf dem Altstädter Ring in Prag immer wieder hochhebt und absetzt, wie die Konversation während des Schwebens aufgehalten wird, um dann, als wäre nichts gewesen, wieder weiterzugehen, als in sich abgeschlossen und gültig. Der ganze Platz ist in Aufregung, nicht nur die Fensterscheiben und Laternenpfähle, nicht nur der sich bauschende Mantel auf der Mariensäule, selbst die Spitze des Rathausturms zeichnet Kreise in den unendlich ausgespannten Himmel. Die Weite des Rathausplatzes wird zur Unruhe, die Topographie lädt den Südwestwind ein. Sein Blasen erweckt die Bedrohlichkeit im Weitläufigen der Stadtanlage. Das alte Prag wird da vor die Erfahrung gerufen, in seiner Eigenart, dass in ihr der Fußgänger immer wieder aus der sicheren Enge der Gassen und der bizarren Haussilhouetten in die Unendlichkeit der großen Plätze heraustritt, der beiden Ringe in der Altstadt und auf der Kleinseite, und der gewaltigen Anlagen, die Karl IV. einmal seiner Utopie einer Residenz verordnet hatte. Die Stille der Straßen, der Lärm und die Aufregung auf dem Platz - der Frühlingssturm wird von einem wahrgenommen, vielleicht auch nur imaginiert, den die Agoraphobie, die Angst vor der Weite, hellfühlig gemacht hat. Der donquichoteske Einfall, alles wäre gut, wenn nur die Plätze durch Steingeländer unterteilt wären, an denen der Ängstliche sich festhalten kann, gibt der repetierten Traumvision die Einheit. Der taumelnde Platz und die schöne Welt, die darauf ihr vom Wind betriebenes Karussell veranstaltet, existieren so nur in der Wahrnehmung des Erzählers, der seine Sehweise von der aller Teilnahmslosen nicht begründet unterscheiden kann. Er sieht wohl, dass die Damen und Herren, die da wie in Andersens „Galoschen des Glücks" ihre Galanterie bewusstlos weitertreiben, von der tieferen Verstörung durch den Frühlingswind nichts merken. Aber ob sie oder er recht haben, ob der Ängstliche mehr erkennt oder weniger, ist nicht auszumachen.

---

2 Franz Kafka, *Beschreibung eines Kampfes,* wird hier wie im folgenden zumeist durch bloße Angabe der Seitenzahl im fortlaufenden Text zitiert nach: *Nachgelassene Schriften und Fragmente I*, Teilband 1 (vgl. die Auswahlbibliographie im Anhang dieses Bandes). - In einigen Fällen muss allerdings auf den noch immer unersetzbaren Handschriftendruck der beiden Redaktionen rekurriert werden: *Beschreibung eines Kampfes. Die zwei Fassungen. Parallelausgabe nach den Handschriften,* hg. und mit einem Nachwort versehen von Max Brod, Textedition von Ludwig Dietz, Frankfurt a. M. 1969; Zitate daraus werden mit der Sigle ‚Dietz' in den Anmerkungen nachgewiesen. Vgl. a. die Aufsätze von Ludwig Dietz: „Zwei frühe Handschriften Kafkas" in: *Philobiblion* 13 (1969), S. 209 ff; „Kafkas Randstriche im Manuskript B der *Beschreibung eines Kampfes* und ihre Deutung. Eine Ergänzung zur Edition der zweiten Fassung", in: *Jahrbuch der Deutschen Schillergesellschaft* 16 (1972), S. 648 ff, sowie „Die Datierung von Kafkas *Beschreibung eines Kampfes* und ihrer vollständigen Handschrift A", in: *Jahrbuch der Deutschen Schillergesellschaft* 17 (1973), S. 490 ff

In der Urfassung der *Beschreibung eines Kampfes* (begonnen vermutlich im Spätherbst 1904, abgeschlossen vor Ende 1907, als Kafka von der deutschen Kurrentschrift zur lateinischen Schreibschrift überging) hat der zwanzigjährige Autor eine nächtliche Wanderung durch seine Vaterstadt beschrieben als die imaginäre Auseinandersetzung mit einem Gegner, einem neu gewonnenen Freund oder einem Doppelgänger. Das Erlebnis, das diese groteske Nachtwanderung ausgelöst hat, ist verloren; es ist auch gleichgültig. Ob die zweite Hauptperson biographisch zu identifizieren ist, mit einem von Kafkas Freunden, sei es Ewald Pribram, sei es Oskar Pollak, oder ob es hinter dem erträumten Bekannten und Widersacher nur jene Verkörperung seiner selbst gibt, jenes andere Ich, mit dem Kafka noch spät in Disputationen eintrat (vgl. Brief an Felice Bauer vom 26. Juni 1913) - jedenfalls wird hier der Schatten greifbar gemacht, der von da an durch viele Träume und in viele Entscheidungs-Situationen seines Erzählwerks hinein ihn verfolgen wird. Das Ziel des Nachtspaziergangs wird aus Verlegenheit festgelegt: um die beginnende Aufmerksamkeit der Umgebung von den erotischen Bekenntnissen seines vertrauensseligen Bekannten, die den traurigen Helden der Geschichte nervös und verlegen machen, ein wenig abzulenken, schlägt er einen nächtlichen Gang auf den Laurenziberg vor, aber so abwehrend-einlenkend, als käme dieser Vorschlag von dem Anderen. Mit seltsamer Verbissenheit wird an diesem unwirtlichen Ziel, da hier im ausgehenden Winter das Wetter noch kühl und die Wege glatt wie Schlittschuhbahnen sind, durch alle Kreuz- und Querzüge des Stadtgangs, durch alle Metamorphosen im Wechselverhältnis der Gehenden hindurch festgehalten. Mit Recht hat Jörg Schillemeit darauf hingewiesen, dass der gemeinsame Aufstieg auch während der inneren „Belustigungen" im Zusammentreffen mit dem Dicken, die vorgeblich dem „Beweis dessen" dienen, „daß es unmöglich ist zu leben", dass dieser Aufstieg also während der sonderbaren Vorgänge und Gespräche des zweiten Kapitels auf der ersten Erfahrungsebene ohne Unterbrechung weitergeht.[3]

Der Weg führt die beiden aus der Redoute durch die breit angelegte, vornehme Ferdinandstraße, die Verlängerung des Graben, an den Quai, jenseits dessen die Moldau und die Stadtviertel auf der Kleinseite gemeinsam im Dunkeln liegen. Sie gehen auf der äußeren Grenze der Altstadt, in deren Häusergewirr jeder der verwinkelten Seitenstraßen führen würde, nach denen der ängstliche Spaziergänger Ausschau hält. Dann bewegen sie sich den Quai entlang durch die kalte, vom Fluss heraufdringende Luft in Richtung auf die Karlsbrücke. Bei einem Fluchtversuch biegt der jetzt von Panik erfüllte Erzähler am Kreuzherrenplatz in die Karlsgasse ein, stürzt auf den Treppen und verstaucht sich das Knie:

> Aber jetzt wußte ich auch, was ich thun mußte, denn gerade vor schrecklichen Ereignissen überkommt mich eine große Entschlossenheit. Ich mußte weglaufen. Es war ganz leicht. Jetzt beim Einbug zur Karlsbrücke nach links konnte ich nach rechts in die Karlsgasse springen. Sie war winklig, es

---

3 Vgl. Jost Schillemeit: „Kafkas *Beschreibung eines Kampfes*. Ein Beitrag zum Textverständnis und zur Geschichte von Kafkas Schreiben" in: *Der junge Kafka*, hg. von Gerhard Kurz, Frankfurt a. M. 1984, S. 110.

gab dort dunkle Hausthore und Weinstuben die noch offen waren; ich
mußte nicht verzweifeln. / Als wir unter dem Bogen am Ende des Quais
hervortraten, rannte ich mit erhobenen Armen in die Gasse; doch als ich
gerade zu einer kleinen Thüre der Kirche kam, fiel ich, denn dort war eine
Stufe die ich nicht gesehen hatte. Es krachte. Die nächste Laterne war
entfernt, ich lag im Dunkel. (66 f)

Die enge Verflechtung zwischen der aus Fetzen des Halbbewusstseins und kaum
verständlichen Vorgängen gewobenen Handlung mit der Prager Topographie verstärkt sich an dieser Stelle, dem Schluss des ersten Kapitels, zu einer phantastischen
Engführung. Der Bekannte hat den Ängstlichen eingeholt, der scheu und vergeblich
auf seine Hilfe wartet:

Mein Bekannter hatte die Hände in den Taschen und sah über die leere
Brücke hin, dann zur Kreuzherrenkirche und dann auf zum Himmel, der
klar war. Da er mir nicht zugehört hatte, sagte er dann ängstlich: „Ja,
warum [...] stehn Sie denn eigentlich nicht auf – es ist doch kalt hier, Sie
werden sich verkühlen und dann wollten wir doch auf den Laurenziberg.'-
„Natürlich", sagte ich, „verzeihen Sie" und ich stand allein auf, aber mit
starkem Schmerz. Ich schwankte und mußte das Standbild Karl des Vierten
fest ansehn um meines Standpunktes sicher zu sein. Aber das Mondlicht
war ungeschickt und brachte auch Karl den Vierten in Bewegung. Ich
staunte darüber und meine Füße wurden viel kräftiger aus Angst, Karl der
Vierte möchte umstürzen, wenn ich nicht in beruhigender Haltung wäre.
Später schien mir meine Anstrengung nutzlos, denn Karl der Vierte fiel
doch herunter, gerade als es mir einfiel, daß ich geliebt würde von einem
Mädchen in einem schönen weißen Kleid. (68 f)

An keiner Stelle der ersten Fassung tritt das Doppelgängermotiv so deutlich hervor
wie hier, die Hoffnung und der Hass auf das 'Alter Ego', das ihn nicht in seine Aura
des Glücks und des Erfolgs aufzunehmen bereit ist und dem er in die Welt seiner
heimlichen Belustigungen und Gedankenspiele entweichen wird. So entgleitet er,
während die beiden wieder miteinander die Karlsbrücke überqueren, um jenseits
den Aufstieg zu beginnen, in eine Welt magischer Ding- und Namenbeschwö-
rungen. Wie im Traum wird es ihm leicht, so lädiert sein rechtes Knie vom Sturz
sein mochte, als Luftschwimmer die Heiligenstatuen auf der (noch nicht lange
wiederhergestellten) Brücke in traurigem Entzücken zu umkreisen:

Aber damit man mir später nicht sagen könnte, über dem Pflaster könne
jeder schwimmen und es sei nicht des Erzählens wert, erhob ich mich durch
ein Tempo über das Geländer und umkreiste schwimmend jede Heiligen-
statue, der ich begegnete. – Bei der fünften, als ich mich gerade mit überlegenen Schlägen über dem Pflaster hielt, faßte mein Bekannter meine Hand.
Da stand ich wieder auf dem Pflaster und fühlte einen Schmerz im Knie.
(70 f)

Die Verzerrung einer jedem bekannten Stadtlandschaft durch das ungewisse Licht,
das Mond oder Sterne zwischen den tief hängenden Wolken ausgießen, war seit den
Nachtstücken der Romantiker ein bewährtes Verfahren aller nach dem Phantasti-

schen hin entgrenzten Erzählkunst. Die Prager Literatur der Zeit hatte sich dieses Mittels bis zum Überdruss bedient, um die bösen Sagen ins Leben zurückzurufen oder um die eng-unheimlichen Höfe und Durchgänge des alten Ghetto in der Josephstadt ins Zwielicht zu rücken. In der *Beschreibung eines Kampfes* ist das Verfahren nicht einfach expressiv gesteigert durch die Unverhältnismäßigkeit dieser taumelnden Wanderschaft, in der kein Gesprächsfetzen und keine Handlung, bei gewissenhafter Buchung aller Umstände, selbstverständlich oder logisch aus der anderen hervorzugehen scheint, sondern sie wird aufgehoben, genauer noch: verwandelt durch die beharrliche Notierung auf zwei Bewusstseinsebenen, die an die gleichen topographischen Gegebenheiten verschiedene Perspektiven anlegen. Das fällt besonders im Übergang zum zweiten Kapitel auf. Da trennt Kafka durch eine Doppel-Überschrift den Neueinsatz schroff von allem, was vorauslag: Ein halb burlesker, halb auf Reflexion und Erkenntnis dringender Haupttitel markiert im weitergeführten Text den Einschnitt, der numerierte Untertitel „I. Ritt" verweist auf die ziemlich komplizierte Binnengliederung des Kapitels. Mit dem Entschluss, den gleichgültigen, aber derzeit erweislich ungefährlichen Menschen weiter zu begleiten, aber sich dabei auf eigene Weise zu vergnügen, ins Innere abzutauchen, ist die Metamorphose in das Surreale des Traums vollzogen. Der Leser ahnt, was es mit dem Ritt des Ich-Erzählers auf den Schultern seines ihm nun unterworfenen Gefährten auf sich hat. Ein Wunschbild ist, wie er da als Ghoul oder böser Dämon dem neuen Sindbad in den Rücken springt und ihn den Berg hinauftreibt. Es ist eine fremde Landschaft, in die beide hineinjagen: „Es gelang und wir kamen mit guter Schnelligkeit immer weiter in das Innere einer großen [...], aber noch unfertigen Gegend, [die im] in der es Abend war. – Die Landstraße, auf der ich ritt, war steinig und stieg bedeutend, aber gerade das gefiel mir und ich ließ sie noch steiniger und steiler werden."[4] Eine der Willkür des Träumenden unterworfene Gegend, worin der Reiter sein Tier nach Laune schinden und demütigen kann, ja, worin er dem strauchelnden Nebenbuhler die eigenen Knieschmerzen als schwere Wunde aufzudrängen vermag. Der im zweiten Abschnitt entworfene „Spaziergang" – frei sich entfaltendes Pendant zu der närrischen Springprozession des Anfangskapitels – zieht sich den aus dem Unbewussten aufsteigenden Bildfolgen entlang, die der Wachträumer nach Belieben und so lange entwirft, bis er sich wiederum vor seinen eigenen Schemen ängstet und in einen traumlosen Schlummer sich versenkt.

Nach der ersten Niederschrift, in der Kafka diese Vision überschwänglich weiterentwickelt und insgeheim mit dem ersten Teil der Erzählung verknüpft hatte, fühlt sich der Schlafende fortwährend leise gestört, da die ganze Nacht hindurch jemand neben ihm redet.: „Ich hörte kaum die Worte selbst, außer einzelne wie ‚Bank am Flußufer' ‚wolkenhafte Berge' ‚Züge mit erglänzendem Rauch', sondern nur die Art ihrer Betonung und ich erinnere mich, daß ich mir im Schlafe noch die Hände rieb, vor Freude darüber, daß ich die einzelnen Worte nicht erkennen mußte,

---

4 Zitiert nach der Wiedergabe bei Dietz, S. 44, weil hier das noch „Unfertige" auch in der Formulierung der Passage deutlich wird. Vgl. *Nachgelassene Schriften und Fragmente I*, Teilbd. 1, S. 72 f, und die Varianten zu S. 73 in Teilbd. 2, S. 157.

da ich eben schlafend war."[5] Vielleicht war daran die Idee geknüpft, einzelne Rede-wendungen des Gefährten, neben dem der Ich-Erzähler ja die ganze Zeit über den Laurenzi-Berg hinaufsteigt, in die andere Zeitrechnung des Längeren Gedanken-spiels eindringen zu lassen. Die entschlossene Kürzung rückte dafür den Auftritt des ungeheuerlich dicken Mannes, der von vier nackten Männern auf einer hölzernen Tragbahre aus den Gebüschen des anderen Ufers herangetragen wird, ins hellere Licht der Traumbühne. Max Brod hat darauf hingewiesen, dass der Abschnitt „Ansprache an die Landschaft" von einem alten japanischen Holzschnitt (Hiroshige) inspiriert war, der zu jener Zeit als Ansichtskarte verbreitet war und seinem Freund außerordentlich gefiel.[6] Die Vermutung hat viel für sich, dass auch die Schilderung des von Dienern getragenen Dicken von den Farbholzschnitten Hiroshiges inspiriert war, der auf einigen seiner Szenen dicke Sumo-Ringkämpfer zeigte, die in Sänften von watenden Trägern über Flüsse hinüberbefördert werden.[7] Wieder ist es ein Auftritt, der in der Phantasie des Wachträumers vorweggenommen wird durch die unmotivierten Sätze: „Wie merkwürdig ist es, daß noch in unserer Zeit vornehme Personen in dieser schwierigen Weise über einen Fluß befördert werden. Es giebt keine andere Erklärung dafür, als daß es ein alter Brauch ist" – worüber er dann selbst verwundert den Kopf schüttelt. Die massige, ins Monströse aufgedunsene Figur des Dicken, dieses morgenländischen Pan aus den Weidensträuchern, und seine groteske Fahrt flussabwärts in den Tod hebt sich aus allen Bewusstseins-schleiern der vorausgehenden Traumsequenz ab als eine von außen, aus einer anderen Sphäre hereindringende Erscheinung, die dem im Traum starrenden Ich die Freiheit des Spiels abschneidet. So kompakt, dass der nackte Körper für sich die Äste und Zweige am Ufer beiseiteschiebt, und so ohne körperliche Substanz, dass die niedrig fliegenden Vögel ungehindert durch seinen Leib schweben, wird dieses in den Tod gleitende Götzenbild zu einem der Beweise für die Unmöglichkeit zu leben. Er wird zum Opfer der Natur und der Dinge, deren Anblick er in aller pathe-tischen Selbstüberhebung nicht entgehen kann, und überlässt im Augenblick des Versinkens diese paradoxe Erfahrung seinem aufschreienden Todeszeugen.

Im Versinken erzählt der Dicke, als spielte die Szene in *Tausend und einer Nacht*, das Gespräch mit dem Beter, dessen Anfang Franz Kafka später aus dem Kontext löste und unter diesem Titel im *Hyperion* (Heft 8 vom März/April 1910) als eigenständige Geschichte veröffentlichte. Jost Schillemeits Vermutung, dass eine Vorform dieser Episode selbständig existierte, ehe sie in das Kapitel mit dem Dicken eingeschoben und ihm als Chronisten überlassen wurde, löst überzeugend

---

5 Nach Dietz, S. 52, als Passage aus der längeren von Kafka in Fassung A gestrichenen Traum-Schilderung, die später in kleinen Teilstücken in die Fassung B Eingang fand; vgl. *Nachgelassene Schriften und Fragmente I*, Teilbd. 2, S. 158 ff (Variante zu Teilbd. 1, S. 76, Z. 26).

6 Vgl. Franz Kafka, *Beschreibung eines Kampfes. Novellen, Skizzen, Aphorismen aus dem Nachlaß*, hg. von Max Brod, Frankfurt a. M. 1954, S. 347. – Diese Zusammenstellung gab, obwohl inzwischen von der Kritischen Ausgabe überholt, die Anregung zu diesen Überlegungen. Die Diskretion des Freundes und Bearbeiters, mit der Max Brod etwa knapp erläutert, wie der Mittagsschuss die auf dem Rathausturm hockenden Vögel zum Herunterflattern bringt, lässt den Umgang mit seiner Ausgabe von Kafkas Nachlass nach wie vor als Wohltat empfinden.

7 Vgl. *Nachgelassene Schriften und Fragmente I*, Teilbd. 2, S. 48.

den Bruch in der Erzählkontinuität an dieser Stelle der Traumbelustigungen auf; denn wenn es in der Allmacht-Ohnmacht dieses Phantoms auch nicht ausgeschlossen ist, dass zu seinen Rollen vielleicht die eines alltäglichen Prager Kirchenbesuchers und schüchternen Verehrers gehörte, hat doch von ihrem novellistischen Einsatz her die Episode mit dem Anfang der *Beschreibung eines Kampfes* den Ausgangspunkt aller Wahrnehmung in der Prager Alltagswirklichkeit gemein. Gewiss die Rätsel des Lebens, die ängstliche Überzeugung von der Unmöglichkeit des Lebens, und damit die taumelnde Angst vor der äußeren Erfahrung, haben der Beter und sein Gesprächspartner mit dem Dicken gemeinsam, der sich zu ihrem Chronisten aufwirft, aber die Voraussetzung ist nicht die visionäre Entgrenzung der Sinne im Traum, sondern die traumgleiche Erfahrung des Gewohnten und Gewöhnlichen: „Es hat niemals eine Zeit gegeben," so gesteht der sonderbare Beter „mit schläfriger [und doch listiger] Grimasse", „in der ich durch mich selbst von meinem Leben überzeugt war. Ich erfasse nämlich die Dinge um mich nur in so hinfälligen Vorstellungen, daß ich immer glaube, die Dinge hätten einmal gelebt, jetzt aber seien sie versinkend." Das wird dem Dicken erzählt, der sich daran, versinkend, erinnert und in diesem Augenblicks-Vorgang alles dies wieder dem inneren Ich dessen erzählt, dessen äußeres Ich eben den Laurenziberg hinaufgeht! „Immer lieber Herr, habe ich eine so quälende Lust, die Dinge so zu sehen, wie sie sich geben mögen, ehe sie sich mir zeigen. Sie sind da wohl schön und ruhig. Es muß so sein, denn ich höre oft Leute in dieser Weise von ihnen reden."[8] Das Gefühl, den Dingen gegenüber zu spät zu kommen, die quälende Hoffnung, sie nicht nur im Verschwinden noch wahrzunehmen, sondern so wie andere Menschen und der immer wieder scheiternde Versuch, sie zu überrumpeln, sie durch früheres Aufstehen und schnelleres Hinblicken noch schön und ruhig zu erleben, sind im „Gespräch mit dem Beter" in einfacher, in der *Beschreibung eines Kampfes* in doppelter Brechung auf einen Episoden-Charakter übertragen, obwohl Franz Kafka an dieser für sein Frühwerk zentralen Stelle unmissverständlich von sich redet.

Er erläutert da jene Schlüsselszene, die er in dem berühmten Brief an Max Brod vom 28. August 1904, versteckt zwischen einer Reihe anderer kryptischer Begebenheiten, als Sommer-Erlebnis erzählt:

> Am nächsten Tag zog sich ein Mädchen ein weißes Kleid an und verliebte sich dann in mich. Sie war sehr unglücklich darüber und es ist mir nicht gelungen, sie zu trösten, wie das eben eine schwere Sache ist. Als ich an einem andern Tage nach einem kurzen Nachmittagsschlaf die Augen

---

8 Vgl. Dietz, S. 90. Die zweite Fassung verkürzt diese Passage bis zur Unkenntlichkeit, bezieht sie dafür aber auf den Anfang der Geschichte zurück, an dem sich der Ich-Erzähler vergeblich durch das Anstarren des Standbilds von Karl IV. in seinem Standpunkt zu konsolidieren versucht: „Und ich hoffe von Ihnen zu erfahren, wie es sich mit den Dingen eigentlich verhält, die um mich wie ein Schneefall versinken, während vor andern schon ein kleines Schnapsglas auf dem Tisch fest wie ein Denkmal steht." (A.a.O., S. 91) Aber es ist charakteristischerweise die erste Fassung, die Kafka bei dieser Metapher vor Augen hat, nicht die eben unter der Feder entstehende zweite, in der diese Passage (vgl. S. 36 f) aus thematischen Rücksichten verkürzt und verändert ist. Der Rollentausch als Grundgeste jedoch, die Übertragung der ungewöhnlichsten Erfahrungsart vom Erlebenden auf den Berichtenden, ist in beiden Fassungen die gleiche.

öffnete, meines Lebens noch nicht ganz sicher, hörte ich meine Mutter in
natürlichem Ton vom Balkon hinunterfragen: „Was machen Sie?" Eine
Frau antwortete aus dem Garten: „Ich jause im Grünen." Da staunte ich
über die Festigkeit, mit der die Menschen das Leben zu tragen wissen.[9]

Die Bestimmtheit hinter der Antwort, das Ungewöhnliche und Komische der
floskelhaften Bemerkung, mit der sich die Mutter wie die Nachbarin zufrieden
geben, die selbstverständliche Abfolge von Rede und Gegenrede – alles das findet
im Brief seine Erklärung in der Festigkeit, mit der sich die Menschen dem Leben
gegenüber gewappnet haben. Ein Willensakt, vielleicht ein unbewusster, aus der
Routine des Weitermachens gewonnen. In der *Beschreibung eines Kampfes* erweitert der Beter die Geschichte, jetzt zur Illustrierung seiner ungewöhnlichen Wahrnehmung der Dinge um sich herum zu einer in die Kindheit abgesenkten Epiphanie
(im Verständnis von James Joyce) oder einem mystischen Erweckungs-Erlebnis, an
dem alle Umstände wichtig werden, wichtiger als der nie ganz zu vermittelnde
Inhalt der Vision:

> Wirklich, Sie glauben nicht daran? Ach, hören Sie doch; als ich als Kind
> einmal nach einem kurzen Nachmittagsschlaf die Augen öffnete hörte ich
> noch ganz im Schlaf befangen meine Mutter in natürlichem Ton vom
> Balkon hinunterfragen: „Was machen sie meine Liebe. Es ist so heiß" Eine
> Frau antwortete aus dem Garten: „Ich jause im Grünen." Sie sagten es ohne
> Nachdenken und nicht allzu deutlich, als müßte es jeder erwartet haben.[10]

Wenn die Traumbegegnung mit dem Dicken in den Belustigungen der Einbildungskraft dem Beweis diente, dass es unmöglich ist zu leben, so dient in diesem
Rahmen, aus der Phantasmagorie in die Alltags-Bewältigung zurücklenkend, das
Bekenntnis der von anderen abweichenden Ding-Wahrnehmung reflexiv dem
gleichen Zweck. Wer durch eine von draußen hereindringende Abfolge von Rede
und Gegenrede so in seiner Sicherheit verstört wird, kann von der Banalität nur wie
von einem idealen Zustand der Welt träumen, in dem alles so schön und ruhig ist,
wie es sich ihm nie zu zeigen bereit ist. Das Leben lässt sich, immer nur im Versinken auffassbar, immer halb um die Ecke verschwunden, ehe man genau
hinschauen kann, unter diesen Voraussetzungen unmöglich leben.

Dafür aber behalten unbezweifelte Sachverhalte oder Objekte, weil oft, weil
durch wiederholte Begegnungen gesichert, eine Art tentativer Gültigkeit jenseits der

9 Franz Kafka, *Briefe 1902-1924*, Frankfurt a. M. 1966, S. 29.
10 Vgl. Dietz, S. 90, sowie S. 91 für die noch einmal abweichende Fassung B, die über dem Bestreben
    nach gestischer Verdeutlichung dem konventionellen Erzählen sich bewusst annähert. Hier lässt es
    Kafka nicht damit bewenden, die Gesprächs-Situation rhetorisch zu unterstreichen, sondern er
    überträgt diesen Erzähler-Habitus auf die erzählte Szene selbst. War in der Fassung A sogar die
    Frageform aufgehoben, dafür aber ein deiktisch gemeinter Hinweis auf die Hitze eingeschoben, so wird
    jetzt nicht nur die Frageform wiederhergestellt, sondern auch durch den Ausruf „Ist das aber eine
    Hitze!" aufgelegen. Entsprechend dringt das in der Vorlage gestrichene „So" unversehens in die
    Antwort der Frau aus dem Garten ein: „Ich jause so im Grünen." Die leeren Füllwörter, die im Zeigen
    nichts zeigen, unterstreichen beinahe aufdringlich, wie beiläufig und ohne Nachdenken Frage und
    Antwort aufeinander gefolgt sind. Im übrigen stützte sich Kafka für die Fassung B unmittelbar auf
    seinen Brief an Brod, um das Unsichere und Vorläufige seines Wach-Zustandes zu charakterisieren.

Außenwahrnehmung oder der Innenvorstellung: die Topographie der Straßen und Plätze, Häuser- und Kirchenfassaden, Denkmäler und Türme. Sie haben, mindestens für den Augenblick des zufälligen, noch unbedenklichen Seitenblicks, eine orientierende Funktion in allen Schichten der Selbstvergewisserung, ehe dann die Phantasie auch die feststehenden Monumente und die ordnenden Räume wieder dem eigenen Taumel einverleibt. Erst öffnet die Karlsgasse einen Ausweg, dann wird sie zur dunklen Falle. Erst scheint die Statue Karls IV. den schwankenden Standpunkt zu sichern, ehe das ungeschickte Mondlicht auch die Statue selbst in Bewegung versetzt. Erst geht der Erzähler aufatmend über die Karlsbrücke, ehe er sich über das Geländer schwingt und die heiligen Statuen taumelnd umfliegt. Dem gleichen Gesetz einer feststehenden Topographie, deren man sich aber immer nur im Versinken der Dinge in hinfälligen Vorstellungen versichern kann, gehorcht nun auch die eingangs zitierte Schilderung des Altstädter Rings. Kein Unterschied in der erzählerischen Vergegenwärtigung zwischen dem, was der mittlerweile in sein Inneres abgetauchte und zum stummen Zuschauer gewordene Ich-Erzähler in seinem imaginären Zweikampf erfahren hat, und dem, was der Beter zu berichten weiß. Der Brief an Max Brod, für die Darstellungsweise von Kafkas erster Erzählung so grundlegend, wie es für die *Beschreibung eines Kampfes* im Thematischen der Brief an Oskar Pollak vom 20. Dezember 1902 war, mit der darin eingeschlossenen „vertrackten Geschichte vom schamhaften Langen und vom Unredlichem in seinem Herzen", hat auch für diese in ihrer Melancholie zauberhaft leichte Stelle das autobiographische Erlebnis festgehalten:

> Wir werden förmlich von einer wehenden Luft nach ihrem Belieben getragen und es muß nicht ohne Scherzhaftigkeit sein, wenn wir uns im Luftzug an die Stirne greifen oder uns durch gesprochene Worte zu beruhigen suchen, die dünnen Fingerspitzen an die Kniee gepreßt. Während wir sonst bis zu einem gewissen Maße höflich genug sind, von einer Klarheit über uns nichts wissen zu wollen, geschieht es jetzt, daß wir sie mit einer gewissen Schwäche suchen, freilich in der Weise, mit der wir zum Spaße so tun, als wollten wir mit Anstrengung kleine Kinder fangen, die langsam vor uns trippeln.[11]

Im Gespräch des Beters ist die Vorstellung einer von wehender Luft nach Belieben getragenen Sommeranfangs-Welt zurückgenommen in die kopfschüttelnde Wahrnehmung eines außenstehenden Betrachters, der diese bewusstlose Zuversicht oder diese zuversichtliche Lebensgewohnheit nicht mitzuvollziehen weiß. Er erzählt von der Konfusion, die das Überqueren eines großen Platzes in ihm auslöst, wie von einem Beispiel mehr für die zuvor an sonderbaren Exempeln statuierte Hilflosigkeit gegenüber der blinden Gewohnheit des Lebens in seiner Umgebung. Seine Fragen zerschneiden die in sich heitere Szenerie dieses windgetriebenen Hans–Christian-Andersen-Karussells der Herren und Damen. Aber die ängstlichen Ausrufe, der Schrecken vor der sogleich einsetzenden Taumel-Bewegung der Skulpturen auf dem Platz, des Rathausturms sowie vor dem damit verbundenen Lärm der Fenster-

---

11 Kafka, *Briefe*, a.a.O., S. 29; vgl. den Brief an Oskar Pollak, a.a.O., S. 14 ff.

scheiben und Laternenpfähle, die sich wie Bambus verbiegen, stürzt den Beter einmal mehr in die Verzweiflung, alle Dinge nur in der Auflösung wahrzunehmen.

Die Traumqualität der Wahrnehmung hat etwas Grundsätzliches, etwas aller Kunst Vorausliegendes. In der ersten Fassung der *Beschreibung eines Kampfes* ist das noch ausgeprägter als in der sonst konsequenteren zweiten. Der Traum ist in beiden die Voraussetzung des Schreibens. Die Objektivität dieses Schreibens erweist sich daran, wie befriedigend in der Formulierung diese ganz andere Wahrnehmung getroffen ist. Die zitierte Passage erfährt nur wenige stilistische Verbesserungen, darunter die Ersetzung des Als-ob durch die Distanzierung ins tatsächlich Fremde in dem Satz, der dem „Nur ich fürchte mich" unmittelbar vorausgeht. Die Bemerkung „Zwar müssen sie fest ihre Hüte halten, aber ihre Augen schauen lustig, als wäre milde Witterung" lässt die Beobachtung im Ungewissen. Die Setzung des Erzählers, die Augen der anderen schauten lustig, wird halb in die Gleichsetzung von froh und frühlingsgewiss umgesetzt, halb durch den Irrealis ins Fragliche aufgehoben. Die zweite Bemerkung „Aber sie machen lustige Augen und haben an der Witterung nicht das geringste auszusetzen" ist ganz exakt in den verwunderten Tonfall des Geängstigten einbeschrieben. Ihm kann es nur als ein Akt ungeheuren Wagemuts und großer Unbekümmertheit erscheinen, wenn andere in der gleichen Gefahr lustige Augen *machen* und an der Witterung nichts auszusetzen haben. Aber sonst muss dem jungen Kafka diese Szene so vollständig, vielleicht auch vollendet erschienen sein wie sonst nur wenige Einzelformulierungen im früheren Textteil. Da lässt er in einer ganz verwirrenden Passage, während er eingeschlafen, aber nicht träumend daliegt in einem zeitlosen Zustand („Mich weckte weder der Untergang des Mondes noch der Aufgang der Sonne"), der Irritation und Störung von außen nicht verhinderte, den traurigen Helden jemanden neben sich reden hören: „Ich hörte kaum die Worte selbst, außer einzelne wie 'Bank am Flußufer' 'wolkenhafte Berge' 'Züge mit erglänzendem Rauch', sondern nur die Art ihrer Betonung und ich erinnere mich, daß ich mir im Schlafe noch die Hände rieb, vor Freude darüber, daß ich die einzelnen Worte nicht erkennen mußte, da ich eben schlafend war." Was er da hört ist offenbar nichts anderes als die bisherige Geschichte, aus der sich nur einzelne Formulierungen randscharf herausheben. Es sind jene auffälligen Bild- und Satzwendungen, die Kafka als so zentral empfand, dass er sie auch bei seiner Umarbeitung nicht verändert hat: „Auf beiden Ufern fuhren", heißt es in beiden Fassungen dieser sonst sehr differierenden Episode, „hin und wieder schiebende Züge mit erglänzendem Rauch". Jedesmal sind es Einzelwahrnehmungen, in denen sich das Besondere der Atmosphäre mit einem Außenmerkmal der Stadttopographie verbindet. Oder es sind herausfahrende Bewegungen, an denen sich fremde und eigene Verwandlungen in *einer* Sprachfigur festmachen lassen. Später hat Kafka bekanntlich dieses Schreibverfahren zu einer unglaublichen Dichte in der Aussparung weiterentwickelt. Für seine Anfänge aber ist es charakteristisch, dass hier die Welt der Einbildungskraft und die unstabile Welt, die andere mit der beschreibbaren Realität der Gegenwart gleichsetzen, sich unentwirrbar überlagern. Es ist eben wichtig, dass sich diese Wanderung, die einen an Charlie Chaplin gemahnenden Zweikampf darstellt, nicht in einer Alptraum- oder Märchenlandschaft abspielt, sondern in den Straßen und Plätzen von Prag, dass man den beiden Protagonisten aus dem Vertrauten ins Ungewisse folgt. Auch dort, wo in der Traumbeschwörung anderer Handlungsebenen das Ungewisse selbst wieder an die Topographie sich zurückbindet.

2. Raum als Einbildungskraft des Betrachters: *Hochzeitsvorbereitungen auf dem Lande*

Die *Hochzeitsvorbereitungen auf dem Lande* kennen den gleichen phantastischen Umgang mit der Prager Topographie, obwohl Franz Kafka hier ein realistisches Eingangsbild vorgaukelt. In drei Fassungen hat sich dieses über den Anfang nicht hinausgekommene Erzähl-Fragment erhalten. Die erste, umfangreichste Fassung schildert in einem abgeschlossenen, freilich nicht vollständig überlieferten Anfangskapitel den Aufbruch des Eduard Raban zum Bahnhof. Dort wird er, allen Widerständen zum Trotz, den Zug erreichen, der ihn aufs Land bringen wird. Auf dieser Fahrt sind Eindrücke der Eisenbahnstrecke nach Zuckmantel verwertet, wo Kafka vermutlich im August 1906 eine engere Beziehung zu einer unbekannt gebliebenen Frau einging. Aus dieser Fassung des geplanten Romans über die Beängstigungen eines, der heiraten will, hat Kafka im Sommer 1907 dem Freunde Max Brod vorgelesen. Die Fassungen B und C stellen kurzfristig aufgenommene Versuche eines Neuanfangs dar, die beide über Experimente mit der Vergegenwärtigung des Handlungseinstiegs nicht hinausgekommen sind. Die Fassung B bleibt eng an der Vorlage, die fast gleichzeitig anzusetzende Fassung C, die nur aus drei Blättern besteht, sucht nach einem eigenständigen Anfang, der die eigenwillige Seh- und Handlungsweise Rabans unmittelbarer, zwingender anschaulich macht als die früheren Versuche, den von der Tradition festgeschriebenen, durcherzählten Roman an einen objektivierenden Erzähler zu binden. Der ursprüngliche Anfang erstickt die Bewegung des *medias in res* sogleich in der dem Helden unterschobenen Außenwahrnehmung:

> Als Eduard Raban durch den Flurgang kommend, in die Öffnung des Thores trat sah er, daß es regnete. Es regnete wenig. / Auf dem Trottoir gleich vor ihm gab es viele Menschen in verschiedenartigem Schritt. Manchmal trat einer vor und durchquerte die Fahrbahn. Ein kleines Mädchen hielt in den vorgestreckten Händen ein müdes Hündchen. Zwei Herren machten einander Mittheilungen, der eine hielt die Hände mit der innern Fläche nach oben und bewegte sie gleichmäßig als halte er eine Last in Schwebe. Da erblickte man eine Dame, deren Hut viel beladen war mit Bändern, Spangen und Blumen. Und es eilte ein junger Mensch mit dünnem Stock vorüber, die linke Hand als wäre sie gelähmt platt auf der Brust. (12)

Das Durcheinander auf der belebten Straße summiert sich, wie auf gewissen Städtebildern der Expressionisten, aus Einzelheiten. Die Figuren, die Gruppen, die Bewegungen werden mit dem Auge festgehalten, dann ausgeschnitten und auf das Papier geklebt. Ein „Mann" sucht zwischen Rabans und des Erzählers Wahrnehmungen und Deutungen zu vermitteln; denn alles Personal auf diesem im Leben erstarrten Bild ist ja nicht einfach im flüchtigen Hinsehen aufgefasst, sondern aus der Unsicherheit des Hinstarrens in eine auf den sprechenden Umriss achtende, aber selbst unsichere Reflexion übersetzt. So die Differenzierung der vielen Menschen „in verschiedenartigem Schritt". So die zwei Herren, die „einander Mittheilungen machen", von denen der eine mit der nach oben gehaltenen Handfläche eine „Last in der Schwebe" zu halten scheint. Das „Wie" und das „Als ob" dient gleichzeitig der Annäherung und der Distanzierung von Gegenstand und wahrnehmender Reflexion.[12]

Die Fassung B dynamisiert die Bewegungen auf der Straße. Sie ist, mindestens auf den ersten Blick, um eine sachlichere Erfassung der Details bemüht – „Auf dem Trottoir gleich vor ihm nicht höher, nicht tiefer giengen trotz des Regens viele Passanten. Manchmal trat einer vor und durchquerte die Fahrbahn.- Ein kleines Mädchen trug auf den vorgestreckten Armen einen grauen Hund..." (43) – aber die Grundhaltung zum Erzählten ist die gleiche geblieben. Anders in der Fassung C, die jedoch nur ein paar Tage nach der anderen Umarbeitung anzusetzen ist, da sie deren Ordnungsbestreben gegenüber der Vorlage fortsetzt. Im ursprünglichen Text hatte Eduard Rabans Einhalten im Schritt und sein Hineinblicken in den Nieselregen die Voraussetzung gegeben, um dann mit ihm das Panorama auf der Straße in epische Anschauung umzusetzen. Im ersten Anlauf zur Umänderung hatte Kafka nicht bloß die erstarrten Passanten wieder zum Gehen gebracht, er hatte zugleich, wenn auch nur beiläufig, über den Standort seines Helden im Verhältnis zur Straßenszene nachgedacht. Über den Satz, dass die Passanten vor ihm auf dem Trottoir „nicht höher, nicht tiefer giengen", der scheinbar nur eine Banalität enthält – wie sollten denn die Passanten anders vor ihm auf dem Trottoir gehen? – der aber in sich bereits auf einen anderen Zusammenhang verweist, kommt Kafka zu einem ungewöhnlichen, selbst für ihn einzigartigen Einschub, der das Innehalten in der Bewegung, die Vergewisserung über Ort und Zeit mit der Innen- und Außensicht des Romanhelden in ein geschlossenes Bild zusammenfasst. Da heißt es:

> Als Eduard Raban in bläulich grauem Überzieher durch den Flurgang kommend in die Öffnung des Tores trat, konnte er sehn, wie es regnete. Es regnete wenig. / Raban schaute auf die Uhr eines scheinbar nahen, ziemlich hohen Turmes, der in einer tiefer gelegenen Gasse stand. Eine kleine dort oben befestigte Fahne wurde, für einen Augenblick nur, vor das Zifferblatt geweht. Eine Menge kleiner Vögel flog herab, fest aneinander geschlossen und auseinander gespannt. [*Mit Bleistift korrigiert aus:* als eine zwar schwankende, aber immer eben bleibende Fläche.] Es war fünf Uhr

---

12Die Anlehnung des Erzählers, der ganz nach dem Vorbild der deutschen Novellistik des 19. Jahrhunderts als Mentor seinem Helden hilfreich über die Schulter schaut und dessen Perspektive zugleich zu Hilfe ruft, um das ganz und gar Ungewöhnliche jeder einzelnen Bemerkung zu legitimieren, wird in den beiden unmittelbar anschließenden Sätzen des Romananfangs fast parodistisch deutlich: „Ab und zu kamen Männer welche rauchten und kleine aufrechte längliche Wolken vor sich her trugen. Drei Herren – zwei hielten leichte Überröcke auf dem geknickten Unterarm – giengen oft von der Häusermauer zum Rand des Trottoirs vor, betrachteten das was sich dort ereignete und zogen dann sprechend sich wieder zurück."

vorüber. / Raban stellte seinen mit schwarzem Tuch benähten Handkoffer nieder, lehnte den Schirm an einen Türstein und brachte seine Taschenuhr, eine Damenuhr, die an einem schmalen, schwarzen, um den Hals gelegten Band befestigt war, in Übereinstimmung mit jener Turmuhr, wobei er einige Male von einer Uhr zur andern sah. Eine Weile war er völlig damit beschäftigt und dachte das Gesicht bald gesenkt, bald gehoben an gar nichts anderes in der Welt. / Schließlich steckte er die Uhr ein und leckte seine Lippen aus Freude darüber, daß er genug Zeit hatte, also nicht in den Regen mußte. (51)[13]

Offenbar wollte Kafka Eduard Rabans Innehalten in der Bewegung durch diesen Einschub genauer motivieren. Noch scheint der für die klassische Novelle des 19. Jahrhunderts bezeichnende Gestus behaglicher Genremalerei gewahrt: Der Blick aus der Öffnung des Tores wird genutzt, um dem Leser den gleichen Bildausschnitt zu gewähren, den auch der in die Geschichte Verstrickte in diesem Augenblick zaudernden Verweilens hat. Wir schauen hinter ihm und durch den Regen auf den Turm und auf das Zifferblatt seiner Uhr, wie wir das von Paul Heyse, von Theodor Storm, Ferdinand von Saar und dem jungen Thomas Mann gewohnt sind. Aber wie sonderbar, was da unter der Vorgabe, der im Aufbruch sich befindende Eduard Raban schaue nur nach der Uhr, ins Blickfeld gerückt wird: ein ziemlich hoher Turm, der nahe wirkt, aber nur, weil er in einer tiefer gelegenen Gasse steht, das letztere eine erklärende Schlussfolgerung, die der *scheinbaren* Beobachtung aufzuhelfen hat. Dazu eine befestigte Fahne, die für einen Augenblick das Zifferblatt im Wehen des Windes verdeckt. Und, als hätte er diesen Windstoß in sich aufgenommen, ein Vogelschwarm, der wie ein großes Flügelpaar, kompakt und doch auseinandergespannt, das Flattern der Fahne aufnimmt und weitergibt.

Für seine Leser musste Max Brod, als er 1953 das Romanfragment herausgab, diesen Blick auf die Turmuhr näher erläutern, weil das epische Verständnis allein dafür nicht ausreichte. Jedenfalls unter gewissen Voraussetzungen, wie das der Erzählgestus nahelegt. Er schreibt: „Ich erwähne, daß damals im alten Prag jeden Mittag ein Fahnenzeichen von der Galerie der Dietzenhoferschen Sternwarte (eines schönen Barockturms im Universitätshof) gegeben wurde, worauf von der 'Marienschanze' der Mittagsschuß fiel. Von ihm aufgeschreckt flatterten in der Stadt zahlreiche Taubenschwärme auf. So viel zum Verständnis der Genese dieser Szene." Unverkennbar hatte Kafka diese Szene und nicht nur diesen Anblick vor seinem inneren Auge, als er das Spiel mit dem Vergleich der Uhren inszenierte. Der Turm der Sternwarte, das Verdecken des Zifferblatts durch einen Zipfel der Fahne - paradox genug in dem einzigen Augenblick am Tag, wenn die gleichmäßige Bewegung der Zeiger durch das Hissen eben dieser Fahne unterbrochen wird, um für den Mittagsschuss das Zeichen zu geben, die aufgescheuchten Vögel, die durch eben diesen Mittagsschuss verjagt werden - nur wenn man Max Brods Kenntnisse auf Kafkas Text anwendet, kann man den Mechanismus ganz verstehen, der in der Genese dieser Szene steckt. Raban tritt im bedeutsamen Moment aus seinem Flur. Er weiß das nicht. Aber der Zufallsblick erfasst den überdehnten Moment des

---

13 Vgl. die Variante in *Nachgelassene Schriften und Fragmente I*, Teilbd. 2, S. 152.

Mittags, den Pans-Augenblick zwischen dem Vorrücken des Zeigers, dem Aufziehen der Fahne, dem Schuss von der fernen Marienschanze und den dadurch niederstürzenden Vogelschwarm - das alles sind ja kaum synchronisierte Vorgänge, die aber in ihrer täglichen Wiederholung *zusammen* so etwas wie einen emphatischen Zeitbegriff bilden - und aus dieser Routine des Außergewöhnlichen, das aber der Text in seinen Verschlüsselungen als Außergewöhnliches beschreibt, ergibt sich die routinierte Anwendung des Blicks auf die eigene Person und ihre Zeitrechnung: Raban koordiniert seine Zeitrechnung mit der seiner Stadt. Das Nachstellen der Uhr hebt dabei die Zeit vorübergehend so auf, wie es das Zeremoniell der Stadtverwaltung wenige Momente vorher auch tut. Nun könnte man sich damit beruhigen, könnte die virtuose Sparsamkeit in Kafkas Formulierungen bewundern und über der glänzenden Nachstellung eines realistischen Romananfangs zur Tagesordnung übergehen. Wäre da nicht die Beunruhigung, dass der Erzähler, der über Kafkas Prag-Selbstverständlichkeit verfügte, seinerseits keinen Gebrauch davon machte. Eduard Raban schaut auf einen Turm. Er ist ziemlich hoch und liegt in einer tiefer gelegenen Gasse. Scheinbar ist er nahe. Diese scheinbare Nähe wird durch die beiden anderen Feststellungen als Illusion erklärt: Da der Turm in einer tieferen Gasse steht, liegt das Zifferblatt auf seiner Uhr dem Betrachter näher, als es die Höhe des Turms eigentlich zulässt. Die Veränderung im Standort bewirkt die Illusion einer veränderten Position im Raum. Ein eigentümlich schwebendes Gefühl breitet sich zwischen den ruhigen, aber in sich verrätselten Anmerkungen zur Topographie aus. Und allem Anschein nach kommt es auf diese Verunsicherung an, nicht auf die Stimmigkeit zur Prager Stadtsilhouette und zur Prager Tradition. Kein Wort fällt ja über die Schönheit des Barockturms oder über den Universitätshof. Es bleibt unbestimmt, ob bei der Einbeziehung in den Romantext die unbezweifelbare Anregung durch den Turm des Kilian Ignaz Dietzenhofer überhaupt mitgekommen ist. Von wo aus schließlich lässt sich die Sternwarte als tiefer gelegen, aber einigermaßen nahe beschreiben? Auch die Zeit ist ja verändert. Es ist genau fünf Uhr. Kein Mittagsschuss ist zu erwarten. Aber mit einer wunderlichen Pünktlichkeit fallen zur vollen Stunde die Vögel als eine schwankende Fläche herab, als habe es eben den Mittagsschuss gegeben. Für den Romananfang wählt der Erzähler nur aus, was wiederum zur Hervorhebung und Verunsicherung der Situation dient, nämlich das Zugleich verschiedener Zeitvorgänge, aus denen sich der verräumlichte, zeitlose Augenblick bildet mit einer nie mehr sich ändernden Fahne im Wind und der Wand der Vögel. Raum und Zeit sind außerhalb der privaten, der inneren Welt des Eduard Raban, von der wir nichts, jedenfalls noch nichts wissen. Aber in der Wahrnehmung geraten sie unter die Einbildungskraft der Romanfigur. Wie in der *Beschreibung eines Kampfes*, nur nicht mit den romantischen Versatzstücken des Erstlings, wird die vertraute Wirklichkeit der großen Stadt beschworen, die für Kafka Züge von Prag trägt, um hinter dieser ersten eine zweite oder eine ganze Reihe von Wirklichkeiten spüren zu lassen, in denen die Verunsicherung des Wahrnehmenden das Gesetz gibt.

Träume haben in der Literatur wie in der Kunst eine andere Funktion gewonnen, seit die Renaissance in ihnen nicht mehr den antiken Gegensatz von Wahrtraum und

Lügentraum sah, die beide aus den elfenbeinernen Toren des Schlafes nach dem Ratschluss der Götter hervorgingen oder in denen sich christliche Offenbarungen des Jenseits manifestierten, sondern seit sie dem Verhältnis des Ich zu seiner säkularisierten Umwelt nachspürte. Benvenuto Cellini und Girolamo Cardano, François Rabelais und Michel de Montaigne, Dürer und Luther haben - in unterschiedlich enger Mittelalter-Verhaftung - über ihre Traumgesichte berichtet, haben sich von ihnen aus an Deutungen ihrer Rolle versucht. Die Träume fanden ein wachsendes Interesse, das der persönlichen Verfassung des Träumenden galt - also dem, was man später Erfahrungsseelenkunde oder Psychologie nannte - zugleich aber auch ein Interesse, das dem Verhältnis zwischen den Erkenntnismöglichkeiten des Ich im Traum und denen der Kunst betraf. Die Topographie spielt freilich in den meisten dieser, oft sehr berühmten Traum-Schilderungen kaum eine Rolle. Die Ausnahme stellt weniger der mit gespenstischer Besessenheit in sich dringende Arzt Girolamo Cardano dar als vielmehr der leidenschaftlich seine Lebenserfahrung übersteigernde Bildhauer Benvenuto Cellini. Seine Leidens-Visionen im Castel S. Angelo, die Schilderung seines Glorien-Scheins, der nur abends und am deutlichsten in Flussnähe sichtbar wird, vor allem aber die Geisterbeschwörung im Colosseum kommen den vorromantischen und romantischen Anbindungen einer vom Ich getragenen metaphysischen Erfahrung an die genauesten Umstände von Ort und Zeit am nächsten. Goethe war diese unbehagliche Modernität bei seiner Übersetzung voll bewusst:

> Wir gingen zusammen ins Colisee, dort kleidete sich der Priester, nach Art der Zauberer, zeichnete Zirkel auf die Erde, mit den schönsten Zeremonien, die man sich auf der Welt nur denken kann. [...] Nun fing der Negromant die schrecklichsten Beschwörungen an [...], so daß in kurzer Zeit einhundert Mal mehr [Teufel] als bei der ersten Beschwörung erschienen und das ganze Colisee sich erfüllte. [...] Das Kind blickte hin, und sagte von neuem: das ganze Colisee brennt und das Feuer kommt auf uns los. Es hielt die Hände vors Gesicht, rief, es sei tot und wollte nichts mehr sehen! Der Negromant empfahl sich mir, bat, ich möchte nur fest halten, und stark mit Zaffetika räuchern. So blieben wir bis die Morgenglocke zu Läuten anfing und das Kind sagte: nur wenige seien noch übriggeblieben und sie stünden von Ferne. Der Negromant vollbrachte nun seine Ceremonien, zog sich aus, nahm seinen großen Pack Bücher zusammen und wir verließen mit ihm auf einmal den Kreis, einer drückte sich an den andern, besonders hatte sich das Kind in die Mitte gedrängt, indem es den Negromant bei der Weste und mich beim Überkleid hielt. Beständig, bis wir zu unsern Häusern unter den Bänken gelangt waren, versicherte es uns, zwei von denen, die es im Colisee gesehen habe, spazierten, mit großen Sprüngen, vor uns her, und liefen bald über die Dächer, bald über die Straßen.[14]

14Goethes Übersetzung *Leben des Benvenuto Cellini, Florentinischen Goldschmieds und Bildhauers, von ihm selbst beschrieben* (1803) wird hier zitiert nach der Handschrift des Übersetzers, in: Johann Wolfgang Goethe, *Sämtliche Werke nach Epochen seines Schaffens* (Münchner Ausgabe), hg. von Karl Richter, Bd. VII, München 1991, S. 130 ff.

Welchen Wahrheitsgehalt konnten die Endzeit-Visionen eines Leonardo da Vinci oder die Prophezeiungen des Nostradamus, konnten die gemalten oder gedichteten Idyllen vom Goldenen Zeitalter für sich in Anspruch nehmen? Nur entfernt haben freilich die eben beschriebenen Texte Franz Kafkas mit dieser langen Überlieferung des schöpferischen Traums der Kunst zu tun, an dem die Renaissance schon beinahe mit der Inbrunst der Romantik gehangen hat. Wenn im folgenden von den Traum- und Flucht*landschaften* die Rede sein wird, in deren Netz sich der Mensch verstricken kann, so meint die scheinbare Entgrenzung des Themas in Wirklichkeit eine strenge Eingrenzung. Nur von einer Traumwelt soll gehandelt werden, die nicht auf den bedeutsamen Traum rekurriert, wie symbolträchtig er immer für das Schaffen eines Künstlers sein mochte. Franz Kafkas unheimliche Welt hat keine Ähnlichkeit mit Goethes Phalänentraum, auch wenn Goethe in diesem Ereignis manche günstige Vorbedeutung für seinen Lebens- und Schaffensweg gefunden hat.[15] Auch geht es nicht um eine Dichtung, die den Traum programmatisch als eine zweite Erkenntnisebene für ihre Zwecke artistisch verwendet. Hier sind die Scheidungen willkürlich, zugegeben, die Übergänge fließend. Ich will mich aber weder auf die prophetisch ausgearbeiteten neuen Mythologien einlassen, die das 18. Jahrhundert im Werk von William Blake oder in den religiösen Wahnvorstellungen Swedenborgs umständlich ausgearbeitet hat, noch auf die philosophische Überhöhung des Traumwebens, wie es teils als Wissenschaftler, teils als Poeten die deutschen Romantiker so eindringlich gestaltet haben. Man denke an Philipp Otto Runges vieldeutige Allegorien, an die Märchenträume in den Romanfragmenten des Novalis, an die wunderbaren Traumdichtungen über das Reich der Harmonie, über Atlantis, über Urdargarten, das Zauberland des Lachens außerhalb und innerhalb der Alltagswelt, bei E.T.A. Hoffmann. Gerade Hoffmann, der selbst von Ahnungen und Traumgesichten verfolgt war wie nur einer seiner phantastischen Nachtschwärmer, hat streng zwischen autobiographischem Anlass und künstlerischer Schöpfung getrennt, hat die Traumwelt in seinem Schaffen nicht Sprache werden lassen. Die andere Wirklichkeit - das meinte durch das ganze 19. Jahrhundert und bis weit in das unsere die Utopie einer höheren, durch die Kunst in der Abbreviatur zugänglich zu machenden Sphäre, für die stellvertretend der Traum als Garant einzutreten hat. Zwar hatte früh schon einer der tiefsinnigsten Träumer unter den Romantikern, Samuel Taylor Coleridge, vor der Suche nach der blauen Blume gewarnt: „Öffnete sich mir im Traum der Weg ins Paradies und einer der Engel drückte mir beim Abschied, zum Zeichen, daß ich hier gewesen war, eine Blume in die Hand, wenn ich dann bei meiner Rückkehr diese Blume immer noch in meiner Hand fände - ja, und was dann?"[16] Aber je weiter die autonome Kunstästhetik sich vom metaphysischen

---

15 Vgl. Goethe, *Werke*, a.a.O., Bd. XV, München 1992, S. 125 f und die zugehörigen Anmerkungen. Vgl. die vielzitierte freudianisch verkürzende Analyse K. R. Eisslers, in: *Goethe. A Psychoanalytic Study. 1775-1786"* (1963), dt. *Goethe. Eine psychoanalytische Studie*, Basel/Frankfurt a. M. 1983-85, Bd. II, S. 1403 ff.

16 "If a man could pass through Paradise in a dream, and have a flower presented to him as a pledge that his soul had really been there, and if he found that flower in his hand when he awoke – Aye! And what then?" (*Anima Poetae: from the Unpublished Note-Books of Samuel Taylor Coleridge*, hg. von Ernest Hartley Coleridge, London 1895, S. 282).

Anspruch loslöste, den nur in Deutschland noch ein Realismus der Verklärung mit bockiger Gewissenhaftigkeit bis ans Jahrhundertende weitertrug, desto emphatischer wurde dem Traum die Rolle des Kronzeugen zugeschoben. Weder die Schwarze Romantik in Frankreich noch die Anfänge der Moderne im Umfeld Baudelaires, weder Alexandre Dumas' *Mille et un phantômes* noch Baudelaires *Rêve Parisienne* stellten ihre Forderungen nach *l'art pour l'art* auf den Kunstvorgang um seiner selbst willen, sondern setzten diesen mit der Traumwirklichkeit gleich. Der Alkohol, das Haschisch und das Opium wurden zum Mittel gemacht, um im Nachvollzug ältester Rituale die künstlerische Phantasie durch den Traum zu stimulieren und über sich hinauszuheben. Die künstlichen Paradiese, um Baudelaires Formel zu benutzen, wurden für Generationen zum Ort der Kunst. Ein Ort des verfliegenden Traums, der exaltierten Wahrnehmung, der Veränderung des Bewusstseins, für den die Künstlichkeit hinter der Vision ohne Belang bleibt und dem eine andere Realität als die des von der Kunst erinnerten Augenblicks nicht notwendig ist. Baudelaire, Verlaine, Mallarmé, Raymond Roussel, Stefan George, Rainer Maria Rilke und Alfred Kubin, um eine beliebige Reihe von Namen dieser Genealogie herauszugreifen, haben in ihren Dichtungen diese künstlichen Paradiese vergegenwärtigt, haben sie zu großen Weltlandschaften ausgearbeitet. Der artistische Grundzug ist dabei immer unverkennbar, die Phantastik setzt das kritische Distanz-Empfinden nicht außer Kurs. Im Netz der Träume - wenn im folgenden von Traum- und Fluchtlandschaften die Rede ist, dann überall dort, wo durch eine traumatische Erfahrung oder durch eine der Gewohnheit gegenüber verschobene Realitätswahrnehmung die Sphäre des Traums als Erlebnis- und Anschauungsform das Leben und die dem Leben abgewonnene Kunst ganz durchdringt. Im Frühwerk Kafkas wäre es unmöglich, die Elemente der Traumwahrnehmung von denen der Wirklichkeitswahrnehmung zu unterscheiden. Die Landschaften, durch die sich die Figuren bewegen - und es ist immer dafür gesorgt, dass der *eine* Held in seiner Ansicht der Dinge durch keinen anderen beeinträchtigt wird - sind unentrinnbar. Sie sind, Traum oder Wahrheit, die als Gewissheit erfahrene Totalität des Lebens. Für diese Traumwelt gilt eine andere Tradition, weder die metaphysische noch die mystische des Wahrtraums noch die der künstlichen Paradiese, eine Tradition, die irgendwo in pietistischen Strömungen des 18. Jahrhunderts ihren Anfang nahm und in der Auflösung der Wahrnehmung erst ihr Ende finden wird: Jean Paul, Thomas de Quincey, Gerard de Nerval, Arthur Rimbaud, Georg Trakl heißen die Exponenten dieser zweiten Reihe.

3. Die Realität des Zweiten Gesichts: Jean Paul

Franz Kafkas frühe Prosa hat kaum Ähnlichkeit mit gleichzeitigen Erzählwerken der Prager und Wiener Jahrhundertwende. So sehr es naheliegt, gerade die ersten Aufzeichnungen in ihrem Schwanken zwischen einer wie von Andersen erdachten Märchen-Phantastik und einer bohrenden Selbstzergliederung mit gleichzeitigen oder kurz vorausliegenden Erzählungen Arthur Schnitzlers und des jungen Hofmannsthal in Beziehung zu setzen oder sie von den wirr-unheimlicheren Stadtbeschwörungen der Prager Avantgarde herzuleiten, näherer Prüfung halten diese beliebten Wechselblicke von einem zum anderen Werk nicht stand. Klaus Wagenbach hat schon vor langen Jahren in seinem Panorama *Prag um die Jahrhundertwende* die innere Fremdheit Kafkas hinter den scheinbaren Affinitäten hervorgehoben.[17] Weder das sprachliche Chaos noch der Hang zum Makabren im Überschwang der deutschsprachigen wie der Tschechisch schreibenden Phantasten war Kafka erträglich. Wenn Gustav Meyrink die düstere, von alten Geheimnissen umwitterte Vergangenheit der Stadt aus den lichtlosen Höfen und den bizarren Architekturen der Altstadt und des Ghettos aufwachen ließ, dann war für ihn die Topographie der Ausgangspunkt für die aus der Schauerromantik hergenommenen und in die Gegenwart weitergeführten Gespensterwirkungen. Aber auch eine Geschichte, deren Anfang so nahe bei Kafkas *Beschreibung eines Kampfes* zu stehen scheint wie Svatopluk Cechs *Wahre Reise des Herrn Broucek zum Mond* (1888), setzt die wunderbaren Abenteuer des Kleinseitner Hausbesitzers, Biertrinkers und Schwadroneurs mit einem – ironisch gebrochenen – Romantiker-Szenarium in Gang. Zwischen dem Koloss des Veitsdoms, dieser versteinerten Hymne der Vergangenheit, und dem berühmten Hradschiner Gasthaus „Na Vikárce" des Herrn Würfel schiebt sich der unpoetische Held sehr poetischer Ausflüge ins Freie:

> Draußen hielt er vor dem Dom inne, offensichtlich ergriffen von der Schönheit des Bauwerks im Zauber des Mondlichts. Er neigte sich einmal nach rechts, einmal nach links, als wollte er die schönsten Einzelheiten der stolzen Gestalt von allen Seiten betrachten; zuweilen beugte er sich weit nach hinten, als forschte er nach den höchsten Zacken in der Krone des steinernen Riesen, dann wieder beugte er sich weit vor, als wolle er der erhabenen Majestät den höchsten Respekt erweisen. Doch plötzlich erregte eine eigenartige Erscheinung seine ganze Aufmerksamkeit. Er stellt eine seltsame Unstetheit und Beweglichkeit der Konturen fest: Wie schlanke Bäume im windigen Wald schwankten und wellten sich die Geraden, bröckelten die Kurven, strebten die Pfeiler aufeinander zu und voneinander weg; sogar der Turm nahm durch heftiges Hin und Her an dem allgemeinen Aufruhr teil, der sich nicht anders erklären ließ als durch ein jähes Erdbeben [...] Nämliches Ungleichgewicht verspürte Herr Broucek auch bei sich selbst, und so trat er, von Angst ergriffen, die Flucht an. – Bald aber beruhigte er sich wieder. Jene Erscheinung war sicher eine Sinnestäuschung gewesen. Er trottete langsam weiter, vorbei an der Kirche des heiligen Georg, zwischen düsteren Gebäuden, immer in Richtung der Alten Schloßstiege, und verlängerte den Genuß seiner romantischen Nachtwanderung durch häufige Haken von der einen Straßenseite zur andern.[18]

Der hilfesuchende Blick nach oben, vielleicht um das schwankende Gleichgewicht wiederzufinden, das Erschrecken vor dem Aufruhr in der Architektur, die sich unversehens in einen vom Wind bewegten Wald zu verändern scheint, die wechsel-

---

17Klaus Wagenbach, *Franz Kafka. Eine Biographie seiner Jugend*, Bern 1958, S. 65 ff - dort auch (S. 237 f) die ersten brauchbaren Datierungen der beiden bzw. drei Fassungen von Kafkas früher Erzählprosa.
18Zitiert nach der Übersetzung von Peter Sacher in: *Tschechische Erzähler des 19. und 20. Jahrhunderts*, hg. von P.S., Zürich 1990, S. 276 f.

seitige Übertragung des Taumelns – alles das wirkt, als habe Franz Kafka die Episode an der Kreuzherrenkirche Cechs berühmter Erzählung entnommen. Und doch ist alles ganz anders: die Nachwehen der Balsamtropfen, mit denen Herr Broucek seine Lektüre über den Mond skandiert hatte, verbinden sich mit dem Schauder vor der hochragenden Schönheit des Bauwerks, während der Zauber des Mondlichts und das innere Erdbeben auf die künftigen Wunder vorausdeutet. Jedes Detail gehört in die Atmosphäre des pseudoromantischen Nachtstücks, jede Regung erfüllt ihren ganz begrenzten Erzählzweck.

Über die Literatur des Jungen Wien, über die Habitués des Café Griensteidl hat sich Kafka nicht ausführlicher geäußert. Die von Saars *Novellen aus Österreich* einerseits, aus der französischen und italienischen Literatur des Fin-de-siècle andererseits herkommenden Erzählungen Schnitzlers und seiner Freunde haben schon in den frühesten Aufzeichnungen keine Spuren hinterlassen. Hermann Bahrs wirkungsvoll inszeniertes Schlagwort von der Nervenkunst hat er nicht wahrgenommen. Es hätte ihn auch nicht interessiert. Wann er zuerst mit der Psychoanalyse Sigmund Freuds vertraut wurde, ist unsicher (spätestens um 1912 bei einem Vortragszyklus im Hause Fanta). Für die Ausbildung seines Frühwerks und die diesem eigentümliche Behandlung des Traums hat die 1900 erschienene *Traumdeutung* Freuds keinen Einfluss gehabt. Dabei hat die fabelhaft erzählte Beispielfolge eigener und fremder, aber immer der kontrollierenden Erfahrung des Arztes entnommener Träume, auf die Freud zuerst seine Theorie des Unterbewussten gründete, aus dem Abstand betrachtet, eine bedrängende Ähnlichkeit mit Kafkas Welt, mit der Wirklichkeit der Angestellten und Bürokraten, der Väter und Verlobten freilich mehr als mit der Sphäre seiner frühen Träume und Traumdichtungen. Es ist der Ausschnitt-Charakter, es ist das auf den Punkt Zurückgeführte der Absurdität, es ist die Nachprüfbarkeit der Verstöße gegen Ort und Zeit, die Freuds Schilderungen und Deutungen ihre Authentizität geben. Arthur Schnitzlers erzählerisches Werk ist durchtränkt von Traumgesten und Traumszenerien. Sie sind wie die ungeordnet dahinschiessenden Bilder, Gedankensplitter und ungefilterten Empfindungen im Strom des Halbbewussten Ausdruck der 'états d'âme' oder Nervenreizungen, die Paul Bourget in die europäische Literatur der Jahrhundertwende eingeführt hatte. Dass Schnitzlers Tagebücher und seine autobiographischen Aufzeichnungen Träume ganz ähnlich festhalten, wie er sie in seinen Novellen beschrieben hat, ändert nichts am gezielten Kunstcharakter dieser ins Alltägliche hinabgestimmten, gewissermaßen umgangssprachlichen Träume. Ein so kompliziertes Erzählstück wie die *Traumnovelle* macht gerade in der ausweglosen Verschachtelung der Wahrnehmungsebenen für das Fremde das medizinische Experiment des Schriftstellers mit seinem Gegenstand deutlich. Er seziert den Traum, indem er ihn als geschlossenes System von Verweisungen kenntlich macht. Er verfährt dabei nicht anders, als wenn er in *Anatols Größenwahn* die Studie eines im Augenblick aufgehenden Dandy, für den die Kontinuität ausschließlich durch die Weiterführung der redensartlichen Konversation lebenslang gegeben ist, in eine Reihe von Begegnungs-Anordnungen verstrickt, die alle auf der gleichen Ebene sich vollziehen, aber als Ganzes für den Zuschauer mehr sind als die Summe der Teile, nämlich die Apotheose einer philosophischen Einsicht, die sich mit dem Hinweis auf Ernst Mach nur unzureichend umschreiben lässt.

Arthur Schnitzlers, aber auch Hofmannsthals viel betroffenere, viel tiefer in die eigene Existenz hineinhorchende Magie des anderen Zustands, selbst die beunruhigende adoleszente Provokation des Traums in Robert Musils *Törless*, haben ihre literarischen Wurzeln in einer langen Tradition, die über die mühsamen Symbolhäufungen der deutschen Novelle zur französischen mehr als zur deutschen Romantik zurückreicht: die *Traumnovelle* hat gleiche Affinität zu Charles Nodiers elegantem Gruselstück *Smarra, ou les démons de la nuit* von 1828 wie zu den *Nachtwachen des Bonaventura* von 1804. In beiden Fällen wird das Spiel mit der Phantastik dadurch unangreifbar gemacht, dass ihm auch durch die Aufhebung der Illusion nicht zu begegnen ist. Der Traum ist unendlich. Alles Erwachen ist bloße Illusion. Niemand hat diesen weltflüchtigen und zukunftsfrohen Gedanken - weit über seine Herkunft aus dem *Desengaño* des Calderon hinausreichend - so magisch seinen Zeitgenossen und Bewunderern vorgeführt wie der Romancier Jean Paul, der ein lyrischer Dichter unter der Maske eines Erzählers war. Die Romantiker und die Jungdeutschen haben ihn bewundert, die Franzosen haben ihn als den Göttlichen neben seinen Antipoden, den Marquis de Sade gestellt. Seine Träume und Landschaftsschilderungen waren das Wunder ihrer Zeit. In seinem späten Erinnerungsbuch *Wahrheit aus Jean Pauls Leben* skizzierte der Dichter aus weitem Abstand die schwärmerisch-hintersinnige Veranlagung des Pfarrersohns aus dem Voigtland, der sich in frühester Kindheit seines Ich bewusst wird, so wie uns das aus den Durchbruchs-Augenblicken der geistlichen Erweckung vertraut ist. Ein erster Blitzstrahl, ohne Warnung wie bei der Bekehrung des Saulus zum Paulus, erinnerlich nur als der Satz „Ich bin ein Ich", aber daneben die räumliche Situation dieses zeitentgrenzten Moments: der Sonnenschein hinter dem Haus, der Blick entlang der Holzlege. Wir haben keine Kontrolle über Jean Pauls Bericht. Nur die Varianten dieses Satzes ungewisser Selbstvergewisserung bei den Figuren seines Riesenwerks zeugen von der Gültigkeit dieser „noch keinem Menschen erzählten Erscheinung in mir".[19] Dagegen ist uns das zweite Motiv, das alle seine Dichtungen und Abhandlungen durchzieht, aus dem Tagebuch bezeugt: die drohende Weltvernichtung aus dem Tod des Ich, der nur ein unbedingter Glaube an die Unsterblichkeit als Frühlingstraum entgegen gehalten werden kann.

> *Wichtigster Abend meines Lebens*: denn ich empfand den Gedanken des Todes, daß es schlechterdings kein Unterschied ist, ob ich morgen oder in dreißig Jahren sterbe [...] Ich drängte mich vor mein künftiges Sterbebett, durch dreißig Jahre hindurch, sah mich mit der hängenden Totenhand, mit dem eingestürzten Krankengesicht, mit dem Marmorauge, hörte meine kämpfenden Phantasien in der letzten Nacht [...] Euch, meine Mitbrüder, will ich mehr lieben, Euch mehr Freude machen. Wie sollte ich Euch in Euren zwei Dezembertagen voll Leben quälen, Ihr erbleichenden Bilder

---

19Jean Paul, *Freuden-Büchlein/Überchristenthum/Selberlebensbeschreibung/Neues Campaner Thal/ Selina*, in: *Sämtliche Werke. Historisch-Kritische Ausgabe*, hg. von Eduard Berend, Bd. II. 4, Weimar 1934, S. 92.

voll Erdenfarben im zitternden Widerschein des Lebens? *Ich vergesse den 15. November nie.*[20]

Der Augenblick des vorweggenommenen Todes befreite den Aufklärungsphilosophen und Satiriker aus den sieben Essigjahren und machte ihn zum leidenschaftlichsten Propheten für die Unsterblichkeit der zweiten Welt. Die Reihe seiner italienischen und deutschen Romane beginnt beinahe auf den Tag genau in jener Hinwendung des Dichters an seine Gefährten im Unglück, denen er die zwei Dezembertage mit der Ahnung ihrer Fortdauer versüßen will. Die *Unsichtbare Loge* und vor allem der *Hesperus*, der erfolgreichste Roman des ausgehenden 18. Jahrhunderts, 1793 der eine, 1795 der andere erschienen, - parallel zu Goethes *Wilhelm Meister* ebenso wie zu Ludwigs Tiecks *William Lovell* - entwerfen einen gesellschaftlichen, ja politischen Zeitroman mit unverkennbarer Sympathie für die Ziele der französischen Revolution als einen aus Seelenaugenblicken und inneren Umschwüngen sich formierenden Weltroman. Wohl bauen, wie Jean Paul später in seiner Ästhetik sagen sollte, die Schulen durcheinander hin, niederländische Alltags-Groteske, deutsche Bürgerlichkeit und italienisch-heroische Landschaft, aber das Entscheidende - für den heutigen Leser auch Schwierige - ist die Perspektive in dem wimmelnden Durcheinander seiner Schöpfung. Diese Perspektive ist dem schwarzen Kometen zu verdanken, der einmal zu nahe an seinem Leben vorbeigezogen ist, wie er im *Hesperus* schreibt. Das Ereignis hob die Kontinuität in der Tageserfahrung auf, schob die Empfindungen und die Dinge auf Symbol-Momente zusammen, in denen das In-Eins von äußerem Zeichen und innerer Krise pathetisch hervorgetrieben wird: Wenn der sterbende Amandus glaubt, das Jenseits umfange ihn mit dem feurigen Widerschein eines draußen vorbeiziehenden Leichenkondukts, wenn der schon dem Leben entrückte Inder Dahore noch in das erloschene Ohr hinein die Flötentöne des blinden Julius hört, dann sind das melodramatische Verdichtungen einer Wahrnehmungsweise, die nun die Augenblicke der Erfüllung zwischen den Abgründen für sich zu fassen weiß. Der von Goethe so energisch bekämpfte Grundsatz, der Mensch habe nur dritthalb Minuten hienieden: eine zu lächeln, eine zu seufzen und eine halbe zu lieben; denn mitten in dieser Minute sterbe er,[21] macht die Veränderungen mit dem Zeit- und Raumgefüge bei Jean Paul deutlich: Alles ist einem mikromegalischen Prinzip unterworfen, die äußere Realität wie die Zeiterfahrung.

Die Idylle des Schulmeisterlein Wutz spiegelt das höhere Dasein der großen Menschen in der Auental-Idylle, die wieder das verkleinerte Abbild der Sternenwelt

---

20Hier zitiert nach dem Auszug aus Jean Pauls Tagebuch (15. November 1790), in: Ernst Hartung, *Jean Paul. Ein Lebensroman in Briefen mit geschichtlichen Verbindungen*, Ebenhausen bei München, o.J., S. 68; vgl. dazu den Bericht von Jean Pauls Speisewirtin Christiane Stumpf, in: *Jean Pauls Persönlichkeit in Berichten der Zeitgenossen*, hg. von Eduard Berend, Berlin/Weimar 1956, S. 7.

21Vgl. Jean Paul, *Hesperus*, in: *Sämtliche Werke*, a.a.O., Bd. I 3, S. 66. ('Dritthalb' bedeutet zweieinhalb: das Dritte halb, die beiden vorhergehenden ganz). Bekanntlich wandte sich Goethe mit poetischer Heftigkeit gegen diesen Zeitbegriff, als eine Dame im April 1825 Jean Pauls oben zitierte Worte in das Stammbuch des siebenjährigen Walter von Goethe zu schreiben wagte, und verfasste den Vierzeiler: „Ihrer sechzig hat die Stunde, / Über tausend hat der Tag. / Söhnchen! Werde dir die Kunde, / Was man alles leisten mag."

ist, die wiederum auf noch fernere Welten der Vollkommenheit hinweist. Der spielerisch unbewusste Glückszustand der Kinder oder der Einfältigen ist die Abbreviatur des erfüllten Augenblicks unter den Liebenden, in denen wieder ein Engelsaugenblick hineinzieht usw. Alles ist durch das Mikroskop oder durch das Fernrohr zu betrachten, das Glücklichsein wie die drohende Vernichtung werden in Montgolfieren-Flügen und in Grasnarben-Gemütlichkeit gespiegelt und relativiert. Eine Regiebemerkung wie „Es gehört zu den schönen Gaukeleien und Naturspielen des Zufalls, deren es recht viele gibt, daß ich dieses Buch gerade in der Philippi Jakobi Nacht 1793 anfing, wo Viktor die Hexen-Fahrt zum maienthalischen Blocksberg unter die Zauberer und Zauberinnen vornahm und wo er 1792 aus Göttingen anlangte"[22] unterscheidet sich nicht von den Verschränkungen der Geschicke, mit denen Jean Paul seine Romane nach dem Muster der Schauererzählung befrachtet hat. Und wie eine Bestätigung seiner anderen Sehweise mutet es an, dass ihn selbst der erahnte Tod nach der prophezeiten Dauer der Jahre mit nur einem Tag Verzögerung ereilt hat. Jean Pauls Romane spielen mit der Möglichkeit der Traumerzählungen in der Erzählung. Auch mit der Illusionsbrechung, die den Traum an einer gemeineren Wirklichkeit bricht. Aber in seiner von der „Vernichtvision" geprägten Ewigkeitsperspektive kann es eine gültige Festlegung der Ebenen gar nicht geben. Zwei große Traumbilder ergänzen den Tagebuch-Eintrag über den bedeutendsten Abend seines Lebens, Ottomars Todesvision in der *Unsichtbaren Loge*, während er im Starrkrampf auf das Ende wartet, und die noch ältere „Rede des toten Christus vom Weltgebäude herab, daß kein Gott sei", jene gespenstische Vision des sich selbst wiederkäuenden Chaos, in das der zur Vorhölle abgestiegene tote Christus nur die gänzliche Sinnlosigkeit einer von Gott entleerten Unendlichkeit zu erkennen vermag. Vor allem die Franzosen haben, durch Madame de Staëls Übersetzung aufgerüttelt, in dieser Gleichsetzung des Dichters mit dem Erlöser, beide bedroht von der Sinnlosigkeit ihrer Botschaft, das uneinholbare Vorbild aller romantischen Kunst gesehen. Sie haben den positiven, zur Menschenfreundschaft aufrufenden Schluss ersetzt durch den Lobpreis der Vernichtung oder durch eine mythische Grundfigur, in der die aufgehobene Illusion wieder neu begründet wird. Für Jean Paul gehörte zeitlebens beides zusammen, die Illusion und der Wahrtraum, wobei die Aufschwünge der Seele und die Ergebung in die Bescheidenheit der Idylle die gleiche Voraussetzung haben. Für ihn ist der Traum erstmals keine andere, keine höhere Schicht der Erkenntnis, sondern die einzig gültige, der das Leben nur als eine Variante des Traums zugeordnet ist. Insofern macht es für ihn keinen Unterschied, wenn er innerhalb der Unentrinnbarkeit der Traumerfahrung die Traumdichtungen bewusst komponiert, sie jenseits der im Erlebnis sich verbürgenden „Seelenzustände" aus der magischen Sprachgewalt im Kunstgebilde herstellt. Nur scheinbar gleicht er darin Nodier oder Baudelaire. Eigentlich aber sind die wunderbar komponierten Träume nichts anderes als der höchste Kunstausdruck einer als Wahrheit erfahrenen Flüchtigkeit des erkennenden Lebens. So heißt es in der schönsten seiner Visionen, alle Mittel der Synästhesie und der „Zwingworte"

---

22 A.a.O., S. 110.

nutzend, im „Traum das alle Seelen *eine* Wonne vernichtet", der dem sterbenden Emanuel-Dahore in den Mund gelegt wird:

> Als der Engel des Endes sich entschleiert hatte: lächelte er die Menschen unbeschreiblich lieblich an, um ihr Herz durch Wonne und durch das Lächeln zu zertreiben. Und ein sanftes Licht fiel aus seinen Augen auf alle Gestalten, und jeder sah die Seele vor sich stehen, die er am meisten liebte - und als sie einander vor Liebe sterbend anschaueten und aufgelöset dem Engel nachlächelten: griff er nach dem nahen Wölkchen - aber er erreichte es nicht.
> Plötzlich sah jeder neben sich noch einmal Sich - das zweite Ich zitterte durchsichtig neben dem ersten, und beide lächelten sich zerstörend an und wurden mit einander höher - das Herz, das im Menschen bebte, hing noch einmal bebend im zweiten Ich und sah sich darin sterben. --
> O da mußte jeder von seinem Ich zu seinem Geliebten wegfliehen und, ergriffen von Schauder und Liebe, die Arme um fremde theure Menschen winden. - Und der Engel des Endes öffnete die Arme weit und drückte das ganze Menschengeschlecht in Eine Umarmung zusammen. - Da glimmt, duftet, tönt die ganze Au - da stocken die Sonnen, aber die Insel wirbelt sich selber um die Sonnen - die zwei gespaltnen Ich rinnen in einander ein - die liebenden Seelen fallen an einander wie Schneeflocken - die Flocken werden zur Wolke - die Wolke schmilzt zur dunkeln Thräne. -
> Die große Wonnethräne, aus uns allen gemacht, schwimmt durchsichtiger und durchsichtiger in der Ewigkeit. -
> Endlich sagte leise der Engel des Endes: *sie sind am süßesten vergangen an ihren Geliebten.* -
> Und er zerdrückte weinend das Wölkchen der Zeit. - [23]

4. Zeit und Raum im Spiegel: Thomas de Quincey

Zu Jean Pauls frühesten Bewunderern in England gehörte Thomas de Quincey, der 1821 zuerst England, bald auch den Kontinent in Aufregung versetzte durch seine *Confessions of an English Opium-Eater*, die er zuerst im *London Magazine* veröffentlichte und danach als schmales Bändchen in Buchform herausbrachte. Es war seine erste literarische Arbeit, geschrieben unter dem verzweifelten Druck, die verarmte Familie durch journalistische Arbeiten am Leben zu erhalten. Kein dichterisches Werk, keine Autobiographie, sondern ein am eigenen Erleben entworfener Essay über Freuden und Leiden der Droge. Thomas de Quincey war damals 36 Jahre alt, dem Opium bereits seit langen Jahren verfallen. Der Ausdruck trifft den Sachverhalt nicht genau: Zeitlebens hat der Mann, der sich selbst auf allen späteren Publikationen als den Opium-Esser vorstellte, den in die moderne Welt verschlagenen Lotophagen, das Opium als die Wunderpflanze gepriesen, die ihm die unsichtbare Kirche und das Paradies der Seligen, der Verdammten eröffnet habe. In den ersten Nummern der Zeitschrift veröffentlichte de Quincey seine Übersetzungen aus dem Deutschen und nannte sie *Analects of Jean Paul*: Aphorismen, Idyllen,

---

23 A.a.O., S. 246.

Träume und philosophische Aufsätze, die er in einem herrlichen Aufsatz kommentierte. Nur mittelbar war darin von Thomas de Quincey die Rede. Aber niemand konnte die Nähe des einen zum anderen philosophischen Träumer verkennen. Die französische Romantik hat aus Thomas de Quincey den Dichter und Seher gemacht, der durch den Opium-Genuss in eine andere Welt, in andere Bewusstseinszustände geraten war und der nun durch sein Leiden und durch seine Wirklichkeitsüberhebung im Rauschzustand einen unvergleichlich anderen Einblick in das Innerste der Kunst gewonnen hatte. Schon im Jahre 1828 verwandelte der blutjunge Alfred de Musset de Quinceys Essay in seiner Übersetzung *L'anglais mangeur d'Opium* in eine halbphantastische Schauergeschichte, die den armen hungrigen Ausreißer, der in London auf Abbruch haust, begleitet von einem Kellerkind und vor dem Äußersten gerettet durch die Engelserscheinung eines Straßenmädchens, "Anne of Oxford Street", mit dem jungen Studenten in eins setzt, dem sich eines trüben Sonntags in einer Apotheke der Weg in das verbotene Paradies öffnet. Wenige Jahre danach stilisierte Musset seine eigene *Confession d'un enfant de siècle* (1836) nach diesem Vorbild. Er wollte mit der Rolle des ausgestoßenen Kindes seines Zeitalters die gleiche Doppelidentität erlangen, die er dem Opiumesser Thomas de Quincey zugeschoben hatte.

Der Freundeskreis, der sich in den Vierziger Jahren im Hotel Pimodan auf der Ile St. Louis traf und zu dem außer Musset Théophile Gautier und der junge Charles Baudelaire gehörten, zelebrierte ihre morgenländischen Initiationsriten - mit einer Referenz an den Opium-Esser. Auch als Baudelaire viel später - die endgültige Fassung der *Paradis artificiels* erschien 1860, drei Jahre nach den *Fleurs du mal*, im Buchhandel - seine Drogen-Erfahrungen mit einer verborgenen Theorie der Kunst verband, griff er in dem großen Abschnitt über das Opium auf diese Fiktion des Opium-Essers zurück. Baudelaire verachtete Mussets kindisch-unbeholfene Übersetzung. Er stützte sich für seine Fassung nicht nur auf de Quinceys frühen Zeitschriften-Bericht, sondern auch auf dessen spätere Versuche der Umarbeitung. Er ergänzte die knappen Berichte um die erzählerischen Einzelheiten und die Traumdichtungen aus den unvollendet gebliebenen *Suspiria de profundis* von 1845 und um die Reflexionen der Buchfassung von 1857. Aber die Gleichsetzung des Dichters und Träumers de Quincey mit dem Adepten der anderen Wirklichkeit, mit dem Opium-Esser, ist beibehalten und äußerst raffiniert mit der eigenen Lebensrolle Baudelaires verschmolzen. Nach Baudelaire hatte der junge Engländer seine Traumveranlagung durch die Stimulierung der Droge erst zum Leben erweckt, erst produktiv gemacht. Seine Erlebnisse und Visionen wären danach, wie die Erlebnisse und Visionen Baudelaires, die Voraussetzung eines Schaffens, das diese Traumwelt der künstlichen Paradiese in der Willensanstrengung des Künstlers rekonstruiert. Die Konstruktion des Außerordentlichen gewinnt aus dem Kunstvorgang die Ursprünglichkeit des passiven Erfahrens zurück, aber aus dem flüchtigen Augenblick in den dauernden verwandelt. Da wir de Quincey als Schriftsteller erst seit den *Confessions* kennen, da er selbst teilweise der Fiktion Vorschub geleistet hat, ist es nicht ganz einfach zu zeigen, dass seine Traumwelt der Begegnung mit dem Opium vorausliegt und dass nur deshalb die beseligende und verheerende Wirkung so

vollständig, rückhaltlos erfolgte, weil eine Traumrealität für ihn seit seiner Kinderzeit mit der Alltagsrealität untrennbar verflochten war. Jean Paul wurde - bei
ähnlich visionärer Veranlagung - durch die November-Vision aus seiner Lebens-
bahn geworfen. Er hat von da an seine Wahrnehmung der Wirklichkeit und seine
enthusiastische Natur- und Flugdichtung auf diesen Augenblick ausgerichtet. In
immer neuen Kreisen umschwebte er die *eine*, wie in eine Metapher gebundene
Begegnung mit Tod und Unendlichkeit. Bei Thomas de Quincey wissen wir aus
einem frühen Tagebuch, dass er jedenfalls unmittelbar nach seiner Flucht ins
Londoner Elend Übungen unternahm, die das Verzerren und Aufheben der Erfah-
rungsbegrenzungen zum Gegenstand hatten. Mit starrem Auge in die Parklandschaft
Mittelenglands blickend, sollte das Aufgehen in diesen Blick die gleichgültige
Gegenwart überlagern mit Erinnerungsbildern aus seiner frühesten Kindheit, Tod
der Schwester, Idylle der Geborgenheit, Tod des Vaters, Idylle des Abgrunds, die in
die erweiterte Zuständlichkeit wie handelnde Mächte verändernd eingreifen konnten. Da die Zukunft im Wachtraum ebenso wie die im Gedächtnis unbewusst aufgehobene Vergangenheit in das gegenwärtige Leben eindringen konnten, musste sich
zwangsläufig das Verhältnis zu Raum und Zeit verschieben - mindestens für die
Zeiträume, in denen sich de Quincey wie nur je ein deutscher Romantiker in seine
Gegenwelt flüchtete:

> Als erstes Anzeichen einer bedeutenden Wandlung in meiner körperlichen
> Ökonomie galt mir die Wiederkehr einer gewissen Fähigkeit meines Auges,
> die im allgemeinen nur dem Kindesalter oder auch Zuständen hoher Erregt-
> heit eigentümlich ist. Ich weiß nicht, ob es dem Leser bekannt ist, daß viele
> Kinder, vielleicht die meisten, die Kraft haben, in die Dunkelheit allerlei
> Truggestalten hineinzusehen. Bei manchen ist dies Vermögen eine bloß me-
> chanische Affektion des Auges, andere wieder können diese Truggestalten
> kommen und gehen heißen, ganz oder doch teilweise nach ihrem freien
> Willen. [...] Ich glaube, es war um die Mitte des Jahres 1817, als diese
> Fähigkeit bei mir geradezu beängstigend wurde. Nachts, wenn ich wach im
> Bette lag, zogen endlose Prozessionen in düsterer Pracht und Friese voll
> unendlicher Geschichten an mir vorüber, die mir so traurig und feierlich
> vorkamen, als seien es Geschichten aus der Zeit vor Oedipus und Priamus,
> vor Tyrus und Memphis. Und zu dieser Zeit ging eine entsprechende
> Wandlung auch in meinen Träumen vor. Hinter meiner Stirn schien plötz-
> lich ein Theater entstanden und beleuchtet, in dem nächtliche Schauspiele
> von überirdischem Glanze stattfanden.[24]

---

24 Thomas de Quincey, *Confessions of an English Opium-Eater* (1821), in: *Bekenntnisse eines englischen
Opiumessers, Suspiria de profundis, Die englische Postkutsche, der Mord als eine schöne Kunst
betrachtet*, hg. u. übers. von Walter Schmiele, Stuttgart 1962, S. 112 f. Aus dem Rückblick von fast
zwanzig Jahren muss sich dabei de Quincey an die Zeit erinnert haben, als er nach seiner Rückkehr aus
London in der erzwungenen Einsamkeit der Rekonvaleszenz sich die Zeit damit vertrieb, durch Reiben
der Augen und durch starres Blicken in die Landschaft diese in ein Theater der Phantasie zu
verwandeln. Darüber hatte er in einem Tagebuch des Jahres 1803, also noch vor der ersten Begegnung
mit dem Opium, Notizen hinterlassen. (Vgl. *A Diary of Thomas de Quincey*, hg. von
H.A.Eaton/N.Douglas, London 1927).

Der Unterschied zu den Traumdichtungen der romantischen Epoche, zu Adalberts Traum bei Chamisso oder den angestrengt sinistren Innenschau-Bemühungen Ludwig Tiecks besteht in der Unentrinnbarkeit dieser anderen Wirklichkeit. Die Formel „Als ich erwachte", jene Beleidigung aller Phantasie, die nicht nur für Jean Paul noch eine, wenn schon reflektierte Rolle spielte und die für das 19. Jahrhundert immer dem Nachweis zu dienen hatte, dass die Welten von Traum und Wachen, Einbildung und Wahrheit, wie Nacht und Tag voneinander getrennt sind, so dass erst durch diese Trennung der höhere Sinn der Traumeswirren begriffen werden kann - diese Formel also hat für de Quincey überhaupt keinen Sinn. Jedes Erwachen ist ein Eintauchen in eine wieder ungewisse Schicht der nicht trennbaren Existenz, ist die Öffnung aus einem Beseligungszustand oder Höllensturz in den nächsten. Alle Kinderträume sind vielleicht von dieser Art: Da sie sich in ihren Elementen wiederholen, da die gleichen Flüge über Treppenhäuser und von Türmen herab, die gleichen Wanderungen durch nicht endende Höfe und Straßen, die gleiche Aufhebung von Innen und Außen sich in kurze Abständen wiederholen, gewinnen diese Flusslandschaften und Stadtsilhouetten ihre eigene Wiedererkennbarkeit. Die Träume kreieren Landschaften. Die Landschaften suggerieren Erinnerungen. Thomas de Quincey hat in den verstreuten Schriften, aus denen seine riesige und zwangsläufig nicht vollendbare Traumarbeit besteht, eindringlich gezeigt, wie sehr für ihn durch die Wirkung der Mohnblume diese kindliche Veranlagung zur Doppelwirklichkeit verstärkt wurde. Liest man unbefangen den frühen Aufsatz, von seiner Wirkungsgeschichte her angefüllt mit dem Wunsch zu staunen und zu erschrecken, so ist man in der Enttäuschung über so viel Mangel an pittoreskem Detail am meisten von der Tatsache beeindruckt, wie sehr für den Opium-Esser das Glück und Unglück seiner Existenz an die Topographie des Außergewöhnlichen gebunden sind. Er erzählt da keine Träume, aber er schildert die aus Urwald und Wüste seltsam zuammengesetzte Landschaft des Entsetzens:

> Unter dem gleichzeitigen Gefühl tropischer Hitze und senkrechter Sonnen-strahlung erschuf sich mein Geist alle Kreaturen, Vögel, Säugetiere, Repti-lien, alle Bäume und Pflanzen, alle Gebräuche und Sitten, welche die Tropen je hervorgebracht hatten, und versammelte sie alle in China oder Hindostan. Und da ich es als gleichartig betrachtete, so bezog ich auch Ägypten samt allen seinen Göttern in denselben Zusammenhang mit ein. Affen, Papageien, Kakadus starrten, fauchten, grinsten und krächzten mich an. Ich flüchtete in eine Pagode und wurde auf ihrer Kuppel oder in gehei-men Kammern jahrhundertelang festgehalten. Ich war der Götze und war der Priester, angebetet wurde ich und als Opfer dargebracht. Vor dem Zorne Brahmas floh ich durch alle Wälder Asiens. Wischnu haßte mich, und Schiwa lauerte mir auf. Dann trat ich plötzlich vor Isis und Osiris. Sie klagten mich einer Untat an, die den Ibis und das Krokodil mit Schrecken erfüllt habe. Tausend Jahre lang lag ich bestattet in steinernen Särgen bei Mumie und Sphinx, in enger Grabkammer still im Herzen der ewigen Pyramiden. Ich duldete den giftigen Kuß der Krokodile und lag unter unaussprechlichen, schleimigen Massen im schilfigen Urschlamm des Nils. Doch gebe ich mit all diesem dem Leser nur einen blassen Abglanz meiner orientalischen Träume, die mich allzeit mit solchem Staunen über die unge-

heuerlichen Szenerien erfüllten, daß mein Grauen wie aufgelöst in reine Bewunderung schien.[25]

Kein Wunder, dass der Entdeckungsreisende mit Entsetzen auf jede Wiederkehr dieser Landschaft, ja, auf die bloße Ahnung reagierte. Mit Todesschreien wachte er zwischen seinen verwirrten Kindern auf. Mit aller Gewalt suchte er sich vor dem Einschlafen zu bewahren. Aber das eigentlich Gespenstische, in gewisser Weise freilich auch das staunenswert Unbegreifliche war, dass diese unterirdische Welt in den scheinbaren Frieden seines Alltags eingreifen konnte. Nicht allein als irritiertes Wahrnehmungsvermögen, das sich ans Gleichmaß nicht mehr zu gewöhnen vermochte, sondern als ständig drohende Aufhebung des sicheren Untergrunds. Eines Tages steht in der Halle seines Bauernhauses im Lake-District ein Malaie von einer so unbezweifelbaren Angreifbarkeit, dass Generationen von Forschern nach Erklärungen für sein Auftauchen gesucht haben. Er spricht mit ihm, er gibt ihm - ein Asienreisender dem anderen - einen kräftigen Schnitt von seiner Opium-Latwerge als Wegzehrung, die der Fremde auf einen Sitz verschlingt, und ängstigt sich monatelang über den ungewollten Mord, der in den Zeitungen verschwiegen wird. Oder er flieht, in einer Kindheitsvision aus seinen spätesten Schriftstellertagen, aus Angst vor der Polizei aus den Straßen und Arkaden der Stadt Chester auf den Damm vor den Toren, weil man nur im Freien vor Feinden sicher ist - es waren ganz sicher nicht die Feinde aus der englischen Polizei, vor denen man sich doch besser im Stadtinneren geborgen hätte! -, um dann in blankem Entsetzen einer Sturzflut und der rätselhaften Erscheinung einer übermächtigen Frau zu begegnen. Keine der Sphären bietet Sicherheit vor der anderen. Wer die vielen tausend Seiten, die der Opiumesser seiner Krankheit und seinem Elend abgerungen hat, durchmustert hat, der findet in den Hunderten von Abhandlungen zur Geldwirtschaft und zur frühchristlichen Theologie, in den autobiographischen Aufzeichnungen und in den literarischen Portraits, in Skizzen über den Aufstand der Tartaren wie in Rezensionen von astronomischen Handbüchern so unversehens, wie de Quincey seinen Gespenstern begegnete, die Spuren dieser orientalischen Traumlandschaft und aller ihrer nur skizzierten Folterungen, Opferrituale und bengalischen Illuminationen des Entsetzlichen.[26] Auch hier ist nicht zu unterscheiden, wann der Schriftsteller de Quincey in den Vorrat seiner Traumerlebnisse absichtlich hineingreift oder wann diese ihrerseits seine Schreibübungen von innen heraus kontrollieren. Die magische Qualität seiner Prosa, seine unvergleichliche Fähigkeit, hundert Stimmungen, Gedanken und Eingebungen gleichzeitig festzuhalten, hängt mit dieser Ausbildung seiner Traumlandschaft unmittelbar zusammen. Er hat seine Gesichte in kunstvollen Dichtungen festzuhalten versucht: Über die Jahre hat er fast ein halbes Hundert

---

25 A.a.O., S. 122 f.

26 Die Begegnung mit dem Malaien ist in den ersten *Confessions* unter dem Datum „Mai 1818" eingetragen; das in einen Albtraum verwandelte Zusammentreffen mit der Frau oder Muttergottheit auf den Wällen der Stadt Chester, während gleichzeitig eine Springflut den Weltuntergang anzudeuten scheint, ist ein Zusatz der ins Monströse erweiterten Neuausgabe von 1856; vgl. *The Collected Writings of Thomas de Quincey*, hg. von David Masson, Edinburgh 1889 ff – die bis heute nicht ersetzte 14-bändige Ausgabe -, Bd. III, S. 302 ff.

solcher Texte geschrieben und für die zweite Ausgabe seiner *Confessions* gesammelt. Manches davon ist in späteren Entwürfen aufgenommen worden, das meiste ist bei mehreren Schwelbränden verbrannt oder in der Unordnung des Nachlasses bis heute verschollen.[27] Das sind wunderbar durchgestaltete Traumdichtungen, dem Märchen wie dem Schauerroman sprachlich verpflichtet, in denen die Unwägbarkeit des Wandels mit den Mitteln der Synästhesie und der symbolischen Stellvertretung durch die Metapher ins Kunstgebilde umgesetzt sind. Fast wie bei seinem Vorbild Jean Paul. Die ungeschriebenen Teile seines gescheiterten Hauptwerkes *Suspiria de profundis* sollten sie der Nachwelt überliefern und erklären. Baudelaire war von den Beispielen entzückt und nahm sie zum Vorbild für die Prosagedichte des *Spleen de Paris*. Aber das grundsätzlich Andere an de Quinceys Traumlandschaften hält die unbewussten Reflexe eindringlicher fest als die nachgestellten Traumsituationen im Essay. Dass Raum und Zeit als Einbildungskraft des Dichters verändert werden, dass umgekehrt die mächtig erregten Empfindungen des Raumes und der Zeit das Ich an deren Unfassbarkeit ausliefert - das ist die geheime Botschaft seiner zahllosen Notate, die an die Stelle der nicht zu bewältigenden Bücher treten mussten. Der Raum nimmt unaussprechliche Dehnung an und kann doch sich im Augenblick zu Nichts verflüchtigen. Beklemmender noch wurde - freilich hier besonders unter der Einwirkung des Opiums - die ungeheure Ausdehnung der Zeit. Sie ließ ihn in einer Nacht Jahrhunderte durchlaufen, jedenfalls eine Dauer, welche die Grenzen der menschlichen Erfahrung weit übersteigt.

Da in diesen unfreiwilligen Spielen mit dem Konstanten außerhalb des Ich aber zugleich beharrlich *sprechende* Erinnerungen der frühesten Kinderzeit mitschwangen, entwickelte sich in ihm ein bis dahin in der Literatur unbekanntes Moment der Wahrträume analog zur Wahrsagung. In einem kaum bekannten Teilstück seiner autobiographischen Charakteristiken, *The Sarazen's Head*, beschreibt de Quincey aus der Rückschau des Jahres 1839 die Nacht, in der er als junger Privatgelehrter 1807 nach seinem ersten Besuch bei William Wordsworth über die Straßen von Westmoreland fährt:

---

27 Seit Alexander H. Japp 1891 im ersten Band seiner Nachlassausgabe von de Quinceys *Posthumous Works* (vgl. den Reprint Hildesheim/New York 1975, S. 4 ff) eine unter den Manuskripten gefundene Liste mit den Titeln der Traumdichtungen publizierte, die der Dichter in die *Suspiria de profundis* – die lang versprochene Fortsetzung der *Confessions* und sein nie zu Ende geführtes Hauptwerk – mit aufnehmen wollte, hätte es nahegelegen, den umfangreichen handschriftlichen Nachlass nach weiteren Texten, Skizzen oder ausgeführten Entwürfen durchzumustern. Aber selbst Philologen, die sich um kritische Ausgaben de Quinceys bemüht hatten, wie Malcolm Elwin, begnügten sich damit, Massons Ausgabe an den Zeitschriften- oder frühen Buch-Drucken zu überprüfen. Bei der Bedeutung dieses Werks für die moderne Dichtung unbegreiflich! Wer sich daran machen wollte, den in der Liste angegebenen Stellen nachzugehen, musste bis heute die verlorenen Dichtungen nach Thema und Motiv aus den über die Aufsätze und Briefe verstreuten Indizien wiederzugewinnen suchen. Erst Laura E. Roman, Junior Research Fellow am Worcester College in Oxford, hat jetzt erstmals eine Anzahl Manuskripte gefunden, die in den Zusammenhang dieses an der Ungunst der Umstände gescheiterten Projekts gehören. Vgl. ihren Bericht „Die Nachtwachen des Opiumessers. Seufzer aus der Tiefe: Neue Funde zu den unbekannten letzten Bekenntnissen des Thomas De Quincey", übers. von Reinhard Kaiser, im Feuilleton der *Frankfurter Allgemeinen Zeitung* vom 19. Januar 1999.

Als ich in dieser Nacht mit meiner Postkutsche durch Elleray fuhr, überfiel mich der Gedanke, dass ich gerade jetzt eine Straße zurücklegte, die ich bisher kaum kannte, die aber vielleicht in späteren Jahren meinem Auge so vertraut sein würde wie die Zimmer in meinem eigenen Haus, und dass ich sie dann vielleicht in Gesellschaft von Gesichtern zurücklegen würde, in die ich bisher noch nicht einmal geblickt hatte, die aber in jenen Jahren der Zukunft mir näher und lieber wären als irgendein anderes, schon heute vertrautes Antlitz [...] Keine Nacht, ich möchte fast sagen, mein ganzes Leben, ist so tief, schmerzlich und pathetisch meinem Gedächtnis eingeschrieben als gerade diese, in der ich, gewissermaßen vorahnend, die gleiche Straße in stiller Einsamkeit, im Halbschlaf gewiegt durch die einschmeichelnden Weisen des Postillons, dahinfuhr, die ich zehn Jahre später und dann über einen Zeitraum von beinahe noch einmal gleicher Dauer bestimmt war, wieder und wieder zu durchmessen, und das unter strahlenden Glücksumständen, wie sie jetzt für mich ganz und für immer ausgebrannt sind.[28]

Es ist das Muster hinter der berühmtesten Anekdote, die sich um de Quinceys Angstvisionen gerankt hat: der Besuch in der Whispering Gallery von Saint Paul's. Dort war es das Grauen vor dem Wort, das sich uneinholbar vom Sprecher über die gesamte Kuppel hinweg auf den Hörer in vermehrter Lautstärke übertrug, das ihn seine Stellung unter den aufgehängten Siegesfahnen genau da wahrnehmen lässt, wo später Nelsons Katafalk errichtet wurde, so als hätte die Schuld seines Wortes die Sühne durch Englands Unheil erfahren; denn in solchen zwanghaften Gleichungen trat für ihn der Zusammenhang zwischen Innenwelt und Außenwelt hervor. "Involutes" nannte er diese unwillkürlichen Einschläge verschiedenster Gemüts- und Verstandesbewegungen im Reich der Erfahrung, in die sich der Sinn eines unklaren Lebens drängen mochte.

5. Diesseits und Jenseits des Acheron: Gérard de Nerval

Unter den französischen Bewunderern der englischen Romantik und insbesondere Thomas de Quinceys war nur ein einziger, der an exponierter Seelenstruktur und Absonderlichkeit der Lebensführung zum Opiumesser eine innere Affinität besaß, Gérard Labrunie, der sich als Schriftsteller Gérard de Nerval nannte, nach einem kleinen Stück Land im Valois, dessen Ursprung er auf den römischen Kaiser Nerva und auf die antiken Auseinandersetzungen zwischen den Römern und den keltischen Silvanekten zurückführte. Seine Freunde Théophile Gautier und Alexandre Dumas schwelgten in romantischen Nachtgesichten, die teils dem englischen Genreroman, teils E.T.A. Hoffmann entnommen waren, die ihrerseits ihre Ansichten von der Nachtseite des Lebens, wie immer ihr Verhältnis zu Traum und Alptraum sein mochte, als ästhetische Programme artifiziell konstruiert hatten. Gautier führte in *Le Club des Haschischins*, auf E.T.A. Hoffmann und de Quincey schielend, als Erlebnis aus, was sich beim Opiumesser zwischen den Angaben zu Raum und Zeit

---

28 Übersetzt nach dem in *Tait's Magazine* erschienenen Erstdruck der *Sketches of Life and Manners* (dort S. 804 ff), die zur Fortsetzung der 1834 begonnenen *Autobiography of an English Opium-Eater* gehören; vgl. *The Collected Writings of Thomas de Quincey*, a.a.O., Bd. II, S. 354 f.

verbarg. Nerval brauchte keine Stimulantien, um sich der doppelten Wirklichkeit des Romantikers zu versichern. Verfolgt von den Kindheitserinnerungen und Hoffnungsträumen einer heroischen Ära - der Vater war als Arzt mit Napoleon auf dem Weg nach Russland, die ihn begleitende Mutter in Schlesien an Erschöpfung gestorben, die Halbwaise aufgewachsen in der unwirklichen Naturszenerie der Wälder und Etangs von Senlis, Ermenonville und Mortefontaine -, hatte sich Gérard schon in frühen Schriftstellerjahren den Mythos vom galanten Böhmen als längeres Gedankenspiel ersonnen, in den die meisten seiner idyllischen und heroischen Hirngespinste Eingang fanden. Das Valois wurde da zu einer von Watteau geschaffenen Parklandschaft umgeschaffen, belebt von jungen und schönen Mädchen, die Volkslieder sangen oder in den Landschaftsgärten Reigen tanzten, von Jägern und Armbrustschützen, die Bräuchen aus unvordenklicher Zeit nachhingen, und schließlich von Zigeunern, Bohemiens, die als Zeugen einer fremden und fernen Welt traumwandlerisch wie Erinnerungen durch dieses Kinderparadies hinglitten. Die von ihm erfundene Künstlerboheme in der Sackgasse der Rue de Doyenné war bereits Ausdruck dieser Tagtraum-Realität Nervals. Nicht minder die Leidenschaft für Watteau und Fragonard, für die ungezügelten Dichter einer trunkenen Bukolik wie Théophile de Viau oder Charles Sorel, die er mit dem Freunde Théophile Gautier teilte. Das alles freilich hätte ihn nicht von anderen Schülern des großen Charles Nodier unterschieden, die in gleicher Weise ihre romantische Seele und deren Zustände künstlich pflegten. Aber dann trennte ihn das Schicksal für immer von seinen Freunden: 1840 bricht bei ihm die Schizophrenie aus. Nach euphorischen, glanzdurchfluteten Nächten, in denen er dem Polarstern seiner Liebe durch die Straßen von Paris nachirrt, wird er in eine Klinik eingeliefert und beginnt dort, fast noch im Delirium, mit der Niederschrift seiner Katastrophen, die ihm als Fahrt über den Acheron, als mythische Wiederholung von Orpheus' Hadesabstieg und als Entdeckungsfahrt in einen neuen Kontinent erscheint.

Das Wunder Nerval, die unbegreifliche Einzigartigkeit in diesem unseligen Dichterleben, ist die Errettung der Sprache aus diesem Zusammenhang: Der in seinen Wahnvisionen eingesperrte, jeder Kontrolle über seinen Zustand entratende Kranke kann über seine Erlebnisse mit der Klarsicht und Anmut schreiben, die seine Zeitgenossen in den Feuilletons und Erzählungen so sehr bezaubert hat. Eine leichte, fast schmetterlingshaft zarte Prosa, jedem Pathos feindlich oder fremd, aber mit einer Aufmerksamkeit für jede Nuance und jede Stimmung, dass noch Marcel Proust in Nerval den einzigen nennenswerten Vorläufer seiner Darstellungskunst gesehen hat. Die Aufzeichnungen des Jahres 1840 blieben unter seinen Papieren liegen. Erst nach einem Dutzend Jahren, in denen sich der Dichter und Publizist gegen alle Prognostikation zu behaupten wusste, nahm er in den letzten Monaten seines Lebens, die er in ständigem Wechsel zwischen Irrenhaus und einer Stadtstreicherexistenz verbrachte, den Verstörungs-Schüben nur noch auf Wochen oder Tage entronnen, die alten, nur zum Teil erhaltenen Notizen wieder auf und schuf daraus sein letztes Werk, Nachtrag und Verwandlung zu den Novellen seiner *Filles du Feu* von 1853, die in zwei Teile zerfallende Erzählung *Aurélia, ou le Rêve et la Vie*. Das nicht ganz abgeschlossene Manuskript des Schlusses hatte Nerval in seiner

Tasche stecken, als man am Morgen des 26. Januar 1855 den Leichnam des Selbst-
mörders von einem Haken in der Rue du la Vieille-Lanterne abnahm. Er hatte die
Grenzgänge zwischen "songe et verité", zwischen ungewissem Traumreich und
noch ungewisserer Bürgerwelt, nicht länger ertragen. Aus der Selbstzerstörung
seiner letzten Krise zitierte er die klarsichtigen Aufzeichnungen seiner ersten.
Aurélia ist die berühmteste unter den Schöpfungen des Dichters, der bis ans Ende
des 19. Jahrhunderts als einer der kleineren Romantiker galt, ehe er durch Proust
und die Surrealisten in seiner Bedeutung erkannt wurde. Wie in den geheimnisvollen Sonetten seiner *Chimères* liegt der Mythos von Orpheus und Eurydike dem
Geschehen zugrunde. Das Motto zum zweiten Teil, Klageruf des thrakischen
Sängers aus Glucks Musikdrama, nimmt die Geste ausweisloser Verzweiflung *und*
das Pathos der Hadesfahrt auf.[29] Der Verlust der Geliebten, durch die vielfachen
Spiegelungen der Erinnerung noch verschärft, treibt das Ich, das nur eine schmetterlingshaft verhüllte, kaum stilisierte Rolle Nervals ist, auf eine Suche, für die der
beengende Raum der Stadt Paris der allmächtig werdenden Leidenschaft nicht mehr
genügen kann. Unmerklich gewinnen die astrologischen Sinnzeichen und die
Hieroglyphen im Alltäglichen den Sog der Gewissheit. Der arme herumirrende
Gérard folgt jenem Stern, der für ihn das Symbol Aurelias ist; geheimnisvolle Worte
dringen an sein Ohr, die er auf seinen inneren Zusammenhang hin umdeutet, bis
schließlich im Augenblick des Zusammenbruchs Himmelserscheinungen seine
Recherche begleiten:

> Als die Kerzen in Notre-Dame-de-Lorette gelöscht wurden, stand ich auf
> und ging hinaus, wo ich die Richtung zu den Champs-Elysées einschlug.
> Auf der Place de la Concorde dachte ich daran, mich selbst zu vernichten.
> Wiederholt ging ich zur Seine hin; doch hinderte mich irgend etwas,
> meinen Plan zu verwirklichen. Die Sterne strahlten am Firmament. Plötz-
> lich schien es mir, als ob sie alle zusammen erloschen wären wie die
> Kerzen, die ich in der Kirche gesehen hatte. Ich glaubte, daß die Zeit erfüllt
> wäre und daß wir vor dem Ende der Welt stünden, wie es die Apokalypse
> des Johannes ankündigt. Ich glaubte, eine schwarze Sonne im leeren
> Himmel zu sehen und eine blutrote Kugel über den Tuilerien. Ich sagte mir:
> „Die ewige Nacht beginnt, und sie wird furchtbar sein. Was wird gesche-
> hen, wenn die Menschen merken, daß es keine Sonne mehr gibt?" - Ich
> kehrte durch die Rue Saint-Honoré zurück und bedauerte die verspäteten
> Bauern, die ich traf. Zum Louvre gelangt, ging ich bis auf den Platz, und
> dort erwartete mich ein sonderbares Schauspiel. Durch rasch dahinjagende
> Wolken sah ich mehrere Monde, die mit großer Geschwindigkeit vorbei-
> sausten. Ich dachte, daß die Erde aus ihrer Bahn geraten sei und wie ein
> Schiff mit gebrochenen Masten durchs Firmament irre, wobei sie sich den
> Sternen näherte und wieder von ihnen entfernte, so daß sie abwechselnd

---

29 Alle Texte, Briefzeugnisse und Dokumente zur Entstehungszeit des Spätwerks sind jetzt vollständig
gesammelt und kommentiert in: Gérard de Nerval, *Œuvres complètes*, hg. von Jean Guillaume/Claude
Pichois, Paris 1984 ff (3 Bde.); vgl. dort Bd. III, S. 693 ff, sowie den Kommentar mit den Varianten der
früheren Fassung, S. 1325 ff.

groß und klein erschienen. Zwei oder drei Stunden lang sah ich mir den Wirrwarr an und wandte mich schließlich nach den Markthallen.[30]

Nerval war zu allen Zeiten jemand, der ruhelos, ohne länger als eine halbe Stunde an einem Ort zu verweilen, durch Paris und das Umland streunte. Der Zusammenbruch der mittelalterlichen Stadt und das Heraufdämmern eines zukünftigen Pracht-Paris aus den Baustellen und Abrissfeldern des Barons Hausmann hat seine Wege begleitet. Mit den Photographen Le Secq und Nègre, vor allem mit dem Radierer Charles Meryon teilte er sich in diese mit Abscheu gepaarte Bewunderung für die Metamorphose der großen Stadt. Nun wird in der *Aurélia* dieses gespenstische Doppelgesicht von Paris zur Voraussetzung für die eigene Doppelexistenz in Traum und Alltäglichkeit, zu der er sich verurteilt sah. Dass er seinen Weg über den Acheron aus der Wildnis der Städte antrat, dass ihn der Weg zum dunklen Ufer an den topographisch genau auszumachenden Straßen und Plätzen vorbeiführt, verhöhnt und belacht von der Menge, die in ihre Wahrnehmungsgewohnheiten eingesperrt ist, das verbindet Nervals Meisterwerk mit den Angstvisionen Charles Meryons, die sich in gleicher Besessenheit an die Brücken und Gassen, die leeren Fensterhöhlen und die abweisende Öde der repräsentativen Plätze heften. Der Hofstaat der Meeresgötter, die in der Brandung auf das Collège Henri IV. zustürzen, die gespenstischen Allegorien und Vögel über den Dächern, die an den Irrsinn grenzende Pedanterie in den Veduten - alles das unterstreicht in den *Eaux-Fortes sur Paris* von 1852 den phantastischen Grundzug dieser Stadt, gesehen aus der gleichen, an E.T.A. Hoffmann geschulten Phantastik der verwirrten Sinne, die den Ausgangspunkt von Nervals gewaltigen Traumvisionen bildetete. Je mehr sich die Wirklichkeit in den Angstzuständen verwirrt, umso zäher hält sich jeweils die Topographie als letzter Rettungsanker vor dem Sturz in den Abgrund. So beschreibt es Meryons Blatt mit den dämonischen Montgolfieren über dem Marineministerium an der Place de la Concorde.[31] So beschreibt es Nerval auf seinen Irrwegen bei der Suche nach dem rettenden Stern am Himmel.

Im ersten Teil seiner Novelle kontrolliert Nerval das Auseinanderstreben seines Bewusstseins, thematisiert das Zerfallen in zwei Existenzen durch den Hinweis auf das Weiterführen der gleichen Individualität jedes Menschen im Wachen und im Traum. Dass der Traum ein zweites Leben ist, dass man aus der Beobachtung seiner eigentümlichen Logik eine tiefere Kenntnis über sich selbst, aber auch über die vom Bewusstsein verdrängten Seiten der Welt gewinnen kann, ist die Voraussetzung seines dichterischen Experiments, die eigenen Wahnsinnszustände als Wach-zustände mit gleicher Intensität und Klarsicht zu beschreiben. Es ist in diesem Zusammenhang völlig gleichgültig, ob die spätere Tiefenpsychologie sich diesen Ansichten angeschlossen hat oder nicht. Nerval geht es um den dichterischen

---

30 Nerval, a.a.O., S. 734 f, dt. in: *Werke*, hg. von Friedhelm Kemp/Norbert Miller, übers. v. F.K., München 1987 ff, S. 407 f.
31 Die 1865 entstandene Radierung ist wiedergegeben in: Nerval, *Werke*, S. 408. Vgl. auch *Charles Meryon, Paris um 1850. Zeichnungen, Radierungen, Photographien* [Ausstellungskatalog], betreut von Margret Stuffmann, Frankfurt a. M. 1976, Eintrag R 26, S. 94 f, zum Zusammenhang mit Nerval auch insb. S. 13 ff und 25 ff.

Ausdruck seiner einzigartigen Gewissheit, wie E.T.A. Hoffmanns Student Anselmus
in beiden Wirklichkeiten gleichermaßen zu Hause zu sein. Er braucht die Droge
nicht, die Simulation, die künstliche Übersteigerung, da für ihn auch am hellichten
Tage die kosmische oder dämonische Dimension der Erfahrung präsent ist. Er
suchte im Synkretismus der spätantiken Religionen, er sammelte krause Gelehrsam-
keit über die Medizin der Alten, über Alchemie und Gestirnkunde, über geheime
Sekten und über mittelalterliche Traditionen, die sich in seinem Kopf zu einem
unentwirrbaren System von Beziehungen verbanden. Dieses System sollte die
Unerschöpfbarkeit der Verwirrungen ordnen. Nimmermüd wie Sisyphos machte er
sich jeden Tag wieder an die Aufgabe, in seiner Sprache die Rätsel aufzufangen und
zu ordnen, wenn er sie schon nicht lösen konnte. So ist der nicht zu Ende gekom-
mene Schluss der *Aurélia* durchzogen von kosmologischen Phantasien, in denen
sich die Frage nach der Unsterblichkeit der Seele und nach ihrer drohenden
Vernichtung im Nichts zu immer gewaltigeren Bildkaskaden verdichtete. Das
Übermaß an Bedeutungen fordert wohl nach einer Auflösung durch den Interpreten,
weist sie aber im labyrinthischen Springen von einer zur anderen Bedeutung immer
wieder zurück. Darin aber bewahrt Nerval die gleiche, Spuren lesende Aufmerksamkeit für die Details der zurückgelassenen Welt wie umgekehrt in der Auflösung
der Pariser Realität sein morgenländischer Kosmos sich ankündigte:

> Man wollte mir durchaus keinen Glauben schenken, während ich diesen
> Beginn einer Genesung meiner glühenden Willenskraft zuschrieb. In jener
> Nacht hatte ich einen köstlichen Traum, den ersten seit sehr langer Zeit. Ich
> befand mich in einem Turm, der so tief ins Erdinnere und so hoch in den
> Himmel führte, daß mein ganzes Dasein sich im Auf- und Absteigen zu
> erschöpfen schien. Schon waren meine Kräfte verbraucht, und ich wollte
> mutlos werden, als eine Seitentür geöffnet wurde. Ein Geist erscheint und
> sagt zu mir: „Komm mit, Bruder!" --- Ich weiß nicht, woher mir der Einfall
> kam, daß er Saturin hieße. Er hatte die Gesichtszüge eines armen Kranken,
> jedoch verwandelt und vergeistigt. Wir befanden uns in einer vom Gefunkel
> der Sterne erhellten Landschaft; wir blieben stehen, um dieses Schauspiel
> zu bewundern, und der Geist legte seine Hand auf meine Stirn, wie ich es
> am Tage zuvor getan hatte, als ich versuchte, meinen Gefährten zu
> magnetisieren. Alsbald begann einer der Sterne, die ich am Himmel
> erblickte, größer zu werden und die Gottheit meiner Träume erschien mir
> mit Lächeln in einem fast indischen Gewande, so wie ich sie früher einmal
> gesehen hatte. Sie trat zwischen uns beide, und die Wiesen ergrünten,
> Blüten und Laubwerk entsprossen der Erde auf der Spur ihrer Füße [...] Sie
> sagte zu mir: „Die Bewährungsprobe, der du ausgesetzt warst, geht zu
> Ende, diese zahllosen Treppen, die hinabzusteigen oder zu erklimmen du
> dich abmühtest, waren eben die Bindungen der alten Illusionen, welche
> dein Denken verwirrten."[32]

Die Traumlandschaften werden zu Fluchtlandschaften, das Überwechseln von
einem Ufer des Todesstroms zum anderen ist immer Wagnis und Rettung in einem.
Nerval hat in den zehn Jahren, die ihm für sein Œuvre gegönnt waren, diese Flucht-

---

32 Nerval, a.a.O., Bd. III, S. 744 f (Seconde partie VI), dt. in: *Werke*, a.a.O., Bd. III, S. 421.

versuche immer wieder beschrieben, die Flucht in den Orient als Versuch der Rückkehr zu Anfängen, in denen er sich wie Salomon als der Geliebte der Königin von
Saba sah, die Flucht ins Valois seiner Kinderzeit, die zugleich eine Flucht in die
arkadische Urzeit sein sollte, die Flucht in den Wahnsinn aus der unerträglichen
Bedrohung der Stadt, die Rückkehr aus der Bewusstseinsvernichtung der Träume in
die von den Träumen besetzte Alltäglichkeit. Da "songe et verité" keine dauernde
Erlösung bieten konnten, wurde für ihn die Topographie seiner beiden sich
ausschließenden und doch überlagernden Wirklichkeiten zur Rettung. Wegkundiger
zu sein und Dragoman waren immerhin Rollen, die dem Dichter eine Art von
Überlegenheit vor dem Nichts sicherten.[33]

6. Der Altstädter Ring als Welttheater: Kafkas frühe Tagebücher

Wir kehren zu Kafkas Träumen zurück, um die Entfaltung seiner im Frühwerk
angelegten Wirklichkeitsauffassungen an wenigen Beispielen in die Tagebücher
hinein zu verfolgen. Zwei Beobachtungen seien in Erinnerung gerufen: die Aufhebung der Kontinuität in der Zeit und die Unterwerfung des Raums unter die
Einbildungskraft des Erlebenden, der aber zugleich ausweglos diesen Raum-
gegebenheiten unterworfen ist. Das bedingt für Kafka oder seine wechselnden Stellvertreter im Roman eine Irritation bei jedem Versuch, sich einer Situation, eines
Gegenübers, eines Vorgangs zu versichern. Eigentlich gibt es gar kein solches
Mittel. Aber durch das genaue Hinschauen und durch das genaue Aufschreiben
lassen sich einzelne Indizien aus der fremden Undurchdringlichkeit herausholen.
Wenn man diese unter das Vergrößerungsglas legt, ergibt sich ein Befund von
zweifelhafter Aussagekraft für das Ganze, aber von unbezweifelbarer Verlässlichkeit im Detail: „Die auffallende Glätte der Wangen der Frau Tschissik neben ihrem
muskulösen Mund. Ihr etwas unförmiges, kleines Mädchen" oder „Kunstloser

---

33 Keiner unter den französischen Künstlern seiner Umgebung und der ihm folgenden Generation hat
dem Traum die gleiche Übermacht eingeräumt, keiner mit ähnlich strategischer Konsequenz die
Verdoppelung seiner Erfahrungsebenen in Sprache umgesetzt. "Ici a commencé pour moi ce que
j'appellerai l'épanchement du songe dans la vie réelle", heißt es schon zu Beginn des dritten Abschnitts
in der *Première partie* (*Œuvres*, a.a.O., Bd. III, S. 699): "A dater de ce moment, tout prenait parfois un
aspect double, - et cela, sans que le raisonnement manquât jamais de logique, sans que la mémoire
perdît les plus légers détails de ce qui m'arrivait. Seulement mes actions, insensées en apparence,
étaient soumises à ce que l'on appelle illusion, selon la raison humaine." Niemand glich ihm, außer
vielleicht der junge Arthur Rimbaud in den fieberhaften Notaten seiner autobiographischen Notizen,
dem vollkommensten Prosatext der französischen Moderne: *Une saison en enfer* von 1873. Keine
zwanzig Jahre nach Nervals Selbstmord ist da - unter dem beliebig austauschbaren Dante-Stichwort der
Höllenfahrt - die überhitzte, alle Gesetze und alle Ordnungen sprengende Durchdringung der Existenz
mit dem Lodern der Einbildungskraft Sprache geworden. Noch über Nervals Kalligraphie des
Entsetzlichen hinaus ist in diesen wenigen Seiten das von seinem Vorläufer entzündete Feuer zu einem
uneinholbaren Kunstzeugnis geworden. Freilich ist für Rimbaud der Traum keiner Ortsanbindung
bedürftig, wie ja auch die Emphase des Künstlerischen achtlos beiseite gewischt hätte. Es bedürfte
eines Exkurses in diesem Exkurs, um von Rimbaud aus die andere, unmittelbarer in die Moderne von
1900 einwirkende Variante einer alles verzehrenden, krank aus dem Inneren lodernden Phantasie zu
untersuchen, um die Fluchtlandschaften zu erkunden, welche die Banalität von Genre- und Land-
schaftsbeschwörungen durchdringen (wie es fast gleichzeitig auch in den Gemälden und Briefen van
Goghs ablesbar ist) und doch topographisch genau bestimmbar sind.

Übergang von der gespannten Haut der Glatze meines Chefs zu den zarten Falten seiner Stirn. Eine offenbare, sehr leicht nachzuahmende Schwäche der Natur, Banknoten dürften nicht so gemacht sein."[34] Der Widerspruch weckt erst die Aufmerksamkeit, die Charakterisierung hält diesen Widerspruch durch die verfremdete Wortwahl fest, besonders beim zweiten Zitat. Dort geradezu schwindelerregende Nuancenverschiebungen: Das Nebeneinander von Glätte und Faltigkeit als eine Schwäche der Natur zu umschreiben, unterstellt zunächst, dass die Natur noch altmodisch als schöpferische Natur, als das überlegene Vorbild aller Kunst hier im Hintergrund lauert. Zusätzlich wird deshalb auf das Kunstlose eines Naturspiels verwiesen, um zugleich in den Beiworten wie ein Maler die Gesichtszüge zu ästhetisieren. Der Gedanke wird dann grotesk wieder aufgegriffen, dass diese einfache Lösung eines physiognomischen Problems durch jeden Künstler leicht nachzuahmen wäre. Und dann als Pointe die Banknote als künstlichste Natur, von keinem Künstler so leicht nachzuahmen wie die Natur.

Man erkennt in dieser einfachsten Formulierung Kafkas Doppelneigung, eine Beobachtung zu isolieren und das Bild zugleich im Gestus des Als-ob oder Wieeiner fortzuspinnen. Das Indiz steht gegen die Metapher. Aus Indiz und Metapher wird gemeinsam der literarische Text. Auf die eigene Traumwelt übertragen liest sich das im gleichen Jahr 1911 so: „Erwachen an einem kalten Herbstmorgen mit gelblichem Licht. Durch das fast geschlossene Fenster dringen und noch vor den Scheiben, ehe man fällt, schweben, die Arme ausgebreitet, mit gewölbtem Bauch, rückwärtsgebogenen Beinen wie die Figuren auf dem Vorderbug der Schiffe in alter Zeit."[35] Das Erwachen als Traum, der Herbstmorgen hinter dem geschlossenen Fenster geahnt, die Verwandlung des fliegenden Schläfers, der genau mit der Stellung der Arme, des vorgewölbten Bauches und den nach rückwärts weggebogenen Beinen in seinem Sturzflug erfasst wird, in die Gallionsfigur eines alten Schiffes, die wechselseitige Zuordnung der Stichwort-Schilderung zum Traumgeschehen und zur erklärenden Metapher - alles das gehorcht der gleichen Schreibgesetzmäßigkeit wie die Notizen zum jüdischen Theater, zu Straßenbeobachtungen, Lektürefetzen oder Kritiken. Wie ein Stück aus seinen späteren Romanen klingt der Bericht über Bernhard Kellermanns Lesung vom 27. November 1910:

> [A]us Langweile über die Art des Vorlesens giengen die Leute trotz schlechter Spannungen der Geschichte immerfort einzeln weg mit einem Eifer, als ob nebenan vorgelesen werde. Als er nach dem 1/3 der Geschichte ein wenig Mineralwasser trank, gieng eine ganze Menge Leute

---

34Franz Kafka, *Tagebücher*, hg. von Hans-Gerd Koch, Michael Müller und Malcolm Pasley, Frankfurt a.M. 1990 (drei Bände), Bd. I, S. 98 (als Teil einer längeren Folge von Beschreibungsversuchen der Prager Schauspielerin) und S. 75 (in der Notiz datiert: „den 13 X 11"). Beide Notizen gehören in das erste Heft von Kafkas Tagebuchaufzeichnungen.

35 A.a.O., S. 248 f (unter einer „14 XI 11" datierten Bemerkung über einen Besuch bei Max Brod und einer Anmerkung über sein nachmittägliches Einschlafen). Dort Teil einer über viele Eintragungen sich hinziehenden Reihe von Traum-Nachschriften oder Traumdichtungen, die in engster Verbindung stehen mit der Selbstbeobachtung der Schlafschwierigkeiten, die im Zweiten Heft der „Tagebücher" beginnt und sich bis hier in das Dritte Heft weiterzieht.

weg. Er erschrak. Es ist gleich fertig, log er einfach. Als er fertig wurde, stand alles auf, es gab etwas Beifall, der so klang als wäre mitten unter allen den stehenden Menschen einer sitzen geblieben und klatschte für sich.[36]

Der Vergleich erweist sich als trügerisch. Die Metapher setzt nicht zwei Bilder oder Vorgänge in eins, wobei das zweite in der Ersetzung das erste erläutert, sondern ein unverständlicher Vorgang fordert, um mindestens in seiner Rätselhaftigkeit Ausdruck zu finden, einen so nicht in der Erfahrung enthaltenen Alternativ-Vorgang: Kellermann kann durch seinen Vortrag die höflichen Zuschauer nicht festhalten. Jede Pause wird zum Verhängnis. Das einmal begonnene Verhängnis wird, von Pause zu Pause, zu einer immer stärker anschwellenden Lawine. An der Bewegung der einzelnen Besucher, die verlegen jedes Räuspern und Wassertrinken mit ihrem hastigen Weggang beantworten, fordert eine Besonderheit das Nachdenken des Chronisten heraus. Wie gehen diese einzelnen? Das in seinem Witz kaum überbietbare „mit einem Eifer, als ob nebenan vorgelesen werde" unterschiebt dieser verlegenen Flucht den für die Bewertung des literarischen Abends vernichtenden Grund, sie hätten sich zu Kellermann verlaufen und wollten jetzt in aller Hast zu Kellermanns Lesung eilen. Das Bild der Besucher, die Angst vor dem falschen Saal und vor dem Zuspätkommen haben, wird substituiert zur Erklärung für die ungeduldigen Zuhörer, die aus Versehen am rechten Ort sind. Beide Bilder haben ihre Indizienschärfe um sich, beide arbeiten mit einem ganzen Mondhof der Aussparungen, zusammen ergeben sie ein Ganzes, das aber nicht sich in eins setzen lässt wie die Metapher. Das wird noch einmal übertrumpft durch die Charakterisierung des trostlos spärlichen Beifalls. In ihr verschränken sich die Indizien des Aufstehens mitten in das dürftigste Klatschen hinein, jeder auf schleunigen Abbruch bedacht, und der nicht minder grausigen Vorstellung, alles Klatschen gehe auf den einen zurück, der aus Beharrlichkeit sitzen geblieben ist, während alle anderen stehen. Die beiden gleich entsetzlichen Peinlichkeiten, denen sich jeder Vortragende ausgesetzt sieht, sind da übereinander geblendet durch die Kafkasche Scheinmetapher. Wer immer einen dieser Texte aufschlägt, in den Briefen oder in den Romanen, begegnet solchen Als-ob-Figuren auf Schritt und Tritt. Sie führen über das Indiz hinaus, sie machen es erst zum Schlüssel eines teilweisen Traum- und Wirklichkeitsverständnisses. Die rhetorische Floskel am Ende der Landarzt-Novelle und die melancholische Verweigerung aller Regung beim Hungerkünstler, der purzelnde Odradek - was immer es nach dem Willen der Interpreten heißen mag - und der bekannte Polizist auf dem Weg zum Bahnhof, der sich mit kühnem, unwiderleglichem Schwung vom Fragenden abwendet „so wie Leute, die mit ihrem Lachen allein sein wollen." Heinz Politzer hat an dieser aus dem Nachlass stammenden Geschichte (der Max Brod den Titel „Gib's auf" gegeben hat) Kafkas Prinzip der negativen Erzählung, der Erzählung durch Aussparen, exemplifiziert.[37] Er hat

---

36 A.a.O., S. 127 f (über eine Lesung des Schriftstellers, wohl vom Vorabend des auf den 27. November datierten Eintrags aus dem Zweiten Heft der Tagebücher).

37 Vgl. *Nachgelassene Schriften und Fragmente II*, Teilbd. 1, S. 530, und zu dieser (von Ende 1922 stammenden) Erzählung die Deutung Heinz Politzers - bis heute ein Glanzstück der Kafka-Interpretation -, zuerst unter dem Titel „Eine Parabel Franz Kafkas. Versuch einer Interpretation", in:

gezeigt, was alles in den wenigen Sätzen an geplanten Ergänzungen steckt, zur Beschreibung des Wegs, zur Situation der Begegnung, zu Aussehen und Temperament der beiden Partner, zum Verständnis einer unverständlichen Abweisung. Dieses Prinzip der Aussparung kann aber bei Kafka nur deshalb mit immer gleicher Intensität angewandt werden, weil ihm das Prinzip der unklärbaren, aber sprechenden Indizien zugrunde liegt. Das aber entspringt nach seiner Logik dem Traum, nicht der Empirie, auch wenn die Beobachtung des Träumers an der ihm unzugänglichen Empirie geschult sein mag. Kafkas Figuren haben alle die gleiche gespannte Aufmerksamkeit auf das, was ihnen begegnen wird. Sie sind nicht ohne Tatkraft aus dem Augenblick. Sie suchen sich den widrigen Zufällen so zu stellen, wie es ihrer ungesicherten Deutung der Situation nach möglich ist. Das nimmt ihnen die Furcht, während die Neugier bleibt. Die Leser Kafkas, vielleicht Kafka selbst, empfinden die Welt des Schlosses und der Stadtbürokratie als einen gespenstischen Traum. Sie sehen bang der Zukunft entgegen und erstarren vor Schrecken über das Unerwartete. Josef K. erschrickt nicht wirklich, als er an jenem Morgenzeremoniell in die Maschinerie seines Endes hineingezogen wird. Dass er in aller Ruhe die Absonderlichkeit vermerkt, dass hinter einer unversehens sich öffnenden Tür die Wächter in einer Rumpelkammer geprügelt werden sollen, mag noch angehen. Er ist nicht ohne Aufregung, während er Franz und Wilhelm anstarrt, aber die Verwunderung ist allemal die herrschende Regung. Phantastischer ist es dann schon, dass er tags darauf die gleiche Tür öffnet, um die gleiche Szene wiederzuerleben, als trete die Zeit auf der Stelle und er sei verdammt, jeden Tag den gleichen Augenblick bis ans Ende aller Zeit wiederzuerleben. Die großen Gleichnisse heben sich aus dieser diskontinuierlichen Kontinuität heraus, fabelhafte Kunstgebilde des Rätsels, durchtränkt von allen Schichten und Farben des Wunderbaren mit Ausnahme des Märchens, das Kafka selbst als Wort unausstehlich fand. Aber die Verfassung seiner Wahrnehmung ist auch dort die des Traums, wo er über andere Dinge sich äußert, sein Verhältnis zu Felice oder Milena, seine Freundschaften und seine Begegnungen mit anderen Autoren, seinen Umgang mit dem Büro und mit der Stadt Prag. Es bleibt immer die mindestens in größeren Teilen unwirkliche Silhouette einer goldenen Stadt aus zu großen Plätzen und zu engen Goldmachergässchen, aus der es kein Entkommen gibt.

Vielleicht hat Marcel Reich-Ranicki mit seinem grundsätzlichen Einwand Recht, man könne in Zusammenhang mit Kafka die Sphäre von Traum und Dichtung nicht trennen, da in der jüdischen Dichtungstradition Träumen und Dichten ein und dasselbe sei. Auch hat in der Tat Franz Kafka in der Formulierungsgenauigkeit zwischen den von ihm als Traum ausgewiesenen Nachschriften seiner dem Schlaf oder dem Dämmerzustand des Bewusstseins verdankten Notaten in den Tagebüchern oder Entwurfsheften und den dichterischen Entwürfen nicht unterschieden. Andererseits hat er aber, von Beginn seiner Tagebuch-Aufzeichnungen an, an diesem Unterschied zwischen Traum und schöpferischer Tätigkeit als einem für sein

Jahrbuch der Deutschen Schiller-Gesellschaft 4 (1960), S. 463 ff, dann in erweiterter Fassung als erstes Kapitel seines Buches *Franz Kafka, der Künstler*, Frankfurt a. M. 1965.

Leben und Schreiben gleichermaßen konstitutiven Unterschied festgehalten. So heißt es schon im ersten Heft unter dem Datum des 2. Oktobers 1911 – im Anschluss an eine sehr aufschlussreiche Bemerkung über Goethes Vorstellung der „erregten Ideen" – in einer langgezogenen Ausführung über seine schlaflosen Nächte:

> Ich schlafe gut ein, nach einer Stunde aber wache ich auf, als hätte ich den Kopf in ein falsches Loch gelegt. Ich bin vollständig wach, habe das Gefühl gar nicht oder nur unter einer dünnen Haut geschlafen zu haben, habe die Arbeit des Einschlafens von neuem vor mir und fühle mich vom Schlaf zurückgewiesen. Und von jetzt an bleibt es die ganze Nacht bis gegen 5 so, daß ich zwar schlafe daß aber starke Träume mich gleichzeitig wach halten. Neben mir schlafe ich förmlich, während ich selbst mit Träumen mich herumschlagen muß. Gegen 5 ist die letzte Spur von Schlaf verbraucht, ich träume nur, was anstrengender ist als Wachen. Kurz ich verbringe die ganze Nacht in dem Zustand, in dem sich ein gesunder Mensch ein Weilchen lang vor dem eigentlichen Einschlafen befindet. Wenn ich erwache sind alle Träume um mich versammelt aber ich hüte mich, sie zu durchdenken.[38]

Da sind die Schichten der Erfahrung, um ihr lähmendes Gegeneinander im Prozess der Abgleichung zu charakterisieren, mit unvergleichlicher Präzision geschieden: der stumpfe Schlaf, an dem nur die körperliche Hülle in den späteren Phasen der Nacht teilhat, die aus den nach innen gewandten „Belustigungen" der *Beschreibung eines Kampfes* vertrauten Wachträume des abgeschotteten Ich, die qualvoll im Halbschlaf weitergeführten poetischen Eingebungen, die keinen kohärenten Ausdruck zu finden vermögen. Wenn am Morgen alle Träume wie Gespenster ihn umstehen, dann sind es Figuren, Begebenheiten, Metaphern, Bedrückungen, die aus dem schier ausweglosen Ringen mit der Einbildungskraft auf der einen, mit dem genauen Wort auf der anderen Seite den Autor im Schraubstock halten. Gegenüber der ersten Phase seiner Erzählkunst, in der Kafka die gleiche Erfahrung in eine phantastische, aus Außeneindrücken und anamorphotischen Ich-Spiegelungen zusammengewürfelte Handlung umzubilden bestrebt war, für die das topographisch festgehaltene Prag eine Art verlässlichen Hintergrund hergab, entfalten sich in den Tagebüchern, nachdem der Schreiber sich ganz nach innen zurückgezogen hat, die Traumlandschaften seiner Romane, Parabeln und rasch abgebrochenen Skizzen als eine Hieroglyphenschrift aus ihrer eigenen Sphäre heraus. Nur vereinzelt spielt in den Anfängen noch Prag als Anschauungsform hinein, und dann meist nur in einer knappen Wendung, die eine Verschiebung signalisiert und im gleichen Augenblick wieder aufhebt wie in der Notiz vom 27. Mai 1912: „Ein Teil der Niklasstraße und die ganze Brücke dreht sich gerührt nach einem Hund um, der laut bellend ein Automobil der Rettungsgesellschaft begleitet. Bis der Hund plötzlich abläßt, umkehrt und sich als ein gewöhnlicher fremder Hund zeigt, der mit der Verfolgung des Wagens nichts besonderes meinte."[39] Erst beim zweiten Lesen merkt man, dass

---

38 Kafka, *Tagebücher*, a.a.O., S. 49 f (Anfang der vielleicht wichtigsten Selbstanalyse des Träumers Kafka).

39 A.a.O., S. 424 (aus dem Sechsten Heft der Tagebücher).

jene aufgeschreckte Hinwendung der Niklasstraße und der ganzen Brücke die dort gehenden und aufgeschreckten Leute meint *und* die Häuser und die Brücke zugleich, ehe sich alles über dem Hund wieder beruhigen kann. Das ist nur noch scheinbar das gleiche Verfahren wie in der *Beschreibung eines Kampfes*, und wenn wenig später Joseph K. in dem 1914 und 1916 geschriebenen Prosastück „Ein Traum" (die vorletzte Erzählung aus der Sammlung *Ein Landarzt*) über den jüdischen Friedhof schwebt und dort seinem offenen, erlösenden Grab begegnet, dann sind die wenigen topographischen Winke nicht hinreichend, um diese Vision grundsätzlich von dem Erlebnis des Landarztes selbst zu unterscheiden. Eine letzte, vielleicht bewusst auf das Erstlingswerk zurückgreifende Schilderung der Prager Stadtlandschaft findet sich in der ersten Reihe von Traumnachschriften aus dem dritten Heft der Tagebücher. Da taucht vor dem Auge des Träumenden eine Bühnendekoration auf, die unversehens in eine zum Welttheater erweiterte Wirklichkeit des Altstädter Rings überwechselt. Gegenüber den früheren Beispielen ist die Selbstverständlichkeit aufgehoben, mit der sich dort die gewohnten Plätze und Gebäude gegen die subjektiven Erlebnisse durchsetzten. Der Träumende weiß, dass er in einem Traum ist und dass dieser Traum mit der Illusion der Bühne spielt. So sind die ineinander verschlierenden Wahrnehmungsebenen einerseits von der Erfahrung abgehoben, verdichten sie aber auf der anderen Seite zu einem vollständigen, in jeder Einzelheit stimmenden Panorama. Ja, der Traum gewinnt die Macht, diese ihm feindliche Alltäglichkeit durch Perspektiv-Drehungen ganz in seine Gewalt zu bringen, eine Art drehbarer Vision, aber er unterliegt zugleich selbst dieser von der Erfahrung als gültig ausgewiesenen Szenerie, so dass die aufziehenden Schrecken der beginnenden Revolution ihn über den Rand seiner Möglichkeiten hinwegstoßen:

> In einem Akt war die Dekoration so groß daß nichts anderes zu sehn war, keine Bühne, kein Zuschauerraum, kein Dunkel, kein Rampenlicht; vielmehr waren alle Zuschauer in großen Mengen auf der Scene, die den Altstädter Ring darstellte, wahrscheinlich von der Mündung der Niklasstraße aus gesehn. Trotzdem man infolgedessen den Platz vor der Rathausuhr und den kleinen Ring eigentlich nicht hätte sehen dürfen, war es doch durch kurze Drehungen und langsame Schwankungen des Bühnenbodens erreicht, daß man z.B. vom Kinskypalais aus den kleinen Ring überblicken konnte [...] Der Platz war stark abfallend, das Pflaster fast schwarz, die Teinkirche war an ihrem Ort vor ihr aber war ein kleines Kaiserschloß, in dessen Vorhof, alles was sonst an Monumenten auf dem Platze stand in großer Ordnung versammelt war: die Mariensäule, der alte Brunnen vor dem Rathaus, den ich selbst nie gesehen habe, der Brunnen vor der Niklaskirche und eine Plankeneinzäumung, die man jetzt um die Grundaushebung für das Husdenkmal aufgeführt hat. Dargestellt wurde [...] ein kaiserliches Fest und eine Revolution. Die Revolution war so groß, mit riesigen den Platz aufwärts und abwärts geschickten Volksmengen, wie sie wahrscheinlich in Prag niemals stattgefunden hatte.[40]

---

40 A.a.O., S. 239 f (Eintrag vom 9. November 1911, bezogen auf einen Traum vom 7. November, entworfen und durchgeführt also als literarische Rekonstruktion des Erinnerten nach Art der Traumbehandlung bei Jean Paul und Thomas de Quincey).

Phantasmen und Faszinosen der Macht: Zauberer um 1900

Robert Stockhammer

1. Der Technomagier (*L'Eve future*)
2. Der Psychomagier 1: Der Hypnotiseur (*Dracula*)
3. Der Psychomagier 2: Der Okkultist (*Là-bas*)
4. Der Technomagier unter den Psychomagiern: Der Parapsychologe (*Der Zauberberg*)
5. Der Psychomagier als Charisma-Träger: Der Massen-Hypnotiseur (*Mario und der Zauberer*)

> Oh quante sono incantatrici, oh quanti
> incantator tra noi, che non si sanno!

Diese Verse aus Ariosts *Orlando furioso* von 1516 (Canto ottavo, 1 f) stehen in dem Romanfragment *Andreas*, an dem Hugo von Hofmannsthal zwischen 1907 und 1927 arbeitete, der einzigen längeren ausgeführten Passage voran und lauten in Hofmannsthals Übersetzung:

> Es hat in unsrer Mitte Zauberer
> Und Zauberinnen, aber niemand weiss sie.[1]

Nun verwundert es nicht, dass die Omnipräsenz von Zauberern in Ariosts Epos vermutet wird, das der Renaissance entstammt, jener Epoche, deren Wissensform die Magie inhärent war.[2] Welchen Status aber hat dieselbe Vermutung als Motto eines Romanfragments, das am Anfang unseres Jahrhunderts entstanden ist, ungefähr zu jenem Zeitpunkt also, als Max Weber seine berühmte Diagnose von der „Entzauberung der Welt"[3] stellte? Wo können in dieser entzauberten Welt sich Zauberer und Zauberinnen noch verstecken, um zu überleben?

Eine naheliegende Antwort könnte lauten, die Magie habe in der Dichtung ein Asyl gefunden. Während „Intellektualisierung und Rationalisierung" im Alltag zu der Einstellung geführt hätten, „daß man [...] alle Dinge - im Prinzip - durch *Berechnen beherrschen* könne",[4] misstraue die Literatur dieser Berechenbarkeit und halte ihr die Macht der Phantasie entgegen, die der Magie traditionellerweise eng benachbart ist.

Diese Antwort jedoch, so verlockend sie erscheint, beschreibt die eigentümliche Mischung von Entzauberung und Verzauberung um 1900 *nicht* ausreichend - fast

---

1 Hugo von Hofmannsthal, *Andreas*, in: *Sämtliche Werke. Kritische Ausgabe*, hg. von R. Hirsch u. a., Bd. XXX, Frankfurt a. M. 1982, S. 5-218, hier: 39.
2 Vgl. Michel Foucault, *Les mots et les choses. Une archéologie des sciences humaines*, Paris 1989, S. 48.
3 Vgl. u. a. Max Weber, *Wissenschaft als Beruf*, Stuttgart 1995, S. 19.
4 Vgl. ebd. (Hv. dort).

möchte man sagen: leider nicht ausreichend. Sie beschreibt *einen* Aspekt dieser Konstellation, auf den gegen Ende dieses Aufsatzes zurückzukommen sein wird. Daneben jedoch entstanden, inmitten der entzauberten Welt und diesseits der Literatur, viele Formen eines „neuen Zaubers".[5] Ganz disparate Kräfte und Dinge, die sonst teilweise wenig miteinander zu tun hätten - die beschleunigte Technisierung, die vielbeachteten ethnologischen Forschungen, die Einführung der Hypnose als anerkannte therapeutische Praxis, die Konjunktur der Okkultismen u. a. - treten in den verschiedensten zeitgenössischen Texten unter einem neukonfigurierten Begriff der 'Magie' zusammen. Diese ist nicht einfach die wiederkehrende Magie der Renaissance und unterscheidet sich ebenso deutlich von jenem Revival der Magie, das sich in der Zeit der historischen Aufklärung gegen diese behauptete. Denn der neue Zauber gründet nicht mehr - wie in der Renaissance - in der herrschenden Erkenntnisform, bezieht seine Kraft aber auch nicht - wie in der Aufklärung - aus seinem Widerstand gegen diese. Er entwächst vielmehr den verschiedensten Rändern der zeitgenössischen Formation und nimmt einen Status an, den man nur paradox als den einer omnipräsenten Marginalität charakterisieren kann. Das Wort 'Magie' scheint sich besonders gut dazu zu eignen, die unterschiedlichsten Kräfte und Dinge auf einen gemeinsamen Nenner zu bringen, weil in ihm zwei gegenstrebige Konnotationen zusammentreffen: Einerseits meint es ein nachgerade technisch funktionierendes Verfahren, in dem präzis festgelegte Riten und Sprechakte unfehlbar bestimmte Ergebnisse bewirken - insofern erscheint Magie als zweckrational; andererseits meint das Wort (in dem Maße, in dem es mit 'Mystik' assoziiert wird) ein esoterisches, unergründliches Wissen - insofern erscheint Magie als irrational. In einer Zeit, die zwischen einem Einverständnis mit der (zweckrationalen) Modernisierung und der (irrationalen) Flucht aus ihr oszilliert, suggeriert die Rede von der Magie, beides ließe sich miteinander versöhnen. Die Vertreter der Alchemie etwa, die um 1900 ein Revival erlebt, berufen sich einerseits auf die mystischen Schriften ihrer Tradition (vor allem aus der Renaissance) und fühlen sich andererseits von der Entdeckung der Radioaktivität bestätigt.

Nicht die Alchemisten, aber fünf andere Typen von modernen Zauberern werden im folgenden - ohne Anspruch auf Vollständigkeit - präsentiert.[6] Zu ihrer Unterscheidung dient die Opposition von „Techno-" und „Psychomagie", die einem 1934 erschienenen Buch mit dem schlichten Titel *Magie* entlehnt ist[7] und hier etwas weiter ausdifferenziert wird. Weil sich die Rekonfiguration der „Magie" zum Ende des 19. Jahrhunderts vor allem in Frankreich und England entwickelt hat, sind die ersten drei Beispiele diesen Räumen und diesem Zeitraum entnommen. Die beiden anderen Zauberer entstammen der Weimarer Republik, in deren Verlauf die Rekonfiguration der „Magie" ihre Hochkonjunktur in Deutschland erreichte. Der

---

5 Ernst Bloch, *Erbschaft dieser Zeit. Erweiterte Ausgabe*, in: *Gesamtausgabe in 16 Bänden*, Frankfurt a. M. 1977, Bd. IV, S. 187.

6 Ausführlicher wird dieser Komplex von Motiven und Figuren dargestellt bei: Robert Stockhammer, *Zaubertexte. Die Wiederkehr der Magie und die Literatur, 1880-1945*, Berlin 2000.

7 Vgl. Alfred Fankhauser, *Magie. Versuch einer astrologischen Lebensdeutung*, Zürich/Leipzig 1934, S. 122 ff.

letzte von ihnen, Thomas Manns Cipolla (aus der Erzählung *Mario und der Zauberer*), wird gegen Ende ausführlicher vorgestellt, weil er Züge der anderen vier kombiniert und sie um weitere Aspekte ergänzt. Auch die anderen Zauberertypen werden überwiegend in literarisch gestalteten Exemplaren vorgeführt, weil diese in erstaunlich hohem Maße auf ihre außerliterarischen Äquivalente bezogen sind. Die Macht der Phantasie tendiert auf diesem Felde dazu, Phantasmen der Macht zu bedienen und sich selbst damit zu paralysieren.

1. Der Technomagier (*L'Eve future*)

Thomas Alva Edison, der Erfinder der Glühbirne und des Phonographen sowie vieler weiterer entscheidender Komponenten jenes Energienetzes und jenes Medienverbundes, die in fortentwickelter Gestalt unseren heutigen Alltag bestimmen, erhielt schon zu Beginn der 1880er Jahre von der Presse den Beinamen "Wizard of Menlo Park" verliehen (Hexer oder Zauberer von Menlo Park, nach dem Gelände, auf dem sich sein erstes Laboratorium befand). Als *"Le Sorcier De Menlo Park"* ist Edison 1886 (also als 39-Jähriger) auch der Protagonist von Villiers de l'Isle-Adams Roman *L'Eve future*. Dort macht er einem Lord Ewald, der unter der Albernheit seiner wunderschönen Geliebten Alicia leidet, einen Vorschlag: Man könne doch Alicia durch ihre technische Reproduktion oder „Transsubstantiation"[8] ersetzen, um damit ihre körperliche Gestalt zu wahren, sie jedoch mit einem beweglicheren, nein „*dem* Geist*"* zu ergänzen.[9] Für diesen Geist sorgen zwei goldene Phonographen, die bei der zukünftigen Alicia die Stelle von Lungenflügeln ersetzen und mit Sätzen bespielt sind, die Edison sich von den größten Dichtern und den subtilsten Metaphysikern zusammenkauft.[10]

Villiers' Edison verdankt seinem Vorbild jedoch nicht nur die technischen Mittel zur Speicherung der Sprache. Entscheidender ist eine strukturelle Affinität, die zugleich zu motivieren vermag, warum bereits der reale Edison den Beinamen eines Zauberers tragen konnte, obwohl er nie einen künstlichen Menschen konzipiert hat, sondern sich darauf beschränkte, seine Phonographen in Puppen einzubauen. Während der Herstellung der zukünftigen Alicia treten Unbegreiflichkeiten auf, die technische Erklärungen fordern; jede technische Hervorbringung aber stellt eine neue Unbegreiflichkeit dar. Bisweilen begreift sie nicht einmal der Erfinder selbst, von dem es heißt: „Der Meister erschrak vor seinem eigenen Werk."[11] Und angesichts weiterer erstaunlicher Ereignisse fragt Ewald, ob das denn möglich sei, worauf Edison antwortet: „Nein; aber es *ist*".[12]

Schon der nicht-Villiers'sche Edison war wegen seiner Praxis berühmt und berüchtigt, im Experiment Dinge zum Funktionieren zu bringen, deren Funktio-

---

8 Philippe-Auguste Villiers de L'Isle-Adam, *L'Eve future*, Paris 1992, S. 172; dt. v. A. Kolb als: *Edisons Weib der Zukunft* (zuerst 1909), revidiert unter dem Titel *Die Eva der Zukunft*, München 1972., S. 93 f.
9 Vgl. a.a.O., frz. S. 282/dt. S. 235.
10 Vgl. a.a.O., frz. S. 282/dt. S. 234 f.
11 A.a.O., frz. S. 399/dt. S. 382 („L'œuvre effrayait l'ouvrier.").
12 A.a.O., frz. S. 401/dt. S. 384 („Est-ce possible! songea Lord Ewald à voix basse. / - Non: mais cela *est*, répondit l'électricien.")

nieren er selbst nicht begründen konnte - sozusagen real existierende Unmöglich-
keiten. In der Erfinderwerkstatt des späten 19. Jahrhunderts tut sich ein Hiat
zwischen zwei Bereichen auf, die mancher Zeitgenosse noch gerne in einem
Atemzug nennt: zwischen Wissenschaft und Technik. „Der neue Zauber des Mechanismus, die kalte Verzauberung",[13] die Ernst Bloch fast ein halbes Jahrhundert später
diagnostizieren wird, entstehen aus dieser Anordnung. Wenn selbst die Fachleute
nicht mehr recht wissen, was sie tun, so lässt sich leicht ermessen, wie sehr ihre
Techniken erst deren dilletantische Benutzer (also uns) verzaubern. Mit Grund
erprobt deshalb eine zeitgenössische Abhandlung zum Thema *Magie und
Aberglauben* die Definition: *„Die Magie ist eine Technik, die über die Grenzen des
sicheren technischen Wissens hinausgeht."*[14] Die Macht, die damit einhergeht - und
'Macht' ist mit 'Magie' schon etymologisch verwandt - ist die von Apparaten, die von
Menschen nicht mehr kontrolliert werden können. Noch und gerade der „Zauberer
von Menlo Park" trägt Züge eines Zauberlehrlings.

2. Der Psychomagier 1: Der Hypnotiseur (*Dracula*)

Villiers' Edison beschränkt sich jedoch nicht auf Technomagie, sondern greift
darüber hinaus - im Umgang mit einem menschlichen Medium, das eine wachsende
Rolle bei der Verfertigung der neuen Alicia spielt - auf ein psychomagisches
Verfahren zurück: auf die Hypnose. Deren entscheidende Rolle für die Wiederkehr
der Magie um 1900 wird - um das Exempel und die Literatursprache zu wechseln -
in Bram Stokers *Dracula* noch deutlicher. Obwohl in Stokers Roman (anders als bei
Villiers) keine Figur ausdrücklich als Zauberer bezeichnet wird, lässt sich einer darin
ausmachen. Es handelt sich allerdings nicht - wie man das auf den ersten Blick
vermuten könnte - um Dracula selbst, sondern um seinen obersten Jäger, den hollän-
dischen Professor Van Helsing. Gewiss hat Dracula jene buschigen Augenbrauen,[15]
durch die sich Zauberer spätestens seit dem Wetterglashändler Coppola aus E. T. A.
Hoffmanns *Der Sandmann* auszeichnen. Nur: Die hat auch Van Helsing (vgl. 245).
Gewiss hat Dracula auf einer Hochschule der Zauberei studiert, an welcher der
Teufel selbst lehrt (und statt Studiengebühren jeden zehnten Schüler als Gehilfen
einbehält). Nur: Das Wissen, das dort gelehrt wird, steht auch Van Helsing zur
Verfügung, der als gelehrter Magier das gefährliche Herumexperimentieren à la
Edison zu vermeiden versucht. Wie sein Gegner stützt er sich auf „das Wissen und
die Erfahrungen der Alten" ("the lore and experience of the ancients", 214). Die
okkulten Lehren gelten ihm als Basis der aufgeklärten Naturwissenschaften: "And to
superstition must we trust at the first." (328, auf deutsch ungefähr: „Und dem Aberglauben wir müssen vertrauen zum Ersten.") Vampirtraktate liest er genauso wie die

---

13 Bloch, a.a.O., S. 187.
14 Alfred Lehmann. *Overtro og Trolddom. Fra de aeldste Tider til vore Dage.* 4 Bde. Kjobenhavn 1893-
   96., dt. v. Dr. Petersen als *Aberglaube und Zauberei. Von den ältesten Zeiten an bis in die Gegenwart*,
   2., umgearbeitete und erweiterte Auflage [nach einem von Lehmann umgearbeiteten Ms.], Stuttgart
   1908, S. 11 (Hv. dort, in keiner anderen deutschen oder dänischen Ausgabe des Buches).
15 Vgl. Bram Stoker, *Dracula*, hg. von A. N. Wilson, Oxford/New York 1983, S. 17. (Zitate daraus
   werden im folgenden durch bloße Angabe der Seitenzahl im fortlaufenden Text belegt).

Neuerscheinungen auf dem Gebiet der Gehirnphysiologie: indem er ihnen einfach nackte Fakten entnimmt; Herr zu sein heißt für ihn schlicht, "master of all the facts" (218) zu sein. Gerade als Leser von Quellen aus dem Bereich der Magie ist er der konsequenteste Positivist in einem Roman, den Hans Richard Brittnacher treffend als „positivistische Schauergeschichte"[16] gekennzeichnet hat.

Im Kampf gegen Dracula bedient Van Helsing sich nicht nur des von Mina Harker zusammengeschlossenen Medienverbundes aus Phonograph und Typewriter, auf den Friedrich Kittler so nachdrücklich aufmerksam gemacht hat, dass ihn Francis Ford Coppola inzwischen sogar im Film gezeigt hat.[17] Zum Waffenarsenal des Professors zählen vielmehr auch, vor allem in Nahkampfsituationen, geweihte Hostien. Keine Vampirerzählung vor *Dracula*, nicht einmal die vampyrologischen Traktate anlässlich der „Vampirepidemie" von 1732, hatten ein so ungebrochenes Vertrauen in die Abwehrmaßnahmen, welche das altehrwürdige Christentum zur Verfügung stellt.[18] Wiedererstehen kann dieses Vertrauen nur als technisches - und dieses technische Vertrauen in religiöse Mittel wäre nach dem übereinstimmenden Urteil vieler Zeitgenossen als magisches Verfahren zu charakterisieren.[19] Die Vampirjäger sind "armed against ghostly as well as carnal attack" („gewappnet gegen geistige und fleischliche Angriffe", 296): Die Hostien werden auf derselben Ebene lokalisiert wie Messer und Winchester, Phonograph und Typewriter.

Während Dracula diesen Waffen gewöhnlich ganz andere entgegensetzt (seine Zähne und seine Verwandlungskünste), treffen sich die beiden Gegner in einem Fall bei der Wahl der Waffen in der Mitte: Beide kämpfen um die hypnotische Macht über Mina Harker. Zwar verliert Van Helsing am Ende den Wettkampf, doch sorgt Mina dank ihres Rapports (ihres hypnotischen „Kanals") zum Grafen für Informationen, die der ebenfalls fleißig bemühte, aber seinerzeit noch auf Drähte angewiesene Telegraph nicht beibringen könnte.[20]

Noch entscheidender ist die epistemologische Funktion der Hypnose für den Roman. Dies zeigt ein Gespräch, in dem Van Helsing seinen Verehrer Dr. Seward von der Existenz der Vampire überzeugt:

---

16 Vgl. Brittnacher, *Ästhetik des Horrors*, S. 121.

17 Vgl. Friedrich Kittler, „Draculas Vermächtnis", in: *ZETA 02/Mit Lacan*, hg. von Dieter Hombach. Berlin 1982, S. 103-136, sowie die Verfilmung *Bram Stoker's Dracula*.

18 Vgl. dagegen etwa das Verwirrspiel bei Sheridan Le Fanu, *Carmilla* (1872), in: *In A Glass Darkly*, Oxford/New York 1993. S. 243-319. Zur Diskussion der Vampirepidemien vgl. Klaus Hamberger, *Über Vampirismus*, Wien 1992, Bd. I („*Mortuus non mordet". Kommentierte Dokumentation zum Vampirismus 1698-1791*.

19 Vgl. die einflussreichen Bestimmungen bei James George Frazer, *The Golden Bough. A Study in Magic and Religion*, Abrigded Edition, London 1954 (diese Ausgabe zuerst 1922), S. 51 f, oder, noch prägnanter, Karl Zeininger, „Das Wesen der Religion und das Wesen der Magie" (1929), in: *Magie und Religion. Beiträge zu einer Theorie der Magie*, hg. von Leander Petzoldt. Darmstadt 1978. S. 135-145, hier: „Benutzt der Mensch unsinnliche Kräfte zur Erreichung sinnlicher Ziele, beurteilt und benützt er sie nach den Erfahrungen sinnlicher Art, d.h. wendet er sie rational an, dann verläßt er den Boden der Religion, dann setzt Magie ein, die, rationalen Charakters ist, eine ganze Wissenschaft von genaugenommen nie beendeten Reihen von Praktiken und technischen Systemen."

20 Vgl. Kittler, a.a.O., S. 127.

"I suppose now you do not believe in corporeal transference. No? Nor in
materialization. No? Nor in astral bodies. No? Nor in the reading of thought.
No? Nor in hypnotism -"
"Yes," [Seward] said. "Charcot has proved that pretty well." [Van Helsing]
smiled as he went on: "Then you are satisfied as to it. [...] the great Charcot
- alas that he is no more! -" (191)

„Ich vermute, Sie glauben nicht an körperliche Verwandlung? Nein? Oder
an Materialisation. Nein? Oder an Astralkörper? Nein? Oder an Gedankenlesen? Auch nicht? Oder an Hypnotismus?"
„Doch", sagte [Seward], „Charcot hat das zur Genüge bewiesen." „Damit
sind Sie also einverstanden", fuhr [Van Helsing] lächelnd fort. „[...] der
große Charcot - ach schade, dass er nicht mehr lebt! -"

Van Helsing rückt in Form einer Antiklimax von ungewöhnlichen Phänomenen
solange vor, bis er einen Konsens mit Dr. Seward erreicht, der nun eben nicht mehr
auf Glauben, sondern auf ziemlich gut bewiesenem Wissen ruht. Er kann dann, in
klimaktischer Gegenrichtung, solange fortfahren, bis er beim Ausgangspunkt
wiederangekommen ist: "Then tell me [...] how you accept the hypnotism and reject
the thought-reading." „Dann sagen Sie mir, [...] wie Sie den Hypnotismus anerken-
nen und das Gedankenlesen ableugnen können." Und dann erzählen Sie mir, wie Sie
das Gedankenlesen akzeptieren und doch die Astralkörper zurückweisen wollen etc.
- bis sich die Existenz des Vampirs als logische Folgerung aus einer einmal
eingeräumten Grundannahme scheinbar zwingend ergibt.

Am Wendepunkt dieser Argumentationsstrategie stehen eine Praxis - die
Hypnose - und ein Name, derjenige von Jean-Martin Charcot. Die Hypnose ist am
Ende des 19. Jahrhunderts das deutlichste Symptom, wenn nicht der Anlass einer
Krise der Medizin Virchow'scher Prägung.[21] Zugleich ist sie hauptverantwortlich
dafür, dass die Grenzen zwischen den Wissenschaften und dem Wunderbaren,
zwischen der Gehirnchirurgie und dem Vampir, verschwimmen. Der deutsche
Chefmystiker Carl du Prel etwa statuiert in einem Buch mit dem charakteristischen
Titel *Magie als Naturwissenschaft*: „Besonders der Hypnotismus lehrt es, daß die
Berührungspunkte zwischen Wissenschaft und Magie, d. h. zwischen bekannter und
unbekannter Naturwissenschaft, sich mehren."[22] (Daraus geht nebenbei hervor, dass
Magie hier als „unbekannte Naturwissenschaft" definiert wird). Hamlets berühmter
Satz, wonach es manche Dinge zwischen Himmel und Erde gebe, von denen sich
unsere Schulweisheit nichts träumen lasse, findet unter diesem Eindruck auch in
Fachzeitschriften wie der *Internationalen Klinischen Rundschau* Eingang, wird
dabei allerdings gelegentlich um ein „noch" ergänzt: Wenn „es wahrhaftig *noch*
manche Dinge zwischen Himmel und Erde gibt, von denen sich unsere Schulweis-

---

21 Vgl. Horst Thomé, „Vorwort: Arthur Schnitzlers Anfänge und die Grundlagenkrise der Medizin", in:
   Arthur Schnitzler, *Medizinische Schriften*, Frankfurt a. M. 1991. S. 11-59, hier: 14 u. 31 ff.
22 Carl Du Prel, *Die Magie als Naturwissenschaft*, Jena 1899, Bd. I, S. i f.

heit nichts träumen läßt",[23] so verbindet sich damit die Hoffnung, dass eine Wissenschaft, die bereit ist, ihre eigenen Grenzen in den Bereich der magischen Phänomene hinein auszudehnen, diese Dinge bald wird erklären können.

Diese Hoffnung knüpft sich vor allem an einen Mann, dem Van Helsing und Seward die Reverenz erweisen, weil „das Gewicht seines Namens dem Zweifel an der Realität der hypnotischen Erscheinungen ein für alle mal ein Ende machte":[24] Charcot. Dieser erreicht am 13. Februar 1882 die Anerkennung der hypnotischen Phänomene durch die Pariser *Académie des Sciences*, um die sich Mesmer und seine Schüler hundert Jahre zuvor vergeblich bemüht hatten.[25] Damit nobilitiert er eine Praxis, die nicht mehr so sehr aus der romantischen Medizin als vielmehr aus öffentlichen Schaustellungen bekannt war, und löst eine riesige Woge einschlägiger Forschungen aus.[26] Wie Van Helsing stützt sich auch Charcot auf überlieferte Quellen aus dem Reich der Magie: Er studiert die Akten mittelalterlicher Hexenprozesse, bis sich seine Theorie „mit der Auffassung des Mittelalters deckt, nachdem sie den 'Dämon' der priesterlichen Phantasie durch eine psychologische Formel ersetzt hat."[27] Diese Ersetzung des Dämons durch die psychologische Formel jedoch macht erst auf das Ersetzte aufmerksam; diese Entzauberung ist vor allem die Entdeckung eines Zaubers. In der Salpêtrière inszeniert Charcot den „großen hysterischen Bogen" in Anlehnung an die „Berichte von den einst epidemisch aufgetretenen Daemoniomanien des Mittelalters".[28] Die Macht dieses Zauberers ist eine über andere Menschen.

3. Der Psychomagier 2: Der Okkultist (*Là-bas*)

Ausdrücklich anerkannt werden diese Vorführungen Charcots unter anderem in Joris-Karl Huysmans' Roman *Là-bas* von 1891.[29] Zugleich erscheint die Hypnose dort als Einfalltor für die verschiedensten paranormalen Phänomene und okkultistischen Praktiken, mit denen die Protagonisten Durtal und Des Hermies in Berührung zu kommen. In ihren Gesprächen diskutieren sie ausführlich das Verhältnis der zeitgenössischen Okkultisten und Satanisten zur „positivistischen" oder „materialistischen" Wissenschaft. Durtal bringt es auf die Formel, „daß alle Anstrengungen

---

23Vgl. Arthur Schnitzler, „Richet, Experimentelle Studien auf dem Gebiete der Gedankenübertragung und des sogenannten Hellsehens" [Rez.], in: *Medizinische Schriften*, a.a.O., S. 242-247, hier: 242 f (Hv. von mir [R. St.]).

24 Sigmund Freud, „Charcot" [Nachruf, 1893], in: *Gesammelte Werke*, London/Frankfurt a. M. 1940-87, Bd. I, S. 19-35, hier: 34. Vgl. die unveränderte Einschätzung bei Alan Gauld, *A History of Hypnotism*, Cambridge 1992, S. 306.

25Vgl. Gauld, a.a.O., S. 311, sowie Léon Chertok/ Isabelle Stengers, *Le coeur et la raison. L'hypnose en question, de Lavoisier à Lacan.* Paris1989, S. 15 ff u. 37, zu einer epistemologischen Analyse der gegensätzlichen Haltungen der Akademie von 1784 und 1882.

26Vgl. den statistischen Überblick bei Gauld, a.a.O., S. 560, mit dem Höhepunkt 1888 (118 Veröffentlichungen zum Thema).

27Freud, a.a.O., S. 34.

28J[ean] M[artin] Charcot, *Leçons du Mardi à la Salpêtrière*, dt. von S. Freud u. M. Kahane als: *Poliklinische Vorträge*, Leipzig/Wien 1894-95, Bd. I, S. 106.

29Vgl. Joris K. Huysmans, *Là-bas* (1891), in: *Oeuvres complètes*, Paris 1928-34 [Reprint Genève 1972]. Bd. XII, Teilbd. 1, S. 234. Dt. von G. Gugitz als: *Da unten!*, Zürich 1987, S. 160.

der modernen Wissenschaft nur die Entdeckungen der vergangenen Magie bestätigen".[30] Des Hermies teilt diese Einschätzung, weigert sich aber, daraus den Umkehrschluss zu ziehen, dass die Wissenschaft schon alle Entdeckungen der Magie bestätigt hätte. Die Wissenschaft ist seiner Meinung nach bloß eine echte Teilmenge der Magie. An einem Fallbeispiel illustriert Des Hermies, dass die alte Magie bisweilen besser funktioniere als ihre moderne Erbin: Eine Gelähmte, der in der Salpêtrière nicht geholfen werden konnte, wird erst von einem Abbé geheilt. Dieser „ruft [...] die himmlischen Heerscharen an, bricht die magischen Kreise, jagt und 'klassifiziert' nach seinem Ausdruck die Geister des Bösen."[31] Im französischen Original vollzieht sich der Übergang von der „Jagd" zur „Klassifikation" der bösen Geister mit dem Wortspiel "chasse, «classe»", um den gewissermaßen „rationalistischen" Charakter noch dieses - so weit in die Bereiche des „Irrationalen" hineinreichenden - Verfahrens zu betonen. Huysmans lernte diese seltsame Überblendung von paranormalen Kräften und wissenschaftlichem Anspruch am eigenen Leib kennen, als er nach Erscheinen von *Là-bas* in einen magischen Krieg involviert wurde, an dem sich einige der berüchtigsten zeitgenössischen Okkultisten unter Einsatz von Zauberformeln und exorzistischen Riten beteiligten. Einer von ihnen, Stanislas de Guaïta, stritt zwar prononciert die Existenz des Übernatürlichen ab:

LE SURNATUREL EXISTE-T-IL? [...]
non, le Surnaturel n'existe point.[32]

Damit aber bezweifelte er gerade nicht seine magischen Fähigkeiten, sondern rechnete sie zum Bereich des „Natürlichen". Die Diagnose, dass die basale Unterscheidung zwischen Natürlichem und Übernatürlichem um 1900 hinfällig wird,[33] wird hier aus okkultistischer Perspektive vereinnahmt. Frühere Bestimmungen der Magie - selbst noch diejenige Schopenhauers aus der Mitte des 19. Jahrhunderts - hatten diese in „einer ganz andern Ordnung der Dinge" lokalisiert, „als die *Natur* ist".[34] Jetzt hingegen werden die unglaublichsten Fähigkeiten und Phänomene derselben Ordnung der Dinge unterstellt wie die gewöhnlichsten. Diese modernen Magier verbinden ihre Macht über andere Menschen mit der epistemologischen Anmaßung, die Grenzen zwischen dem „Natürlichen" und dem „Übernatürlichen" selbst zu setzen.

---

30 A.a.O., frz.. Teilbd. 2, S. 128/dt. S. 254 („tous les efforts de la science moderne ne font que confirmer les découvertes de la magie d'antan").

31 A.a.O., frz. Teilbd. 2, S. 213/dt. S. 310 (Übersetzung leicht modifiziert: „évoque le milice du Ciel, rompt les cercles magiques, chasse, «classe» suivant son expression, les Esprit du Mal").

32 Stanislaus de Guaïta, *Le Serpent de la Genèse* (= *Essais de Sciences Maudites*, Bd. II), Paris 1916-1922, Teilbd. 2, S. 15 (Hv. dort).

33 Vgl. dazu oben, S. 24 f.

34 Arthur Schopenhauer, „Versuch über Geistersehn und was damit zusammenhängt" (1850), in: *Parerga und Paralipomena. Kleine philosophische Schriften*, hg. v. J. Frauenstädt, Leipzig, 8. Aufl. 1908. Bd. I, S. 239-328, hier: 285 u. 282.

4. Der Technomagier unter den Psychomagiern: Der Parapsychologe (*Der Zauberberg*)

Im unübersichtlichen Feld der „Magie als Naturwissenschaft" ist ein besonders typischer Bereich gesondert zu betrachten: die Parapsychologie, also die Wissenschaft von den „aus dem normalen Verlauf des Seelenlebens heraustretenden Erscheinungen".[35] Jene Phänomene, die sich zumeist an persönliche Medien heften und zuvor „spiritistische" hießen, werden nun zum Gegenstand einer Forschungsdisziplin, die sich gleichzeitig mit der Hypnose institutionalisiert: 1882, im Jahre von Charcots Erfolg in der *Académie des Sciences*, gründet sich in London die *Society for Psychical Research*. In Deutschland erreicht dieses Forschungsgebiet den Höhepunkt ihrer öffentlichen Beachtung erst zwischen den Weltkriegen. Nach der übereinstimmenden Einschätzung vieler Zeitgenossen hat der Erste Weltkrieg zu einem weiteren Erstarken okkultistischer Interessen geführt, von dem auch die Parapsychologie profitiert, obwohl sie Beziehungen zum Okkultismus weit von sich zu weisen pflegt.

Der bekannteste deutschsprachige Vertreter der Disziplin war seinerzeit Dr. Albert Freiherr von Schrenck-Notzing, der sich vor allem der Untersuchung der sog. „parapsycho*physischen*" oder „objektiven" (im Gegensatz zu den „mentalen" oder „subjektiven")[36] Phänomene zuwendete. Dazu zählt etwa die (bereits von Van Helsing angesprochene) Materialisation (wenn Materie aus „noch" unerklärlichen Gründen auftaucht) oder die Telekinese (wenn eine Schreibmaschine bewegt wird oder ein Taschentuch sich hebt, ohne dass sie von irgendjemanden sichtbar berührt würden). Zur Untersuchung dieser Phänomene begeben sich Schrenck-Notzing und seinesgleichen nicht etwa in das „Hinterzimmer der Spiritisten", sondern in ein „psychisches *Laboratorium*"[37], wo sie mit elektrischen Kontrollapparaten und Präzisions-Messwaagen „Versuchsanordnungen" oder „Vorsichtsanordnungen" einrichten - darum können die Parapsychologen „Technomagier unter den Psychomagiern" heißen. Wie stark sie damit ihre Zeitgenossen beeindruckten, ist an vielen Berichten über ihre Experimente abzulesen, darunter diesem:

> Sehr geehrter Baron Schrenck!
> [...] Unter meiner persönlichen Kontrolle des Mediums, während seine beiden Handgelenke fest und mir in jedem Augenblick klar bewußt in meiner Haft und unmittelbar neben mir seine Knie zwischen denen des Professors Zimmer verwahrt waren, sind exakte und vollkommen überzeugende Phänomene zustande gekommen. [...] Ich will [...] mit der Erklärung schließen, daß an der Realität, der okkulten Echtheit der Phänomene für

---

35Selbstzitat bei: Max Dessoir, *Vom Jenseits der Seele*, Stuttgart, 4./5.Aufl. 1920, S. v.

36Vgl. Albert Freiherr von Schrenck-Notzing, *Materialisationsphänomene. Ein Beitrag zur Erforschung der mediumistischen Teleplastie*, München 1923, S. xi, 17 u. ö. (Hv. v. mir [R.St.]).

37Walter Benjamin, „Der Sürrealismus. Die letzte Momentaufnahme der europäischen Intelligenz" (1929), in: *Gesammelte Schriften*, hg. von R. Tiedemann u. H. Schweppenhäuser, Frankfurt a. M. 1972-1989, Bd. II, S. 295-310, hier S. 298, und dagegen: Albert Freiherr von Schrenck-Notzing, „Zur Methodik bei mediumistischen Untersuchungen" (1898), in: *Grundfragen der Parapsychologie*, hg. von G. Walther, Stuttgart/Berlin usw., ³1985, S. 81-101, hier: 91 (Hv. dort).

mich nicht mehr der Schatten eines Zweifels besteht. Ich bin überzeugt, daß
eine spätere Wissenschaft es denjenigen Dank wissen wird, die in unsern
Tagen den Mut oder die Unbefangenheit hatten, ihren Sinnen zu trauen.
Mit hochachtungsvoller Begrüßung
                                                    Ihr sehr ergebener Thomas Mann.[38]

Die dabei beobachtete und beschriebene Levitation eines Taschentuchs heißt seither
bei den Parapsychologen „Thomas Mann'sches Phänomen".[39] Zu denjenigen, unter
deren Kontrolle dieses Phänomen produziert wird, zählt auch Dr. Krokowski, der
Assistenzarzt im *Zauberberg*.[40] Dessen zunächst psychoanalytische, bald jedoch ins
Parapsychologische gewendete Theorien treten „in ein empirisch-experimentelles
Stadium" (693), als die medial veranlagte Ellen Brand im Sanatorium eintrifft. Diese
Experimente sind in vielen wesentlichen Details denen Schrenck-Notzings
nachgebildet, unterscheiden sich von ihnen jedoch in zwei wichtigen Punkten. Zum
einen erscheint in einer dieser Sitzungen Hans Castorps Vetter Ziemßen, also der
persönliche Geist eines Verstorbenen - dies aber entspricht einer dezidiert spiriti-
stischen Interpretation, der Schrenck-Notzing und Kollegen äußerst skeptisch
begegnen, weil sie in das Gebiet der Religion statt in das der Wissenschaft zu führen
droht. Zum anderen missachten die Sanatoriumsgäste Dr. Krokowskis „striktes
Verbot [...], laienhafte Experimente mit Fräulein Brands geheimen Gaben anzu-
stellen" (696). In Abwesenheit des Kontrolleurs, bemerkenswerterweise nur in seiner
Abwesenheit, entwickelt der neue Zauber seine poetischen Valenzen, wenn sich
Ellen Brands Kontrollgeist Holger als Dichter ausweist und - im Modus des
Gläserrückens - ein delirantes Prosagedicht diktiert:

> Seemist in langen Haufen entlang des schmalen Strandes der weit
> geschwungenen Bucht des Insellandes mit steiler Dünenküste. O seht, wie
> sterbend grün die ungeheure Weite ins Ewige verschwebt, wo unter breiten
> Nebelschleierstreifen in trübem Karmesin und milchig-weichen Scheinen
> die Sommersonne den Untergang verzögert! Kein Mund vermöchte zu
> sagen, wann und wie des Wassers silbrig regsamer Widerglanz in lauter
> Perlmutterschimmer sich wandelte, in ein unnennbar Farbenspiel blaß-bunt-
> opalenen Mondsteinglanzes, das alles überzieht... Ach, heimlich, wie er
> entstanden, erstarb der stille Zauber. (702)

Der so stille wie heimliche Zauber der Poesie gründet nicht in der mit wissenschaftlichem Anspruch betriebenen Parapsychologie, sondern artikuliert sich hinter ihrem
Rücken. Ein Zauberer wie Krokowski - der sich, ebenso wie Schrenck-Notzing,
natürlich gegen diese Bezeichnung verwahren würde - teilt nicht das Interesse der
Poesie, die unsichere Grenze zwischen Natürlichem und Übernatürlichem auszu-

---

38 Thomas Mann, „[Drei Berichte über okkultistische Sitzungen]" (1922-23), in: *Gesammelte Werke in
   dreizehn Bänden*, Frankfurt a. M., 2., durchgesehene Aufl. 1974, Bd. XIII, S. 33-48, hier: 45 u. 47 f.
39 Vgl. Mann, a.a.O., S. 37 f, und ders., „Okkulte Erlebnisse" (1924), in: *Gesammelte Werke, a.a.O.,* Bd.
   X, S. 135-171, hier: 158 f u. 171, sowie Gerda Walther, in: Schrenck-Notzing, *Grundfragen, a.a.O.,* S.
   24.
40 Vgl. Thomas Mann, *Der Zauberberg* (1924), in: *Werke. Taschenbuchausgabe in zwölf Bänden*.
   Frankfurt a. M./Hamburg 1967, S. 706. (Zitate daraus werden im folgenden durch bloße Angabe der
   Seitenzahl im fortlaufenden Text belegt).

loten, sondern will diese mit forciert „positivistischem"[41] Gestus restabilisieren. Die Einsicht, „wie wenig wirklich die Wirklichkeit geworden ist", wird hier in ihr vermeintliches Komplement gewendet, die Beschwörung dessen, wie wirklich die Unwirklichkeit geworden ist.

5. Der Psychomagier als Charisma-Träger: Der Massen-Hypnotiseur (*Mario und der Zauberer*)

Dass diese Macht des parapsychologischen Kontrolleurs über die Grenze zwischen Wirklichem und Unwirklichem von seiner disziplinarischen Macht über das menschliche Medium und das Publikum seiner Experimente abhängt, lässt sich hier nur ahnen. Deutlicher wird die politische Dimension solcher Phantasmen der Macht, die sich an die Rede von der 'Magie' knüpfen, in dem anderen der beiden Prosatexte Manns, deren Titel das Lexem 'Zauber-' enthalten. In der 1930 veröffentlichten Erzählung *Mario und der Zauberer* findet eine namenlose Urlauberfamilie aus Deutschland in dem Badeort Torre di Venere eine „Stimmung" vor, die von „Ärger, Gereiztheit, Überspannung"[42] geprägt ist, ohne dass doch genau auszumachen wäre, worauf dies zurückzuführen ist. Mann markiert das, indem er dieselbe Reihe der drei Wörter oder Wendungen „atmosphärisch" (bzw. „Atmosphäre"), „Stimmung", „in der Luft liegen" gleich doppelt einsetzt (vgl. 9 u. 24). Beim ersten Mal möchte man das noch als mangelnde Präzision monieren, beim zweiten Mal wird deutlich, dass nur solch diffuse Vokabeln eine Situation begreifbar machen, die sich gerade dadurch auszeichnet, „schwer greifbar" (24) zu sein. Ähnlich „schwer greifbar" ist der Zusammenhang der Vorfälle im Hotel und am Strand mit den Ereignissen an jenem Abend, an dem die Familie den Vorführungen eines Zauberers beiwohnt. Ganz summarisch heißt es von dem Saal, „der während der Hochsaison zu wöchentlich wechselnden Cinema-Vorführungen gedient hatte" (33) und in dem jetzt der Zauberer Cipolla auftritt:

> Dieser Saal bildete den Sammelpunkt aller Merkwürdigkeit, Nichtgeheuerlichkeit und Gespanntheit, womit uns die Atmosphäre des Aufenthaltes geladen schien; (78)

Wollte man einen Fachterminus für diese gespannte „Atmosphäre" finden, so müßte man auf die melanesisch-polynesischen Sprachen zurückgreifen. Diesem ethnologischen Verfahren verdanken wir nicht nur das heute allgemein geläufige Wort 'tabu', sondern auch das früher weiter verbreitete Wort 'mana'. Mit diesem Wort wird die Annahme ausgedrückt, „daß die ganze Welt mit einer unbestimmten Zauberkraft

---

41 Vgl. z.B. Hans Driesch, *Parapsychologie, die Wissenschaft von den 'okkulten' Erscheinungen*, München 1932, S. 7 u. 147 f.

42 Thomas Mann, *Mario und der Zauberer. Ein tragisches Reiseerlebnis*, Frankfurt a.M., 46.-55. Tsd. [der Neuausgabe] 1995, S. 9 u. 24. (Zitate daraus werden im folgenden durch bloße Angabe der Seitenzahl im fortlaufenden Text belegt).

erfüllt, daß die Atmosphäre gleichsam mit Geisterelektrizität geladen scheint", die im Zauberer „gewissermaßen aufgespeichert ist".[43]

Der Zauberer „ließ auf sich warten, das ist wohl der richtige Ausdruck" (37), bis das Publikum eine vorläufige Ordnung angenommen hat, in der die „Sphäre der Stehplätze" (35) und die der Sitzpläne voneinander unterschieden werden können. Diese Ordnung ist instabil genug, um verändert werden zu können, und doch gegliedert genug, um die Veränderung sichtbar werden zu lassen. Denn ein Magier ist, wer von einem Kollektiv für einen Magier gehalten wird, und dieses Kollektiv, das ihn für einen Magier hält, zu transformieren vermag. Max Weber hat eben diese Logik für den Träger der charismatischen Herrschaft nachgezeichnet und dabei 'mana' und 'charisma' ausdrücklich synonym gesetzt.[44]

Cipolla, der endlich, mit den Anzeichen „reine[r] Energieäußerung" (40), die Bühne betritt, entscheidet, in welcher Richtung der Strom fließt (vgl. 70). Zunächst schweigt er aufreizend, bis ihn eine Stimme vom Stehparterre mit „Buona sera!" begrüßt. Der Zauberer verbucht dies als Provokation und zwingt den als „Giovanotto" apostrophierten Sprecher, eine „Rechtswendung" auszuführen, „Front gegen das Publikum" zu machen und diesem die Zunge herauszustrecken (44). Mit Cipollas eigenen Erläuterungen läßt sich begreifen, „was den Giovanotto, der doch sozusagen ihre Sache geführt hatte, plötzlich hatte bestimmen können, seine Keckheit gegen sie, das Publikum zu richten" (45 f): Der Zauberer unterwirft den „ganzen Kerl", der stets tue, was er wolle, einer „Arbeitsteilung" von „Wollen" und „Tun", wobei er mit einer Anspielung auf den Taylorismus die Affinität zu seinen technomagischen Kollegen zu erkennen gibt: „sistema americano, sa'" (43 f). Er isoliert die Willensenergie des „Giovanotto" von deren Telos und speist sie in ein Tun ein, das nun seinem, Cipollas, Willen unterliegt. So löst er den jungen Mann aus dem Publikum und bringt ihn in eine Front gegen dieses.

Bemerkenswert spät benennt der Erzähler die Praxis, die solchen Umstrukturierungen eines Kollektivs zugrundeliegt: „Dieser selbstbewußte Verwachsene war der stärkste Hypnotiseur, der mir in meinem Leben vorgekommen." (79) Geschickt hatte er „polizeiliche Bestimmungen umgangen [...], die eine gewerbsmäßige Ausübung dieser Kräfte grundsätzlich verpönten" (80); kundig beruft er sich auf Erkenntnisse über die Hypnose, die Sigmund Freud in *Massenpsychologie und Ich-Analyse* entwickelt hatte: Er kennt nicht nur den hypnotischen Charakter von Massenbeziehungen, sondern weiß auch um deren Verhältnis zur Liebe, auf die er sich nach eigener Einschätzung trotz seines Buckels „auf eine umfassende und eindringliche Weise" versteht (vgl. 103). So bringt er sein Publikum nicht etwa ins Verhältnis des Gehorsams, sondern in das der „Hörigkeit" (88). Wenn er mit einer Reitpeitsche hantiert, dem „Symbol seiner Herrschaft" (81), so weniger, um mit Gewalt zu drohen als vielmehr, um mit einem pfeifenden Geräusch seine Suggestionen zu skandieren.

43 Ernst Cassirer, *Philosophie der symbolischen Formen* (1923-29), Darmstadt [10]1994, Bd. II, S. 221.
44 Vgl. Max Weber, *Wirtschaft und Gesellschaft. Grundriß der verstehenden Soziologie* (1911-20), Tübingen, 5., revidierte Auflage 1980, S. 140, 245, 670 u.ö.

Cipolla ist - um eine Zwischenbilanz zu ziehen - ein Hypnotiseur mit einem Einschlag in den „Charakter des Okkulten", dem Thomas Mann ja bei aller sonstigen Reserve immerhin (wie im Brief an Schrenck-Notzing) eine partielle „Echtheit" (69) bescheinigt. Sein Tun basiert, obwohl er auf technische Mittel weitgehend verzichtet, auf einer quasi technischen, nämlich psychotechnischen Auffassung von Subjekten. So personifiziert er diejenige phantasmatische Macht, die zugleich über die Grenzen zwischen Natürlichem und Übernatürlichem wie über ganze Kollektive gebietet.

Zum Verhängnis gereicht dem „Illusionista" (32) jedoch sein eindrucksvollstes Kunststück: wenn er sich dem Kellner Mario als dessen Geliebte Silvestra ausgibt und sich von ihm küssen läßt.[45] Mario küßt seine Geliebte und erschießt, nach dem Pfeifen der Reitpeitsche, das den Rapport beendet, ihn. Daß es mit so korrekter Verwirrung der Pronomina im Text nicht steht, verdankt sich der moderierenden Erzählperspektive. Der Ich-Erzähler verhält sich zu Cipollas Vorführungen ungefähr so, wie sich ein Leser zur fiktionalen Literatur verhalten sollte, oszillierend zwischen Identifikation und Distanz. Zwar erinnert er sich daran, daß er „unwillkürlich mit den Lippen leise das Geräusch nachahmte, mit dem Cipolla seine Reitpeitsche hatte durch die Luft fahren lassen" (45) - aber immerhin kann er sich daran erinnern und später fragen:

> Unterlagen *wir* einer Faszination, die von diesem auf so sonderbare Weise sein Brot verdienenden Manne auch neben dem Programm, auch zwischen den Kunststücken ausging und unsere Entschlüsse lähmte? (77, Hv. v. mir [R. St.])

Obwohl der Ich-Erzähler diese Frage im Folgenden nicht umstandslos bejaht, wird deutlich, daß er die von Cipolla ausgehende Faszination nur kommunizieren kann, indem er selbst an ihr Anteil nimmt. Nur so überträgt sich die Faszination auf den Leser, den bereits eine zeitgenössische Rezension in das häufig gebrauchte Pronomen „wir" miteinbezogen sieht.[46] Neben die „Faszination des Erzählers" im genitivus obiectivus tritt dieselbe im genitivus subiectivus, neben das rezeptive ein produktives Moment. Und noch der Widerstand gegen die Faszination, den der Erzähler in ihrer Darstellung aufbietet, folgt der Logik des Wortes 'fascinum', das - nach dem entsprechenden Eintrag in Paulys *Realencyclopädie* von 1909 - zwar „Zauber" bedeute, „in dieser eigentlichen Bedeutung" jedoch selten vorkomme;

---

45 Wie historisch bedingt eine solch hohe Einschätzung der hypnotischen Illusionsmacht ist, zeigt sich u.a. daran, dass sie heute dem Kinobesucher offenbar nicht mehr zugemutet werden kann: Klaus Maria Brandauers Verfilmung lässt eine „reale" Silvestra auf die Bühne treten und schwächt so den Skandal ab.

46 Vgl. Werner Krug, „Thomas Manns *Mario und der Zauberer.* Versuch einer Deutung", in: *Die Literatur* 32 (1929-30), S. 696 f : Zwar meine das „wir" offenbar den Ich-Erzähler und seine Frau. Da diese jedoch nie ausdrücklich genannt werde, könne es als adressaten-inklusiv verstanden werden, obwohl der Leser gelegentlich mit „Sie" direkt angesprochen werde: „Oder werden wir nicht einbezogen in das 'wir' und durch das 'Sie' immer ausdrücklich aufgefordert, uns einbezogen zu fühlen?"

die gewöhnliche ist Schutzmittel *gegen* den Zauber, Amulett. Diese im ersten Augenblick befremdende Tatsache erklärt sich aus dem innersten Wesen des Zaubers; auch der Gegenzauber ist nicht nur gleichfalls Zauber, sondern nach überall verbreiteter Anschauung erfolgt die Aufhebung eines Zaubers durch eine gleiche oder verwandte Wirkung wie der Zauber selbst.[47]

Schon ein früher Leser hat diese Logik auf Manns Erzählung angewendet:

> Nur ein rechtmäßiger Zauberer der Sprache konnte den andern, die rationale Welt beklemmenden Hexer in einem so skurrilen, wirklich-unwirklichen Spiel beschwören und vernichten.[48]

„Parla benissimo", wird der Zauberer von einem Zuschauer bereits gelobt, als er „noch nichts geleistet [hatte], aber sein Sprechen allein ward als Leistung gewürdigt" (48 f). Diesem sprachmächtigen „Illusionista", der auf sonderbare Weise sein Brot verdient, tritt ein anderer entgegen, der bis zum Schluß nichts leistet als mit sprachlichen Mitteln Illusionen zu erzeugen. Der Erzähler entwindet dem „natürlich-unheimliche[n] Feld" (80) der Hypnose die Macht der Sprache, um sie teils in das Schweigen, teils in das Schreiben zu überführen. Seinen Kindern gegenüber wahrt er durch Schweigen die Illusion, alles sei eine Illusion gewesen - was er gleich im ersten Absatz betont:

> Gottlob haben sie nicht verstanden, wo das Spektakel aufhörte und die Katastrophe begann, und man hat sie in dem glücklichen Wahn gelassen, daß alles Theater gewesen sei. (9)

Weil die Erzählung jedoch „alle Beziehungen von Glück und Illusion" (105) thematisiert, stellt sie dem „glücklichen Wahn" der Kinder das mindestens ebenso wahnhafte „Glück" (104) entgegen, das Mario in dem „Augenblick" (105) empfindet, da er Silvestra zu küssen glaubt. Eben dieser Augenblick aber mündet in die Katastrophe. Am Ende des Abends werden also zwei Formen von gleichermaßen „glücklichen Wahn" hergestellt: der „unschuldige" der Kinder, welche noch die Katastrophe für Theater halten, und der zur Schuld führende Marios, der das Theater im entscheidenden Moment für Wirklichkeit hält. An sein vorgeblich „befreiendes Ende" (107) gelangt das Erzählte, ihren Anfang findet die Erzählung, wenn der Erzähler aus Cipollas hypnotischem Bann befreit wird, um die Rolle des „Illusionista" zu erben: Wie er als Vater seine Kinder in dem glücklichen Wahn lässt, dass alles Theater gewesen sei, so versetzt er, als Erzähler, seine Leser in den beunruhigenden Wahn, dass alles wirklich so geschehen sei.

47Friedmar Kuhnert, Art. 'Fascinum', in: *Paulys Realencyclopädie der Classischen Altertumswissenschaft*, hg. von G. Wissowa, 12. Halbbd., Stuttgart 1909, Sp. 2009-2014, hier: 2009.

48 Eduard Korrodi, „Mario und der Zauberer" [Rez.], in: *Thomas Mann im Urteil seiner Zeit. Dokumente 1891-1955*, hg. von Klaus Schröter, Hamburg 1969, S. 174 f, hier: 175. Vgl. zu einer ausführlichen Interpretation nach dieser Matrix: Grant F. Leneaux, "*Mario und der Zauberer*. The Narration of Seduction or the Seduction of Narration?", in: *Orbis Litterarum* 40 (1985), S. 327-347. Bekanntlich hieß Thomas Mann in seiner Familie „Zauberer".

Der Ich-Erzähler von Ernst Weiß' bemerkenswertem Roman *Der Augenzeuge* wird acht Jahre später einen Wettkampf der Hypnotiseure mit einem Demagogen aufnehmen, der den Namen A. H. trägt. In Manns Erzählung hingegen fällt zwar das Wort 'Faszination', nicht aber das - nach einer zweifelhaften Etymologie von derselben Wurzel abgeleitete - Wort 'Faschismus'. Damit trägt Mann dem Problem Rechnung, dass ein Faszinosum als durchschautes nicht begriffen wäre, weil es gerade in seiner Undurchschaubarkeit besteht. „Man verstand bald, daß Politisches umging," erklärt in diesem Zusammenhang mehr als der erklärende Zusatz, daß „die Idee der Nation im Spiele war" (24). Von der „Idee der Nation" ist später kaum noch die Rede, von der Fähigkeit Cipollas, mit umgehenden Kräften umzugehen, umso mehr. Manns Darstellung verrätselt nicht die reale Machtpraxis, sondern wird ihrer verrätselnden Dimension gerecht.[49]

Doch fällt die Erzählung hinter ihre eigenen Einsichten zurück, wenn sie am Ende dem Gewaltakt Marios zutraut, die Situation zu enträtseln, die Dynamik von Zauber und Gegenzauber wie einen gordischen Knoten zu zerschlagen. Während der Erzähler sich bis zu diesem Punkt der Logik des 'fascinum' auf seinem ureigensten Gebiet, der Sprache, gestellt hatte, nimmt er jetzt Ausflucht zu Mitteln des plots, setzt auf Marios vermeintlich spontane Tatkraft: „Unten, in voller Fahrt, warf er sich mit auseinandergerissenen Beinen herum, schleuderte den Arm empor, und zwei flach schmetternde Detonationen durchschlugen Beifall und Gelächter." (106) Die minutiöse Beschreibung des Abends lässt es unwahrscheinlich erscheinen, dass die herrschende Beklemmung so plötzlich „durchschlagen" werden könne. Ein schaler Beigeschmack bleibt wohl nicht nur, weil heute bekannt ist, welch stattliche Reihe von Attentatsversuchen ein späterer „Zauberer" überlebt hat.[50] Das Phantasma der Macht, die Begierde nach dem Charisma-Träger wird Cipollas Tod überleben. „Die kleine, stumpfmetallne, kaum pistolenförmige Maschinerie" (107), mit der Mario den Zauberer tötet, wird auf Dauer gegen dessen Maschinerie eloquenter „Willensentziehung und -aufnötigung" (80) den kürzeren ziehen. Das zeigt sich schon daran, daß die herbeigerufene Polizei, welche die Veranstaltung trotz bestehender Bestimmungen gegen die gewerbsmäßige Ausübung der Hypnose nicht verboten hat, jetzt Mario verhaften wird. Schwerlich ist das „ein befreiendes Ende" (107).

49Vgl. Gert Sautermeister, *Thomas Mann: „Mario und der Zauberer",* München 1981, S. 61 ff, der dieselbe Logik mit Benjamins Theorem von der „Ästhetisierung der Politik" beschreibt.

50Vgl. dazu - aus parapsychologischer, aber immerhin vorsichtig parapsychologischer Perspektive - Ulrich Timm, „„In jener Stunde begann es' - Präkognition, Zufall oder Vorsehung bei Adolf Hitler?", in: *Zeitschrift für Parapsychologie und Grenzgebiete der Psychologie,* 27 (1985), S. 142-156.

Die nie ganz gelingende (Selbst-)Auslöschung der Phantasie: Zamjatin und sein Nachklang bei Orwell

Gerhard Bauer

Ganze Reiche der Phantasie haben sich die findigen Menschen in einem räumlichen oder zeitlichen Jenseits geschaffen, um dort ihrer Erfindungslust oder ihrem Wunschdenken oder ihren Vorstellungen von sozialer Gerechtigkeit die Zügel schießen zu lassen. Diese Utopien im klassischen Sinne sollen hier nicht oder höchstens in der Form der Absage berücksichtigt werden. Die großen Zeiten des utopischen Denkens[1] sind in unserem Jahrhundert sichtlich vorbei. Anscheinend kann sich der einzelne heutzutage nicht einmal in der Phantasie eine gewünschte Ordnung des Gemeinwesens so zurechtfügen, dass sie nicht terroristisch und schauderhaft wäre. Das Ausspinnen und Hochrechnen von technischen Möglichkeiten über die jeweils schon in Betrieb genommenen hinaus hat den intellektuell und auch sozial verheißungsvollen Schimmer, den sie in den drei Jahrhunderten von Bacon bis zu Jules Verne und H. G. Wells hatte, fast vollständig eingebüßt. Die science fiction ist zu einem abgesunkenen Kulturgut geworden, das zwar massenhaft konsumiert wird, aber trocken und lau geworden zu sein scheint. Für die freischwebende, unberechenbare, also auch störende Phantasie haben die zwanghaft-seriellen Visionen von Supermen in Allround-Maschinen so gut wie keinen Platz mehr.

Eine bestimmte Weiterentwicklung der utopischen Literatur aber ist für unser Jahrhundert so repräsentativ geworden, dass wir sie einbeziehen müssen: die sogenannte dystopische, gewissermaßen anti-utopische Literatur. In dieser Teiluntersuchung der „Felder" des phantastischen Denkens soll eruiert werden, welchen Gebrauch dieser Strang der Entwicklung von der Gabe der Phantasie macht. Zamjatin, Huxley, Orwell und einige weitere Nachfolger verheißen uns keine vernünftiger oder gerechter geordneten Welten mehr, sondern konfrontieren uns mit abscheuerregenden Beispielen einer allzu rationalen oder nur noch technisch organisierten zukünftigen Gesellschaft. Was dabei eintritt ist mehr als eine Umkehrung der inhaltlichen Wertungen. Die Übereinstimmung zwischen der sich weiter

---

1 Vgl. etwa die Auswahl von Utopien bzw. utopischen Vorstellungen von Plato bis zu William Morris in: *Der Traum vom besten Staat*, hg. von Helmut Swoboda, München ²1975; die drei „klassischen" Utopien von Morus, Campanella und Bacon etwa in dem Sammelband *Der utopische Staat*, hg. von Klaus J. Heinisch, Reinbek 1960; Literaturangaben in: Wolfgang Biesterfeld, Die literarische Utopie, Stuttgart 1974; vgl. das ausgedehnte Unternehmen *Utopieforschung. Interdisziplinäre Studien zur neuzeitlichen Utopie*, hg. von Wilhelm Voßkamp, Stuttgart 1982 (3 Bde).

entwickelnden materiellen wie sozialen Zivilisation und der Phantasie des Autors, mit der er diese Weiterentwicklung wahrnimmt und die nächsten Schritte dazu erfindet, geht zu Bruch. Wenn das Neue, Denkbare, technisch fast oder schon Mögliche die Menschheit bedroht statt beglückt, ist das Ausmalen selber, die Vorwegnahme des womöglich Kommenden, kein unschuldiges Geschäft mehr. Es steht selbst in einer bestimmten Relation zu dem vorhergesehenen Unheil. Womöglich trägt es zu der Denkart bei, die die beklagten Zustände herbeigeführt hat.

Ich könnte mich nicht mit Sicherheit dafür verbürgen, dass diese kritische Selbstreflexion der Phantasie in den Dystopien von Zamjatin, Huxley und Orwell explizit ausgebildet sei. Implizit aber, als Teil der dargestellten Problemlage, ist sie unübersehbar. Es herrscht keine freudige, positiv neugierige, nicht mal mehr eine unbefangene Haltung zu den Erfindungen des menschlichen Geistes. Nicht einmal aus der Rückbesinnung auf das, was um der Weiterentwicklung willen aufgegeben wurde, wird eine solche Emphase gewonnen, dass mit ihr die fatale Entwicklung gestoppt werden könnte. Die Verunsicherung, die sich aus dem Nachlassen des Fortschrittsglaubens ergeben hat, lähmt selbst das Ausdenken von Alternativen. Die Protagonisten der Dystopien sind durchweg schwach und schwankend. Sie sind auf das Glücks- und Fortschrittsmodell von klein auf so getrimmt, dass ihre intellektuelle Fähigkeit überfordert ist, wenn sie sich nun von ihm abstoßen sollen. Ihr technisch geschulter Verstand reicht gerade noch, eine Ahnung von der Pervertiertheit des angeblichen Glücks auszubilden. Dazu gewinnen sie zunächst auch einen gewissen Gegenbegriff: einen anderen Maßstab für ihre Umgebung, vielleicht sogar entgegengesetzte Zielsetzungen. Sie schaffen es aber nicht, sich aus dem anerzogenen Verhalten definitiv zu lösen. Wegen dieser Brechung des Willens und Austreibung der Phantasie sind die dystopischen Visionen mehr oder minder quälend zu lesen, eben dies aber macht sie für die Untersuchung des modernen Phantasiegebrauchs besonders lohnend. Am verwickeltsten liegt der Fall gleich bei dem ersten, dem Muster dieser Reihe von Romanen, bei Evgenij Zamjatins *Wir*, ohne den die folgenden Werke von Aldous Huxley und George Orwell nicht entstanden wären oder nicht diese Gestalt angenommen hätten. Er scheint mir auch künstlerisch der interessanteste, jedenfalls der spannungsreichste und nuancierteste. Ich halte mich deshalb durchgehend an ihn. Nur sporadisch ziehe ich die ernste, systematischere, aber auch humorlosere Fortführung in Orwells *Nineteen-Eighty-Four* und nur selten die stark verwässerte und etwas sentimentale, doch bis heute höchst einflussreiche *Brave New World* von Huxley heran.

1. Überschuss und Abrichtung

Der Roman *My* (*Wir*) wurde, nachdem er 1924 zunächst in englischer, tschechischer und französischer Übersetzung, 1927 nur in einer Kurzfassung in einer Prager Emigrantenzeitschrift auf Russisch erschienen war, vor allem als anti-sowjetischer Schlüsselroman rezipiert. Eine deutsche Übersetzung wurde erst während des

Kalten Krieges herausgebracht.[2] 1963 fand sich der Roman als letzter (krönender?) von 13 Texten in einem dicken österreichischen Sammelband unter dem reißerischen Titel *Gemordete Literatur.*[3] Wie weit sich der Roman wirklich gegen den jungen Sowjetstaat richtete, war und ist jedoch in der Forschung umstritten. Zamjatin schrieb ihn 1920, als „das große Experiment" erst drei Jahre alt war und in heftigen Abwehrkämpfen gegen die Truppen der „Weißen" stand. Der einst begeisterte Revolutionär und Bolschewik Zamjatin fand in diesen Anfangsjahren durchaus schon Züge in der sich herauskristallisierenden Sowjetgesellschaft, die ihn abstoßen mussten: Subalternität und Phrasenhaftigkeit, Hymnen auf Trivialitäten, sofern sie der neuen Ordnung zugeschrieben werden konnten, eine erdrückende Gleichmacherei, kampagnenartige Entfesselung von Begeisterungsstürmen, die immer dichtere, obgleich noch nicht und vielleicht nie lückenlose Überwachung, nicht zuletzt die Selbststilisierung der Staatslenker zu „Wohltätern" (des Landes oder der Menschheit). Aber Zamjatin schrieb keine Polemik gegen das, was ihn an den Anfängen des Sowjetstaates störte, schon gar kein Endurteil über die Anmaßung der menschlichen Vernunft, das Gemeinwesen aus bestimmten rationalen Prinzipien zu ordnen.

Zamjatin hatte schon vor der Revolution geschrieben, vor allem Satiren über die russische Provinz, auch über die Geschäftstüchtigkeit der Briten. Seine Schreibweise wurde als eine Wiederauferstehung des Gogol'schen Hintersinns und der Saltykovschen Überspitzungen gefeiert. Mit *Wir* schrieb er eine satirisch-groteske Hochrechnung von fatalen Aspirationen der sowjetischen Administration wie der modernen Zivilisation überhaupt, eher eine Warnung vor ihrer Durchsetzung als eine Verurteilung eines von ihr schon total beherrschten Staatsgebildes. Er nahm sich heraus, aus weitem Abstand zu schreiben. Das gab seiner Phantasie Spielraum: Er konnte „große", weit wegführende Konstruktionen ausprobieren und fand dabei Gelegenheit zu witzigen, überraschenden, jedes Schema durchbrechenden Einfällen, zu Abschweifungen und Ausschmückungen. Nicht nur gedanklich, auch künstlerisch wollte er Ketzer sein, wie seine nonkonformistischen Freunde (oder auch Schüler), die „Serapionsbrüder". (E.T.A. Hoffmann scheint in Russland, vielleicht neben Heine, bis in unser Jahrhundert hinein der beliebteste deutsche Schriftsteller zu sein.)[4] Von seiner Poetik stellt er selbst fest: „Der Realismus, der nicht pessimistisch sein will - nicht realia, sondern realiora -, liegt in der Verschiebung, in der

---

2 Jewgenij Samjatin, *Wir,* Köln 1958. Die Übersetzung von Gisela Drohla lässt viele der phantastischen, nachdenklichen und ironischen Passagen aus, die den stilistischen Reiz von Zamjatins Prosa ausmachen. Unverständlicherweise wird bis heute noch (6. Auflage 1997) diese verstümmelte Übersetzung verkauft. Für die Zitate habe ich diese Übersetzung durchgehend herangezogen, folge ihr aber oft nicht.

3 *Gemordete Literatur. Dichter der russischen Revolution,* hg. von Milo Dor und Reinhard Federmann, Salzburg 1963. „Gemordet" wird im Vorwort und Waschzettel expliziert als: auf die eine oder andere Weise von den Machthabern zum Schweigen gebracht.

4 Vgl. den Sammelband *Die Serapionsbrüder von Petrograd. Junge Kunst im revolutionären Rußland,* hg. Karlheinz Kasper, Berlin 1987, zur Selbststilisierung Zamjatins als ihr „literarischer Geburtshelfer" S. 463-5, zu seiner Kritik an einzelnen Mitgliedern S. 280-5.

Entstellung, in der Krümmung, in der Nichtobjektivität".[5] Diese kapriziöse, zudem künstlich aufgerauhte, oft gespielt naive Kunst sträubt sich gegen den Zwang, in erster Linie für oder gegen etwas sein zu sollen. Lieber lässt der Autor entscheidende Fragen in der Schwebe, was uns noch zu schaffen machen wird, als dass er seine freie, übermütige Satire zur Polemik verkürzt.

Zunächst fällt auf, dass Zamjatin gar nicht die reale Situation der ersten Jahre nach der überraschend gelungenen Revolution in Russland zu seinem Gegenstand macht, nicht diese gedrückte, provisorische und hektisch experimentierende Lage und Stimmung. Orwell gestaltet fast 30 Jahre später in seinem „Zukunftsroman", den er nur um weitere 35 Jahre in die Zukunft verlegt, die Schäbigkeit des Kriegs- und Nachkriegsengland, das Wirtschaften mit kläglichen Surrogaten (vor allem von sogenannten Genussmitteln) geradezu lustvoll-obstinat aus. Zamjatin dagegen schöpft, aus einer historisch noch viel notvolleren Situation heraus, in seiner Phantasie aus dem Vollen. Er greift weit auf die Zukunft aus, über 1000 Jahre von dem öfter erwähnten wirren 20. Jahrhundert entfernt, und zeichnet eine rundum saturierte Welt, in der die Befriedigung der Bedürfnisse kein Problem mehr darstellt. „Kein Problem" heißt aber nur: technisch gelöst und deshalb nicht mehr reflektiert. Vielleicht wird die Befriedigung dadurch erst recht problematisch.

Die Ernährung ist von der Vielfalt der natürlich wachsenden oder vielleicht ausbleibenden Naturprodukte abgekoppelt. Sie ist auf Derivate von „Naphtha" (Erdöl) umgestellt. Über deren Geschmack und eventuelle Variationen erfahren wir nichts. Es soll uns genug sein: Die Menschen sind satt - man hat fast den Eindruck: ein für allemal gesättigt. Sie wohnen in Häusern aus Glas, marschieren auf Straßen aus Glas, fahren in rasant fixen U-Bahnen zur Arbeit und in penetrant belehrende Veranstaltungen. Wenn sie mal einen Ausflug außer der Reihe unternehmen wollen, haben sie dafür prompt ein „Aëro" zur Verfügung, das sie selber durch die Wolken lenken, sofern es die lästigen alten Wolken noch gibt. Die Menschen haben, was sie brauchen; sie hätten allen Grund, zufrieden zu sein. Millionenfach versichern ihnen der „Wohltäter", die „Beschützer", die Erzieher, die Zeitungen und vor allem sie einander und sich selbst, dass sie glücklich seien. Das vor Jahrhunderten erzielte, jetzt ständig perpetuierte und vervollkommnete Glück aller ist die Daseinsberechtigung des Einheitsstaats. Weil das Glück so permanent beschworen und affirmiert wird, werden die Leser von Anfang an darauf gebracht, dass mit diesem Glück etwas nicht stimmen kann. „Um den kranken Zahn spielt die Zunge", sagen die Russen.

Die wesentliche Strategie, mit der die penetrante Zufriedenheit erzeugt wird, ist das Sich-zufrieden-Geben. Die Einheitsstaatsbewohner wünschen sich nichts anderes, als was sie Tag für Tag in einduselnder Gleichförmigkeit bekommen. Die aufregenden, aufputschenden Genussmittel von einst, die soviel Neid und Unfrieden erzeugt haben, sind verbannt, d. h. erstens ausgestorben oder außer Reichweite, zweitens mit einem Tabu belegt. Wenn sich in einem unexpurgierten Winkel des

---

5 Evgenij Zamjatin, *O literature, revoljucii, entropii i o pročem* [„Über die Literatur, die Revolution, die Entropie und über sonstiges"], 1924.

Landes doch noch ein wenig Wein oder Zigaretten finden, erzeugen sie mehr Schauer als Genuss. Ruhe, Trott im wörtlichen Sinne und das Fernhalten aller Erregungen (Störungen) ist das wichtigste Gebot, das permanente Anliegen der Bevölkerung selbst. Die unaufhörliche Predigt der Bescheidung mit dem, was es gibt, ist unerlässlich, weil etwas in den Menschen steckt, was sie doch permanent beunruhigt. Sie schnüffeln gleichsam nach dem, was sie kaum mehr kennen, was aber reizt wie alles Verdrängte. Anscheinend ist die Ordnung doch (noch) nicht so perfekt, dass auch die Verdrängung schon verdrängt wäre. In der Abwehr der Unzufriedenheit, dieser frei schwebenden harmlosen Wünsche und Süchte wird der Einheitsstaat jedoch rabiat. Nicht nur hat er „die Natur" mit ihren unordentlich keimenden und schwärenden Prozessen hinter eine undurchdringliche Gläserne Wand verbannt, sondern auch gegenüber jeder gedanklichen Abweichung hat er seine Gedankenpolizei, Wächter in einer manchmal erdrückenden Überzahl, die sogar „prophylaktisch" beschützen können, also künftige, noch gar nicht ausgebrochene Krankheiten/Vergehen aufspüren. Da die Abweichungen und Begehrlichkeiten sich häufen, wird ein landesweites Programm aufgelegt, die störende Phantasie operativ zu entfernen. In den düsteren Schlusskapiteln laufen unaufhaltsame Greiftrupps von schon Operierten durch die Straßen und scheuchen alle noch Zögernden in die Operationssäle. Mit der Phantasie scheint sich das prekäre Glück aller am schlechtesten zu vertragen. Zwischen Befriedigung und „Bewegung", auch „Entropie" und „Energie" genannt, wird der entscheidende Kampf ausgetragen. Es ist ein Kampf auf allen Ebenen: in Erlebnissen, in einer Art von Entdeckungsfahrt, im fortlaufenden Räsonnement, zwischen zwei Stimmen in derselben Brust, in Kriegshandlungen incl. Spionage und Spionageabwehr und zwischen zwei metaphysischen Weltprinzipien. Es ist ein sehr ungleicher Kampf, in dem der um tausend Jahre weiter perfektionierte Machtapparat alle logistischen Vorteile auf seiner Seite hat, aber die Gegenseite mit ihren Mitteln der Überraschung arbeitet.

2. Probleme mit der Ausschaltung der Individualität

Der „Einheitsstaat" mit seiner zum größten Teil hörigen oder direkt fanatisierten Bevölkerung zeichnet sich vor allem durch seine Massivität und absolute Gleichförmigkeit aus. Die Überordnung aller über die einzelnen wird mit immer neuen, ziemlich törichten Sophismen beschworen. Wie das Gramm nichts gegen die Tonne ausrichtet, so das Ich nichts gegen das „Wir" (20).[6] Dieses ideologisch überhöhte, verabsolutierte „WIR" setzt der Ich-Erzähler und Protagonist, ein zukunftsgläubiger Ingenieur, wie ein Fanal über seine Niederschriften. Es bildet damit den Titel des Romans, in dem es jedoch gerade problematisiert wird. Das Ich ist nichts und nichts

---

6 Evgenij Zamjatin, *My,* wird hier wie im folgenden mit bloßer Angabe der „Eintragung" (der Textabschnitte) im fortlaufenden Text zitiert, und zwar nach der offenbar einzigen derzeit lieferbaren Ausgabe: in der Reihe *Kniga dlja učenika i učitelja* [„Das Buch für den Schüler und den Lehrer"], Moskau 1996, die im Kommentar Zamjatin (zusammen mit Platonov) zum Kronzeugen der Auseinandersetzung mit dem Kommunismus, aufgefasst als Totalitarismus, macht.

wert, eine „Mikrobe". Es zählt nicht und verdient keinerlei Beachtung.[7] Die Menschen haben keine Namen mehr, sind auf Nummern reduziert. Wenn einmal beim unvorsichtigen Hantieren mit einer riesigen interplanetarischen Rakete zehn Nummern „verglühen", ist der leitende Ingenieur stolz darauf, dass keiner seiner Leute auch nur mit der Wimper gezuckt habe. „Zehn Nummern - das ist nichts als der hundertmillionste Teil der Masse des Einheitsstaates, praktisch gesehen eine unendlich kleine Größe hoch drei" (19). Alle müssen möglichst ununterscheidbar gleich mit allen anderen sein. Sie laufen in Uniformen und mit glattrasierten, möglichst der Kugelform angenäherten Köpfen herum. Sie wachen in der gleichen Sekunde auf, stürzen sich alle auf einmal auf die Straße zum Spazieren in endlosen Viererreihen und in die Hallen zum Sporttreiben. Um die Arbeit der „Beschützer" zu erleichtern, sind ihre Wände durchsichtig, was der überloyale Ingenieur mit einem Spott auf früher verbindet, als Häuser noch als Eigentum und als Schutz-burgen galten (4). Diese Nummern haben in der Regel nichts zu verbergen und brauchen keine „Burg" für so etwas wie ihre Individualität. Sie ziehen ihr Glück, ihren Stolz und ein Surrogat von Selbstbewusstsein daraus, dass sie zu einem großen Körper, der aus Millionen besteht, zusammenfließen.

Die Individualität aber lässt sich, selbst nach einer tausend Jahre langen Anstrengung, nicht so leicht zurückdrängen und nie völlig auslöschen. Der leitende Konstrukteur des Raumschiffs, der in seinem fortlaufenden Tagebuch die Errungen-schaften des Einheitsstaats einem Publikum auf anderen Gestirnen anpreist, fällt trotz seiner skrupellosen Unterordnung unter das Ganze immer wieder auf veraltete Haltungen der Selbstsucht zurück: auf Eifersucht, gekränkten Stolz, Wunsch nach Privatheit. Als er sich von einer markant abweichenden weiblichen Nummer geliebt oder vielmehr herausgefordert sieht, möchte er persönlich, nicht nur in seiner beruf-lichen/politischen Funktion geliebt sein. Das Erzählen als solches ist anscheinend mit der individuellen Nuance liiert. Es verlangt Besonderheit und Abwechslung, es verträgt sich schlecht mit der Affirmation des Immergleichen. Die Menschen sind zwar Nummern geworden, aber die hier gebrauchten Kenn-Nummern gehen nicht in die Tausende oder Millionen. Sie bestehen aus Buchstaben und Zahlen; die Buchstaben kommen im Roman jeweils nur einmal vor, könnten also ohne Verwechslung, wie Anfangsbuchstaben von Namen, für eine Person eintreten, jeweils Vokale für Frauen, Konsonanten für Männer; die Zahlen sind nur zwei- oder dreistellig, die dreistelligen alle mit einer Null versehen, also leicht wiederzuer-kennen.[8] Der Mathematiker Zamjatin hätte sicher die größten Schwierigkeiten, mit diesem Zählprinzip auf eine Milliarde, die hier angenommene Weltbevölkerung, zu kommen. Für den „Serapiontisten" Zamjatin scheint das gar kein Problem zu bilden. Alle handelnden Figuren werden mit einer ständig wiederholten Eigenheit, an der man sie aus Tausenden herauskennt, versehen, und zwischen dieser Eigenheit und

---

7 Selbst das Christentum muss, obgleich es sonst keine Autorität mehr hat, noch den Kollektivwahn beglaubigen. Es wird in der Schrumpfform zitiert, dass das Wir von Gott sei, das Ich vom Teufel (22).
8 Die einzige vierstellige Zahl, einem der „Beschützer" verliehen, passt ironisch zu dessen anrüchiger Funktion und lässt sich am besten von allen Zahlenkombinationen merken: 4711.

dem Kennbuchstaben werden spielerische oder satirische Relationen hergestellt.[9]
Eine gänzlich erkaltete, differenzlose Welt wäre erzählerisch einfach nicht darstellbar. Nach Zamjatin kann der famose Möglichkeitssinn nicht anders, als sich und
seine Produkte immer wieder mit Partikeln der Wirklichkeitserfahrung zu nähren.

Der Ingenieur ist von Anfang an und noch lange obstinater Verfechter des
Mechanismus, der Mathematisierung aller Lebensentscheidungen, selbst der
äußeren Formung der Erscheinungen. Die technischen Errungenschaften werden
dabei nur nachlässig vorgestellt, in summarischen Formeln gewissermaßen abge-
hakt, nie so gründlich ausgemalt, dass man sie nachbauen oder auch nur sich
vorstellen könnte wie bei Jules Verne. Zamjatin verstand sich zwar auf technische
Fragen, er war gelernter Schiffsbauingenieur, aber er versprach sich wenig künstlerische oder phantasiestimulierende Wirkung davon, mechanische oder chemische
Effekte vorzuführen. Vielleicht wollte er schon die Anhäufung von Kräften und
Stoffen vermeiden, mit denen die dann folgende science fiction ihre Leser oft
anödet. Dagegen wird die Denkweise des homo faber intensiv beschrieben und bis
in ihre Quelle, laut Zamjatin eine bestimmte Gedankenlosigkeit oder Dummdrei-
stigkeit, verfolgt. Der Ingenieur, Erbauer des Raumschiffs „Integral", will schlechterdings alles seinen mathematischen Formeln unterwerfen, auch das Privatleben
und dann gleich das aller Menschen. „Die Mathematik und der Tod irren nie" (18).
Der homo sapiens ist erst dann ein solcher, wenn in seiner Grammatik keine Frage-
zeichen mehr vorkommen (21). Immer, wenn etwas „wissenschaftlich" heißt, ist es
für diesen ausgesprochen dürren Vertreter der Wissenschaft unfehlbar und muss auf
alle Zeiten von jedermann so betrachtet oder so reguliert werden. Jede unregel-
mäßige Bewegung, jede Veränderung ist auszuschließen. Der „Wohltäter", der ihn
zu einem ernsten philosophischen Gespräch empfängt und seine Ordnung sowie
seine Grausamkeit vor ihm rechtfertigt - eine Konstruktion wie bei Dostoevskij, hier
etwas deplaziert, aber auch leicht modernisiert: Er hat D per Telefon einbestellt wie
bei Kafka -, dieser plötzlich um seinen Ruf besorgte „Wohltäter" belehrt ihn, dass er
nur die Sehnsucht der Menschen erfülle, die seit jeher „mit Ketten an das Glück
festgeschmiedet" sein wollten (36). Das auf diesem Planeten gefundene „mathe-
matisch-unfehlbare Glück" muss mit Hilfe der riesigen Rakete (immerhin nur einer
einzigen), dieses „feurigen Tamerlans des Glücks" (15), allen anderen Planeten
aufgezwungen werden. Der Ingenieur huldigt dem Messer als der „genial"-einfa-
chen Lösung sämtlicher Knoten, und zwar dem Messer in all seinen Funktionen,
auch als Guillotine (20). Er wird bei soviel Begeisterung für die Technik selbst dürr
und platt, in seinem Denken wie in seinen Vorlieben.[10] Er tickt schon wie eine Uhr,

---

9 Die naive Freundin des Ingenieurs ist rosig-rundlich, in den späteren Kapiteln schwanger und heißt O.
    Schon Kleists Marquise von O., 100 Jahre früher, ist nicht vor den plumpesten Ausdeutungen dieses
    ‚runden' oder ‚genuin weiblichen' Namenskürzels verschont geblieben. Der doppelt gekrümmte
    Schleicher, ein Beschützer, heißt S, und bei ihm überlegt der Ich-Erzähler, ob er die Charakterisierung
    seiner Figur vielleicht nur aus der Gestalt des Buchstabens S abgeleitet hat.
10 Für die „mechanische Pumpe" Herz mit ihren gewöhnlichen Assoziationen Liebe oder Mitleid hat er
    nur Spott übrig (29).

und das denkt er nicht nur von sich, das hört er (19) - mindestens in der objektiven Selbstkritik taucht die verdrängte Phantasie wieder auf.

Merkwürdigerweise ist der homo faber, der seinen Gefühlshaushalt dermaßen plangemäß reduziert hat, für die Verführung durch das ganz Andere besonders anfällig. Aber nicht nur die Lust am Gegenteil dominiert in seinem Abenteuer mit den Abweichlern, sondern er erreicht schon vorher in der Verfolgung von kahl-mathematischen Lösungen eine gewisse Übersättigung. Als er einmal unter dem Druck der Situation aufschreiben muss, was er von der obersten Instanz des Einheitsstaats hält, bildet er in einer Mischung zwischen Glaubensbekenntnis und Tarnschrift folgenden Galimathias, also hochtrabenden nonsense, in dem sein reduktionistisches Denken gewissermaßen sich selbst auffrisst: „Der Wohltäter ist die für die Menschheit unerläßliche Vervollkommnung der Desinfektion, und infolgedessen gibt es im Organismus des Einheitsstaats keinerlei Peristaltik" (28). Dass dieser törichte Nur-Rationalist oder Schlicht-Rationalist wenigstens so weit verunsichert wird, sein Nichtwissen einzugestehen, zu staunen, auf das bisher Ausgeschlossene aufmerksam zu werden, wirkt wie ein Triumph des Lebens über die Mechanik. In seiner momentanen Begeisterung für die blanke, kribbelnde Natur ruft er sogar aus: „Alle müssen ihren Verstand verlieren - sobald wie möglich" (27). Aber das war nur eine Aufwallung: Die Obsession einer vollständigen Mathematisierung des Lebens sitzt viel tiefer in ihm.

3. Ästhetik der Reduktion (auch von Ästhetik)

Die Ästhetik dieses gläubigen und praktizierenden Mathematikers ist eine Katastrophe; gerade die ästhetische Seite seines Räsonnements wird mit satirischer Lust ausgespielt.[11] Dass es plump, subaltern und widerwärtig ist, kommt schärfer zu Bewusstsein, als dass es unmenschlich grausam ist. Die Grausamkeit wird nicht verschwiegen. Sie steht latent hinter den blasierten oder geziert-ahnungslosen Wendungen, sie ergibt sich, so scheint uns der Autor zu bedeuten, aus der gleichen Verkümmerung der Empfindungen und der Einbildungskraft, die sich in den hanebüchenen Geschmacksurteilen und Vorlieben verrät. Zamjatin will nicht in erster Linie unsere moralische Verurteilung dieser neuen Welt, nicht unser Mitleid mit ihren Opfern hervorrufen, auch wenn viele Interpreten, denen vor allem an der politischen Botschaft liegt, diese Verurteilung an die erste Stelle rücken. Er will, scheint mir, unser freies Räsonnement im Spiel mit den Produkten seiner und unserer Phantasie befördern, also auch unser nicht erzwungenes, sondern sich locker einstellendes Urteil über die abstruse Ästhetik eines mathematischen Fundamentalismus. Ketten sind schon nicht mehr nötig: Delinquenten erscheinen auf dem

---

11 Gary Rosenshield nimmt die Entwicklung vom Ingenieur zum „Poeten" wörtlich und weist an der Tagebuchprosa politische, suggestive, eloquente und sogar „schöpferische" Qualitäten nach; vgl. "The Imagination and the 'I' in Zamjatin's *We*", in: *South and East European Journal* 23, 1979, S. 51-62. Ich will den Gebrauch von derlei Stilmitteln nicht in Abrede stellen, aber mir scheint der rein philologische Genuss daran unter Absehung von ihrer scharf satirischen Beleuchtung eine unzulässige Verengung unseres Metiers.

Hinrichtungsstuhl nur mit einem „purpurnen Band" gebunden, aber diese zierliche
Fesselung, die auf die eigentliche Fesselung durch den eigenen Willen verweist,
macht einen nicht weniger horrenden Eindruck, ebenso wie die „Pfütze chemisch
reinen Wassers", die an Stelle des eben noch rot pulsenden Blutes von dem Hinge-
richteten übrig bleibt (9). Der ästhetische Abscheu ist nach Zamjatins Poetik freier,
selbständiger zu bilden als die moralische Verurteilung. Er ist deshalb künstlerisch
geeignet, diese zu transportieren wie auch zu differenzieren.

In der Geschichte der Gattung blieb es nicht bei dieser Priorität. Orwell gelingt
es bis etwa zur Mitte seines Schreckensromans, die Drohung mit den physischen
Folgen für jedes Ausscheren aus der Zwangsliebe zu Big Brother nur als Ahnung
oder Redefigur am Horizont erscheinen zu lassen. Die Figuren können darüber
scherzen, können die Drohung relativ gefasst in ihre Gedanken, aber eben nur
Gedanken, einbeziehen. Wenn im zweiten Teil das Überleben in den quälend
ausgemalten Folterprozeduren auf dem Spiel steht, geht dieser Abstand und damit
die Freiheit der Erwägung zum Teufel, und zwar dank der beklemmend-dichten
Darstellung bei den Leserinnen und Lesern ebenso wie bei den physisch gequälten
Protagonisten. Das ist natürlich nicht nur eine andere ästhetische Entscheidung, eine
Entscheidung gegen die Relevanz der Ästhetik in der Literatur, sondern eine andere
Einschätzung der Bedrohlichkeit dieser Tendenzen in der akzelerierten politischen
Entwicklung in der Mitte dieses Jahrhunderts. Zamjatin fand in einer Phase des Be-
ginns eines neuen geschichtlichen Experiments noch mehr Spielraum, den er für
„Spiele" in vielerlei Sinn und zur Hervorkehrung der Bedeutsamkeit auch des Unbe-
deutenden, der unwillkürlichen Vorlieben und Geschmacksstilisierungen nutzte.

Streng funktional zu denken, womöglich auch schon so zu empfinden bildete in
den europäischen Avantgarde-Bewegungen in den ersten Jahrzehnten dieses Jahrhunderts eine wichtige Linie, eine Korrektur an den allzu expressiven und exkla-
matorischen, allzu „lauten" vorangegangenen Bewegungen. Das Bauhaus mit seiner
Betonung der Geraden und der einfachen Formen war die wichtigste Ausprägung im
Deutschen. Nicht nur Möbel, sondern auch Häuser aus Glas zu bauen, diesem
spröden Werkstoff alle erforderlichen Ballungen und Härtegrade für großzügig
klare, eben „durchsichtige" Lösungen abzugewinnen war eine Phantasie, die, im
Westen ganz oder halb verwirklicht, in den ärmeren Ländern Osteuropas, gerade in
Auseinandersetzung mit der bestehenden Armut, eine beträchtliche Faszination
entwickelte.[12] In der Ästhetik unseres Ingenieurs findet sich die Vorliebe für das
Funktionale in einer aufreizenden Weise mit der für das Banale verschwistert.
„Alles Große ist einfach", predigt er den gedachten „üppig gebauten" Venusbewoh-
nern und den „verräucherten" Wesen auf dem Uranos. „Unerschütterlich und ewig
sind nur die vier Regeln der Arithmetik" (20). Sein Lieblingssonett zum Thema
„Glück" beginnt mit einem unübertrefflich kindischen Quartett über die unzertrenn-
lichen zwei mal zwei (12). Womöglich war das eine direkte Stimulation für Orwell,

---

12 Bruno Taut u.a. bauten mit sehr viel Glas, beinahe schon Häuser „aus Glas". Vgl. Paul Scheerbart,
   Glasarchitektur (1914), München 1986. Eine zentrale Rolle spielt die Phantasie und z. T. schon
   Redensart von den „Gläsernen Häusern" in Stefan Żeromskis Roman *Przedwiośnie* [„Vorfrühling"]
   von 1925.

das tautologische 2 x 2 = 4 als nicht feststehend zu behandeln, sondern die Zerrüttungen zu untersuchen, die Menschen dazu bringen können, in eine gegenteilige Vorschrift 2 x 2 = 5 einzuwilligen. Die einfache Bewegung, z. B. das Spazieren oder auch Marschieren in Reih und Glied - wie auf „assyrischen Reliefs" - bringt dem Ingenieur, der auf sein Denken stolz ist, aber genau so gern auch nicht mehr denkt, die größte Freude: „die Freude, mit der, wahrscheinlich, die Atome und die Phagozyten leben" (22). Das Schöne am Tanz findet er in der - gesperrt gedruckt - „unfreien" Bewegung, der gleichen Bewegung aller auf einen einzigen Befehl (2).

Für diesen sunny boy ist nur das schön, was nützlich ist. So wie die neue Weltbevölkerung das einstige verliebte Gemurmel der Wellen zur Elektrizitätsgewinnung ausgenutzt hat, so setzt sie auch der Poesie klare Zwecke, versteht sich: zur Verherrlichung des Einheitsstaats. Der Ingenieur kann sich nicht genugtun in der Gleichsetzung von Poesie und Nützlichkeit. Er unterstreicht die Gleichung, indem er sich beide Wörter auf der Zunge zergehen lässt: Im Russischen ergibt das einen Stabreim und eine Assonanz, "poëzija – poleznost'" (12; 1). Das großartige Echo der Hymne auf den Einheitsstaat ist ihm eine ebensolche Kunst wie das intime Klingen des kristallen glänzenden Nachttopfs, wenn er benutzt wird. Diese Meisterleistung einer bis aufs Nullniveau herabgebrachten Ästhetik krönt er noch mit einer Grundmaxime der säkularisierten Religion: „Unsere Götter sind hier, unten, bei uns: im Büro, in der Küche, in der Werkstatt, im Klosett; die Götter sind geworden wie wir, ergo: Wir sind geworden wie Gott [wie Götter]" (12). Der Autor unterstreicht die Dummheit wie die Anmaßung, indem er besonders in feierlichen Formeln den parasitären Charakter dieser Nutzkunst hervortreten lässt. Es versteht sich, dass die grausamen Züge der neuen Gesellschaft mit nicht weniger kitschiger Aufbauschung gerühmt werden als die banalen. Unser Ingenieur berauscht sich an der Schönheit einer modernen elektronischen Knute, der gegenüber die altertümliche Knute ein „häßliches Werkzeug" war (22).

Am peinlichsten erscheint die neue Gesellschaftsform mit ihrer neu-alten Ästhetik in dem Bereich, der für die Erzielung und Deklaration von Peinlichkeiten seit langem, in Europa etwa seit dem späten Mittelalter der fruchtbarste ist: in der Beziehung der Geschlechter zueinander. Die frühe Sowjetgesellschaft war, anders als die der folgenden Jahre unter Stalin, sexuell ziemlich freizügig und tolerant. Auch das freie oder wenig genierte Aussprechen dessen, was sich zwischen den Geschlechtern tat (allerdings nicht zwischen Angehörigen des gleichen Geschlechts), gehörte zum Standard der Avantgarde. Zamjatin macht von diesen Lockerungen einen gemäßigten, nicht besonders betonten Gebrauch, aber er erzeugt echte Beklemmungen, indem er eine allgemeine Libertät (ohne Libertinage) mit strikter Reglementierung verbindet. Jede kann und darf mit jedem, sofern er ihr zusagt, und umgekehrt, aber das Dürfen wird pedantisch verbucht und kontrolliert. Nur die früheren in diesem Punkt ganz unzivilisierten Menschen durften, wann immer und so oft sie wollten. Für die loyalen, d. h. zugleich anständigen Bürger des Einheitsstaats rechnet eine der diversen Überwachungsbehörden nach ihren Tabellen, gestützt auf die Gesundheits- und Temperamentsdaten der Partner, genau aus, wann so ein Pärchen seine optimalen Sexualitätstage hat - ob optimal für das

Staatswohl oder für die Lust der Beteiligten, erfahren wir bis zum Schluss nicht. Für diesen Tag erhalten die Frauen einen rosa Talon - das beliebte Steuerungsinstrument des jungen Sowjetstaats, ein Vorschein einer „gerechteren" Verteilung außerhalb des Marktes, wird hier auf diesen einzigen Zweck beschränkt. Ein so registriertes Paar darf dann während der allgemeinen Erholungsstunde die Stores herablassen, denn so öffentlich alles in diesem Staat ist, der Vollzug der Sexualität soll doch nicht von außen angestarrt werden.[13] Aber die Zuteilung der Talons und das Herablassen der Stores macht den angeblich noch privat gehaltenen Vorgang zu einem überall durchschaubaren, bekannten. Besonders die blöde Bejahung dieses „rhythmisch taylorisierten Glücks", das Einverständnis mit einer Instanz, die bis in die intimen Vorgänge hineinlangt, macht die das Buch durchziehende Feier der sexuellen Botmäßigkeit obszöner als es irgendeine Pornographie sein könnte. „Er ist auf mich eingeschrieben", verkündet „freudig-rosig" die schöne O (2). Die Formel wirkt peinlich, weil O damit ihre Besitzansprüche gegenüber einer sich abzeichnenden Konkurrentin verteidigt. Noch peinlicher ist die Formel für diejenige, die sie mit Stolz gebraucht: wie wenn ein Hund mit dem Halsband prahlt, an dem er geführt wird.

Wie selbstverständlich wird die Beziehung der Geschlechter auf den Konsum von Sexualität reduziert. Der Ingenieur läßt nichts daran gelten als eine „Funktion". Den Alten war es noch ein Quell unzählbarer törichter Tragödien, heute ist es für alle eine „angenehm nützliche Funktion des Organismus, so wie Schlaf, körperliche Arbeit, Verzehr von Speisen, Stuhlgang usw." (5). Mit seiner schönen rosig-naiven O kann der Protagonist außer im Bett verzweifelt wenig anfangen. Er versteht sie nicht, bemüht sich auch nicht darum und hat sich daran gewöhnt, dass sie ihn erst recht nicht versteht. Irgendwann will und empfängt sie ein Kind von ihm, was bei Todesstrafe verboten ist. In diesem total hygienischen Staat ist die Reproduktion der Menschen von der Sexualität abgekoppelt. Wie, bleibt allerdings im Dunkeln, wird nicht so aufdringlich und erniedrigend ausgestaltet wie bei Huxley, der Zamjatins Mathematismus ganz in seinen Biologismus umgesetzt hat. Hier verschafft die gesetzwidrige Mutterrolle, ausgerechnet, der vorher nur dümmlichen und schablonenhaften O eine persönliche Kontur. Den unwilligen Vater nötigt sie immerhin dazu, dass er der werdenden Mutter im Reservat der naturbelassenen Natur jenseits der Gläsernen Wand einen Platz zum Gebären und Aufziehen des Kindes verschafft.

4. Das Gewesene als Alternative

Die Beziehung zum anderen Geschlecht ist nun die Einbruchstelle für die zentrale Abweichung, für den Aufbau einer Alternative zur gesamten allzu kompakten Gesellschaftsordnung. Der Ingenieur wird angezogen von einer anderen Frau, die ein Kontrastmodell zur ruhig-fügsamen O darstellt, I statt O.[14] I vertritt die schöne

---

13Gegen Ende passiert das doch, wahllos, massenhaft, „schamlos", aber da ist es ein Indikator der allgemeinen Zerrüttung und drohenden Katastrophe für den Einheitsstaat (37).
14 Bezeichnet mit dem altmodischen „kurzen" I, das die Revolution gerade außer Gebrauch gesetzt hatte.

Kunst der Alten, die verdrängte Natur, die Individualität, die Kapriziosität und Unberechenbarkeit. Sie macht den Ingenieur mit der vergangenen differenzierteren Kultur bekannt, die sich in einem „alten Haus" am Rand der Stadt erhalten hat. Sie führt ihn ein in die Welt der duftenden und kribbelnden Natur hinter der Gläsernen Wand, in der noch Menschen leben, paradiesisch frei, auf einen Urzustand zurückgefallen, nackt, aber mit einem glänzenden Fell bedeckt (während die Hochzivilisierten aus dieser polemischen Perspektive nur „mit Zahlen bedeckt" erscheinen, 28). Vielleicht will I den Ingenieur als wichtigen Experten nur verführen und ködern für ihre Partei des Umsturzes, die „Mephi" (Mephistos). Diese piratenhafte, geheime, aber überall präsente Bewegung will das drakonische Regiment der Gleichschaltung und Zwangsbeglückung ersetzen durch eins der Individualität und natürlich-freiwilligen Kooperation, der Anarchie also, wenn man es politisch klassifizieren will. Der Ingenieur lässt sich um dieser faszinierend andersartigen Frau willen erst widerwillig, dann immer begeisterter, wie berauscht auf das ein, was seinem bombastischen Credo, das er verbal immer noch aufrecht hält, ins Gesicht schlägt. Er stellt unter dem Einfluss seiner Verliebtheit und in der Konfrontation mit dem ungeahnt anderen - beides wird als untrennbar behandelt - an sich selbst Veränderungen fest, die ihn wiederholt in die Nähe eines Widerrufs seiner devotüberschwenglichen Überzeugung von einem alles beglückenden Rationalismus bringen. Er findet Lust an den bizarren Einfällen seiner neuen Freundin, wird gequält, aber auch beseligt von ihrer betont willkürlichen Zeiteinteilung. Sein eigenes Ich findet er jetzt eher im Widerstreit als im Einklang mit der Allgemeinheit. Er nimmt längst aberkannte Rechte auf Ausnahmen und Absonderung in Anspruch. Er meldet sich krank, obgleich die Krankheit im neuen Staat tief verdächtig ist und als Einbruchstelle des verfemten Individualismus gilt. Die Mediziner konstatieren einen bedrohlichen Zustand: Er könnte eine „Seele" ausbilden, das wäre so gut wie unheilbar. Hinter der Gläsernen Wand ist er von der noch erhaltenen Natur gerade in ihrer Wildheit überwältigt, von ihrer vorwurfsvollen Stummheit gerührt. Selbst den Geschmack seiner kapriziösen Freundin muss er gelten lassen und längst abgetanen Größen der Vergangenheit, etwa dem antiken Dichter Puškin mit seiner stupsnasigen, „asymmetrischen" Physiognomie, wieder ihren besonderen Reiz zugestehen. Die Huldigung an die Kunst der Alten bleibt allerdings völlig oberflächlich. Daraus baut erst Huxley eine träumerisch-beunruhigende Alternative zu seiner schamlos „schönen Neuen Welt" und Orwell eine nur mühsam auszurottende Erinnerung.

Die Konfrontation mit der fremdartigen Frau wie mit der fremden (verdrängten) Natur und Kultur macht die glatte, langweilige neue Zivilisation erst interessant und erzählerisch darstellbar. Durch den Kontrast wird die gleichförmige Menschheit im Einheitsstaat markanter, werden auch bestimmte Abstrusitäten und die an den Rändern ständig ahnbare Inhumanität scharf beleuchtet. Aber die hier gewählte Frontlinie des Kontrasts verrät auch eine konzeptionelle Schwäche dieser Art von Dystopie oder der Dystopie überhaupt. Die zukunftsexplorierende Phantasie wird gewissermaßen verdreht angesetzt: Unter Aufbietung aller Vorstellungs- und Einbildungskraft wird ein weit avancierter oder ein Endzustand imaginiert, in dem

alles so plump und öd, so phantasielos wie möglich geordnet ist. Die Phantasie
arbeitet an ihrer Selbstabschaffung. Die gespenstische Schlussszene mit der allen
drohenden operativen Entfernung des Phantasievermögens verrät, wie ernst Zamjatin diese im Genre liegende Verkehrung genommen hat. Vor der Drohung des
kompletten Reduktionismus bekommen nun umgekehrt die alten Gegebenheiten
und Prozeduren der Menschennatur wie einer „natürlich" gewachsenen Zivilisation
wieder allen Glanz. Sie sind in der vom Kältetod bedrohten rein technischen Welt
das eigentliche Wunder. Sie werden als unglaublich angestaunt und reißen unmittelbar hin. Für sich genommen sind sie aber nichts als regressiv. Wie es einmal
gewesen ist, wird romantisch verklärt. I ist zwar dem Ingenieur D durchweg intellektuell überlegen, und was die „Mephi" als Kritiker und Durcheinanderwerfer
wollen, sieht selbstredend menschengemäßer aus als die abstrakt ausgerechneten
Lösungen des Einheitsstaats. Aber es gewinnt seine Attraktivität nur, weil es sich
von den dümmlich-starren Einrichtungen einer automatenhaft verkümmerten Zivilisation positiv abhebt. Eigentlich stellt es nicht unbedingt den Zielpunkt menschlichen Strebens dar, Tabak zu rauchen, sich in raschelnde gelbe Seide zu kleiden
oder nackt herumzulaufen. Die vorgestellte Natur und die ihr zugeschriebene
Ursprünglichkeit hat hier weniger kritische oder korrektive Kohärenz, weniger Kraft
im Sinne einer eigenständigen philosophischen Konstruktion als die „Natur"
Rousseaus, und schon bei Rousseau war die unverfälscht reine Natur nicht der
überzeugendste seiner philosophisch-poetischen Einfälle.

Die Gegenüberstellung bekommt bei Zamjatin eine andere Funktion: Die
zurückgebliebene oder regredierende Natur (plus Kultur, die sich daraus extrapo-
lieren lässt) erhebt den Vorwurf, dass die Menschheit ihren gesamten Verstand
einschließlich ihrer Phantasie nur auf die Entwicklung von Technik und Gleichförmigkeit verwendet und damit die Weiterentwicklung der vielfältigen, differen-
zierten Lebensmöglichkeiten von ihren natürlichen Gegebenheiten aus vernach-
lässigt hat. Die stummen Schnauzen hinter der Gläsernen Wand, von Tieren, die, so
heißt es, hartnäckig einen und denselben für die Menschen unverständlichen
Gedanken wiederholen, wirken beklemmend, wenn der Panzer aus borniertem
Vernunftstolz und Verdrängung einmal angeknackst ist (17). I stellt einen ähnlichen
Anspruch im Bereich des Denkens und scheut nicht den Widersinn ihres Einfalls:
„Hätte man die menschliche Dummheit durch die Jahrhunderte so gehätschelt und
großgezogen wie den Verstand, wäre aus ihr vielleicht etwas ungewöhnlich Kost-
bares entstanden" (23). D lernt immerhin die Verunsicherung als einen nicht nur
prickelnd-interessanten, sondern auch menschlich und intellektuell lohnenden, ja
vorzuziehenden Zustand begreifen. Aber er ist vom freien assoziativen und aporeti-
schen Denken nicht weniger überfordert als vom hundertprozentig loyalen nur
instrumentellen Denken. Die intellektuelle Unbedarftheit des Protagonisten ist
einerseits die Einbruchstelle für bessere Einsichten und seinen inneren Umschwung,
andererseits aber auch der Grund für die katastrophale Wendung des ausgedachten
Geschehens.

Der Aufstand der Mephi scheitert, daran trägt die Begriffsstutzigkeit und
Unschlüssigkeit des Ingenieurs ein Gutteil Schuld. Er hätte von den Naturfreunden

und womöglich Anarchisten einen neuen (historisch gesehen: älteren) Begriff von der Individualität lernen können; er war herausgefordert, sich selber zu einem selbstentscheidenden Individuum zu entwickeln, aber er bringt der Partei seiner geliebten I gegenüber nur ein ähnlich höriges, pauschal begeistertes Gefühl auf wie bisher dem verehrten „Wohltäter" gegenüber. Die eine wie die andere „Partei" fasziniert und ängstigt ihn. Er gerät zwischen die Fronten, in immer schreckhaftere Beklemmung; er weiß nicht mehr, wer „wir" und wer „sie", „die anderen", sind. Vom Einheitsstaat abzufallen, ja auch nur ein Stocken beim Aufmarsch zu verursachen, hätte sogleich tödliche Konsequenzen. Sowie der Ingenieur nur daran denkt, rastet der eingelernte Mechanismus der Subalternität ein und nötigt ihm die Versicherung ab, dass er für ein solches Verbrechen gern den Tod leiden würde. Aber auch den Mephi fühlt D sich verpflichtet wie einer neuen Autorität; er entwickelt alle Symptome des schlechten Gewissens ihnen gegenüber. Der Vorwurf, er könnte ihren Aufstandsplan verraten haben, setzt ihm so zu, dass er das Verbindungsglied des Verrats dann auch wirklich entdeckt: seine freimütigen Aufzeichnungen, die sich in den gläsernen Häusern natürlich nirgends verstecken lassen. Um Geheimhaltung und Verrat kreist ein Gutteil der Erwägungen. Der nestbeschmutzende Anwurf von postmodernen Autoren, Hilbig z. B., dass das Schreiben selbst einen fortlaufenden Akt der Denunziation darstelle, liegt hier zum Greifen nahe (s. 12 u. ö). Über den unwilligen Verrat wird der bestürzte Ingenieur so untröstlich, dass er nun erst recht umkippt. Geknickt kehrt er zu den „Beschützern" zurück, beichtet alles und sieht kalten Blutes zu - da auch er sich nun die Phantasie hat wegoperieren lassen -, wie die immer noch schöne, aber ihm fremde I in der „Gaskammer" standhält und hingerichtet wird. Er wird nicht so weit getrieben wie der Protagonist von Orwells Roman, der unter den unerträglichen Stromstößen schließlich hervorstößt: Schlagt nicht mehr mich, schlagt Julia, die Geliebte und Teilhaberin seines Nonkonformismus. Aber er wird ebenso umgedreht und ausgehöhlt, ein Waschlappen, ebenso fertig zum Wegwerfen. In der Weiterentwicklung der Machttechniken müsste man die Operation, den Eingriff ins Innere der Beherrschten, gegenüber der Folter sogar als die avanciertere, jedenfalls wirkungsvollere Methode gelten lassen. Die alternative Existenzform scheint zwar hinter der Gläsernen Wand weiterzuexistieren und immer wieder Teile der Bevölkerung rebellisch zu machen. Ein Umsturz ist jedoch nicht mehr zu erwarten, denn dazu ist, wie die Handlung gezeigt hat, die Gewöhnung an die drakonische Ordnung zu stark. Selbst das der Abweichung fähige Subjekt wird durch eben die geistigen und psychischen Prozeduren, die für die Abweichung nötig sind, wieder in die Arme des „Wohltäters" zurückgetrieben.

5. Schrecken, Witz, Bizarrerie

Der Umschwung erfolgt abrupt. Am Schluss ist der bis dahin sehr beredte Ich-Erzähler ebenso kleinlaut wie wortkarg. Aber schon vorher haben ihn in schreckhaften Momenten, in seinen Angstträumen, in Situationen der Gefühlstaubheit oder Reaktionsunfähigkeit Ahnungen von dem brüsken Ende, auf das alles zuläuft, überfallen. Vom Messer hat er nicht nur geredet, es zur genial-einfachen Lösung aller Probleme ernannt, sondern hat es auch blitzen sehen, am Hals der geliebten I - da war er nur erschrocken und konnte dagegen nicht mehr anreden (13; 18). In der Position des gelähmten, innerlich tauben Zuschauers seiner eigenen Erlebnisse fand er sich öfter, in allen wesentlichen Begegnungen mit dem ganz anderen. Diese innere Spaltung, die Suspendierung seines Willens und Urteils ist noch typischer für seine zum Exempel dienende Figur als der explizite Verrat. Er wird aus seinem törichten Glauben an die angebliche Vernunftordnung herausgerissen, aber er findet sich mit seinem ordnungsgewohnten Denken in den Abenteuern der alternativen Existenz nicht zurecht. Er will vor und zurück, er zappelt, geistig ebenso wie in seinen Handlungen. Er kommt nicht von der Stelle, jedenfalls nicht aus eigener Kraft. Flügel werden erwähnt, die ideale Fortbewegung, wenn man auf der Erde nicht weiterkommt, das Sinnbild und Vehikel der Phantasie. Aber sie werden nur erwähnt, um verworfen zu werden: Der Mensch hat keine Flügel, er braucht auch keine, er hat ja Flugzeuge, und wohin sollte er fliegen? (16) Mehrfach kommt D sich verdreht und umgekippt vor, lächerlich an den Beinen aufgehängt wie alles, was er im Spiegel der gläsernen Trottoirs sieht (16 u. ö). Gegen Ende, unter einem heftigen Wind, scheint ihm der Himmel wie erfüllt von umhertorkelnden gusseisernen Platten. „Die ganze Welt war gespalten in abgetrennte spitze Stücke, die alle, im jähen Herabstürzen, eine Sekunde lang vor mir in der Luft hingen - und spurlos verdampften" (35).

Die Visionen der Verwirrung, die panischen Reaktionen und „verrückten" Assoziationen des überforderten Rationalisten sind phantastischer als alles, was zur Ausstaffierung des Zukunftsstaats aufgeboten wird. Sie sind zwar weniger bunt, aber viel krauser, wendungsreicher als die relativ schlichte Welt hinter der Gläsernen Wand. Sie sind z. T. unaufhörlich verdreht, z. T. absurd. Uns ins Absurde zu führen ist ein noch größerer Triumph des Serapiontisten als uns mit den Fortentwicklungen einer losgelassenen Technik zu schrecken. Als technisch-naturwissenschaftlich gebildeter Philosoph kam Zamjatin nicht über die Polarität von Energie und Entropie hinaus und konnte gegen ihr „ewiges Widerspiel" allenfalls ihre Zusammengehörigkeit postulieren. Als gestaltender Künstler aber gewinnt er dem stehenden Gegensatz die stärksten Effekte sowohl der Unerträglichkeit wie ihrer Reflexion und damit auch ihrer Relativierung ab. „Der Mensch ist ein Roman": Bis zur letzten Seite kann und darf man nicht wissen, wie er endet, sonst lohnt die Lektüre nicht (28).

Die absurden Situationen häufen sich gegen Schluss des Romans, vor dem Ende mit Schrecken. Sie geben der lockeren, nur sacht ansteigenden Serie von Episoden dann doch einen eigenen clou, aber nicht von progredierender Dramatik, sondern von unheilbarer, wirbelnder Ironie. Der Ingenieur will den Vorwurf des Verrats nicht auf sich sitzen lassen, sondern alles aufklären. Wenn seine Aufzeichnungen schuld waren, dass die Pläne der „Mephi" bekannt wurden, dann muss Ju,[15] die ziemlich unangenehme Hauswartfrau, ihre Finger im Spiel haben, die ihm ohnehin

---

15 Im Russischen *ein* Buchstabe, ein U mit vorausgehendem Weichheitszeichen, .

ständig nachschnüffelt (und zwar weil sie ihn liebt, was er aber noch nicht realisiert hat). Er beschließt also, sie zu töten. Sowie er dazu aber die Stores in seinem Zimmer herablässt, missversteht sie das, zwangsläufig, und zieht sich aus. Bei dieser Verkettung des Unzusammengehörigen springt die angespannte Feder in ihm. Er lässt die Eisenstange fallen und bricht in Gelächter aus. Am eigenen Leib erfährt er jetzt, „daß das Lachen die schrecklichste Waffe ist: mit Lachen kann man alles töten, sogar den Mord" (35). In die ohnehin schwierige, natürlich misslingende Aufklärung dieser heiklen Situation platzt die Vorladung zum „Wohltäter", und auch die Szene vor diesem Allgewaltigen, die anderswo, von Schiller bis zu Dostoevskij, ein Höhepunkt der Gestaltung war, endet mit Gelächter. Sowie der „Wohltäter" seinen Keil zwischen I und D getrieben hat, lacht der los, sieht dem sonst unerreichbaren höchsten Herrn ins Gesicht und sieht, dass „ein glatzköpfiger, sokratisch glatzköpfiger Mensch" vor ihm sitzt, mit feinen Schweißtropfen auf der Glatze (36). Als er schließlich in Is Zimmer eilt, deren „Liebe" vielleicht auch nur Verrat war, findet er auf dem Boden verstreut einen Haufen rosa Talons, die alle auf seinen Namen lauten. Er sieht sich selbst auf diesen Fetzen von Papier, „Tropfen" von sich, „geschmolzen, über den Rand gespritzt". Er begreift jetzt, dass das Lachen zwei Farben hat. Es kann wie zu Festtagen bunte Raketen zum Himmel aufsteigen lassen, und es kann Stücke von menschlichen Körpern in die Luft schleudern... (vgl. 37).

Das Lachen, in das die drei absurden Situationen der Entwaffnung, Entzauberung und Enttäuschung münden, verselbständigt sich. Es hat schon bisher die irritierendsten Effekte produziert. Der Ingenieur findet Is Lachen „tönend, steil, biegsam wie eine Peitsche" (6). Es entstellt sie als Person, zerstört ihre Züge, macht aus ihrem Gesicht ein scharfes X, das ihn ebenso an das X einer ungelösten Gleichung wie an das Kreuz (Christi) denken lässt (10 u. ö). Mit ihrem Spott gibt sie ihm ständig sein Ungenügen zu spüren, hält ihn auf Distanz, zementiert seine Faszination durch das Unerreichbare. Am Schluss (noch ehe D völlig umkippt) kann sie ihm wie allen seinesgleichen nur noch sarkastisch Glück wünschen zu der Orgie des in alle hineingestopften „Glücks", zur „großen Symphonie des Schnarchens" (35). Wenn D von diesen mephistophelischen Kräften lernt und selber lacht, ist es nicht das gleiche herausfordernde, alles in Frage stellende „mutige" Gelächter, sondern ein bitteres oder verzweifeltes. Er fühlt sich mehr als Spielball der Scherze anderer oder eines zynischen Demiurgen denn als frei lachender Mensch. Als er das erste Mal innerlich breitgeschlagen ist und in „das Amt" geht, um zu denunzieren, wird er durch ein solches „Gelächter von außen", wie später Oskar Maria Graf es genannt hat, davon abgebracht. Er erkennt in einem der Beschützer einen Mephi, der mit ihm hinter der Gläsernen Wand war, und findet nun alles so lächerlich wie die „alte Anekdote" von Abraham und Isaak: Nicht eine rettende Alternative hat die Stimme von oben dem Musterbild des Glaubens kundgetan, sondern ihn nur verhöhnt: „Schon gut! Ich habe nur Spaß gemacht" (39).

Zamjatins Roman ist ein eigenwilliges, bizarres Produkt. Es wurde beerbt, wie gesagt, es machte sogar Schule, aber es hebt sich auch von dem Strom des ihm folgenden dystopischen Denkens ab. Dennoch lässt sich etwas an diesem atypischen

Muster verallgemeinern: Ihre ausschlaggebenden Triumphe feiert die Phantasie
nicht in der Ausmalung einer ausgepicht zukünftigen, angeblich endgültigen oder
„vollkommenen" Welt, aber auch nicht in deren Gegenbild oder Dementi, sondern
in ihrer fortlaufenden Durchlöcherung, Verkehrung und Ironisierung. Das
Vollkommene oder Totale beflügelt die Phantasie, wenn überhaupt, dann nur
abstrakt, als eine Rechenaufgabe des Intellekts. Das Schlichte, Naive ist gar kein
Spielplatz der Phantasie, sondern ein Tummelplatz von Klischees oder bestenfalls
„Archetypen", bewussten oder unbewussten Erinnerungen an das, was die Menschheit sich früher einmal geleistet haben mag. Vollen Raum zur Ausgestaltung von
Alternativen findet die Phantasie in den Plätzen und Tendenzen dazwischen, in
allem Widersprüchlichen und Nichtzusammenpassenden, allem, was dem Intellekt
wie dem Gefühl anstößig ist, besonders im Ungehörigen und Frappierenden. Nicht
die Bedienung eines Schemas, sondern seine Durchbrechung und Relativierung ruft
das größte Befremden hervor. Sie macht den Kopf am ehesten geneigt, sich auf das
einzulassen, was seinen sonstigen Denkbahnen widerspricht.

Phantasie und Bilderrausch im Surrealismus.
In zwei Sätzen und einer Coda.

Karlheinz Barck

1. Satz: Macht der Phantasie und Mythos des Simonides

„Die Phantasie an die Macht" war, vor 30 Jahren, im denkwürdigen Pariser Mai '68 eine Losung, deren Herkunft aus dem geistigen Universum des Surrealismus von den studentischen Akteuren nicht verhehlt wurde. Daran hat Karl Heinz Bohrer kürzlich erinnert. Sartres Bemerkung während eines Gesprächs mit Daniel Cohn-Bendit, die er zitiert und derzufolge „das Interessante an eurer Aktion ist, daß sie die Phantasie an die Macht bringt", lasse im Rückblick um so deutlicher erkennen, dass Phantasie und Macht miteinander inkommensurabel seien. An der Macht findet Phantasie ihre Grenzen, hört sie auf oder gerät selbst in deren Verstrickungen. Die „Berufung auf die Macht stellt einen komplexen Widerspruch zu ihrer existenz-verbürgenden Qualität dar. Dieser Widerspruch ähnelt zunächst dem der Surrealisten: Auch die Flugblätter der neuen surrealistischen Aktion enthielten einen 'Voll-streckungsbefehl' an die Wirklichkeit, in dem das Wissen steckt, daß er nicht voll-streckt werden kann."[1] Es bleibe, Bohrer zufolge, einzig die Besinnung auf ein surrealistisches Vermächtnis, dessen wir uns in Deutschland auch gerade darum in besonderem Maße zu versichern hätten, weil „bis heute die gesamte westdeutsche Hochschulphilosophie keinen Schimmer von der Bedeutung des Surrealismus für das französische Denken seit den 50er Jahren gehabt hat". Oft werde vergessen, dass „die Kulturrevolution von '68 das Datum war, an dem der zivile Staat sich in der Bundesrepublik durchgesetzt hat - gegen die Vertreter der deutsch-autoritären Tradition. Hierin liegt die nicht hoch genug zu veranschlagende Bedeutung von '68 für die westdeutsche Gesellschaft, auch wenn die Phantasie verloren gegangen sein mag."[2] Sehen wir zu, ob diese Diagnose einer näheren Prüfung standhält.

Vielleicht steckt in der Formel „Die Phantasie an die Macht" doch mehr, eine Art mehrstimmiger Mythos, der - utopieverhaftet oder utopieverdächtig - auch Erfahrungen mit einer von Katastrophen geprägten geschichtlichen Zeit im kollek-tiven Gedächtnis fixiert, jener *mémoire collective*, die der von den Nazis im KZ Buchenwald zu Tode gebrachte französische Soziologe Maurice Halbwachs als eine

---

1 Karl Heinz Bohrer, „1968: Die Phantasie an die Macht? Studentenbewegung - Walter Benjamin –
Surrealismus", in: *Merkur* 51 (Dezember 1997), S. 1069.
2 A.a.O., S. 1080.

dramatische Spannung zwischen *passé vécu*, erlebter Vergangenheit, und gegenwärtiger Erfahrung charakterisiert hat.[3]

Ich will darum gleich am Anfang meine These durch eine terminologische Unterscheidung im Begriff der Phantasie begründen, die auch den Bereich des Phantastischen betrifft, der im genauen Sinn des in diesem Band diskutierten Begriffs im surrealistischen Universum eine Leerstelle bezeichnet. Die französische Version der zitierten Formel „Die Phantasie an die Macht" lautet "L'Imagination au pouvoir!" In dieser Übersetzungsdifferenz erscheint 'Imagination' als die ursprüngliche lateinische Übersetzung des griechischen φαντασίαι, von dem auch das Adjektiv 'phantastisch' abstammt. Wort und Begriff des aus dem Lateinischen in allen romanischen Sprachen entlehnten Wortes 'Imagination' haben im Deutschen eine eigene Wort- und Begriffsgeschichte durchlaufen,[4] seit die Übersetzung von 'imaginatio' oder 'vis imaginandi' durch 'Einbildungskraft' erfolgte: zuerst in der 2. Hälfte des 17. Jahrhunderts in deutsch verfassten Texten des tschechischen Theologen und Pädagogen Comenius und schließlich, begrifflich geadelt, im Zeitalter der Aufklärung durch Kant.[5]

Diese Hinweise auf wort- und begriffsgeschichtliche Unterschiede in der europäischen Kulturgeschichte zur Bestimmung dessen, was wir in unserem alltäglichen Gebrauch unter Phantasie verstehen, rufen in Erinnerung, dass wir im Deutschen gewöhnlich Phantasie und Imagination synonym gebrauchen und das eigentlich schönere (und in der Sache genauere) Wort 'Einbildungskraft' - die 'vis imaginandi' - weitgehend außer Kurs geraten ist. Es hat sich nur in der pejorativ gebrauchten verkürzten Restform von „Einbildung" als einer Form von intellektueller Spinnerei oder von selbstinduziertem Wahn nach dem Muster von Molières *Malade imaginaire* erhalten oder auch in der Rede von eingebildeter Schwangerschaft. Solche Weisen und Formen der „Einbildung" gehören nach einer luziden Unterscheidung von Gabriel García Márquez, der als Autor phantastischer Literatur par excellence gilt, in den Bereich von Phantasie, von der die Imagination als „eine spezifische Fähigkeit von Künstlern" zu unterscheiden ist, die es ihnen ermöglicht, „eine neue Wirklichkeit auf der Grundlage der Wirklichkeit, in der sie leben und arbeiten, zu schaffen."[6] Auf der Grundlage dieser Unterscheidung wird im weiteren 'Phantasie' in der Bedeutung von 'Imagination' gebraucht. Erstens weil im Universum des französischen (und nicht nur diesen) Surrealismus der Begriff 'Phantasie' gar nicht vorkommt und zweitens natürlich vor allem deswegen, weil schon in der Wortgestalt von 'Imagination' die besondere Beziehung der Phantasie zu Bildern nahe gelegt ist, die im Französischen 'images' heißen.

---

3 Vgl. Maurice Halbwachs, *Das kollektive Gedächtnis*. Mit einem Geleitwort zur deutschen Ausgabe von Heinz Maus. Aus dem Französischen von Holde Lhoest-Offermann, Frankfurt/M. 1991.

4 Im Englischen wurde seit Addisons *Spectator*-Aufsätzen über "The Pleasures of Imagination" vom Anfang des 18. Jahrhunderts auch das Wort 'fancy' neben 'imagination' eingeführt.

5 Vgl. Räusch-Trill, *Phantasie*.

6 Gabriel García Márquez, "Fantasía y creación artística en América Latina", in: *Ventana. Barricada cultural* (Bogotá), 14.8.1982, S.3.

Was man nun die Bildhaftigkeit der Phantasie als eine besondere Fähigkeit nennen könnte, hat darum noch einen anderen als den erwähnten vordergründigen Bezug zur Macht. Es ist eine Mächtigkeit, eine Bemächtigung des Individuums und einer Gemeinschaft über ihre Erfahrungen mittels der Erinnerung an Vergangenes und auch (um es paradox auszudrücken) mittels der Erinnerung an Künftiges oder Kommendes. Das weist auf die gedächtnisbildende und gedächtnisstützende Funktion der Phantasie und ist vielleicht eines ihrer von den Surrealisten aktualisierten anthropologischen Merkmale, die in einem der Ursprungsmythen über die Entstehung des Gedächtnisses überliefert sind: in der von Cicero tradierten Simonides-Legende.

Sie berichtet, dass der Poet und Sänger Simonides von Keos in den Palast des Boxers Scopas, eines Noblen aus Thessalien, eingeladen war, um dessen Sieg durch ein Preisgedicht zu würdigen. Simonides erregte mit seinem Beitrag den Unwillen des Scopas, weil er in seinen Vortrag ein Lob auf das göttliche Zwillingspaar Castor und Pollux eingebaut hatte, so dass Scopas das Honorar mit der Bemerkung halbierte, Simonides könne sich von diesen die andere Hälfte bezahlen lassen. Nach dem Vortrag wurde Simonides vor den Palast gebeten, weil dort zwei junge Männer auf ihn warteten. Er sah nach, fand aber niemanden. Während dieser kurzen Abwesenheit stürzte das Dach des Palastes ein und begrub alle Gäste unter sich. Die toten Körper waren so entstellt, dass sie von ihren Angehörigen nicht mehr identifiziert werden konnten. Simonides als einzigem Überlebenden gelang dies allein mittels der *vis imaginandi* durch die Rekonstruktion des Platzes, an dem sich die Gäste befanden, aus der Erinnerung. Cicero zieht daraus in *De oratore* die rhetorische Lehre,

> daß es vor allem die Anordnung sei, die zur Erhellung der Erinnerung beitrage. Wer diese Seite seines Geistes zu trainieren suche, müsse deshalb bestimmte Plätze wählen, sich die Dinge, die er im Gedächtnis zu behalten wünsche, in seiner Phantasie vorstellen (effigenda animo) und sie auf die bewußten Plätze setzen. So werde die Reihenfolge dieser Plätze die Anordnung des Stoffs bewahren, das Bild der Dinge aber die Dinge selbst bezeichnen, und wir könnten die Plätze an Stelle der Wachstafel, die Bilder statt der Buchstaben benützen.[7]

Das ist eine interessante Beschreibung des Schreibens (sollte man sagen der Literatur?) als einer Topo-Graphie der Erinnerung, die sich in der Verschriftlichung der Gedanken - oder der Vorstellungsbilder, der Imaginationen - vergegenständlicht. Nach einer subtilen Auslegung der Simonides-Legende durch den französischen Philosophen Louis Marin können wir in der Koinzidenz von Erinnerung und ihrer Veranlassung durch eine Katastrophe, die zu einer architektonischen Ruine führte, (von der wir ja nur durch Ciceros Niederschrift überhaupt wissen), die enge Bindung

---

7 Marcus Tullius Cicero, *De oratore/Über den Redner*, hg. u. übers. von Harald Merklin, Stuttgart [2]1991, S. 432 f (Buch II, Abschnitt 353 f).

des Gedächtnisses und der Imagination an ihre räumliche Lokalisierung erkennen, die das Merkmal aller rhetorischen Topik und der *ars memoriae* ist.[8]

Wie aber führt dieser weite Umweg über den Ursprungsmythos von der Entstehung des Gedächtnisses zum Zusammenhang zwischen Phantasie und Bilderrausch? Walter Benjamin, um dessen Reflexionen zum Surrealismus man nicht herum kommt, nennt in einer Passage seines Exposés über *Paris, die Hauptstadt des XIX. Jahrhunderts* die Pariser Surrealisten diejenigen, deren Phantasie mit einer Art Röntgenblick ausgestattet war, der es ihnen ermöglichte, „die Monumente der Bourgeoisie als Ruinen zu erkennen noch ehe sie zerfallen sind."[9] Es ist darum nicht nur eine Vergewisserung über die dominierende Rolle der Imagination im Surrealismus, wenn ich an deren elementare begriffliche Bestimmung erinnere, die lautet, „sich etwas auch dann vorstellen zu können, wenn es nicht anwesend ist"; sondern es ist in jenem von Benjamin erwähnten Sinne auch deren projektive Erweiterung zur Entschlüsselung und Erkenntnis von Unscheinbarem, Unsichtbarem, Spurenhaftem.

Der Berliner Soziologe Dietmar Kamper hatte einen glücklichen Einfall, als er eine zeitgemäße Bestimmung der Phantasie durch *Geistesgegenwart* vorgeschlagen hat:

> Die Phantasie ist kein Gegenstand, den man ohne weiteres in den Griff bekäme. Wie ihre schönste Allegorie: das Einhorn, läßt sie sich nicht jagend erstellen, sondern ergibt sich nur unter bestimmten Bedingungen, die heutzutage sehr unwahrscheinlich sind. [...] Es scheint, daß sich im Grunde des gegenwärtigen Geschehens etwas Unheimliches vollzieht, auf das niemand recht vorbereitet ist: das Verschwinden des Unterschieds von Innen und Außen. Es scheint, daß im Ineinanderfließen von Realität und Fiktion, von Erfahrung und Einbildung, von Wirklichkeit und Phantasie eine ganz neuartige Situation sich andeutet, vor der die herkömmlichen Lösungs- und Orientierungsstrategien versagen. Vor allem fällt eines schwer, was das Leichteste schien: *Geistesgegenwart*. Das ist der aktuelle Name für Phantasie.[10]

2. Satz: Die Droge Phantasie und das Ruinöse der Literatur

Es gibt zwei besonders in Deutschland über den Surrealismus verbreitete Vorurteile, mit denen immer noch und immer wieder zu rechnen ist. Das eine besteht darin, den Surrealismus für eine literarische oder rein künstlerische Bewegung und Praxis zu halten, ein Irrtum, dem schon Benjamin als der erste und genaueste deutsche Kritiker widersprochen hat. Als literarische Bewegung betrachtet (jedenfalls nach einem bis dahin traditionellen und weit verbreiteten Verständnis von Literatur, das vielleicht

---

8 Vgl. Louis Marin, "Le trou de mémoire de Simonide", in: *Lectures traversières*, Paris 1992, S. 197 - 207.

9 Walter Benjamin, „Paris, die Hauptstadt des XIX. Jahrhunderts", in: *Gesammelte Schriften*, hg. [...] von R. Tiedemann/ H.Schweppenhäuser, Frankfurt a.M. 1974-89, Bd. V.1, S. 59.

10 Dietmar Kamper, „Die gespaltene Phantasie. Kurze Einführung in eine lange Geschichte", in: *Macht und Ohnmacht der Phantasie*, hg. von D.K., Darmstadt/Neuwied 1986, S. 11.

noch immer weiter west) wäre die surrealistische Bewegung eher „klein, einflußlos, eine Sache von Konventikeln. Aber die Schriften dieser Autoren formieren sozusagen nur die scharfe Spitze eines Eisbergs, der unterm Meeresspiegel sein Massiv in die Breite streckt. Es ist gerade eine Aufgabe der Kritik zu erkennen, an welche außerliterarischen Tendenzen diese Schriften anschließen."[11]

Das andere Vorurteil ist ein Irrationalismusverdacht, der aus einer traumatischen Verdrängung des Nationalsozialismus als einem massenwirksamen Faszinosum herrührt und der in der DDR z. B. immer wieder von der Behauptung genährt wurde, es gäbe einen kausalen Zusammenhang zwischen Bewegungen der Avantgarde wie dem Expressionismus oder auch dem Surrealismus und dem Faschismus. Eine These, die in Gestalt der Dekadenztheorie, wie leicht zu sehen ist, ihrerseits auf fatale Weise mit dem rassistischen NS-Konzept von „entarteter Kunst" korrespondierte. Zu diesem Irrationalismusverdacht hat Benjamin Buchloh jüngst im Katalog der *documenta X* bemerkt,

> daß der große Fortschritt des Surrealismus darin bestanden habe, daß die Erfahrung des Mythos einer tiefgreifenden Reflexion zugänglich gemacht wurde - des Mythos in Form von Mythologien und in der individuellen Form von Unbewußtem und Traum. [...] Im Kontext von Weimar [jedoch] und vor allem nach Weimar wurde der Mythos zum Äquivalent der faschistischen Kultur: Das ist die Erklärung dafür, daß der Zugang zum Surrealismus in all jenen Kulturen versperrt ist, die mit dem Faschismus oder stalinistischen Totalitarismus des 20. Jahrhunderts in Berührung kamen. Nach dem Krieg wurde uns allmählich klar, daß der Bereich des Unbewußten zunehmend von der Kulturindustrie erobert und beherrscht wurde. Der Surrealismus hat es versäumt, sich mit dieser Frage auseinanderzusetzen.[12]

Solchen Verdikten lässt sich manches entgegensetzen. Vor allem stimmt es nicht, dass der Surrealismus keine Rolle im antifaschistischen Widerstand gespielt hätte, und es wird auch übersehen (oder verschwiegen), dass die Surrealisten zu den ersten Kritikern des Stalinismus gehörten.[13]

In diesem Zusammenhang ist entscheidender, dass André Breton (und nicht nur er) den Surrealismus als eine *Recherche* auffassten, als Erkundung und Erfindungsstrategie, als ein wissenschaftlicher Forschung vergleichbares Unternehmen, das phantasievoll an den Grenzen der durch disziplinäre Bezirke voneinander isolierten Wissenschaften und Künste operierte. So wie auch Marcel Prousts Roman *A la recherche du temps perdu*, wie man inzwischen weiß, schon im Titel auf Erkenntnisse psychophysiologischer Forschungen ('Recherches') über nicht nachweisbare Zeitfrequenzen („verlorene Zeit") bei der Reizübertragung in Nervensystemen

---

11 Walter Benjamin, [Vorstudien zum Aufsatz über Surrealismus], in: *Gesammelte Schriften*, a.a.O., Bd. II.3, S. 1035.
12 In: *Politics poetics*, hg. von Catherine David u.a., Ostfildern-Ruit 1997, S. 641.
13 Vgl. Karlheinz Barck, „Kontinente der Phantasie", in: *Surrealismus in Paris 1919 - 1939. Ein Lesebuch*, hg. von K. B., Leipzig ²1990, S. 733-765, hier insb. 748.

Bezug genommen hat.[14] Ähnliches lässt sich vom Surrealismus und seinem Phantasieverständnis sagen, dessen Praktiken des psychischen Automatismus als ein bildergenerierendes Verfahren an die von Benjamin erwähnten „außerkünstlerischen" Tendenzen anschließen. Das lässt sich schon der Identifizierung einer neunköpfigen Muse als der Triebfeder surrealistischer Phantasie entnehmen, worin Benjamin zufolge der Beitrag der Surrealisten zur Entmystifizierung bestimmter literarischer und ästhetischer Mythen und besonders zur Überwindung technikfeindlicher Tendenzen akzentuiert wäre:

> Der Vater des Surrealismus war Dada; seine Mutter war eine Passage. Dada war, als er ihre Bekanntschaft machte, schon alt. Ende 1919 verlegten Aragon und Breton aus Abneigung gegen Montparnasse ihre Zusammenkünfte mit Freunden in ein Café der Passage de l'Opéra. Der Durchbruch des Boulevard Haussmann hat ihr ein Ende gemacht. Louis Aragon hat über sie 135 Seiten geschrieben, in deren Quersumme sich die Neunzahl der Musen versteckt hält, die an dem kleinen Surrealismus Wehmutterdienste geleistet haben. Und diese wetterfesten Musen heißen: Präsens, Ballhorn, Lenin, Luna, Freud, Mors, [...], Sade, Citroen und Baby Cadum.[15]

Eine stattliche Schar zeitgemäßer Musen, die das „Märchen vom Schöpfertum des Künstlers" und von voraussetzungsloser Phantasie als einen „letzten Aberglauben" und als „trauriges Reststück des Schöpfungsmythos" verabschiedeten, wie Max Ernst 1934 in seiner Definition des Surrealismus bemerkt hat:

> Es gehört zu den ersten revolutionären Akten des Surrealismus, diesen Mythos mit sachlichen Mitteln und in schärfster Form attackiert und wohl auf immer vernichtet zu haben, indem er auf die rein passive Rolle des „Autors" im Mechanismus der poetischen Inspiration mit allem Nachdruck bestand und jede „aktive" Kontrolle durch Vernunft, Moral oder ästhetische Erwägungen als inspirationswidrig entlarvte. [...] Aus ist's natürlich mit der alten Auffassung vom „Talent", aus auch mit der Heldenverhimmelung und mit der für Bewunderungslüsterne willkommenen Sage von der „Fruchtbarkeit" des Künstlers, welcher heute drei Eier legt, morgen eines, am Sonntag keines.[16]

Die kulturgeschichtliche Provokation des Surrealismus, der durch Vorurteile wie die erwähnten die Spitze abgebrochen wird, lässt sich verstehen als Symptom für das Ende einer kulturellen Ära, in der in Europa seit dem 18. Jahrhundert Literatur als Leitmedium der Bildung galt und Malerei im offiziellen Kanon als Repräsentationsobjekt. Die Surrealisten favorisierten die neuen Mischformen wie Fotomontage oder Collage und öffneten sich dem Film sowie später (allerdings weniger intensiv) dem Rundfunk. Vor allem aber dem Schreiben als einem Laboratorium der Bilderzeugung über den sogenannten psychischen Automatismus, der - wie wir heute

---

14Vgl. Thomas Schestag, „Piedestal", in: Honoré de Balzac, *Theorie des Gehens*. Aus dem Französischen von Alma Vallazza, Wien – Zürich 1997.

15Benjamin, a.a.O., S. 1033.

16Max Ernst, „Was ist Surrealismus?" (1934), in: *Surrealismus in Paris 1919 – 1939*, a.a.O., S. 610.

genauer sehen können - darin kulturgeschichtlich bemerkenswert ist, dass zum ersten Mal im 20. Jahrhundert an breiter Front Schrift und Schreiben als „Aufschreib-systeme" reflektiert und praktiziert wurden. Denn das meint der Begriff 'écriture automatique' vor allem: Aufzeichnung von Gedanken ('enregistrement' heißt ganz zeit- und mediengemäß, wenn man z. B. an die Erfindung des Phonographen denkt, der terminus technicus im 1. Manifest des Surrealismus von 1924). Welche Gestalt aber hatte diese von den Surrealisten in ihrer frühen Phase oft auch gemeinschaftlich - man denke an die Doppelautorschaft des ersten und als „klassisch" für den Surrea-lismus geltenden Textes, *Les Champs magnétiques* - betriebene Suche nach einer Sprache, die automatisch wie ein Diktaphon oder ein Phonograph funktionieren sollten?

Das Repertoire der zum Zweck der Erzeugung poetischer Bilder erfundenen Medien beginnt bei der spielerischen semantischen Codierung homonymer, d. h. gleichlautender Phoneme (an denen die französische Sprache reicher ist als die deutsche) oder Buchstabensequenzen. So gab etwa Marcel Duchamp seiner Mona-Lisa-Übermalung den Titel *L'HOOQ* gab, dessen buchstabierte Lautung den Satz ergibt: "Elle a chaud au cul", was en passant auch eine Anspielung auf die vermutete (und damals heftig, etwa bei Freud, diskutierte) Homosexualität Leonardo da Vincis war. Der Titel von Max Ernsts inzwischen berühmtem, damals als Skandal empfun-denem Collage-Roman *La femme 100 têtes* spielt mit der semantischen Differenz zwischen Laut- und Schriftform, welcher keine Übersetzung gerecht werden kann. Er eröffnet je nach Einsatz der verschiedenen Bedeutungen des französischen Phonems 'sa' = '100' ('cent'), 'ohne' ('sans'), 'Blut' ('sang') eine andere Perspektive der Lektüre und der Bildbetrachtung. Die Collage-Romane Max Ernsts sind ja Bild-Romane, eine Form von Comics, nur ohne Sprechblasen. Zu diesen Formen des Spiels mit der Spannung zwischen Homonymie und Semantik, deren großer Meister in Frankreich Raymond Roussel war, der dem Surrealismus eher fern stand, gehört auch eine von den Surrealisten in ihrer Hegel-Begeisterung ganz ernst gemeinte Verballhornung seines Namens zu einem Adler (des Geistes), was die französische Aussprache des Namens als 'aigle' nahelegt.

Weitere Medien der Bilderzeugung sind die *objets trouvés*, jene Zufallsfunde auf Flohmärkten, auf der Straße oder im Müll von der Art des Strandguts und die dem bekannten Kinderspiel nachgebildeten *cadavres exquis*, wobei auf einem reihum gehenden Blatt Papier Sätze oder Zeichnungen notiert und verborgen werden. Oder nicht zuletzt die Verballhornung von Sprichwörtern - nicht umsonst ist Ballhorn eine der neun surrealistischen Musen – wie etwa „Ein Albino macht noch keinen Sommer" oder „An den Knochen der Ahnen soll man nicht kratzen" (für "De mortu-is nil nisi bene").[17]

Das Grundmodell dieser poetischen Praxis, welche die Kontrolle des Autor-subjekts weitgehend (wenngleich niemals vollständig) ausschließt und die von der

---

[17]Vgl. die sehr schöne Publikation in der Form eines surrealistischen Objekts von Paul Eluard/Benjamin Péret, *152 Sprichwörter auf den neuesten Stand gebracht*. Besorgt u. übersetzt von Unda Hörner u. Wolfram Kiepe, Gießen 1995.

Verschiebung *gewohnter* und sprachlich repräsentierter Beziehungen zwischen
Dingen und Verhältnissen lebt, waren die *Chants de Maldoror* des Poeten Isidor
Ducasse, der sich Comte de Lautréamont nannte und den die Pariser Surrealisten als
erste für sich und für uns entdeckten. Die "beau-comme"-Analogien in diesem Text
- von denen der inzwischen nahezu zu einem Klischee verkommene Vergleich mit
der zufälligen Begegnung einer Nähmaschine und einem Regenschirm auf einem
Seziertisch die berühmteste ist -[18] waren den Surrealisten mustergültige Vorläufer
ihrer eigenen Bestrebungen. Das Bild ('Image') überwindet dabei die Metapher in
ihrer traditionellen Funktion einer möglichen Rückübersetzung der „übertragenen
Bedeutung" (worauf 'Metapher' etymologisch zurückgeht) in gewohnte oder kanoni-
sierte Referenzen. Die aus schockhaften und extrem ungewöhnlichen „Vergleichen"
entstehenden Bilder-Funken widersetzen sich prinzipiell einer als „real" identifi-
zierbaren Ordnung der Wirklichkeit, wie sie eine bestimmte Ordnung der Kultur
sprachlich und gedanklich vorgeprägt hat. Sie sind den Möglichkeiten des Unmöglichen (oder Undenkbaren) auf der Spur. Man könnte sagen, die surrealistischen
Bilder sind nicht der bestmöglichen aller Welten verhaftet, sondern immer auf den
Spuren einer Welt besserer Möglichkeiten. In Bretons Poem *L'Union libre* lässt sich
beispielhaft nachlesen, wie die einen Vergleich anzeigende Kopula 'wie' ('comme'),
die in dem Poem fast zwanzig Mal vorkommt, das Thema in einer Kaskade einander
jagender erotischer Bilder entfaltet.[19]

Dass es sich dabei um einen Bilderrausch handelt, lässt sich nicht nur metaphorisch behaupten. Die rauschhafte Komponente im Surrealismus bestimmt und erklärt
die surrealistische Phantasie auch in ihrer unverwechselbaren Gestalt. Diese zeigt
sich auch in einem Text, der nicht nur seinen Erfinder, sondern die ganze Konstellation des Pariser Surrealismus in seiner Inkubationsphase charakterisiert und dessen
Leitideen in verschiedener Umwandlung bis heute fortwirken: *Le discours de
l'Imagination* (*Rede der Phantasie*) aus Louis Aragons frühem surrealistischen
Roman *Le paysan de Paris* (von Rudolf Wittkopf mit *Pariser Landleben* übersetzt,
was die paradoxe Perspektive des Textes auf eine moderne Stadtlandschaft, in der
natürlich überhaupt kein Bauer vorkommt, gut trifft), gibt uns dafür ein paar
Hinweise an die Hand. Aragon lässt die Imagination, die doch weiblichen
Geschlechts ist, als personifizierte männliche Allegorie in der Maske eines „großen
und hageren Alten mit einem Bart wie ein Habsburger" auftreten:

> In langem Gehpelz und mit einer Bärenfellmütze auf dem Kopf; sein
> Gesicht ist von nervösen Ticks befallen; wenn er spricht, greift er nach dem
> imaginären Rockaufschlag eines unsichtbaren Gesprächspartners; unter dem
> Arm hat er sich *Boulevard Saint Germain Nr. 125* von Benjamin Péret

18 Vgl. Lautréamont [d.i. Isidor Ducasse], *Les Chants de Maldoror*, in: *Œuvres complètes*, hg. von Pierre-
   Olivier Walzer, Paris 1970, S. 224 f.
19 Vgl. André Breton, "L'union libre", in: *Œuvres complètes*, hg. von Marguerite Bonnet u.a., Bd. II,
   Paris 1992, S. 85 - 87. Eine deutsche Übersetzung unter dem Titel *Freie Liebe* von Max Hölzer in:
   Surrealismus in Paris 1919 – 1939, a.a.O., S.269-271.

geklemmt.[20] Nur eines scheint wirklich seltsam an ihm: nämlich daß er mit einem Rollschuh am linken Fuß einhergeht, während er den rechten direkt auf die Erde setzt.

Diese Rede von vier Seiten verleiht dem Surrealismus nicht nur eine geschichtliche Genealogie – einerseits die deutsche Romantik, mit der die Phantasie (wie es heißt) schon 1819, d. h. hundert Jahre vor dem Beginn des Surrealismus, im Gespräch war, andererseits den Abgrund des Ersten Weltkriegs -, sondern auch eine familiale: „der *Surrealismus*, Sohn des Wahnsinns und der Finsternis." Auf der nächsten Seite folgt eine Beschreibung dieses Sohnes des Wahnsinns:

> Dieses Laster, genannt *Surrealismus*, besteht in dem unmäßigen und leidenschaftlichen Gebrauch des Rauschgiftes Bild oder vielmehr in der unkontrollierten Beschwörung des Bildes um seiner selbst willen und auf daß es im Darstellungsbereich unvorhersehbare Umwälzungen und Metamorphosen bewirkt: denn jedes Bild zwingt euch immer wieder von neuem, das ganze Universum zu revidieren.[21]

Die Übersetzung ist an dieser Stelle etwas deutsch-spröde. Das Wort 'Rauschgift' etwa, auf das hier viel ankommt, kanalisiert den Surrealismus eher in eine bestimmte Richtung von Drogenszenen. Aragon aber schreibt "stupéfiant image" und bedient sich dabei der in der Semantik des Wortes enthaltenen euphorisierenden und nicht der toxischen Konnotation des Wortes und Begriffs.

Aragons Charakterisierung des Surrealismus als eines bildererzeugenden Rauschmittels lässt den Einfluss Nietzsches erkennen, der den Rausch und den Diskurs über den Rausch als eines „ästhetischen Zustands" in eine Kulturgeschichte der Droge überführt hat. Die Erfahrung des Rausches rechnet zu den nun schon mehrfach erwähnten „außerliterarischen Tendenzen" im Surrealismus, die wesentlich seinen a-literarischen und a-künstlerischen Horizont geprägt haben. Heidegger hat in seinem Nietzsche-Buch (1936/37) den „Rausch als ästhetischen Zustand" und „als formschaffende Kraft" eingehend analysiert – ohne freilich den für ihn geistig nicht satisfaktionsfähigen Surrealismus zu erwähnen. Dabei geht er von Nietzsches Reflexion über die „Psychologie des Künstlers" aus:

> Damit es Kunst giebt, damit es irgend ein ästhetisches Thun und Schauen giebt, dazu ist eine physiologische Vorbedingung unumgänglich: der *Rausch*. Der Rausch muss erst die Erregbarkeit der ganzen Maschine gesteigert haben: eher kommt es zu keiner Kunst. Alle noch so verschieden bedingten Arten des Rausches haben dazu die Kraft: vor Allem der Rausch der Geschlechtserregung, diese älteste und ursprünglichste Form des Rausches. Insgleichen der Rausch, der im Gefolge aller großen Begierden, aller starken Affekte kommt; der Rausch des Festes, des Wettkampfes, des Bravourstückes, des Sieges, aller extremen Bewegung; der Rausch der Grausamkeit; der Rausch in der Zerstörung; der Rausch unter gewissen

---

20Der Titel von Pérets Gedicht verdankt sich der Pariser Adresse des von Breton und Artaud geleiteten *Bureau de recherches surréalistes*.

21Louis Aragon, *Pariser Landleben*. Aus dem Französischen von Rudolf Wittkopf, Berlin 1985, S. 72 ff.

metereologischen Einflüssen, zum Beispiel der Frühlingsrausch; oder unter dem Einfluß der Narcotica; endlich der Rausch des Willens, der Rausch eines überhäuften und geschwellten Willens.[22]

Diese rauschende Typologie des Rausches und die daran anschließende Reflexion Heideggers vermögen im Blick auf den Surrealismus und seinen Bilderrausch auf die Unumgänglichkeit einer (nennen wir es einmal so) Drogenkultur aufmerksam zu machen. Denn die „Rhetorik der Phantasie" - darauf hat Jacques Derrida in einem merk-würdigen Gespräch über „Die Rhetorik der Drogen" hingewiesen[23] - hat gewissermaßen am Rausch ihre Stunde (und ihren Ort) der Wahrheit: einen *verschobenen* Ort, der von den gesicherten Normen und Bahnen einer „gültigen" Wahrheit abweicht und wegführt. Denn was den Rauschsüchtigen in unserer Kultur als „un- oder abnormal" stigmatisiert (man denke an die heillose Dikussion hierzulande über die kontrollierte Zulassung bestimmter Drogen), das ist sein Außenseiter- und Aussteigertum, das implizite Infragestellen einer sozialen und kulturellen Ordnung. Das hat Benjamin auch als die über den Bereich der Kunst hinausweisende politische Dimension surrealistischer Phantasie verstanden, als er sie unter Einbeziehung des starken anti-katholischen Affekts wie aller Formen religiöser Erleuchtung als eine neue Form „profaner Erleuchtung" bezeichnete. Politisch wirkte diese vor allem durch die Aktivierung eines Freiheitsbegriffs der anarchistischen Tradition, auf dessen Grundlage damals auch ein dauerhaftes Bündnis mit den Kommunisten nicht zustande kommen konnte. „Die Kräfte des Rausches für die Revolution zu gewinnen, darum kreist der Surrealismus in allen seinen Büchern und Unternehmen", schrieb Benjamin in seinem großen Surrealismus-Essay von 1929. „Das darf er seine eigenste Aufgabe nennen. Für die ist's nicht damit getan, daß, wie wir wissen, eine rauschhafte Komponente in jedem revolutionären Akt lebendig ist. Sie ist identisch mit der anarchischen."[24]

Wir können gewiss heute solche in die Kräfte des Rausches gesetzten Erwartungen nicht unvermittelt bedenken, ohne die geschichtliche Distanz in Rechnung zu stellen. In der *Rede der Phantasie* ist solche Distanz als eine Beschwörung, die zugleich eine rhetorische Bannung ist, mitbedacht und als eine Art blinde Erfahrung präsent. Man hat darin auch eine Reaktion auf Vorahnungen gesehen, wie sie Apollinaire im *Poète assassiné* beschrieben hat, jener berühmten Schilderung eines Dichterpogroms: „Die Verlagshäuser werden gestürmt, die Gedichtbücher ins Feuer geworfen, die Dichter erschlagen. Und die gleichen Szenen spielen zu gleicher Zeit auf der ganzen Erde sich ab."[25] In der Vorahnung solcher Greuel ruft bei Aragon die

22Friedrich Nietzsche, *Götzen-Dämmerung*, in: *Sämtliche Werke. Kritische Studienausgabe,* hg. v. G. Colli/M. Montinari, München 1980, Bd. VI, S. 55-162, hier: 116. Vgl. Martin Heidegger, *Nietzsche,* Pfullingen 1961, Bd. I, S. 109 ff.
23Jacques Derrida, "The Rhetoric of Drugs. An Interview", in: *differences. A Journal of Feminist Cultural Studies,* 5.1 (1993), S. 1-24.
24Walter Benjamin, „Der Sürrealismus. Die letzte Momentaufnahme der europäischen Intelligenz", in: *Gesammelte Schriften*, a.a.O., Bd. II.1, S. 295-310, hier: 307.
25A.a.O., S. 303.

Imagination ihre Mannschaft zu einem letzten Gefecht auf. Insofern atmet diese Verteidigungsrede der Phantasie auch einen Geist der Verzweiflung.

Karl Heinz Bohrer hat in seinem Beitrag zu der an den Mai '68 anschließenden Frage, ob nicht die „Macht der Phantasie" weiter reiche als die „Phantasie an der Macht", entschieden und überzeugt (wenn auch nicht ganz überzeugend) dekretiert, „daß wir im Unterschied zu Aragon heute wissen, daß sich '68 als Glaube an das Wunderbare nicht mehr wiederholen kann."[26] Diese Meinung wiederholte, vorausschauend auf den 30. Jahrestag des Mai '68, eine Version über die „Wende" vom Herbst 1989, in der es hieß: „Die Revolution ist endgültig tot, weil die Phantasie über die Revolution, die Wahrnehmung ihrer Erhabenheit, tot ist."

Darauf möchte ich mit einem Bonmot des spanischen Kulturphilosophen José Ortega y Gasset antworten, demzufolge es ein Zeichen geistiger Armut und von Phantasielosigkeit ist, wenn man nicht auch in der Niederlage ein Gesicht erkennt, das die Wirklichkeit annehmen kann. Wenn es eine an der surrealistischen Phantasie zu gewinnende Erfahrung gibt, dann ist es die einer Denkhaltung und Lebensführung, die ihre Bewegungen und Räume mit „sozialer Phantasie" ausstatten, wie es ein Philosoph in der DDR, der vor der „Wende" verstorbene Wolfgang Heise, einmal formuliert hat. Nach 1968 fand sich in solchem Verständnis in Paris eine Gruppe junger Intellektueller zusammen, die sich als Surrealisten einer neuen Generation verstanden. Sie traten mit einem Manifest an die Öffentlichkeit, dem sie den Titel gaben: *De la déception pure. Manifeste froid.* Das war ein Zitat aus dem 2. Manifest des Surrealismus von 1929, worin André Breton unter neuen geschichtlichen Bedingungen den "pacte surréaliste" zu einer „Methode der reinen Enttäuschung" erweiterte, die er verstand als „Anwendung auf Kunst und Leben, [so dass] die Aufmerksamkeit nicht mehr aufs Wirkliche, sondern aufs Imaginäre gerichtet ist, auf die Kehrseite des Wirklichen sozusagen." Mit ihrem Manifest über die „reine Enttäuschung" regaierten seine Verfasser auf das „Scheitern" der 68er Bewegung „kalt", das heißt *analytisch* - womit sie der „Macht der Phantasie" eine neue und zeitgemäße Dimension hinzugewonnen haben.[27]

3. Coda: Es gibt kein surrealistisches Phantastisches. Es gibt nur das Wunderbare

Im Anekdotarium des Surrealismus ist eine Anekdote von der „Affäre der Springbohnen" überliefert. Sie erzählt folgende Begebenheit: Zu Weihnachten 1935 sitzen Roger Caillois, damals junger Student der *Ecole Normale Supérieure* und kurzzeitig mit dem Surrealismus verbunden, einer der Begründer des berühmten Pariser *Collège de Sociologie*, der Psychoanalytiker Jacques Lacan sowie André Breton in einem Pariser Café. Wahrscheinlich im *Deux Magots*. Sie beobachten am Küchentresen in einer Casserole jene aus Mexiko stammenden Bohnen, die man "haricots

---

26Benjamin, [Vorstudien zum Aufsatz über Surrealismus], in: a.a.O., Bd. II.3, S. 1080 .
27Vgl. Karlheinz Barck, „Latenter Surrealismus manifest. Manifeste des Surrealismus als Medien seiner Internationalisierung", in: *„Die ganze Welt ist eine Manifestation". Die europäische Avantgarde und ihre Manifeste*, hg. von Wolfgang Asholt/Walter Fähnders, Darmstadt 1997, S. 296-309.

sauteurs" (Springbohnen) nennt und die von Zeit zu Zeit je nach Hitzegrad mit einem Knall zerspringen. Roger Caillois schlug vor, einmal eine zu öffnen und nachzusehen, ob nicht vielleicht das Springen von irgendeinem Insekt verursacht würde. Jacques Lacan jedoch widersprach diesem Vorschlag heftig mit dem Argument, dass das Staunen und die Überraschung der Beobachter solchen wunderbaren Geschehens allein zähle. André Breton schließlich hielt dafür, dass man sich lieber gemeinsam face-to-face mit den springenden Bohnen träumerischen Gedanken und Reflexionen solange hingeben solle, bis der Gesprächsstoff versiegt.

Caillois, der Fan des Phantastischen, dem wir ein großes Bilderbuch *Au cœur du fantastique* verdanken, hatte sich mit seinem Zweifel und dem Drang, den Dingen auf den Grund zu gehen, als Cartesianer entlarvt, als ein großer Zweifler. Für Breton, der wie alle Surrealisten Agnostiker und Feind jeder Transzendenz war, zählte allein die Erfindung neuer, unbekannter, wunderbarer Welten. Das Phantastische gehört in den Bereich einer Geisterwelt, die auf „übernatürliche" - nicht aber „surreale" - Weise abrupt und meist brutal in unser Leben eindringt und deren Phantome dort (oder hier) ihr Unheil stiften. Ein Phantastisches in diesem Sinne gibt es im Surrealismus nicht. Der Titel eines Essay von André Breton lautet: "Le merveilleux contre le mystère!" Frei übersetzt: Gegen die phantastischen Mysterien ist nur ein Kraut gewachsen: das Wunderbare.[28]

---

28 In: André Breton, *La clé des champs*, Paris 1967, S. 7-15. (Der Text datiert von 1936).

Sieben Exempla,

epochal und individuell

"Ideareal Funtasies":
Modalitäten des Wirklichen in James Joyces *Ulysses*

Wilhelm Füger

1. Zerstückelte Wahrnehmung
2. Entfesselte Phantasie
3. Verschwimmende Grenzen
4. Vordergründiger Horror und abgründiger Schrecken
5. Kontrollmächte im Hinter- und Untergrund
6. Panorama

Ulysses, so hört man des öfteren verschiedenerseits, sei ein „phantastischer" Roman, und dieser reichlich undifferenzierten Feststellung lässt sich durchaus Sinn abgewinnen - in mehrfacher Hinsicht.

Im alltäglichen Sprachgebrauch resümiert eine solche Aussage schlagworthaft die Faszination derer - und es sind nicht wenige -, die sich von der notorischen Widerspenstigkeit dieses Textes mehr angezogen als abgeschreckt fühlen. Wer will, kann dieses Buch ein Leben lang lesen, gleichermaßen herausgefordert wie belohnt durch dessen enormes und eben darum verwirrendes Bedeutungspotential. Gewiss erwächst eine solche Erfahrung aus jeder ernsthaften Auseinandersetzung mit literarischen Werken vergleichbaren Ranges. Gleichwohl stellt Joyce selbst noch in so genereller Sicht insofern einen Sonderfall dar, als er in einem Maße wie kein anderer Autor vor ihm den Aufweis der Bodenlosigkeit schriftlicher Weltentwürfe zu einem integralen Bestandteil seiner Texte und dabei den Leser so sehr zu seinem Komplizen macht, dass man nach derart im doppelten Wortsinne anspruchsvoller Lektüre geradezu süchtig werden kann, weil einem daneben vieles in der Literatur unsres Jahrhunderts sonst noch Vorhandene vergleichsweise schal vorkommt. Selbst wer darin eher eine Gefahr zu sehen geneigt ist, bestätigt damit indirekt die ungewöhnliche Bannkraft dieses Werkes.

Als phantastischer Roman gelten kann der *Ulysses* aber auch in einem spezielleren Sinne, nämlich im Hinblick auf die ihm inhärente Dimension eines Transrationalen, mit der uns dieses Buch immer wieder konfrontiert, am deutlichsten in seinem 15. Kapitel, der sog. Circe-Episode, doch keineswegs nur dort. Die sich dabei abzeichnenden Diskrepanzen sind freilich von anderer, radikalerer Art als jene, auf die Todorov in seiner Definition des Phantastischen abhebt.[1] Kennzeichnend für die von Joyce praktizierte Variante des Spiels mit Grenzerfahrungen und Erfahrungsgrenzen ist weniger ein Schwanken zwischen den Geltungsansprüchen des Empirischen und des Transempirischen, vielmehr eine noch tiefer greifende - da selbst die Kategorie des Empirischen in Frage stellende - Beunruhigung, ausgelöst durch die Offenlegung der unaufhebbaren Inkongruenz von Sprache und Wirklich-

---

1 Vgl. Todorov, *Einführung in die phantastische Literatur*, S. 25-39.

keit sowie der hieraus resultierenden Verwischung der Grenze zwischen dem Realen und dem Imaginären. Mag uns diese Einsicht mittlerweile auch fast schon als Binsenweisheit anmuten, so bleibt daran zu erinnern, dass wir sie zu einem Gutteil Joyce verdanken, der ihr durch die ebenso innovative wie provokative Art seines Schreibens dezidiert und nachhaltig den Weg bereitet hat; im übrigen auch und nicht zuletzt auf indirekte Weise, nämlich als wichtiger Impulsgeber für maßgebende Vertreter postmoderner Denkansätze. Lacan und Derrida, Julia Kristeva und Philippe Sollers, Lyotard ebenso wie Ihab Hassan, daneben bzw. in deren Kielwasser zahlreiche Dekonstruktivisten verschiedenster Provenienz - sie alle haben sich intensiv mit Joyce auseinandergesetzt, dessen Katalysator-Rolle für ihr eigenes Denken auch mehr oder minder deutlich herausgestellt. Daher ist es kein Zufall, dass z. B. Lyotard sich wiederholt auf Joyce beruft, wenn er darlegt, „wie wenig wirklich die Wirklichkeit ist". Als einer der frühesten und radikalsten Praktikanten eben dieser Grenzverwischung hat Joyce so zum Ende der phantastischen Literatur im Sinne Todorovs entscheidend beigetragen, damit zugleich freilich der literarischen Phantasie neue Impulse gegeben und vordem ungeahnte Spielräume eröffnet. Angesichts dieser Lage ließe sich zwar durchaus von einer neuen, quasi post-Todorovschen Phantastik sprechen, doch viel gewonnen ist mit einem solch allzu glatten Etikett natürlich nicht.

Das Vertrackte, nachgerade Kontraproduktive an einer solchen Sicht ist nämlich, dass man den *Ulysses* mit nicht minder guten Gründen auch als einen hochgradig realistischen, wenn nicht extrem naturalistischen Roman bezeichnen kann. Nicht aus Zufall stand diese Dimension des Textes ja lange Zeit im Mittelpunkt diesbezüglicher, weithin auch durchaus fruchtbarer Analysen. Zudem ist diese Referenzebene des Werkes diejenige, die der Autor selbst wiederholt in den Vordergrund gerückt hat, am plakativsten durch seinen vielzitierten Ausspruch seinem Zürcher Malerfreund Frank Budgen gegenüber, Dublin ließe sich, sollte es einmal zerstört werden, mit Hilfe des *Ulysses* vollständig rekonstruieren.[2] Selbstredend ist ein solcher (von Joyce selbst später wieder relativierter) Anspruch überzogen; dennoch gibt es wohl keine andere Stadt, die in einem Roman so detailgenau beschrieben wird. Noch heute kann man auf einer Ulysses-Tour durch Dublin Geschäfte und Reklameschilder, Haustüren und Laternen, Bordsteine und Kanaldeckel anhand des Textes orten, mit der Stoppuhr in der Hand die Wege einzelner Romanfiguren nachverfolgen. An entsprechenden Hilfsmitteln dafür mangelt es nicht,[3] und als Orientierungshilfen vor Ort haben diese durchaus ihren Nutzen.

Wäre dies indes die Hauptsache oder gar alles, ließe sich zu Recht einwenden: Derartige Entdeckungen mögen ein amüsantes Hobby für literarische Spurensucher sein, sind jedoch, wenn man vorrangig sie im Auge hat, einem adäquaten Werkverständnis eher ab- als zuträglich; griffe ein auf sie fixiertes Lesemodell doch allein

---

2 Vgl. Frank Budgen, *James Joyce and the Making of 'Ulysses'*, London 1934; mit zusätzlichen Materialien neu herausgegeben von Clive Hart als: *James Joyce and the Making of 'Ulysses', and other Writings*, London 1972, S. 69.

3 Detaillierte Informationen (und Spezialkarten für jedes Buchkapitel) in: *A Topographical Guide to James Joyce's 'Ulysses'*, hg. von Clive Hart/A. M. Leo Knuth, Colchester 1975 (2 Bde.).

schon deshalb zu kurz, weil Joyce bereits bei seiner Dokumentation des Faktischen nicht nur latente Teile der Dubliner Wirklichkeit in seine Darstellung dieses Welt-alltags der Epoche einbezieht, sondern darüber hinaus noch Gegebenheiten, die außerhalb der jeweils aktuellen Geschehenshorizonte liegen, mitunter jenseits sämtlicher personalen Erfahrungsmöglichkeiten. Indirekte bzw. transmimetische Wirklichkeitsverweise dieser Art sind im Text oft nur in Form minimaler beiläufiger Anhaltspunkte präsent und bei der ersten Lektüre des Buches, soweit überhaupt, kaum als solche erkennbar. Ein solches Darstellungsverfahren wurde verschiedenerseits als Hyper- oder Superrealismus bezeichnet, der mit seinem etymologischen Verwandten, dem Surrealismus, allerdings wenig zu tun hat. Besser traf die Lage da schon Hermann Broch, der in seiner Rede zum 50. Geburtstag des Autors von dessen „Entnaturalisierung des Naturalismus" sprach.[4] Am besten verdeutlichen lässt sich der damit anvisierte Sachverhalt durch zwei konkrete Beispiele, eines aus dem Eingangs- und eines aus dem Schlussteil des Buches.

1. Zerstückelte Wahrnehmung

Gleich in der Eröffnungsszene des Buches stoßen wir auf eine recht merkwürdige Passage. Auf der Dachterrasse des Martello-Tower zelebriert der Spötter Buck Mulligan eine blasphemische Version der Messe: Er intoniert das „Introibo", imitiert mit seinen Rasierutensilien sakrale Handlungen des Priesters und parodiert schließlich den heiligsten Moment des Messgeschehens: die Wandlung von Brot und Wein. Ins Deutsche übertragen lautet der Schlussabschnitt dieser Stelle so:

> Und im Ton eines Predigers fügte er hinzu:
> - Denn dies, o geliebte Gemeinde, ist der wahre eucharistische Jakob: Leib und Seele, potz Blut und Wunden. Getragene Musik, wenn ich bitten darf. Die Augen zu, Herrschaften. Einen Moment. Kleine Pause mit den weißen Korpuskeln. Silentium, alle!
> Er spähte schräg in die Höhe und stieß einen langen leisen rufenden Pfiff aus, dann verhielt er sich eine Weile in gespannter Aufmerksamkeit, und seine ebenmäßigen weißen Zähne glitzerten hier und da golden gepunktet. Chrysostomos. Zwei starke schrille Pfiffe antworteten durch die Stille.
> - Danke, alter Freund, rief er munter. Das reicht dicke. Stell den Strom ab, ja?[5]

Was den Leser in dieser Passage irritiert, ist weniger das abrupt eingeblendete Wort „Chrysostomos", in dem punktuell erstmals ein Stück von Stephens Bewusstseins-inhalt aufblitzt - überraschend zwar, doch dem Verständnis der geschilderten Vorgänge nicht so abträglich, dass man darüber in ernsthafte Schwierigkeiten

---

4 Hermann Broch, „James Joyce und die Gegenwart: Rede zu Joyces 50. Geburtstag" (1936), in: ders., *Schriften zur Literatur 1 (Kritik)*, Frankfurt a. M. 1975, S. 70
5 James Joyce, *Ulysses*, übersetzt von Hans Wollschläger, Frankfurt a. M. 1979, S. 7 f. Alle weiteren deutschen Textzitate werden im folgenden nach dieser Ausgabe mit bloßer Angabe der Seitenzahl im fortlaufenden Text belegt, englische (mit U und Angabe der jeweiligen Kapitel- und Zeilennummer) nach der von H. W. Gabler besorgten *Critical and Synoptic Edition* des Ulysses, New York/London 1986 (3 Bde.).

geriete. Dass dabei zugleich eine Metapher wörtlich genommen und dadurch suspendiert wird, - denn es ist banales Zahngold, das in Mulligans Munde glänzt, nicht das Gold der Beredsamkeit des griechischen Rhetors Dion Chrysostomos oder des Kirchenvaters Johannes Chrysostomos - dieser indirekte spöttische Seitenhieb auf Buck Mulligan mag uns bei der ersten Lektüre der Stelle ruhig entgehen; unser Verständnis des Geschensverlaufs bleibt davon unberührt. Zwangsläufig in Verwirrung hingegen gerät man angesichts der sich unabweisbar aufdrängenden Frage, woher eigentlich die zwei Pfiffe kommen und wer denn der alte Freund oder Kumpel („chap" heißt es im englischen Original) ist, bei dem Mulligan sich bedankt. Dass im Verweishorizont seiner Blasphemien damit (auch) Gott als der quasi überirdische Kollaborateur bei der Transmutation gemeint ist, liegt nahe und leuchtet ein. Doch die Herkunft der beiden offenbar höchst realen Pfiffe ist damit keineswegs geklärt. Aus dem Umstand, dass Stephen keinerlei Verwunderung über das anscheinend mirakulöse Geschehen zeigt, lässt sich allenfalls schließen, dass es sich wohl um ein erwartbares Ereignis handelt. Aber um welches? Ist etwa ein ganz profaner irdischer Kollaborateur im Spiel, jemand, mit dem Mulligan einen Jux verabredet hat? Diese simple Verständnisfrage bleibt unbeantwortet, kann auch durch noch so angestrengte Analysen dieser Textstelle nicht geklärt werden. Was bleibt dem Leser - will er nicht schon auf der ersten Seite des Buches steckenbleiben - also anderes übrig als sie schlichtweg zu verdrängen? Eben dies haben wir alle bei unserer ersten Lektüre des Buche auch zwangsläufig getan. Mit Joyces darbietungstechnischen Raffinessen Vertraute - aber wer ist das schon, bevor er den *Ulysses* gelesen hat? - durften dabei freilich die Hoffnung hegen, die Sache werde sich später schon noch aufklären; wären doch "loose ends" im Sinne funktionsloser Informationen etwas für Joyce sehr Untypisches. Und in der Tat: Die Lösung des Rätsels erfahren wir drei Seiten später, allerdings nur, wenn wir mit dem Spürsinn eines Sherlock Holmes auf anscheinend nebensächliche Details achten und überdies noch mit dem damaligen Dubliner Alltagsleben vertraut sind. Wenige Minuten nach den beiden Pfiffen nämlich tritt Stephen an die Brustwehr des Turmes, schaut hinaus und erblickt „das Postschiff, das sich eben aus der Hafeneinfahrt von Kingstown löste" (10).

Dieses Postschiff nach Holyhead lief jeden Morgen pünktlich um 8.15 h aus und signalisierte seine Abfahrt durch einen Doppelpfiff seiner Dampfpfeife. Der Martello Tower liegt etwa eine Meile von Kingstown Harbour entfernt, Licht breitet sich schneller aus als der Schall; mithin blieb Mulligan nach dem Erblicken der aus der Schiffspfeife aufsteigenden Dampfwölkchen genügend Zeit - 4,7 Sekunden genau, wie skrupulöse Joyce-Kritiker errechnet haben[6] -, um sein synthetisches Wunder zu inszenieren.

Aufschlussreicher als solche Rechnereien ist indes das diese erst ermöglichende fundamentalere Darstellungsprinzip, das fortan bei Joyce immer wieder zum Zuge

---

6 Siehe dazu Stephen Whittaker/Francis X. Jordan, "The Three Whistles and the Aesthetic of Meditation: Modern Physics and Platonic Metaphysics in Joyce's 'Ulysses'", in: *James Joyce Quarterly* 33/1 (Fall 1996), S. 27-42, hier: 30.

kommt. Gemeint sind damit primär nicht Wiederaufgriffe signifikanter Motive, wie hier z.b. der gewiss nicht zufällige Umstand, dass im Schlusskapitel des Buches Molly Bloom in ihrem Halbschlaf ebenfalls einen Doppelpfiff hört, diesmal den einer Lokomotive. Innere Korrespondenzen wie diese liegen auf einer anderen, symbolischen Ebene und seien hier deshalb nur nebenbei erwähnt. Wichtiger ist im vorliegenden Zusammenhang eine generelle Einsicht, die Joyce uns immer erneut nahezubringen sucht: Ereignisse und deren Wahrnehmung decken sich weder zeitlich noch substantiell, können daher getrennt voneinander dargestellt werden, müssen dies sogar, insoweit der Text einen Nachvollzug realer Wirklichkeitserfahrung anstrebt. Dies aber heißt zugleich: Das postulierte Ereignis an sich - sofern unter diesen Prämissen davon überhaupt noch die Rede sein kann - entsteht erst durch einen Konstruktionsakt seitens des Lesers, der dann freilich auch alle damit verbundenen Risiken des Missverstehens in Kauf nehmen muss. Im Kielwasser Hugh Kenners hat sich für diese typisch Joycesche Art der partiellen und zersplitterten Darbietung isolierter Einzelphänomene der Ausdruck *aesthetic of delay* eingebürgert, also eine Ästhetik des Verzuges oder der verzögerten Mitteilung. Speziell für den optischen Wahrnehmungsbereich wird daneben auch gern abgehoben auf das (ebenfalls von Kenner ins Spiel gebrachte) Prinzip der Parallaxe.[7]

In den Blick gerückt ist damit freilich erst *eine* Seite der Medaille; denn daneben gibt es auch noch die implizite Vorwegnahme verstehensrelevanter Fakten, also eine *aesthetic of anticipation*, wenn man so will. Auf diese bezieht sich mein zweites Beispiel. Es stammt aus der sog. Eumäus-Episode, die den Auftakt zum letzten *Ulysses*-Teil, dem Nostos, bildet.

Bloom und Stephen - beide schon reichlich ermüdet - befinden sich dort auf dem Heimweg von der Kutscherkneipe zu Blooms Wohnung in der Eccles Street und unterhalten sich dabei über allerlei belanglose Dinge, u.a. über den Einfluss der Gaslaternen auf das Wachstum der dieser Beleuchtung ausgesetzten Bäume. Anlass dazu bieten offenbar die ihren Weg säumenden Laternen und Bäume; ein sonstiger Grund dafür ist jedenfalls nicht ersichtlich, für das Verständnis dieser Textstelle auch nicht erforderlich. Dennoch gibt es ihn, und er bringt unerwarteterweise ein weiteres Stück Dubliner Wirklichkeit zum Vorschein. Zuvor hatte Bloom nämlich in der Kutscherkneipe kurz die Abendausgabe des *Telegraph* überflogen. Einige der ihm dabei in den Blick fallenden Schlagzeilen werden genannt, unerwähnt bleibt aber, dass die Titelseite dieser Ausgabe unter der Sammelüberschrift "Gleaned from all Sources" einen Abschnitt über "Electricity in Horticulture" enthielt.[8] Offenbar hat Bloom diesen Beitrag beiläufig wahrgenommen, entsinnt sich nunmehr dieses Themas und nutzt es als willkommenen Gesprächsstoff.

Verglichen mit dem zuvor angeführten Beispiel geht Joyce hier noch einen Schritt weiter. War die Abfahrt des Postdampfers ein regulärer, jedem Dubliner vertrauter und daher vergleichsweise leicht rekonstruierbarer Hintergrundvorgang,

---

7 Hugh Kenner, *Ulysses*, London 1980, insb. S. 81.
8 Davon kann man sich durch einen Blick in die seit 1991 vorliegende Faksimile-Ausgabe dieser Nummer leicht selbst überzeugen. Zuvor schon hatte Fritz Senn auf diesen Zusammenhang verwiesen: vgl. "Trivia Ulysseana IV", in: *James Joyce Quarterly* 19/2 (Winter 1982), S. 151-178, hier: 177 f.

so ist demgegenüber eine beiläufige Zeitungsnotiz etwas Singuläres und Ephemeres, liegt mithin außerhalb des Horizonts unterstellbaren Alltagswissens. Faktische Gegebenheiten dieses Typs brauchen dem Leser - anders als im Falle des flagrant klärungsbedürftigen Doppelpfiffs - auch nicht unbedingt bewusst zu werden, um den mitgeteilten Sachverhalt zu verstehen. Wer sie aber dennoch eruiert, erhält, gleichsam als Zugabe, weitere Informationen über ein Stück Dubliners Lebenswirklichkeit am 16. Juni 1904. Solche latenten Zusatzinformationen sind es, auf die ein Begriff wie Hyperrealismus abhebt.

Indirekte Wirklichkeitsverweise dieser Art sind letztendlich freilich dem Konto jener zahllosen Rätsel und Puzzles zuzurechnen, die Joyce erklärtermaßen in das Buch einarbeitete, um - wie er mokant bemerkte - die Professoren jahrhundertelang beschäftigt zu halten und so seine Unsterblichkeit sicherzustellen; was ihm bislang ja auch recht gut gelungen ist. Nicht mehr unter diese Kategorie subsumieren lassen sich hingegen mitgeteilte Sachverhalte, die mit vorweggenommenen oder verzögerten Informationen nichts zu tun haben, auch keine zu lösenden Rätsel darstellen, vielmehr deshalb irritieren, weil sie als unterstellte Wahrnehmung dubios, da dem Bewusstsein der vermeintlichen Perzipienten nicht mehr zuschreibbar sind. Sie tauchen vereinzelt schon in der ersten Buchhälfte auf, gehäuft und daher nicht länger übersehbar jedoch speziell ab dem 11. Kapitel, der sog. Sirenen-Episode. Dazu wiederum zwei konkrete Beispiele.

2. Entfesselte Phantasie

In der Bar des Ormond Hotels sinniert Bloom über einen effektvollen Schluss für sein Antwortschreiben an Martha Clifford. Shakespeare als Lieferant von Zitaten „für jeden Tag des Jahres", für „Weisheiten auf Abruf" kommt ihm dabei in den Sinn, und unmittelbar darauf heißt es: „In Gerards Rosengarten, Fetter Lane, geht er, ergrautnußbraun. Ein Leben ist alles. Ein Leib. Tun. Nur was tun" (388). Angespielt ist damit auf Shakespeare sowie den elisabethanischen Botaniker John Gerard (1545-1612), Verfasser einer *Generall Historie of the Plantes* (1597) und Oberaufseher über die königlichen Gärten, der in der Londoner Fetter Lane einen (wahrscheinlich öffentlich zugänglichen) Rosengarten angelegt hatte. Für eine persönliche Bekanntschaft der beiden Zeitgenossen gibt es Indizien, doch keine verlässlichen Belege. Spekulativ zueinander in Beziehung gesetzt hatte die beiden jedoch Stephen Dedalus in der Bibliotheksszene im Zuge der Darlegung seiner Shakespeare-Theorie, und zwar als assoziative gedankliche Reaktion auf Mulligans anzügliche Frage, was denn wohl Anne Hathaway, „die arme Penelope in Stratford" in Abwesenheit des Barden „hinter ihren Butzenscheiben" getan hat. Die entsprechende Stelle lautet im Scylla- und Charybdis-Kapitel so:

> Tun und Tun. Etwas Getanes. In einem Rosengarten der Fetter Lane, dem von Gerard, dem Botaniker, geht er, ergrautnußgrau. [...] Ein Leben ist alles. Ein Leib. Tun, nur tun. (283)

Natürlich kann Bloom, zumal er in der Bibliotheksszene gar nicht anwesend war, nichts von Stephens Gedankenassoziationen wissen, und seine eigenen Kenntnisse über Shakespeare und dessen Zeit sind für solche Spekulationen zu dürftig. Dennoch bedient er sich fast wörtlich der Formulierungen Stephens. Dieses Gedankenecho ist so frappant, dass selbst ein so scharfsinniger Kritiker wie Robert M. Adams zeitweise in Zweifel über den Sinn solchen Vorgehens geriet.[9] Mittlerweile besteht weithin Konsens darüber, dass hier weder ein Schnitzer des Autors vorliegt noch ein unterstellter Fall von Telepathie,[10] sondern lediglich das bis dahin markanteste Beispiel eines sich zunehmend etablierenden Joyceschen Präsentationsmodus, der sich schließlich aller naturalismustypischen Begrenzungen eines darzustellenden äußeren wie inneren Geschehens entledigt. Über die Köpfe der Beteiligten hinweg stiftet der Text selbst damit transpersonale Bedeutungszusammenhänge, im vorliegenden Falle über das Dilemma des gehörnten Ehemanns.

Im Gesamtkontext des Buches betrachtet, fügen sich konventionswidrige Überblendungseffekte dieser Art nahtlos ein in das breite Spektrum genereller Entgrenzungstendenzen, die allesamt darauf hinauslaufen, uns das anscheinend Repräsentierte als Produkt einer letztlich im Erzählprozess selbst wurzelnden Vollzugswirklichkeit begreifen zu lassen. Ein schönes Beispiel dafür - immer noch aus dem Sirenen-Kapitel - ist ein weiterer recht sonderbar anmutender Vorgang in der Ormond Bar.[11] Dort sitzen u.a. Blazes Boylan, Mollys Liebhaber, und der uns bereits aus *Dubliners* bekannte Galan Lenehan. Letzterer hatte im vorangehenden Kapitel seinem Bekannten Tom Rochford versprochen, dessen Erfindung, eine Maschine zur automatischen Anzeige von Revue-Nummern, dem Impresario Boylan schmackhaft zu machen; worauf Rochford mit dem Wortspiel reagiert hatte: "-Tell him I'm Boylan with impatience" (*U* 10.486: „ich brenne vor Ungeduld"; Wollschläger greift hier zu der Umschreibung: „ich kriege schon Boylen vor Ungeduld"). Als Boylan sich hier nun anschickt, seiner Verabredung mit Molly wegen die Bar zu verlassen, heißt es dazu im Text: „- Ich verschwinde, sagte Boylan vor Ungeduld"; worauf Lenehan sich plötzlich seines Versprechens entsinnt und ihn (vergeblich) aufzuhalten versucht: „Warten Sie ein Momentchen, bat Lenehan, hastig trinkend. Ich wollte nur rasch noch erzählen, Tom Rochford..." (370). Es ist, als ob eine erzählte Figur eine über eine andere gefallene Bemerkung des Erzählers mitgehört hätte und darauf reagiert. Deutlicher lässt sich die prozedurale Hervorbringung des vermeintlich Reproduzierten kaum illustrieren.

---

9 Robert M. Adams, *James Joyce: Common Sense and Beyond*, New York 1966, S. 98 f.

10 In Frage gestellt - mit diskutablen, insgesamt freilich wenig überzeugenden Argumenten - wurde dieser Konsens 1994 von John Gordon, der in seinem Beitrag "Approaching Reality in 'Circe'" (in: *Joyce Studies Annual*, Austin 1994, S. 3-21) auch dieses Kapitel durchgängig im Mimetischen verankert sieht. Danach hätten wir es tatsächlich mit Halluzinationen im klinischen Sinne zu tun, bei Stephen ausgelöst durch einen Absinth-Rausch, bei Bloom durch dessen Neigung zu Epilepsie. Die unter realistischen Prämissen nicht erklärbaren Bewusstseinsüberschneidungen werden dabei gedeutet als parapsychologische Phänomene, insonderheit Telepathie. Begründet wird diese Sicht mit Joyces zeitweiser Anfälligkeit für Aberglauben.

11 Erstmals erörtert in Patrick A. McCarthy, *Ulysses: Portals of Discovery*, Boston 1990, S. 31.

Ein solches Vorgehen lässt sich unter naturalistischen Prämissen nicht mehr plausibel machen, surrealistisch im Sinne einer freien Montage naturalistischer Ingredienzen ist es indes ebensowenig. Vielmehr befinden wir uns hier auf einer primär vom Vermittlungsmedium bestimmten Ausdrucksebene, die sich, sobald der Leser für deren Präsenz erst einmal hinreichend sensibilisiert ist, zunehmend in den Vordergrund schiebt. Zum Zuge kommt diese Textdimension - wie sich retrospektiv bzw. bei erneuter Lektüre des Buches zeigt - zwar durchgängig, doch voll entfaltet sie sich erst in der zweiten Werkhälfte. Leicht zugespitzt lässt sich in dieser Hinsicht generell feststellen: Was bis Sirens noch die Ausnahme war, ist spätestens in Circe zur Regel geworden. Die unvermittelte Übernahme „fremder" Gedanken und Empfindungen ist dort sozusagen der Normalfall, wobei in dieses Phantasiespiel auch unbelebte Dinge wie Blooms Seife oder Bellas Fächer einbezogen, überdies noch die lokalen und kalendarischen Grenzen des 16. Juni 1904 gesprengt werden. Wenn etwa der Henker Rumbold bei seinem Auftritt auf berühmte Mordfälle aus den Jahren 1912 und 1917 verweist (Seddon bzw. Voisin; *U* 15.4542 bzw. 15.4538), wird man dies schwerlich als versehentlichen Anachronismus abtun können, vielmehr verstehen müssen als gewollten Hinweis auf die Zeit- und Ortsungebundenheit des hier praktizierten total entfesselten Erzählstils. In Circe - so gewinnt man den Eindruck - gibt es schlechterdings nichts mehr, was dem Roman verwehrt wäre.

3. Verschwimmende Grenzen

Ob man ein derart entfesseltes Erzählen nun als höchste, da die Bedingungshorizonte des Mediums selbst miteinbeziehende Stufe des Realismus bezeichnen will oder aber als schiere, da alle Grenzen von Raum, Zeit und Kausalität sprengende Phantastik, ist letztlich eine Frage terminologischer Konvenienz. Nichtsdestoweniger ließen sich die Interpreten der Circe-Episode nicht von der Suche nach einem gemeinsamen konzeptuellen Nenner für das uns so Präsentierte abbringen. Hierüber ist viel debattiert und spekuliert worden, weithin fruchtlos, und zu einem der dabei aufgekommenen Missverständnisse hat Joyce selbst beigetragen, indem er seinem Publikum ein Stichwort lieferte, dessen Zukurzgreifen mittlerweile offenkundig ist. In dem lange Zeit von vielen und vereinzelt noch immer als *der* Schlüssel zu *Ulysses* (miss)verstandenen Gilbert-Schema bezeichnete er die „Technik" des Circe-Kapitels nämlich als „Halluzination".[12] Dieser der Psychiatrie entlehnte Begriff wird dem uns hier faktisch Gebotenen jedoch nur unzureichend gerecht; ist sogar insofern irreführend, als er einem simplifizierenden Lesemodell Vorschub leistet, das sich bei genauerem Hinsehen rasch als unhaltbar erweist. Letzteres vor allem deshalb, weil Halluzinationen - gleichgültig wie man sie näherhin definiert - stets eines Trägers bedürfen, einer Person, die halluziniert. Wer aber sollte dies in Circe sein? Die dargestellten Figuren, an die man als erstes denkt, kommen dafür allenfalls partiell

---

12 Im November 1921 unter dem Siegel der Verschwiegenheit Valéry Larbaud anvertraut; erstmals publiziert in der Studie von Stuart Gilbert, *James Joyce's 'Ulysses'*, London 1930.

in Frage, denn selbst ihnen persönlich zugeschriebene Visionen nehmen immer wieder auf Sachverhalte Bezug, die sie nicht einmal unbewusst wahrgenommen haben können, darunter nicht selten solche, die prinzipiell außerhalb der Wahrnehmungshorizonte sämtlicher Akteure des Buches liegen.

Angesichts dieser Crux suchte man Zuflucht bei anderen, primär an medialer Illusionsbildung orientierten und insoweit literaturnäheren Leitkonzepten, vornehmlich dem der Phantasmagorie. Wenn man darunter mit Goethe die Sichtbarmachung von Traum-, Phantasie- und Trugbildern, insonderheit Geistererscheinungen, auf der Bühne versteht, ist dies keine schlechte Beschreibung für die Vorgänge in diesem Kapitel. Nicht nur bedient dieses sich durchgängig der dramatischen Form, sondern besteht in der Tat weithin aus Phantasie- und Trugbildern, und auch an gespensterhaften Erscheinungen mangelt es nicht.[13] Beschrieben ist damit freilich nur die Präsentationsform des hier zur Sprache Gelangenden, nicht aber dessen ontologischer Status, so dass man sich diesbezüglich wieder auf die Kategorie des Halluzinatorischen zurückgeworfen sieht. Sinnvoll anwendbar, soweit überhaupt, ist letztere aus den genannten Gründen jedoch allenfalls im Hinblick auf den Urheber und die Zeugen dieses Albtraums, also auf Autor und Leser; oder anders gewendet und auf den Punkt gebracht: Nicht mit einem Phänomen pathologischer, sondern ästhetischer Wahrnehmung haben wir es hier zu tun.

Bei aller Uferlosigkeit des sich so entfaltenden Verwirrspiels lässt sich indes dennoch nicht von einem rein phantasiebestimmten oder surrealistischen Kapitel sprechen, denn selbst in Circe bleibt eine Restgröße realistisch zu deutenden Grundgeschehens erkennbar, wenngleich zumeist nicht mit letzter Sicherheit festzustellen ist, wo diese einsetzt bzw. endet. Immer wieder haben deshalb Interpreten versucht, einzelne Referenzebenen von einander abzuheben, am dezidiertesten C. H. Peake[14] und W. M. Chace.[15] Beide unterscheiden drei Bezugsebenen und postulieren zwischen einer naturalistischen (Nr.1) und einer rein phantastischen (Nr.3) eine zweite, die alles umfasst, was plausibel einer personalen Wahrnehmungsinstanz

---

13 Zudem sind damit literarische Vorbilder in den Blick gerückt, an die Joyce anknüpfen konnte: Shakespeares Geisterszenen, Goethes Walpurgisnacht, Flauberts *Tentation de Saint Antoine* (auf die er nachweislich rekurriert) oder Strindbergs *Traumspiel*. Eine genuin irische Variante solcher Inszenierung von Imaginärem findet sich in einem der bekanntesten Werke der neueren irischen Literatur: *The Midnight Court* von Brian Merriman, einem Zeitgenossen Swifts. Diese satirische Verserzählung enthält eine Traumvision, in welcher der Dichter, stellvertretend für die Männer aus Munster, nachts vor den Gerichtshof der mächtigen Feen-Königin Aiobheall zitiert wird. Klage erhoben wird von den sexuell frustrierten Frauen des Landes darüber, dass die jungen Männer nicht heiraten (aus sozialhistorischer Sicht wäre erläuternd hinzuzufügen: weil sie es aus ökonomischen Gründen nicht können), die alten aber ihre ehelichen Pflichten nur unzureichend erfüllen. Die Königin entscheidet zu Gunsten der Frauen; dem Dichter fällt die Rolle des Sündenbocks zu: Er soll als Strafe für seine diversen Vergehen gefesselt und ausgepeitscht werden, doch ehe es dazu kommt, endet der Traum abrupt. Bei Joyce, der dieses Werk, das wie eine Vorlage für die in Circe gegen Bloom vorgebrachten Anklagen anmutet, nachweislich kannte, wird nicht nur der Prozess, sondern auch die Vollstreckung des Urteils phantasmagorisch re-inszeniert. Vgl. Maria Tymoczko, *The Irish 'Ulysses'*, Berkeley etc. 1994, S. 196-198.

14 Vgl. Charles H. Peake, *James Joyce: The Citizen and the Artist*, London 1977, S. 263-276.

15 Vgl. William M. Chace, "Historical Realism: An Eco", in: *James Joyce Quarterly* 28/4 (Summer 1991), S. 889-901.

zuschreibbar ist. Wiewohl eng miteinander verquickt, bleiben diese drei Text-schichten nach Ansicht beider Kritiker hinreichend klar voneinander differenzierbar. Peake exemplifiziert dies am Beispiel einer Regieanweisung aus dem Eingangsteil des Kapitels, die das Milieu von Nighttown evoziert, und zwar noch bevor Bloom die Bühne betreten hat:

> Tommy Caffrey kriecht zu einer Gaslaterne, umklammert sie und klettert in krampfhafter Anstrengung daran in die Höhe. Von der obersten Quersprosse rutscht er wieder herunter. Jackey Caffrey umklammert, klimmt. Der Kanalarbeiter torkelt jäh gegen die Laterne. Die Zwillinge trippeln in die Dunkelheit davon. Der Kanalarbeiter presst schwankend einen Zeigefinger gegen seinen einen Nasenflügel und lässt aus der anderen Nüster einen langen flüssigen Rotzstrahl hervorschiessen. Die Laterne schulternd, taumelt er durch die Menge mit seiner blakenden Fackel davon (607 f)

Für Peake stellt sich die Lage dabei so dar, dass die kletternden Jungen und der Kanalarbeiter unter die erste Kategorie fallen, der „Rotzstrom" aus der „Nüster" unter die zweite, das Wegtragen der Laterne unter die dritte. Das klingt einiger-maßen plausibel, wird freilich - ganz abgesehen davon, dass es sich bei dieser Stelle um einen vergleichsweise einfach gelagerten Fall handelt - problematisch, sobald man die genannten Namen mit in Betracht zieht. Tommy und Jacky Caffrey sind die vierjährigen Zwillinge, die Gerty McDowell im Nausicaa-Kapitel beaufsichtigt. Kann und soll man etwa annehmen, dass die beiden sich nunmehr um Mitternacht im Nighttown-Viertel herumtreiben? Wohl kaum. Irgendwelche Straßenjungen mögen auf der Laterne herumklettern, doch werden diese hier - und man darf zu Recht fragen: vom wem eigentlich? - identifiziert als in einem vorangegangen Kapitel auftretende Akteure, deren Namen im übrigen weder Bloom noch Stephen kennt, sondern lediglich der Leser des Buches. Das eigentlich halluzinatorische Moment derartiger Szenen liegt mithin - worauf Peake schließlich selbst hinweist - weniger in bestimmten flagrant irrealen Details als vielmehr in der ständigen, inter-pretatorisch nicht mehr auflösbaren Überblendung dieser drei ohnehin mehr theore-tisch postulierten als textanalytisch eruierbaren Bezugsebenen, in dem ständigen Oszillieren zwischen einer normorientierten und einer neurotischen Sicht der Dinge. Doch sofern man dieses durch die Verselbständigung des Mediums bedingte Influssgeraten der Perspektiven als halluzinatorisches Erleben eines nicht mehr nach Gegebenem und Imaginierten Differenzierbaren bezeichnen will, widerfährt dieses allenfalls der Instanz, die als einzige das Gesamtspektrum dieser Fluktuationen wahrzunehmen vermag, nämlich dem Rezipienten dieses unfixierbaren Textes. Mithin ist, soweit aus dieser Erfahrung Verunsicherungen und Ängste resultieren, auch das Leserbewusstsein der Erlebnisraum, in dem diese sich letztendlich nieder-schlagen.

4. Vordergründiger Horror und abgründiger Schrecken

Neben dem Moment des (Tragi-)Komischen, das in diesen Phantasiespielen reichlich zum Zuge kommt, gelangt - gleichsam als dessen düstere Kehrseite - immer wieder auch das diesen inhärente Verstörungspotential zum Ausdruck. Virulent wird letzteres in Krisenerfahrungen, die Ängste und Schrecken auslösen können, bis hin zum Traumatischen. Dies geschieht vornehmlich in der zweiten Buchhälfte und manifestiert sich zum einen in schockhaften Erfahrungen der Hauptakteure, zum anderen in den beunruhigenden Konsequenzen, die der Leser daraus zu ziehen nicht umhinkommt.

Werfen wir in diesem Zusammenhang z.B. einen Blick auf die Oxen-of-the-Sun-Episode. Dort werden uns die Vorgänge in der Geburtsklinik präsentiert durch den Filter einer breiten Skala verschiedener Stile, deren historische Abfolge im Zeitraffertempo mimetisch nachvollzogen wird. Über die symbolische Parallelsetzung dieses Vorgangs mit der Entwicklung des menschlichen Embryos wird es möglich, die Schlussphase dieses sprachlichen Gärungsprozesses zugleich als die Geburtswehen einer neuen Kunstauffassung auszuweisen, und hierbei ist der Leidende natürlich Stephen Dedalus. Dessen panische Angst vor dem Gewitter - an sich schon ein Riss in seinem intellektbetonten Selbstverständnis -, sein tiefes Erschrecken über den jähen Donnerschlag sind äußere Indizien für den Durchbruch innerer Ängste, die ihn befallen, als er sich der enormen Schwierigkeit seiner noch immer ungelösten künstlerischen Aufgabe bewusst wird. Als dezidiert moderner Künstler sieht er sich dazu herausgefordert, aus dem Chaos des heillosen Durcheinanders zeitgenössischer Jargons, mit dem das Kapitel endet, etwas Neues zu schaffen, zu einem eigenen Stil zu finden, der, um einem radikal veränderten Wirklichkeitsbewusstsein gerecht zu werden, freilich mehr sein müsste als eine bloße weitere Facette im Spektrum bisheriger Schreibweisen. Zu einer Lösung dieses Problems gefunden und deren Konsequenzen voll ausgelotet hat zwar nicht der Protagonist, wohl aber Joyce, der sie uns *in concreto* demonstriert durch die Textgestaltung des *Ulysses*. Der Schlüssel zu dieser Lösung aber lag in einer für Joyces frühe Leser nachgerade schockhaften, da identitätsgefährdenden Einsicht, die sich ihnen als Fazit aus den Stilparodien des Oxen-of-the-Sun-Kapitels sowie aus der Gesamtsicht der Stilvarianzen der 18 Buchkapitel unabweisbar aufdrängte: nämlich der Erkenntnis der Relativität aller sprachlichen Zugriffsversuche auf außersprachliche Wirklichkeit. Denn nicht lediglich um personale Sichtweisen, *point-of-view*-Techniken oder Multiperspektive im üblichen Sinne geht es bei diesem Nebeneinander unterschiedlichster Präsentationsmodi, vielmehr um miteinander inkompatible Verständnisraster, um prinzipiell verschiedene Möglichkeiten sprachlichen und gedanklichen Wirklichkeitszugriffs, von denen keine anderen gegenüber privilegiert ist. Der in Form eines „mathematischen Katechismus" dargebotenen, einem rigorosen Exaktheits- und Objektivitätsstreben verpflichteten Weltsicht des Ithaca-Kapitels wird keine höhere Gültigkeit zugeschrieben als der vom Kitschroman geprägten Gerty McDowells in Nausicaa. Heterogene mentale Welten treffen hier aufeinander, die sich eben dieser Unvereinbarkeit wegen letztlich allesamt als Fiktionen erweisen, mittels derer ein Absolutes niemals greifbar, selbst schon als bloßes Postulat fragwürdig wird.

Ebenso wie Stephen sieht auch Bloom sich in seiner bisherigen Weltsicht zutiefst erschüttert. Diese war bis dahin, wiewohl nicht ohne eine gewisse Skepsis, in ihrem Grundtenor geprägt von einem naiv-aufklärerischen Optimismus, dessen Brüchigkeit hier gleichfalls deutlich wird. Bloom, der Stephens irrationale Angst vor dem Gewitter zu beschwichtigen sucht durch den Hinweis, es handele sich dabei lediglich um ein "natural phenomenon" (U 14.428), muss sich selber die Zuflucht zu solch billigem Trost in dem Maße versagen, in dem er sein wachsendes Entsetzen über ein nicht minder natürliches Phänomen - die ungewöhnlich langen, sein tiefes Mitleid erregenden Wehen der Mina Purefoy - nicht länger verdrängen kann. Aus desillusionierenden Erfahrungen wie diesen resultiert seine Niedergeschlagenheit, in die er in der Ithaca-Episode zeitweise verfällt angesichts frustrierender Einsichten in die prinzipiellen Grenzen menschlichen Erkenntnis- und Perfektionsstrebens, gesetzt von den „generischen Bedingungen, die das Naturgesetz auferlegte, im Gegensatz zum Menschengesetz, als integrale Bestandteile des menschlichen Ganzen" (883).

Auf solch generelle und reichlich banale Spekulationen Blooms (der bei aller Verunsicherung voluntaristisch am „Naturgesetz" als dem vermeintlich Objektiven festhält) brauchen wir indes weder erst zu warten noch uns auf sie einzulassen, denn zwischen Oxen of the Sun und Ithaca liegt die Circe-Episode mit viel hautnäheren Schrecken. Diese sind unterschiedlicher Provenienz und Reichweite, wobei die auf der phantasmagorischen Ebene inszenierten „gotischen" Horroreffekte noch die harmlosesten sind. Gewiss: Wenn Stephens an Krebs gestorbene Mutter ausgemergelt und in Lepragrau starr aus dem Boden steigt, „das Gesicht zerfressen und nasenlos, grün von Grabesfäule" (733), kann man das Grauen, das Stephen angesichts dieser Vision packt, durchaus nachempfinden. Doch Schreckbilder wie dieses sind seltene Ausnahmen. Zumeist haben die gespenstischen Erscheinungen vorwiegend komischen Charakter, wie etwa die reichlich clownesken Auftritte von Blooms Großvater, Lipoti Virag, oder von Edward VII. Selbst die berüchtigten Bella/Bello-Szenen, in denen Bloom Traumatisches widerfährt, entbehren nicht komischer Komponenten, etwa wenn Bloom die Auswüchse seiner sexuellen Phantasien (pseudo-)rational zu rechtfertigen sucht. Weniger die Gestalten und Situationen, in denen Latentes sich manifestiert, sind dabei das eigentlich Erschreckende, vielmehr der Umstand, dass ein sicher verborgen Geglaubtes, bislang Verheimlichtes und Geheimes, überhaupt manifest, damit die Grenze zwischen Privatem und Öffentlichen aufgehoben wird. Verdrängte Probleme, die Bloom in seinem Heim mit seiner Ehe und in seiner Heimatstadt mit seiner Außenseiterrolle hat, werden hier restlos durchleuchtet, quasi öffentlich verhandelt, jenem panoptischen Totaleinblick ausgesetzt, dessen zwangsläufige Folge - wie Foucault mit Nachdruck hervorhebt[16] - die durch Verinnerlichung von Scham und Schuld ausgelöste Selbstbezichtigung des

---

16 Michel Foucault, *Surveiller et punir. Naissance de la prison*, Paris 1975. Speziell im Hinblick auf Joyce aufgegriffen von Tracey Teets Schwarze, "Voyeuristic Utopias and Lascivious Cities: Leopold Bloom, Urban Spectatorship and Social Reform", in: *Joyce Studies Annual*, Austin 1997, S. 37-59, hier: 54.

davon Betroffenen ist. Eben dadurch aber wird das Ensemble dieses im doppelten Wortsinne Heimlichen zum Unheimlichen. Freuds 1919 erschienene Theorie des Unheimlichen, die auf eben diese Ambivalenz der Begriffe abhebt,[17] hilft uns natürlich, die Lage zu verdeutlichen; man braucht deshalb aber nicht anzunehmen, dass Joyce speziell ihr seine Einsicht in diese Zusammenhänge verdankt. Intuitiv praktiziert und demonstriert er, was Freud durch sein ohnehin nur im Deutschen funktionierendes Wortspiel zu verdeutlichen suchte.

Im Freudschen Sinne unheimlich ist das in Circe zum Vorschein Gelangende aber nicht zuletzt auch für die Leser dieser Szenen. Was sich unterhalb der disparaten Vielfalt der auf der Textoberfläche inszenierten Visionen nämlich als tragende Basis abzeichnet, sind Grundmuster menschlichen Agierens und Reagierens, in denen sich eine wenig erbauliche, identitätsauflösende und daher gern verdrängte Dimension der Einheit und Gleichheit aller Menschen manifestiert. Im Zuge seiner Bewusstseinsarchäologie erschließt Joyce hier eine weitere Tiefenschicht transindividueller Befindlichkeiten, zu deren Offenlegung er mit dem Irrfelsen-Kapitel bereits einen ersten Schritt getan hatte. War dort unter der Oberfläche eines anscheinend chaotischen Geschehens die gemeinsame Einbindung der isoliert durch das Labyrinth der Stadt irrenden Einzelfiguren in das Sozialgefüge Dublins als latente Tiefenstruktur sichtbar geworden, so wird in Circe das psychische Kollektivempfinden der in dieses Gefüge Eingebundenen und es immer erneut Reproduzierenden auf anthropologische Konstanten hin durchleuchtet. Dem Blick hinter den geheimnisvollen Schleier der Maya - dieses theosophische Konzept wird zur Zielscheibe einer der im Cyclops-Kapitel versammelten Parodien auf diverse Zeitmoden (*U* 12.358) -, offenbart sich dabei ein zwar konstantes, allerdings sinn- und trostloses, groteskes Grundmuster ohne transzendenten Zweck, bestimmt von dumpfen Trieben und Aggressionen, von All- und Ohnmachtsphantasien, dem schlechthin Chaotischen kurzum. Noch deprimierender womöglich ist die damit verbundene Einsicht, dass selbst das Durchschauen dieser Gegebenheiten deren Weiterwirken nicht zu stoppen vermag. Denn selbst wenn - was strittig ist - Stephen und Bloom hier eine Art Katharsis durchmachen,[18] ist es jedenfalls keine, die sie von ihren Obsessionen endgültig befreit. Lesarten des Buchschlusses, die dies in Abrede stellen, sind mehr Wunschprojektionen harmoniebedürftiger Leser als haltbare Aussagen über die Implikationen des gerade in dieser Hinsicht dezidiert offenen Werkes. Wohl kann sich Bloom - wie am Schluss der Bello-Passagen - dem Bann

---

17 Sigmund Freund, „Das Unheimliche" (1919), in: *Studienausgabe*, Frankfurt a.M. 1969-79, Bd. IV, S. 241-274; speziell im Hinblick auf Joyce aufgegriffen von Michael Bruce McDonald, "'Circe' and the Uncanny, or Joyce From Freud to Marx", in: *James Joyce Quarterly* 33/1 (Fall 1996), S. 49-68.

18 Während Hugh Kenner ("Circe", in: *James Joyce's 'Ulysses': Critical Essays*, hg. von Clive Hart/David Hayman, Berkeley etc. 1974, S. 341-362) von einem Prozess von "psychic purgation" (S. 356) spricht und Marsanne Brammer ("Joyce's 'hallucinian via': Mysteries, Gender, and the Staging of 'Circe'", in: *Joyce Studies Annual* 1996, S. 86-124) von einem Initiationsprozess, der Bloom zu einem immerhin "temporary victory over sensual domination" (S. 112) führe, betont Marilyn French (*The Book and the World: James Joyce's 'Ulysses'*, Cambridge [MA] 1976) mit Nachdruck: "But it is wishful thinking to conclude that because he [Bloom] momentarily fights down these feelings and carries on in spite of them (the vanishing of a "hallucination"), he has eradicated the feelings" (S. 197).

ihn bedrängender Phantasmen punktuell wieder entziehen, in der Routine seines Alltagslebens auch für längere Zeit, nicht jedoch auf Dauer. Denn gegen periodische Rückfälle in das im Albtraum von Circe Zutagetretende, den Akteuren selbst ja allenfalls partiell erfahrbar Gewordene ist er keineswegs gefeit; kann es auch gar nicht sein, bleibt doch - wie gerade dieses Kapitel überdeutlich zeigt - das Eingebundensein in den Hexensabbath der Triebe ein integraler Bestandteil der *conditio humana*.[19] In dem Maße aber, in dem sich die Körperlichkeit als Bedingungshorizont von Phantasien erweist, zeichnen sich auch Grenzen der Spielräume und Wirkungsmöglichkeiten von Phantasie ab, und diese Grenzen sind - auch darüber lässt uns Joyce nicht im Unklaren - keineswegs nur physisch-psychischer Natur.

5. Kontrollmächte im Hinter- und Untergrund

Unbeschadet der existentiellen Aspekte, die den in Circe evozierten Schrecken zugeschrieben werden, bleiben auch deren historische Komponenten nicht außer Betracht. Neben latenten innerpsychischen Zwängen treten hier, weithin eng mit diesen verwoben, nämlich auch nicht minder gravierende äußere zutage. Bei aller Phantastik blendet die Circe-Episode konkret im Dubliner Alltag wirksame Machtstrukturen und Systemzwänge keineswegs aus. Grotesk verfremdet und komisch zugespitzt, nichtsdestoweniger aber hinreichend kenntlich, entfalten auch sie ihre Virulenz im Verlauf dieses aus vielerlei Quellen gespeisten Albtraums. Letzterer wird von den ihm tagtäglich Ausgesetzten freilich - und hierin liegt das wohl schärfste Moment dieser indirekten Kritik - nicht als solcher empfunden, vielmehr als mehr oder minder normaler Bedingungshorizont ihrer Lebensroutinen. Und nicht allein den Druck gegebener Verhältnisse legt Joyce damit offen, sondern zugleich die Schwierigkeiten, sich diesem zu entziehen. Die damit verbundene Problematik wird sogar eigens thematisiert, am deutlichsten im Hinblick auf Stephen Dedalus, den unfreiwilligen Diener zweier Herren, nämlich des britischen Empire und der katholischen Kirche (*U* 15.4436 f).

Stephens erster Ausbruchsversuch, zu dem er sich im *Portrait* durchgerungen hatte, ist kläglich gescheitert. Desillusioniert findet er sich zu Beginn des *Ulysses* in Dublin wieder, erneut im Bannkreis der beiden mächtigen Institutionen, gleichwohl weiterhin bestrebt, sich deren ideologischem Zugriff zu entziehen, um so endlich aus dem „Albtraum der Geschichte" (49) zu erwachen. Dass es dazu subtilerer Mittel bedarf als der Flucht, ist ihm mittlerweile klar: „Doch hier drinnen", sagt er, sich an die Stirn schlagend, im Schlussteil der Circe-Episode, „muss ich den Priester und den König töten" (*U* 15.4436 f).[20] Dies ist freilich leichter gesagt als getan, und die

---

19 Eingehend hierzu äussert sich Marilyn French, a.a.O., S. 185-206.
20 Meine Übersetzung des originalen "in here it is I must" (U 15. 4436). Auch Wollschlägers Version („Doch hier drinnen steht, daß ich [...] muß", S. 740), die auf einem anderen Wege schließlich ohnehin zu den gleichen Ironien bezüglich Stephens fehlgeschlagener Revolte führt, macht Sinn; doch interpretieren "native speakers" diesen Satz vorzugsweise im Sinne eines emphatisch nachgestellten "it is". Offen bleibt dabei die sich angesichts dieser (gewollt?) ambivalenten Formulierung aufdrängende Frage, ob nicht eben dadurch das Spannungsfeld zwischen attackierter und internalisierter Autorität in den Blick gerückt werden soll.

praktischen Folgen seiner Äußerung zeigen, dass Überwindung internalisierter Autorität - soweit willentlich überhaupt möglich - zwar eine notwendige, aber keine hinreichende Voraussetzung für das Erreichen des anvisierten Ziels ist. Nicht einmal des bestmöglichen Weges dahin ist Stephen sich sicher, geschweige denn seiner Erfolgsaussichten. Natürlich kann er weiterhin - doch die prekäre Frage dabei ist eben, ob dies allein genügt - staatliche und kirchliche Autoritäten anprangern und lächerlich machen, so wie Joyce dies ja auch selbst ausgiebig tut, beispielsweise im Zuge des skurrilen Auftritts des englischen Monarchen Edward VII. Dessen umstrittener Staatsbesuch in Dublin im Jahre 1903 hatte einen spezifisch irischen Zwiespalt bezüglich des Verhaltens der Macht gegenüber ins öffentliche Bewusstsein gerückt. Die pompöse Theatralik dieses medienwirksam inszenierten Staatsbesuchs wird in Circe auf vielfältige Weise persifliert, allein schon durch die seltsame Kostümierung, in der Edward VII, umtost von „Willkommensgebrüll", hier auftritt: in einem ordensübersäten weißen Jersey-Jackett mit eingesticktem Bild des Heiligen Herzens, mit Kelle und Schürze (beide gekennzeichnet *Made in Germany*) eines Logenmeisters der Freimaurer, in der linken Hand einen Stukkateur-Eimer mit der Aufschrift *Défense d'uriner* (740). Dieses Ensemble spöttischer Anspielungen auf Herkunft und Vorlieben des Monarchen, unterschwellig verquickt mit Blooms zunehmendem Harndrang, ist gewiss eine amüsante, tendenziell auch subversive Verulkung von Autorität. Doch ist damit mehr erreicht als eine zeitweise Entlastung von psychischem Druck, vollzogen im Spielraum einer intellektuellen Narrenfreiheit, der von den Behörden in gleicher Weise toleriert, dabei aber nicht minder scharf überwacht wird wie das Bordellviertel, in dem Stephens Pseudo-Revolte sich bezeichnenderweise abspielt? Hier wie dort sind übliche Zwänge zeitweise suspendiert, Phantasien freigesetzt, doch im Grunde bleibt es bei bloßen Wunschträumen, die bald auch als solche zerplatzen. Denn was dem schon reichlich angetrunkenen Protagonisten selbst zwar nicht mehr, dafür aber dem Leser um so deutlicher bewusst wird, ist der Umstand, dass selbst in Nighttown sich niemand den allgegenwärtigen Kontrollmechanismen zu entziehen vermag. Ironischerweise verdankt Stephen seine Rettung aus der prekären Situation im Schlussteil der Episode eben jener Macht, die zu unterminieren er vergeblich bestrebt ist. Zu den wenigen Vorgängen in Circe, für die ein reales Substrat deutlich erkennbar bleibt, gehört nämlich Folgendes: Auf der Straße gerät Stephen in Streit mit zwei Soldaten, die seine Äußerung über "killing the king" missverstehen, sich dadurch provoziert fühlen und schließlich handgreiflich werden. Zwei hinzukommende Polizisten wollen daraufhin Stephens Personalien aufnehmen, Bloom versucht vergebens, sie zu beschwichtigen. Erst als Corny Kelleher, ein Bekannter Blooms, auftaucht und erklärt, er werde sich der Sache annehmen, ziehen sich die Polizisten zurück.

Wer ist dieser offenbar so einflussreiche Retter, der hier wie ein *deus ex machina* erscheint? Kennengelernt haben wir ihn bereits in der Hades-Episode, bei der Ausübung seiner beruflichen Tätigkeit als Angestellter eines Bestattungsinstituts. Allem Anschein nach hat er aber noch einen inoffiziellen Nebenjob. Seiner bekanntermaßen guten, wenngleich von niemandem so recht durchschauten Beziehungen zu der im Dubliner Stadtschloss residierenden obersten britischen Kontrollbehörde wegen hat Bloom, und nicht nur er, ihn im Verdacht, Spitzeldienste für das Castle zu leisten. Bloom gegenüber erklärt Kelleher seine Anwesenheit in Nighttown als rein zufällig: er spiele lediglich den Bärenführer für zwei vergnügungssüchtige Geschäftsleute. Gleichgültig nun, ob dies ein bloßer Vorwand, eventuell sogar eine Ausrede für eine private Eskapade ist oder nicht, in beiden Fällen tut dies seiner inoffiziellen Mission keinen Abbruch: als IM der Staatssicherheitsbehörde ist er immer und überall im Dienst.

Um die gleichermaßen komischen wie bedrohlichen Implikationen dieser Situation voll zu erfassen, müssen sich heutige Leser freilich erst mit der faktischen Rolle der englischen Kontrollbehörden im Dublin der Jahrhundertwende vertraut machen. Dublin war damals - wie man in den einschlägigen Studien von Macardle und O'Brien[21] detailliert nachlesen kann - die am intensivsten von offiziellen und inoffiziellen Polizeikräften überwachte Stadt des Vereinigten Königreichs. Zuständig für die Metropole war die Dublin Metropolitan Police, die - ebenso wie die für des Rest des Landes zuständige Royal Irish Constabulary - der zentralen Staatssicherheitsbehörde im Castle unterstand. Neben der berüchtigten Division G (als Leitstelle für verdeckte Ermittlungen „das gefährlichste Instrument der englischen Irlandpolitik"[22]) verfügte diese Behörde noch über ein hochentwickeltes Spitzelsystem, dem auch - und hierin liegt eine weitere wichtige, aus Loyalitätskonflikten erwachsende Komponente des kollektiven Dubliner Albtraums - so mancher anscheinend patriotische Ire gute Dienste leistete. Insgesamt bildete dieses Überwachungssystem laut einem kompetenten Zeitzeugen, Lord Morely, „die beste Kontrollmaschine, die jemals erfunden wurde, um ein Land gegen dessen Willen zu regieren".[23] Kein Wunder mithin, dass für Joyce "The Castle" zum Inbegriff eines ebenso raffinierten wie korrumpierenden Unterdrückungsapparats wurde und über in seinen Werken auftretende Figuren kaum etwas Schlimmeres gesagt werden kann als dass sie im Dienste des Castle stünden oder Beziehungen dorthin hätten. Bei Corny Kelleher ist dies offenbar der Fall, und selbst noch seine Rolle auf der mythologischen Bezugsebene - er fungiert dort als der Totenfährmann Charon - passt gut in dieses Negativbild: Wie Charon pendelt er zwischen Ober- und Unterwelt, wobei letztere die des Bordellviertels ebenso ist wie die der geheimen Kontrollinstanzen im Dubliner Untergrund.

Der Kollaborateur als Schutzengel mithin, die attackierte Kolonialmacht als unerbetener Retter aus einer prekären Situation - eine für ihn peinlichere Wendung hätte Stephens theatralische Revolte kaum nehmen können. Der verulkte Monarch bzw. das System, das er repräsentiert, hat faktisch die Oberhand behalten, die Realität den von ihr ausgelösten Phantasieschub unterlaufen, ihn als solchen damit zugleich provoziert und überholt. Von alledem bekommt der unmittelbar Betroffene

21 Vgl. Dorothy Macardle, *The Irish Republic*, London 1937; Joseph V. O'Brien, *"Dear Dirty Dublin"*. *A City in Distress, 1899 -1916*, Berkeley etc. 1982. Aus beiden Studien zitiert nach: Mark A. Wollaeger, "Bloom's Coronation and the Subjection of the Subject", in: *James Joyce Quarterly* 28/4 (Summer 1991), S. 799-808.
22 Macardle, a.a.O., S. 319.
23 Zitiert nach a.a.O., S. 53.

in seinem benebelten Zustand freilich kaum mehr etwas mit, und was Bloom angeht, so ist ihm die Intervention einer ihm im Prinzip widerwärtigen Instanz hier nicht unwillkommen. Das Schizophrene an dieser Situation und die Dilemmata der ihr Ausgesetzten erschließen sich in ihrer vollen Ironie und Brisanz mithin erst und nur dem Leser, sobald diesem klar wird, dass auch und speziell Nighttown eine Domäne des Castle ist; schlimmer noch: dass zwischen beiden - generell zwischen psychischen Drängen und politischen Zwängen - eine Interdependenz besteht, die zwar als solche offengelegt und dadurch in ihren gröbsten Auswüchsen entschärft, nicht jedoch eliminiert werden kann. „Kann mir jemand sagen", fragt Stephen, als er von den Soldaten daran gehindert wird, sich vom Ort des Streites zu entfernen, „wo ich mit der geringsten Wahrscheinlichkeit diesen notwendigen Übeln begegne?" (744). Keiner der Anwesenden kann es, ebensowenig wie auf diegetischer Ebene der Autor. Denn wo sollte ein solcher Freiraum auch zu finden sein, wenn selbst im Bereich freigesetzter Phantasie die *notwendigen* Übel ihrer Kontrolle - notwendig auch in dem Sinne, dass nicht zuletzt sie einen entscheidenden Ansporn zu ihrer imaginierten Überwindung liefern - nicht nur präsent bleiben, sondern sogar auf noch viel subtilere und daher um so effektivere Weise wirksam werden als Stephen hier meint? Aus diesem desillusionierenden Einblick in die Dialektik von Macht und Rebellion, Autorität und Autonomie, in die Ambivalenz des Faktischen, das die Phantasie zu Alternativentwürfen provoziert und ihr zugleich Grenzen setzt, sich somit als ihr Widerpart in zweifacher Hinsicht erweist, resultiert der vielleicht tiefste Schrecken dieser ulysseischen Walpurgisnacht.

6. Panorama

Clownerie und Ernst, Komik und Tragik, Spiel und Realität, Karneval und Alltag, Phantastik und Schrecken - dies alles, eng miteinander verquickt und hochkondensiert, wird in der Circe-Episode zwar besonders augenfällig, ist darüber hinaus in Joyces Spätwerk aber allenthalben anzutreffen und wird seitens des Autors sogar immer wieder, nicht selten auf geradezu programmatische Weise, als Quintessenz seines Schreibens herausgestellt. Retrospektiv und autoreflektorisch charakterisiert *Finnegans Wake* dieses Ensemble vermeintlicher Gegensätze als Nährboden und Produkt einander widerstreitender Wirkungsmomente und Weltsichten. Im Schmelztiegel dieses alle gängigen Kategorisierungen sprengenden Textes, der sich u.a. versteht als "PROBAPOSSIBLE PROLEGOMENA TO IDEAREAL HISTORY",[24] fließen das Mögliche und das Wahrscheinliche ebenso zusammen wie die Vorstellungen eines Realen und eines Idealen, desgleichen Ideologie und Historie sowie diverse Spielarten der Phantasie, die sich im Alltag wie in der Kunst ja nicht zuletzt auch als fintenreiche Strategie zu bedarfsgerechter Wirklichkeitskonstruktion erweisen kann, als Spass (fun) allemal, obendrein noch - über den unüberhörbaren Bibelanklang - als Medium und Präsentationsforum für Eitelkeit

---

24 James Joyce, *Finnegans Wake*, London 1939 u.ö., S. 262.

(vanity) im doppelten Wortsinne: "Fantasy! funtasy on fantasy, amnaes fintasies!"[25] Als im Grunde eitel ausgewiesen ist damit zwar auch die literarische Phantasie, immerhin aber kann am ehesten noch sie als der von Stephen vergeblich gesuchte Ort gelten, an dem man den notwendigen Übeln gesellschaftlicher Zwänge wenn schon nicht entgehen, so doch mit der geringsten Wahscheinlichkeit begegnen kann. Daher erklärt Joyce, wenn er sein eigenes Schreiben selbstironisch als Erkundung und Niederschlag spielerischer "ideareal funtasies" sieht, dieses damit keineswegs für belang- oder nutzlos. Und nicht erst in seinem letzten Werk wird dieses variantenreiche Phantasiespiel virulent, sondern bereits in *Ulysses*, wo es uns speziell im Pandämonium des Circe-Kapitels auf ebenso amüsante wie unter die Haut gehende Weise vor Augen geführt wird. Angesichts der Virtuosität, mir der dies geschieht, darf man im Sinne des eingangs erwähnten alltäglichen Sprachgebrauchs - nunmehr freilich von einer besser fundierten Urteilsbasis her - resümierend wohl getrost noch einmal sagen: *Ulysses* ist ein phantastischer Roman.

---

25 A.a.O., S. 493.

"The passage to that fabled land":
Virginia Woolf, *To the Lighthouse*

Elfi Bettinger/Gerhard Bauer

In Virginia Woolfs Roman über eine zehn Jahre lang verschobene Bootsfahrt einer Londoner Familie von ihrem Ferienquartier zum nächstgelegenen Leuchtturm werden keine Menschen in Tiere verwandelt (jedenfalls nicht auf der Handlungsebene) und tritt kein gröberer Spuk ein. Das Unheimlichste, was auf den gut 200 Seiten passiert, ist ein Weltkrieg, und der steht auf einem anderen Blatt. Die Unheimlichkeit der historischen Entwicklung, die Entwurzelung und Aushöhlung der kultivierten (sehr viktorianisch geprägten) Lebensart, dieser bestürzende Einbruch aus völlig unzugänglich bleibenden höheren Sphären wird von den betroffenen Figuren emotional tief empfunden und intellektuell überhaupt nicht bewältigt. Die Diskrepanz zwischen den weiterhin höchst gepflegten Gesprächen und Gedankengängen und jenem barbarischen Geschehen, das bis in diese eine wohlbehütete Familie hineinlangt, vergrößert noch die Unheimlichkeit, aber kapselt sie auch ein. Was zwischen dem Anfangszustand einer ungewöhnlich großen, in jeder Hinsicht überströmenden Familie und dem Schlussbild der reduzierten, mühsam restaurierten Familie auf den Schlachtfeldern des kontinentalen Europa vor sich gegangen ist, bleibt unfasslich, unsagbar. Es ist präsent, aber nur wie das Gespenst in solchen Familien, die die Tür zum Oberboden geschlossen halten und die Auseinandersetzung mit dem Poltergeist vermeiden.

Dabei ist dieser Roman auf der Ebene der Handlungen, der Gespräche, frei flottierenden Gedanken oder Träumereien ein durchaus realistischer Roman. Er ist gespickt mit der gesellschaftlichen und psychischen Wirklichkeit der alten Epoche. Er gewinnt seinen Zauber, diesen lang anhaltenden, immer wieder bemerkten "spell" durch die fortlaufende Reflexion auf den Niedergang der Epoche, auf ihre nachlassende Kraft, dem Leben einen Stil, eine zusammenhängende Kontur zu geben. Wie alle bedeutenden englischen Gesellschaftsromane stellt er nicht nur das faktische Funktionieren der Gesellschaft dar, hier eines versprengten Partikels der noch so zu nennenden guten Gesellschaft, sondern durchlöchert den dargestellten Zustand zugleich mit kritischen Fragen, Skrupeln, beiläufigen oder ins Schwarze treffenden unpassenden Bemerkungen. Dieser Roman tut das vor allem durch ständigen Bezug auf Sätze der Philosophie, denen keine der handelnden Figuren intellektuell gewachsen ist, auch nicht der Professor der Philosophie, den der Vater

der Familie darstellt. Verstärkt wird die realistische Basis dieses kunstvollen Prosa-
werkes durch eine Fülle von evidenten oder versteckten Anspielungen auf die
Familie der Autorin. Ein beträchtlicher Teil der 161 gelehrten Anmerkungen der
handlichsten jetzt zu habenden Ausgabe[1] verweist auf autobiographische Bezüge im
Verhältnis der beiden Eltern, der Kinder zu ihren Eltern, in weiteren Figuren, Orten
und Ereignissen, und das ist nur ein kleiner Ausschnitt dessen, was die findige
Forschung bis heute in diesem Gebiet festgestellt hat.

1. Die interpretierte, ergriffene, umstrittene Welt

Schon gleich die erste Seite des Romans lässt uns eintauchen in den Zauber und den
Schrecken der Familie: Vater, Mutter, Kind, ein Familienroman, zunächst mit allem
Anschein von Harmlosigkeit versehen. Der liebevoll stolze Blick Mrs. Ramsays liegt
auf ihrem glückstrunken selbstvergessenen Sohn, der mit kindlicher Hingabe die
Abbildungen aus dem Warenkatalog der Army and Navy Stores ausschneidet. Doch
mit der desillusionierenden Bemerkung des Vaters, dass der ersehnte Ausflug zum
Leuchtturm unmöglich sei, reißen unter der scheinbar idyllischen Oberfläche jene
Untiefen auf, die nach Freud im Familienroman die Szenarien der Phantasie
anstoßen. „Wäre eine Axt greifbar gewesen, ein Schürhaken oder sonst irgendeine
Waffe, die ein Loch in die Brust seines Vaters gerissen und ihn auf der Stelle getötet
hätte, James hätte sie ergriffen." (8) Einen Anflug leisen Unbehagens, der Roman
könnte psychologisierend zur Illustration des ödipalen Konflikts ansetzen, zerstreut
die subtile Machart des Textes sogleich. Diesem "scene-making" ist jene schwebende Erzählhaltung eigen, die ohne hart markierte Übergänge in die anwesenden
oder auch in imaginierte Figuren schlüpfen kann. Übergangslos gleitet die Erzählperspektive von der mütterlichen Sicht auf die Gefühlswelt des Sohns in die Selbststilisierung des Vaters und der körperlos zwischen allen oszillierenden Erzählinstanz
über. Fast unmerklich vollzieht sich die Subjektkonstitution des Jungen in einem
Geflecht von Beziehungen, die unvermittelt aufblitzen, um sogleich vom
Gedankenfluss anderer Bewusstseine eingeholt zu werden. Kaleidoskopartig beginnt
der Text zu schillern: Die Grenzen zwischen Gedachtem, Empfundenem und laut
Ausgesprochenem verschwimmen. Die Übergänge von einem Wahrnehmungs-
zentrum zum nächsten sind derart flexibel, dass sie selbst innerhalb eines Satzes
stattfinden können. Innere Monologe, erlebte Rede, Metaphern und Leitmotive
deuten an, dass nichts einfach gegeben ist - was so scheint, ist vielmehr Wahrnehmung, Perspektive, Deutung, oft konflikthaft und wandelbar, immer wieder Reiz und
Anreiz für die Phantasie.
    In diesen Gedankenströmen, Tagträumereien und ungewussten Sehnsüchten sind
Spuren jener konflikthaften Konstellationen aufzuspüren, die das feingewirkte
Sozialgewebe unter Druck setzen. Geschickt montiert der Text verschiedene

---

1 Virginia Woolf, *To the Lighthouse* (1927), London 1992. Zitate werden im folgenden nach dieser
  Ausgabe durch bloße Angabe der Seitenzahl im fortlaufenden Text belegt; die Übersetzungen sind,
  soweit nicht von den Verfassern erstellt, angeregt von Virginia Woolf, *Zum Leuchtturm*, übers. von K.
  Kersten, Frankfurt a. M. 1993.

Perspektiven ineinander. Dem beiläufig eingeflochtenen mütterlichen Wunschdenken, den Sohn als Gesetzgeber oder Staatsmann in einer Position gesellschaftlicher Macht zu sehen, folgt die vom väterlichen Machtwort zur Wetterlage ausgelöste Gewaltphantasie des Sohnes am selbstgerechten Vater, die bruchlos übergeht
in die Selbststilisierung des viktorianischen Patriarchen:

> Was er sagte, war wahr. Es war immer wahr. Er war der Unwahrheit gar
> nicht fähig, verfälschte niemals eine Tatsache, veränderte nie ein unerfreu-
> liches Wort dem Vergnügen oder der Annehmlichkeit eines sterblichen
> Wesens, schon gar nicht aber seinen eigenen Kindern zuliebe, die, seinen
> Lenden entsprungen, sich von Kindheit an dessen bewusst sein sollten, dass
> das Leben schwierig war, die Tatsachen unbeugsam waren, und dass es auf
> dem Wege zu jenem sagenumsponnenen Land, auf dem unsere strahlend-
> sten Hoffnungen ausgelöscht werden, unsere zerbrechlichen Nussschalen in
> Finsternis zerschellen (an diesem Punkt straffte Mr. Ramsay seinen Rücken,
> und seine kleinen blauen, auf den Horizont gerichteten Augen verengten
> sich), vor allem des Mutes, der Wahrhaftigkeit und des Behar-
> rungsvermögen bedurfte. (8)

Als kompromisslos der Wahrheit verpflichteter Philosoph, als Suchender, als
Wanderer, als Erforscher unbekannten Terrains, der leidensfähig und aufopferungs-
bereit seine (Denk-)Bewegungen ausführt, enden seine Phantasien als „Anführer
einer gefahrenvollen (manchmal auch: dem Untergang geweihten) Expedition". Die
selbstverliebte heroische Pose Mr. Ramsays findet in der viktorianischen Lyrik ihre
vorgegebenen kulturellen Deutungsmuster, die *ars poetica* verschafft im Tagtraum
den schamlosen Genuss seiner eigenen Phantasien. Nach Freud ist „jede einzelne
Phantasie eine Wunscherfüllung, eine Korrektur der unbefriedigenden Wirklichkeit.
Die treibenden Wünsche sind verschieden je nach Geschlecht, Charakter und
Lebensverhältnissen der phantasierenden Persönlichkeit."[2] Den unablässig nach
Bestätigung heischenden Vater plagt die Ahnung, dass sein als glänzend einge-
schätztes Gelehrtendenken am Alphabet gemessen bis Q, nicht aber bis R reichen
könnte. Q wie 'quest' gilt als erreicht; R wie 'Realität' oder 'Ramsay' aber bleibt
ihm verschlossen, obgleich oder gerade weil er von einer Phantasie der heldenhaften
Größe in die nächste taumelt. Opferreiche Polarexpeditionen ins ewige Eis, als
Kapitän die wenigen Kekse mit seiner schiffbrüchigen Mannschaft teilen - seine
genussvoll ausgemalten Entbehrungen in der Phantasie genügen ihm nicht. Er
fordert zudem die grenzenlose Anerkennung seiner Umwelt, was ebenso Anlass für
befremdete Reaktionen bei den Gästen Bankes und Lily Briscoe wie für die über-
eifrig besänftigende, aber auch irritierte Zuwendung seiner Ehefrau sowie die eifer-
süchtige Ablehnung seines jüngsten Sohnes ist. In den komplex verflochtenen
Phantasien erweist sich unaufdringlich aber unabweisbar die Familie als der kulturelle Ort, an dem sich die Geschlechterdifferenz ausformt. Als junger Mann wandelt
der älteste Sohn Andrew bereits in den Fussstapfen seines Vaters, ein vertrautes
unspektakuläres Bild, das auch der jüngste Sohn im dritten Teil für sich aktualisieren

---

2 Freud, „Der Dichter und das Phantasieren", S. 173.

wird. Mit dem Vater teilt der Älteste zudem die Wertschätzung von vernünftigem Schuhwerk wie auch das Urteil über die irrationale Emotionalität von Frauen (vgl. 84).

Die kleinen und großen Phantasien geben diesem gewöhnlichen Ferientag eine Tiefendimension, die in das gelebte und nicht-gelebte Leben vorstößt. Selbst Mrs. Ramsay in ihrer überbordenden Mutterexistenz, auf die sie ihre Töchter und weiblichen Schützlinge verpflichten will, entwickelt im Schonraum ihrer Phantasie geheime Wünsche, eben jener durch das traditionelle Geschlechterverhältnis fixierten Position zu entkommen. Sie, die die Unterordnung der Frau für natürlich hält, die am liebsten immer ein Baby im Arm hätte und die sich als Schutzpatronin des ganzen männlichen Geschlechts fühlt, träumt davon, die sozialen Verhältnisse zu erforschen, Wissen zu produzieren und aus dem privaten Wirkungsfeld der Familie herauszutreten, nicht länger den von den Emotionen des Familienlebens vollgesogenen Schwamm zu bilden. Trotz ihrer Ahnung, dass Heirat, Ehe und Familie nur unsichere Bollwerke gegen „Leiden, Tod und Armut", gegen die Vergänglichkeit sind, soll eben diese Lebensfülle alle, insbesondere die jungen Frauen, verführen. Doch wie sich weibliche Subjektivität in dieser Familienkonstellation herausbildet, bleibt weitgehend im Dunkeln. Eine gewisse dissidente Ambivalenz der Töchter zum mütterlichen Vorbild bleibt selbst Mrs. Ramsay nicht verborgen: Zwar erweisen sie ihr mit ihrer mädchenhaften Ritterlichkeit ihre Reverenz, doch nicht ohne gleichzeitig von einem wilden Leben in Paris zu träumen, einem Leben, das nicht vom ständigen Kümmern um irgendeinen Mann eingegrenzt wird, mag dieser auch die Geschicke ihnen dubios gewordener Mächte wie des Empire oder der Bank von England bestimmen. Das Innenleben der Töchter bildet die Leerstellen in dem von Mrs. Ramsay gesponnenen Netz. Nur Prue, wiederum die Älteste, spinnt den Faden der mütterlichen Phantasie in ihrem Leben weiter. Sie, von deren außerordentlichem Glück die Mutter ausging, eben weil sie ihre Tochter war, wird später im Kindbett sterben - so grausam lässt der Text die unpersönlichen Kräfte wüten. In Cam, der Jüngsten, sieht die mütterliche Imagination nichts als den pfeilschnellen Wildfang, der erst auf den zweiten Anruf wie ein Projektil mitten in seiner Bahn fällt. Nicht nur eigenmächtig, sondern allmächtig fühlt sich die kleine Nancy in ihrem Spiel, in dem sie keine geringere Rolle als die Gottes einnimmt:

> Grübelnd machte sie aus dem Wasserloch das Meer, und die Elritzen wurden zu Haien und Walen, und sie warf große Wolken über diese winzige Welt, indem sie die Hand gegen die Sonne hielt und so Finsternis und Verzweiflung, wie Gott selbst, über Millionen unwissender und unschuldiger Geschöpfe brachte, und dann plötzlich die Hand wegzog und das Sonnenlicht herabfluten ließ. (83)

Und immer wieder ist es die Aura von Mrs. Ramsay, die in ihrem männlichen Umfeld Wunschphantasien von Größe anstößt. Der verklemmte Philosophiestudent ihres Mannes fühlt sich durch ihre Zuwendung augenblicklich zu höchsten akademischen Leistungen berufen; Paul Rayley betrachtet sie durch ihre Ermutigung als Stifterin seiner Verlobung mit Minta; sieht seine Ehe vor sich, seine Kinder, sein

Haus, immer sich als den Führenden, an den sich die Frau anlehnt. Gleichzeitig unterminiert der Text unendlich geschickt die wohligen Allmachtsgefühle, erzeugt Dissonanzen, die die einzelne Wahrnehmung als momentan, instabil und höchst umstritten ausweisen. Denn Tansley verliert Mrs. Ramsays Zuwendung, da ihr Blick fasziniert zum Bild eines verstümmelten einarmigen Zirkusartisten abschweift. Den Überschwang des Frischverlobten konterkariert das heulende Elend Mintas, die der verlorenen Brosche ihrer Großmutter (ausgerechnet einer Trauerweide) in dieser Situation unvermutet intensiv nachtrauert. Ein Gewirr an echten und unechten, an großen und kleinen Gefühlen und Gedanken, oft an sich banal, aber mit präziser Kunst zusammengeflochten, erzeugt ein Paradox von Stillstand und Bewegung - kein Wunder, dass sich die Malerin Lily Briscoe im wahrsten Sinne an den Rand ihrer Existenz gedrängt sieht.

2. Passagen: Übergänge, Verschmelzungsphantasien

Die Übergänge in die mythischen Ländereien unseres Titels, inspiriert von Mr. Ramsays eingangs zitierter Selbststilisierung, haben noch andere Übersetzungen gefunden. "The passage to that fabled land" (8) wird in der früheren Übersetzung von Herlitschka zur „Überfahrt in jenes sagenhafte Land",[3] in der neuen Übersetzung von Karin Kersten zum „Weg zu jenem sagenumwobenen Land". Beide sind nicht etwa falsch, doch die englischen Lexeme 'passage' und 'fabled' zeichnet ein besonderer semantischer Beziehungsreichtum aus. Weil die dichterische Phantasie eine sprachlich verfasste ist, kann sie im Text auf einen kollektiven Schatz von Mythologien, Märchen, Sagen und Geschichten zurückgreifen. James' Vorstellung, das Messer gegen den Vater zu richten, noch immer virulent im dritten Teil, wird dort als „ein altes Symbol" bezeichnet. Es bleibt offen, ob das für sein noch junges Leben oder für die Menschheitsgeschichte gilt. Wenn das Märchen vom Fischer und seiner Frau den Sohn zwar zufriedenstellt, bei der Mutter dagegen irritierte Unruhe erzeugt, deutet sich an, dass die Phantasie der Märchen der mütterlichen Wunscherfüllung einige Hindernisse entgegenstellt - die Zurechtweisung der widerspenstigen Frau lässt sie unbefriedigt. Aus dem Reservoir kollektiver Denkmuster entstammt Lily Briscoes Vorstellung ihres künstlerischen Schaffensakts als Gebärprozess, die bis in die Antike zurückreicht. Doch subtil wird hier die Metapher entfaltet und verdichtet und enthält damit *in nuce* Lily Briscoes Dilemma im Roman: Das schmerzhafte Ausgeliefertsein im (auch künstlerischen) Gebärprozess gilt sowohl für das Kind als auch für die Mutter. Der Text positioniert sie als Tochter und als Künstlerin und schreibt ihr damit einen doppelt verschlungenen *rite de passage* vor.

Mit 'passage' werden Wechsel, Übergänge, Grenzüberschreitungen aufgerufen, Grenzen und Verbindungslinien zwischen Entwicklungs-, Alters- und Zeitphasen markiert. Erfahrungsgrenzen und Grenzerfahrungen bestimmen nicht nur den

---

3 Virginia Woolf, *Die Fahrt zum Leuchtturm*, übersetzt von Herberth E. und Marlys Herlitschka, Frankfurt a. M. 1979.

Abenteuerroman, sondern gerade auch den Bewusstseinsroman. Hier werden sie denkbar, hier werden sie als phantastisches Kopftheater anschaulich vor Augen geführt. Mr. Ramsays gefahrvolle Exkursionen finden ohne Ortswechsel statt: Die Phantasie ermöglicht die Wunscherfüllung auch im Hier und Jetzt des Tagtraums, die Erinnerung kann gegen den Lauf der Zeit völlig eigenwillig angehen. Ein so einfacher Satz wie „Niemals sah jemand so traurig aus" (33) kann so die Leser aus der objektiven Zeit und ihrer Chronologie herauskatapultieren. Wer denkt oder sagt das wann und zu wem? Der Text öffnet sich erklärungslos dem subjektiven Zeitempfinden und überschreitet die Begrenzung von Zeit, Ort und fixierter Perspektive. Gerüchte, Alltagsmeinungen, ein kollektives Bewusstsein reichern sich mit allerlei Bruchstücken wie dem tiefsten individuellen Empfinden an und umgekehrt. In Klammern eingeschoben offeriert der Text eine Perspektive auf Mrs. Ramsay, die sich ihrerseits aber, wie ihr Gegenstand, jeglicher Fixierung entzieht. „Die Natur hat nur wenig von dem Lehm, aus dem sie sie geformt hat." (34) Irgendwann einmal hatte Mr. Bankes den Ausspruch getan und dabei ein Gefühl außergewöhnlicher Inkongruenz verspürt, an das er sich nun erinnert: Es hatte sich eingestellt, als er mit Mrs. Ramsay, für deren griechische Schönheit sich die Musen zusammengetan haben müssen, über die Abfahrtszeiten der Züge telefonierte, um daraufhin gleichzeitig den Fortschritt der Bauarbeiten am Hotel gegenüber wahrzunehmen und über den Ursprung ihrer Schönheit nachzusinnen, bevor er wieder an seine Arbeit zurück musste.[4] Verschlungene Übergänge verschließen sich eindeutiger Sinngebung - die Arbeit am Wort fordert einen beinahe detektivischen Spürsinn.

Wie Brücken über die individuellen Persönlichkeitsgrenzen hinweg spannt die Sprache ein Netz von Metaphern aus dem kollektiven Bildreservoir. Empfindungen treffen sich in den Bildern, die die Figuren miteinander teilen.[5] Dabei übertrifft eine stille Kommunikation, die sozusagen unterirdisch stattfindet (wie beim Abenddinner), in ihrer Intensität zumeist das eigentlich Gesagte und Ausgesprochene. Doch die Sehnsucht nach Überwindung der Grenzen der Person geht noch weiter. In ihrer Phantasie sieht sich Lily Briscoe, einer Archäologin gleich, in Mrs. Ramsays geheime Herzkammern eindringen, um dort ihre Weisheit zu erforschen. Wie zwei Flüssigkeiten in einem Glas will sie sich untrennbar mit ihr vermischen. Mrs. Ramsay kann selbst mit den sie umgebenden Dingen eins werden. Sie entgrenzt sich in ihrer Identifikation mit dem dritten Lichtstrahl des Leuchtturms, bis sie mit ihm verschmilzt und in ihm aufgeht - ein orgiastisches inneres Erlebnis, von dem der Text in seinem Bilderrausch so sehr viel mehr weiß als seine Figuren. Verschmelzung, Auflösung und Entgrenzung, aber auch Opposition, Konflikt und Subjektkonstitution finden an den 'passages', den Übergängen statt. Doch nichts ist endgültig, alles bleibt dynamisch. Die Schwere einer festgetäuten Harmonie verflüchtigt

---

4 Vgl. das Kapitel „Der braune Strumpf" in: Erich Auerbach, *Mimesis. Dargestellte Wirklichkeit in der abendländischen Literatur* (1946), Bern 1977, S. 488-514.
5 Vgl. Elfi Bettinger, *Das umkämpfte Bild. Zur Metapher bei Virginia Woolf*, Stuttgart 1993.

sich unter dem großen Angriff der Endlichkeit oder dem kleiner Störfaktoren, die manches Mal auch eine Quelle der Komik sind.

Aber 'passage' kann auch in einem weiteren, makrostrukturellen Sinn aufgefasst werden. Als Virginia Woolf mit dem Roman begann, visualisierte sie seine drei Teile als zwei durch einen Korridor verbundene Blöcke, womit zugleich die Zeitspanne überbrückt und die klassische Einheit von Zeit und Ort gewahrt wird. Dieser Korridor ist wie eine dunkle Passage des Geburtskanals und des Hadesganges - und tatsächlich wartet hier der Tod auf Mrs. Ramsay, auf Andrew im Schlachtfeld und auf Prue im Kindbett - Ereignisse, die, beiläufig in Parenthese gefasst, ohne Auswirkung auf die unaufhaltsame Zerstörung bleiben, gleich dem stummen Schrei von Mr. Ramsay.

3. Weiterleben, doch unter der Präsenz der Toten

Im Durchlaufen dieser Passage verändert sich die Perspektive, der Blick kann zurück und nach vorne gehen. Lange Jahre hat die Rezeption der durchaus vorhandenen melancholischen Nostalgie ihren Tribut gezollt, bezaubert von Charme und Lebensfülle der viktorianischen Ramsay-Familie, die sie als eine letzte Feier der zerbrechenden Vorkriegswelt sah. Im gemeinsam zelebrierten Abendessen schien ein letztes Mal eine Einheit gestiftet, bevor deren Verlust in Sehnsucht und Wehmut umschlägt, bevor Chaos, Krieg, gefolgt von einer modernen Zerrissenheit, der wenn auch nur momenthaften und oft illusorischen Ganzheit ein Ende setzen.

Ein retrospektiver Blick liest hingegen den dritten Teil als kritische Antwort auf die Geschichten und Phantasien des ersten Teils, da nun die Kindergeneration, die gerade erst selber in der Moderne angekommen ist, ihre Neubewertung an den Brüchen und ungelösten Konflikten schärft. Besonders die frühe feministische Forschung hat jene Momente des Romans privilegiert, in denen die festgefügten viktorianischen Sicherheiten den dynamischen, aber auch schmerzlichen Verunsicherungen der Moderne weichen.[6] Vielleicht hat sie mit ihrem Elan dem Roman aus verständlichen Gründen eine zu einfach optimistische Tendenz verliehen.

Für beide Lesarten lassen sich entsprechende Lektürehinweise der Autorin finden. Ihr nur zögerlicher Griff zur Gattungsbezeichnung Elegie - sie befürchtete, sich durch die autobiographischen Anleihen dem Vorwurf der Sentimentalität auszusetzen[7] - verficht mit Coleridge, dass die Elegie mehr noch als des Abschieds und der Trennung von den Toten der Lebenden mit ihrer Trauer und ihrem Verlust gedenkt. So bleibt der Blick fest auf die Lebenden gerichtet, in deren Erinnerung sich ganz phantastisch die Grenze zwischen Tod und Leben kurzfristig aufhebt: Die Toten werden im Text und durch den Text wieder erweckt. Der Schrecken einer

---

6 So z. B. Jane Lilienfeld, "Where the Spear Plants Grew: The Ramsays' Marriage in *To the Lighthouse*", in: *New Feminist Essays on Virginia Woolf*, hg. von Jane Marcus, London 1981, 148-169.

7 "The word 'sentimental' sticks in my gizzard [...] But this theme may be sentimental; father & mother & child in the garden: the death; the sail to the lighthouse." (20. Juli 1925), sowie "I go in dread of 'sentimentality'. Is the whole theme open to that charge?" (13. September 1926). In: *The Diary of Virginia Woolf*, hg. von Anne Olivier Bell, London 1977-84, Bd. 3, S. 36 u. 110.

solchen modernen „Geistergeschichte" liegt darin, daß sich die Geister der Toten als integrales Moment der Subjektivität der Lebenden entpuppen - Schrecken und Tröstung zugleich, im Freudschen Sinne heimlich-unheimlich.

Hier wird das biographische Material interessant, weniger als stützender Beleg für die endgültige Klärung eines offenen Textes denn vielmehr als Indiz für den ständig wachen Möglichkeitssinn, der sich in Umarbeitungen, Abänderungen, Verschiebungen und Verdichtungen der künstlerischen Phantasie an einer Epochenschwelle aufzeigen und historisieren lässt. Den vereindeutigenden Interpretationen gleich welcher Provenienz setzt der Roman eine schwebende Ungelöstheit entgegen, die selbst einen so schwierigen Sachverhalt wie die konfligierende Wahrnehmung zu umspielen vermag. „Denn nichts war einfach nur ein und dasselbe Ding" (202), erkennt der Sohn James, als er sich schließlich dem Leuchtturm nähert. Beinahe gleichzeitig stellt die Malerin fest: „So viel hängt also von der Distanz ab" (207). Doch bevor der Abschied möglich wird, müssen die Überlebenden die Toten wirklich zur Ruhe bringen.

Wie das Ferienhaus trotz seines Verfalls die kleine Gruppe versprengter Überlebender beherbergt, liefert das zertrümmerte viktorianische Weltbild auch noch weiterhin entscheidende Bruchstücke insbesondere des emotionalen Erlebens. Indem die beiden parallelisierten Handlungsstränge mit den damals abgebrochenen Unternehmungen wieder aufgenommen werden - Vollendung des Bilds, tatsächliche Fahrt zum Leuchtturm - wird an eine Gefühlsstruktur angeknüpft, in der die Toten ihren angestammten Platz haben. Jenseits der Frage, ob ihr Vermächtnis Erbe oder Last oder beides zugleich ist, stellt sich ihre präsente Abwesenheit den Über-Lebenden als das große Rätsel, das diese auf sich selbst zurückwirft.

Nirgendwo wird die Ambivalenz der Gefühle prägnanter als im Verhältnis zur toten Mutter, zu Mrs. Ramsay, da in ihr die beiden grundlegenden Geheimnisse menschlicher Existenz zusammenkommen: Sexualität und Tod. Die jüngsten Kinder und die Malerin stehen nochmals vor einem *rite de passage*. Für James und Cam geht es um nichts Geringeres als der Tyrannei zu widerstehen; für Lily Briscoe steht die Vollendung ihrer Vision auf dem Spiel. Alternierend zwischen Künstlerroman und Familienroman, sind beide Unternehmungen aufs engste durch ihre Metaphern verflochten als gefahrvolle Expeditionen, die Ängste und Sehnsüchte stimulieren.

Damit die Künstlerin Lily Briscoe ihr Bild der Mutter mit Kind vollenden kann, muss sie eine Perspektive finden, sie muss ihr Verhältnis zu Mrs. Ramsay, und damit zur eigenen Weiblichkeit, klären. Es ist ein überdeterminiertes Verhältnis: das der Betrachterin zum betrachteten Objekt, das der Künstlerin zum Modell, das der Trauernden zur Toten und das der (strukturellen) Tochter zur Mutter.[8] Noch wirken in Lily selbst die früheren Vorurteile, sie sei eine vertrocknete alte Jungfer, noch muss sie sich gegen Mrs. Ramsays Verdikt auflehnen, eine unverheiratete Frau habe das Beste im Leben verpasst. Die angemaßte Definitionsmacht wird überprüft an einer Bilanz von Mrs. Ramsays Wunschphantasien unter den veränderten Wirklichkeitsbedingungen und mit einem Gefühl der Genugtuung für nichtig befunden. Das

8 Suzanne Raitt, *Virginia Woolf's "To the Lighthouse"*, Hemel Hempstead 1990 , S. 101.

Gedenken sammelt die Bruchstücke der Vergangenheit für die Gegenwart auf, es ergänzt den Mittelteil „Die Zeit vergeht" um eine menschliche Perspektive. Entgegen dem Drängen von Mrs. Ramsay hat Lily Briscoe nicht geheiratet, entgegen den Vorhersagen fühlt sie sich weder vereinsamt noch bedauernswert. Auch wenn sie tapfer die Möglichkeit eines Scheiterns als Künstlerin nicht ausschließt, so findet sie doch in der Malerei die Ausdrucksmöglichkeit für ihre Vision. Das Bildmotiv universeller Verehrung, Mutter mit Kind, erfordert ihre ganze Konzentration als Künstlerin: Statt mimetischer Abbildung zielt sie auf neue Relationen von Licht, Schatten, Farbe und Masse - eine Herausforderung, die sie nochmals alle Höhen und Tiefen ihres Verhältnisses zu Mrs. Ramsay zu durchlaufen zwingt.

Diesem schmerzlichen Prozess ist die Trauer als Pose entgegengesetzt. Der Witwer Mr. Ramsay fühlt sich berechtigt, noch uneingeschränktere weibliche Zuwendung und Mitleid einzufordern; mit wahren Fluten der Trauer überschwemmt er die Malerin: „Sein ungeheueres Selbstmitleid, sein Verlangen nach Mitgefühl sprudelte hervor und breitete sich in Pfützen zu ihren Füßen aus, und sie, elende Sünderin, die sie war, tat nichts weiter, als ihren Rock ein wenig enger um die Knöchel zu raffen, damit er nicht naß wurde." (167) Das Wörtlichnehmen der Metapher nimmt der Tragik unmittelbar die Schärfe, der Exzess wird zur erfrischenden Szene ironisiert. Brisant bleibt das konfliktreiche Verhältnis zwischen den Generationen, das auf der Fahrt zum Leuchtturm manchen emotionalen Turbulenzen ausgesetzt wird. Neben dem Gemeinplatz der Forschung, die Künstlerin als *alter ego* der Autorin aufzufassen, steht ein Versuch, die jüngste Tochter Cam ins Spiel zu bringen, deren intellektuelle Erziehung und Förderung vom Vater geleistet wird.[9] Während das lange vorenthaltene väterliche Lob den Jungen zum Mann promoviert, der sich gleich darauf selbst die alten väterlichen Verse zitieren hört, findet bei der Tochter eine Verführung statt: „Und dann gab er ihr aus seinem eigenen Päckchen eine Pfeffernuß, als wäre er ein großer spanischer Herr, dachte sie, der einer Dame am Fenster eine Blume überreicht (so galant war seine Geste)." (222) Trotz des dramatisch aufgeladenen Schlusspunkts, der Ankunft am Leuchtturm, wird diese Etappe des Familienromans zu einem aufregend-unspektakulären Ende gebracht. Ausgerechnet Mr. Ramsay, dessen Gedankenwelt zuvor vor allem eine pompöse Literarizität charakterisierte, setzt an der schicksalhaften Stelle des Schiffsuntergangs mit dem bloßen Ausruf „Ah" einen antimetaphorischen Schlusspunkt: „Doch warum sollte man daraus ein Getue machen? Natürlich ertrinken Männer bei einem Sturm, aber das ist doch eine vollkommen klare Sache, und die Tiefen des Meeres (er streute die Krümel von seinem Butterbrotpapier darüber aus) sind schließlich und letztendlich nur Wasser." (223) In der Verweigerung einer übertragenen, symbolisch überhöhten Sicht stellt sich eine entdramatisierte Gelassenheit ein. Nach all den Übertreibungen, der Fülle der Bilder und Metaphern scheint der Roman beinahe seine eigene erzählerische Phantasie zu ironisieren. Die sorgsam aus Splittern

---

9 Elizabeth Abel, "'Cam the Wicked': Woolf's Portrait of the Artist as her Father's Daughter", in: *Virginia Woolf and Bloomsbury. A Centenary Celebration*, hg. von Jane Marcus, London 1987, S. 170-194.

zusammengesetzte mythologische Verweisebene, die, immer präsent aber spielerisch, nur momentane Bedeutung erhielt, scheint als pompös und aufgebauscht vom Tisch, beziehungsweise hier: vom Butterbrotpapier. Mit dem Verzicht auf die literarische Pose erhält die lakonische Geste eine eigene Würde. Sie stößt einen Wandlungsprozess an, der der väterlichen Tradition eine Überlebenschance in der Moderne einräumt. Während sie um Mrs. Ramsay trauert, wird mit ihr das viktorianische Mutterbild zur Ruhe gelegt, wenn die Künstlerin Lily Briscoe bei der Vollendung ihres Bilds am Ende die Erlöserworte spricht: „Es ist vollbracht". Für einen Moment zumindest hat das Kunstwerk festgehalten, was die künstlerische Phantasie immer wieder antreiben und den Möglichkeitssinn auf den Plan rufen wird: das unstillbare Begehren, den ewigen Mangel, "to want and want and not to have" (219).

4. Fakten, umspielt vom Hauch der Einbildungskraft

Der Ausblick in ein fabelhaftes Jenseits ebenso wie die Akzentuierung des Diesseits trotz seiner Unvollkommenheit und Verunsicherung wird immer wieder durchbrochen oder wenigstens umspielt von einer Haltung der Exaltation und einem Hang zur Mystifikation sowie viel erzählerischem Schabernack. Privat- und Familienmythologien werden generös aufgebaut, immer ein wenig nonchalant oder whimsical, als Ausfluss der guten Laune, und sie werden als nur privat oder erdacht wieder relativiert. Alles, was noch eintrifft wie bestellt oder erhofft, ist sogleich „ein Segen", „ein Wunder". Aus den lieben und nie ganz braven Kindern werden Engel und Dämonen. Beteuerungen und Verwünschungen greifen in ihrem bildlichen Ausdruck aus bis in den Weltraum oder auf das angestammte Königshaus.

Das Spiel mit der Sprache und ihren Bildern unterstreicht diesen „launischen" Umgang mit der Realität. Nicknames für Menschen wie für Vögel deuten an, dass sich jemand eine fiktive Souveränität über die Wirklichkeit beimisst. Wenn die gutherzige Malerin sich innerlich mit einem Außenseiter der leichtlebigen Gesellschaft beschäftigt, auf dem alle herumhacken, dann bildet sie nicht nur den Ausdruck „Prügelknabe" (im Englischen ähnlich: "whipping boy"), sondern spinnt aus dem Wort gleich eine Szene heraus, wie sie ihn geißeln würde (214). Die Aufbauschung wird geradezu als ein Stilprinzip gefeiert: eine ebenso groteske wie übermütige Diskrepanz zwischen betont trivialen Alltagssorgen und der Überhöhung zu den gefeiertsten Gütern der Menschheit. Von der wunderbaren, allerschönsten Hausherrin Mrs. Ramsay heißt es: „Die ganze Zeit, wenn sie sich beklagt, daß man hier keine frische Butter bekäme, muß man an die Tempel der Griechen denken und wie die Schönheit damals unter ihnen wohnte" (212).

Besonders für die Ästhetik, die der bildenden Kunst wie die der Poesie, werden Beziehungen und Dimensionen ins Spiel gebracht, die zugleich gewaltig, unwiderstehlich und doch grazil, ganz schwebend und locker wirken.[10] Der „Glanz eines Schmetterlingsflügels" legt sich auf die gemauerten „Gewölbe eines Doms" (54), und noch schärfer, ebenso verbindend wie auseinanderstrebend: Die gesuchte

---

10 Vgl. Shirley Panken, *Virginia Woolf and the "Lust of Creation"*, New York 1987.

'richtige' Formidee des Bildes wäre etwas, „was man mit einem Atemhauch zerknüllen und was man mit einem Pferdegespann nicht aus den Angeln heben könnte" (186). Es ist eine betont freie, üppige, überschüssige Phantastik, mit der dieser Roman arbeitet, ein echtes surplus der Imagination als Kunst. Die lose kreierten, vor unseren Augen gesponnenen Phantasmen schrecken kein bisschen, jedenfalls nicht so wie der grobe Spuk und die angefaulten Leichen in strengen oder auch trivialen phantastischen Romanen. Aber sie sind nirgends nur aufgesetzt und nicht entbehrlich. Die im Mittelpunkt dieses Romans stehenden Erwägungen über das Leben als umschließenden Grund oder als unerbittlichen persönlichen „Feind" sowie die Provokation und der Kampfplatz der Kunst ließen sich ohne die phantasievollen und phantastischen Metaphern überhaupt nicht realisieren. Die Gedankengänge selbst wie die dafür gefundenen erstaunlichen - und erstaunlich passenden - Metaphern bestehen in einer permanenten Abstoßung vom gewöhnlichen Wirklichkeitsverständnis und in der Suche nach einer anderen Wirklichkeit, die nicht mehr Dichte und Materialität annehmen darf als die von Einfällen der Einbildungskraft, sagen wir von Schmetterlingsflügeln.

Die Bereiche, aus denen die Bilder, Halbmythen und fabulösen Aufbauschungen stammen, sind außerordentlich vielfältig. Sie sollen sich vermutlich berühren und überschneiden, damit auch jeder dieser Bereiche entgrenzt wird, nicht das fest umrissene Reservoir von Spezial- oder Bildungswissen bleibt. Während im *Ulysses* jedenfalls vom Titel aus *eine* Bezugsebene, die griechisch-homerische, zur führenden erhoben ist, durchdringt sich in Virginia Woolfs berühmtestem Werk die antike Tradition mit der christlichen (inklusive viel abgesunkenes Christentum) und beide mit Märchen, volkstümlichen Vorstellungen, mit einer stark anthropomorphisierten Natur (daneben nur wenig expliziter Geschichte), mit der Psychologie von Einzelpersonen wie von dialogischen Beziehungen, mit Vorstellungen der Wissenschaft und der Philosophie, insbesondere einer Art von „Lebensphilosophie" (derjenigen Mrs. Ramseys, während ihr Mann, Philosoph von Beruf, irgendwo zwischen Hume und Husserl „festzuhängen" scheint). Es hat einen Versuch gegeben, diesen Roman zu einer ebenso mächtigen Kontrafaktur der christlichen Heilsgeschichte zu erklären wie *Ulysses* die antik-heidnische Menschheitsgeschichte für die Moderne neu gestaltet habe.[11] Aber dieser Versuch war so plump angelegt - das krönende Dinner des ersten Teils *ist* das letzte Abendmahl, Mrs. Ramsay *ist* die Mutter Gottes *und* der für alle leidende Christus, der im Kinderzimmer angenagelte Stierschädel *symbolisiert* den Gekreuzigten usw. -, dass er in der Forschung einfach durchgefallen ist. Das allerdings ist auch wieder schade, denn immerhin bietet hier die christliche Religion noch über den Gegenstand der leidenschaftlichen Auseinandersetzung und der ständigen Irritation hinaus doch eine starke durchgehende Spannung zwischen Strenge und Milde (theologisch: zwischen Gesetzlichkeit und Barmherzigkeit) sowie eine verbürgte Sukzession von Erniedrigung, Reduktion auf

---

11Vgl. F. L. Overcarsh, "The Lighthouse, Face to Face", in: *Accent* 10 (1950), S. 107-123, dagegen jedoch, mit etwas weiteren Horizonten: Martin Corner, "Mysticism and Atheism in *To the Lighthouse*", in: *Studies in the Novel*, 13 (1981), S. 408-423.

das Wesentliche und Beseligung, die selbst in ihrer entdogmatisierten, problematisierenden Gestaltung wiedererkennbar sind und in ständiger Spannung mit den
launigen oder launischen Abänderungen stehen.

5. Verabsolutierung - Ironisierung

Noch wichtiger als die spezifischen, manchmal für sich akzentuierten, noch öfter
synkretistisch verschliffenen Bereiche, aus denen die phantastischen Aufbauschungen und Überhöhungen genommen sind, ist der Gebrauch, den der Roman von allen
diesen Motivsträngen macht. Die Funktionen und auch die Gestaltungsziele sind
unerschöpflich vielfältig, sorgfältig differenziert und modifiziert. Sie changieren in
sich oder schlagen in einen sehr andersartigen, vielleicht entgegengesetzten
Gebrauch um. Wenigstens die beiden Pole dieses Einsatzes von Wundern, Erleuchtungen und dergleichen wollen wir hier einander gegenüberstellen:

Zum einen wird mit den zauberischen und mutwillig-bedeutsamen Hinweisen
eine Wirklichkeit eigener Ordnung geschaffen, eine herausgehobene, in sich
konzentrierte, sogar als „absolut" erscheinende Welt, die ebenso zart wie kohärent,
ja im Moment unverrückbar fest sein soll. Eine Situation, wie sie sich momentan in
den Reaktionen der Personen aufeinander oder aus einer blitzähnlichen Einsicht
ergeben hat, gilt als einzig, unerhört, strahlend, als Kern oder Essenz des Lebens.
Der Mensch selbst, obgleich nur ein einzelner und besonderer, kann in solchen
hervorgehobenen erleuchteten Momenten zu strahlen anfangen und für einen
Augenblick in eine völlige Übereinstimmung mit der harten Wirklichkeit des Lebens
oder dem mühsam gebändigten Chaos eintauchen. Ein Blütenblatt, ein Farbfleck,[12]
eine Seite aus einem Warenhauskatalog kann für alles stehen, so wie in einem
Tropfen Meerwasser Griechenland, Rom und Konstantinopel präsent sind (205). „In
der Schwebe sein" lautet der bezeichnende Ausdruck für diese Gemütszustände der
völligen Entlastung und Intentionslosigkeit, aber auch für den Zustand von Dingen,
wenn sie sich einem solchen Gebrauch der Menschen ergeben. Mrs. Ramsay braucht
in diesem Zustand gar nichts zu sagen, nicht auf die Rede der anderen zu hören,
sondern sie versteht wortlos, „mühelos", was in den Gästen an ihrer Tafel vor sich
geht - „wie wenn ein Lichtstrahl unter die Wasseroberfläche schlüpft, so dass es sich
kräuselt und die Binsen darin und die Elritzen in ihrem Balanceakt und die raschen
stillen Forellen beleuchtet werden, wie sie da schweben und zittern" (114-116).

Es sind nur selten Zustände des Glücks, die als so schwebend-"absolut"
gezeichnet werden. Eher sind es Momente, in denen sich das Ich auf sich selbst
zurückgeworfen und isoliert findet, aber staunt, grübelt, merkt, dass es das
Entscheidende nicht weiß, oder eine Aufgabe vor sich sieht, die ebenso unabweislich
wie unerfüllbar ist. Die schlichte Frage, was man den Leuten auf dem Leuchtturm
mitbringt, kann plötzlich „Türen im Gemüt öffnen". Sie ruft ein bestürztes Staunen
(eigentlich: Gaffen, "a stupefied gape") hervor: Was tut man überhaupt? Wozu sitzt

---

12 Farben sogar besonders gern, vgl. Jack F. Stewart, "Color in *To the Lighthouse*", in: *Twentieth Century Literature* 31 (1985), S. 438-458.

man hier? (116). Die Fortsetzung dieser Fragen führt unweigerlich zu der unbeantwortbaren: Wozu ist man da? Die Elegie, die Virginia Woolf in ihren Roman einschrieb, verlangt immer wieder den geballten Ausdruck der Klarsicht, des Blicks hinter die Dinge.[13] Die Wahrnehmung der Hinfälligkeit und Bedrohtheit aller Menschen, aller ihrer Beziehungen, all dessen, was sie geschaffen haben und noch zu schaffen vermögen, wird in einem Bewusstseinszustand gebildet, der mit einem momentanen Stich des Schmerzes ganz still steht oder selbst wie abgestorben wirkt. Dass aus der gezeichneten Lebens- und Bewusstseinsform heraus ein Krieg ausbrechen kann und dann wirklich ausbricht, wird nicht zum Gegenstand der Darstellung gemacht, lässt sich aber an dem alarmierten oder schon taub gewordenen Zustand der Nerven, wie er sich in den Metaphern verrät, wenigstens ahnen. Gerade wo das Leben als ein „ewiges", d. h. lange weitergehendes vorgestellt wird, gilt als es „schreckliche, feindselige" Kraft, weil es unbarmherzig, ungerührt über alles hinweggeht (selbst die Fruchtbarkeit der Natur wird mit ihrer mangelnden Sensibilität gleichgesetzt, S. 150) und nichts so lässt, wie es gerade in sich ruht oder von Bedeutung erfüllt ist (66 f). Der Prozess des Vergehens schafft sich sogar eine eigene Reflexionsinstanz, von dem aus er in seinem gewaltigen, erschütternden und dadurch wieder leuchtenden Ablauf überhaupt erst wahrnehmbar wird. Der kompakte mittlere Teil des Romans unter der Überschrift „Die Zeit vergeht" zeichnet sich erzählerisch dadurch aus, dass ihm kein angemessenes Bewusstsein beigegeben wird. Das Gebrabbel der Aufwartefrau, die während der zehn Jahre des Kriegs und Leerstands das immer mehr verfallende Haus auf der Insel pflegt und eben nicht bewahren kann, bleibt von dem eigentlichen Prozess ausgeschlossen und spiegelt ihn nur aus einer grotesken Diskrepanz. So wird ein hypothetischer, konjunktivischer, in Wirklichkeit eben nicht präsenter Beobachter eingeführt. Wäre jemand da gewesen, hätte er sehen und hören können, nämlich: das „gigantische Chaos", über das jetzt der Lichtstrahl des Leuchtturms hinstrich, in dem „die Winde und Wellen sich ergötzten wie die unförmigen Rümpfe von Leviathanen, deren Brauen von keinem Licht der Vernunft durchdrungen werden, die sich einer über den anderen wuchteten und sich hochreckten und hinabstürzten in die Dunkelheit oder das Tageslicht (denn Tag und Nacht, Monat und Jahr rannen unabgetrennt ineinander) in idiotischen Spielen, bis es schien, als ob das Weltall sich in sich selbst verbiß und taumelte, in brutaler Verwirrung und schadenfroher Lust, ziellos, mit sich allein" (147).

Zum andern wird in allen Aufbauschungen und Zuspitzungen zu einem Urteil oder Bild die Unangemessenheit oder Willkür ständig bewusst gehalten.[14] Die Hervorhebung zu momentan fraglosen oder schlechterdings absoluten Einsichten wird dadurch immer wieder relativiert, ironisiert, geradezu unterspült. Wenn es nichts als vergängliche Menschen und Werke sind, die so emphatisch herausgestellt

---

13Vgl. das Kapitel über *To the Lighthouse*: "Virginia Woolf's Winter's Tale", in: Maria DiBattista, *Virginia Woolf's Major Works*, New Haven/London 1980, S. 64-110.

14 Vgl. dazu Thomas G. Matros Aufsatz mit dem programmatischen Titel: "Only Relations: Vision and Achievement in *To the Lighthouse*", in: *PMLA* 99 (1984), S. 212-224 (ein großer Fortschritt über den heftig schimpfenden Aufsatz 26 Jahre davor an gleicher Stelle: Glenn Pedersen, "Vision in *To the Lighthouse*", in: *PMLA* 73 (1958), S. 585-600.

werden, dann werden sie von eben dieser Vergänglichkeit sogleich wieder eingeholt und vergeht auch die konzentrierte Einsicht alsbald wieder. Die Bemühungen der Mrs. Ramsay um einen zusammenschießenden „Sinn" des Lebens, sei es in der Karriere oder den Ehen ihrer Kinder (inklusive Gäste), die sie so gern stiftet, sei es bei einem exquisiten Abendessen, das die Welt geistig ebenso wie sinnlich zu einer harmonischen, in tausend Anspielungen funkelnden Runde zusammenschließen soll, diese ihr Leben ausfüllenden Anstrengungen werden auf allen Ebenen konterkariert. Sie sind womöglich selbst nichts als Ausfluss einer unreflektierten, in der Tiefe doch nicht genügend bezweifelten Eitelkeit. Die Malerin schafft es schließlich, ihr zehn Jahre lang bedachtes Werk, in dem sie die mittlerweile verstorbene Mrs. Ramsay in einer neuartigen, annähernd abstrakten Weise verewigt, markant zu beenden; ihr letzter Pinselstrich bildet das Ende des Romans. Aber noch im letzten Satz wird die Vollendung als Befriedigung ihres Gemütsbedürfnisses, ihrer „Vision", ironisiert, und im Verlauf der Entstehung hat sich die hingebungsvolle Künstlerin immer wieder sagen müssen, dass sie vielleicht doch kein großes, d. h. gültiges Werk zustande bringt, dass dieses mit so viel Mühe vollendete Bild einmal auf dem Speicher oder in einer Dienstbotenkammer enden wird. Alles, was im Ton der Affirmation vorgebracht wird: Huldigungen, Belehrungen, Beschwichtigungen, Affektausdruck, bejahte Naivität und Dankbarkeit, Versicherungen des Glücks, der Gelungenheit, des Stils sowie die mehrmals darübergelegten „goldenen Nebel", all das wird schon deshalb, weil die Personen sich zu dieser positiven Einstellung aufschwingen und ihre sonstigen Skrupel und Einwände zurückstellen, einer unendlichen Ironie ausgesetzt. Ja, „das Leben", verstanden als verträgliches, einander förderndes Zusammenleben von tief getrennten Individuen, hat seine eigene Würde und deshalb sein Recht; es ist es wert, dass Menschen sich zum Loben und Bestärken ins Zeug legen und dabei alle Künste ihrer Einbildungskraft spielen lassen. Aber nein: Eben diese Stilisierung des Lebens auf eine immanente Harmonie und Sinnerfülltheit hin bleibt sichtlich rein subjektiv, zurechtgemacht, an der Oberfläche der Erscheinung. In der Tiefe, auf die diese Oberfläche ständig verweisen muss, bleiben die Kräfte der sich modernisierenden Gesellschaft brutal und destruktiv, geeignet zu einem Krieg und dann ausgetragen in einem wirklich losbrechenden Krieg. Sie lassen sich durch die Zivilisierungs- und Harmonisierungsbestrebungen de facto doch nicht beschwichtigen, geben sie höchstens, an den schönen Stellen des Romans, dem Lächeln und an vielen kleinen garstigen Stellen der Lächerlichkeit preis.

6. „Ein keilförmiges Herzstück der Finsternis"

Jedes der beiden Ziele, die Virginia Woolf mit den Phantasiegebilden ihres Romans verfolgt: die Emphase und Exaltation wie die Ironisierung und Reduktion auf Vergänglichkeit, wäre schon für sich genommen einen ganzen Roman wert. Im Deutschen könnten wir etwa bei dem ersten Typ an Broch und verwandte Thetiker, bei dem zweiten an Musil als unser Musterbeispiel des Ironikers denken. Aber erst das Zusammenspiel der beiden Zielsetzungen macht *To the Lighthouse* so reich und intrikat, so dauerhaft verwirrend, wie es die im strengeren Sinne unheimliche Literatur nur auf ihren seltenen Höhepunkten ist. Einen Stuhl und einen Tisch sieht die Malerin in der letzten Zuspitzung zu ihrer Vision vor sich, und dabei bekommt der Stuhl durch die Erinnerung an die Menschen, die ihn schon ausgefüllt haben, besondere sinnliche Dichte, während der Tisch als das liebste Gedankenturngerät der Philosophen zum Staunen und zum leichten Spott der Nichtphilosophen immer wieder dazu da ist, die krasse, wenn auch problematisierte Materialität zu unterstreichen. Beide sind vor dem Auge der sensiblen, von jeder Spekulation gleich überforderten Malerin nichts als diese trivialen Gebrauchsgegenstände, und doch bilden sie, „gleichzeitig", ein „Wunder", eine „Ekstase" (218). Die eine Sicht der Dinge wirkt auf die andere zurück, und jede greift, kaum dass sie geäußert ist, auf die andere, ihr entgegengesetzte aus. Im inneren Erleben der Malerin wird beides am schroffsten zusammengezwungen und ihr Gegensatz wie in einem Abenteuerroman in nuce, in einem Satz oder Absatz, ausgetragen. Ihre Kunst, fühlt sie, zwingt sie anders als jede andere Beschäftigung mit dem Leben zu einem unaufhörlichen Kampf,

> sie fordert einen heraus zu einem Gefecht, in dem man nur besiegt werden kann. Immer (das lag in ihrer Natur oder in ihrem Geschlecht, sie wußte nicht, in welchem von beiden) bevor sie die flüssige Substanz des Lebens mit der Konzentration der Malerei vertauschte, erlebte sie einige Momente der Nacktheit, in denen sie sich fühlte wie eine ungeborene Seele, eine ihres Körpers beraubte Seele, die sich an irgendeiner windigen[15] Mastspitze zu schaffen macht [wörtlich: zögert] und schutzlos allen Windstößen des Zweifels ausgesetzt ist (173).

Dieses radikale Bild des äußerst problematisierten Selbstverständnisses antwortet aber wiederum, metaphorisch, auf die nur sentimentale, aus Mitleid und Selbstmitleid zusammengesetzte Selbststilisierung des Professors, ihres eigentlichen Kontrahenten. Er hatte sich in seiner Verkanntheit oder inneren Verranntheit als einsamen Seevogel imaginiert, der weit draußen standhält, wo die See das Land langsam wegnagt, und seine Frau hatte in ihrer Art des wortlosen Erratens das Bild vervollständigt zu einem Pfahl, der den Schiffen eine tiefere Rinne in der See anzeigt, auf dem die Möwen ausruhen und den die Wellen schlagen (beides S. 50).

Ein und derselbe Zustand kann nach oben oder nach unten, nach außen oder ins tiefste Innere projiziert, kann in die Kette einer langlebigen Tradition eingefügt oder als absolute Neuentdeckung ausgegeben werden.[16] Das macht den durchgehenden Relativismus nicht nur fühlbarer, sondern bietet ihn auch verschärft der Reflexion an. Um den sonderbaren Zustand der Intentionslosigkeit, dieser inneren Schwebe ("being in suspense") zu unterstreichen, den Mrs. Ramsay dann und wann erreicht, wird das Himmelsgewölbe und wird die Vorstellung, frei nach Joseph Conrad, von einem „Herzen der Finsternis" bemüht. An die Stelle der Willentlichkeit tritt „etwas

---

15 Auch das englische Wort 'windy' bedeutet zugleich windbewegt und leichtfertig/prahlerisch.
16 Eine weitere ebenso zentrale Dimension ist Licht und Dunkelheit, vgl. Jack F. Stewart, "Light in *To the Lighthouse*", in: *Twentieth Century Literature* 23 (1977), S. 377-389.

so Klares" wie der Raum, den die Wolken schließlich freigeben, oder der kleine
Fleck des Himmels, der sich neben dem Mond zeigt (56f.) „Alles Sein und Tun in
seiner ausgedehnten, gleißenden, tönenden Form verdampfte, und man schrumpfte,
mit einem Hauch von Feierlichkeit, bis man nur noch man selber war, ein keil-
förmiges Herzstück der Finsternis, unsichtbar für andere" (69). Die Übertreibungen
des gegenteiligen, aufgeregten Zustands können geschmacklos werden wie die einer
blinden Mutterhenne, aber sie wollen gleichwohl im Kontext des ganzen Werks
ernstgenommen werden. In ihrer Sorge um zwei Gäste, die sich am Strand womöglich zu weit hinauswagen, entfaltet Mrs. Ramsay eine ausgesprochen defekte Logik,
indem sie kalkuliert: Wenn ihre Kinder auch dabei sind, dann kann weniger leicht
etwas passiert sein. Sie bringt es auf die Formel: „[Ein] Holocaust von solchen
Ausmaßen war nicht wahrscheinlich. Sie könnten nicht alle ertrinken" (87). 'Holocaust' hatte im Veröffentlichungsjahr 1927 noch nicht die furchtbare unser
Geschichtsbild bestimmende Bedeutung für die Geschichte der Juden angenommen.
Es hieß einfach: Katastrophe größten Ausmaßes, vielleicht noch mit Anklängen an
das Opfer ('Brandopfer'), das sprachlich zugrunde liegt. Auch in dieser Bedeutung
ist der Ausdruck outriert, er charakterisiert die Übertreibungssucht der stillen Heldin,
aber eine besorgte Mutter und Gastgeberin schreckt vor keinem Vergleich zurück.
Aus ihrer Sicht, aus ihrer Konzentration auf das Nächste, das für sie zugleich das
Große ist, nimmt eine (hier nur denkbare) Familienkatastrophe die gleiche
Dimension an, die die Historiker furchtbaren Ereignissen ab einer bestimmten
Anzahl von Betroffenen vorbehalten. Wir wollen nicht noch einmal die Spekulation
anschließen, dass diese Allergisierung etwas mit der von der Autorin nachträglich
eingetragenen oder verstärkten Vorahnung des Krieges zu tun haben könnte. Die
gewählten   unpassend-weitreichenden   Vokabeln   verraten   aber,   dass   die
Vorkriegsgesellschaft, wie sie hier erfasst ist, nicht so harmlos und ahnungslos war,
wie man sonst annehmen könnte.

Der Möglichkeitssinn, dessen Errungenschaften in dieser Arbeit untersucht
werden sollen, kann viele Gestalten annehmen, denn er reagiert auf ein sehr
komplexes Gemenge von psychischen und sozialen Realitäten, mit deren Istzustand
er sich nicht abfindet. Neben die klassische Modalität der Möglichkeitsform, die
etwas als nur denkbar hinstellt, tritt eine andere Gestaltungsweise, die das
Gewünschte oder Befürchtete als real, ja als eine überlegene, emphatisch verbürgte,
unbezweifelbare Wirklichkeit setzt und gerade durch die aufgewandte Emphase die
Herkunft aus der Einbildungskraft offen zugibt. Das Verfahren kann solche Blüten
treiben wie die, dass für die schließlich hergestellte Zweisamkeit von Mrs. und Mr.
Ramsay aus der Sicht der Frau vorausgeahnt bzw. dekretiert wird: „(Jedes Wort, das
sie jetzt sagten, würde wahr sein)" (133). Das klingt wie ein Hohn auf das längst
fühlbar gemachte Problem der Sprache. Nach einer über zwanzig Jahre langen
Übung der Autorin in Sprachmisstrauen und Zurückweisung des naiven Wahrheits-
anspruchs von einmal gesprochenen Worten, nach allen Bemühungen der Mrs.
Ramsay, das eigentlich Nötige wortlos oder hinter den so dahingesagten Worten zu
spüren und mitzuteilen, jetzt plötzlich, in der letzten Szene, in der wir sie noch als
Lebendige vernehmen, diese plumpe Gleichsetzung von Wort und „Wahrheit".

Faktisch nützt sie ihr gar nichts, denn in der Situation ist die ergebene Ehefrau Ramsay wieder auf die trivialsten und willkürlichsten Worte angewiesen (hier: ein Zugeständnis über die Wahrscheinlichkeit des immer noch strittigen morgigen Wetters), um ihrem Mann das zu verstehen zu geben, was sie partout nicht in Worte fassen kann und mag. Aber die Ruhe und Sicherheit für dieses quid pro quo gewinnt sie, indem sie sich selbst einredet, dieser eine, endlich herbeigekommene Moment sei der gesegnete, entspannte und jedes Wort, das jetzt fiele, würde wahr sein.

Dieses Verfahren, die Erhärtung eines beliebigen Einfalls oder emotionalen Impulses zu einem besonderen, gefeierten, angeblich bleibenden, obgleich doch nichts bleibt, gibt Virginia Woolfs Roman einen seltsamen Anstrich. "Queer" hätten die Victorianer gesagt, "marvellous" hätten die Angehörigen des Bloomsbury Circles repliziert. Das Alltägliche ebenso wie die Infragestellung des Alltags - merkwürdige Skrupel über die eigene Identität, philosophische Spekulationen in bezeichnenden Verkürzungen, Kunsterlebnisse und Besinnungen auf die nicht (nicht nur) subjektive Dignität der Kunst -, beides kann so außer-gewöhnlich werden, dass es für die Unheimlichkeit des Weltkriegs inklusive seine unterirdische Vorbereitung und seine fehlende Bewältigung einstehen kann. In sachten Verunsicherungen des Bezugs zur Welt setzt sich etwas umstürzend Neues durch oder erscheinen die Toten vis-à-vis der gar nicht erschrockenen Weiterlebenden.

„Prachtvolle Lästerungen gegen diese Welt":
Die Obsession des Provisorischen in Bruno Schulz' *Zimtläden*

Gerhard Bauer[1]

1. Jüdische Dankbarkeit mit einem Schuss Unzufriedenheit
2. Aufquellende, platzende Wirklichkeit
3. Spiritualisierung der Welt
4. „Häresie" und Abstoßung von der „Religion des Durchschnittlichen"
5. Auflösung, aber wohin führt sie?

Vielleicht emanzipiert sich tatsächlich im Laufe des 20. Jahrhunderts die Literatur des Konjunktivs und des „Möglichkeitssinns" immer weiter von den nur abergläubischen Gespenstergeschichten, in denen Vampire noch echtes rotes Blut saufen. Vielleicht stößt sich die Phantasie als Kraft der Erkenntnis und des Modellbaus immer entschiedener von der Phantastik ab und beweist schließlich sich und uns, dass sie mit jenen plumpen Schrecken gar nichts zu schaffen habe. Dann würde jedoch Bruno Schulz um so höheres Interesse beanspruchen, der noch in den Aufschwüngen der rein geistigen, ja ätherischen Spekulation den alten Angstapparat klappern lässt, der die kindliche Naivität in ihrer Urform anstaunen lässt - aber schon leicht verdorben, von einem Anflug der Reflexion angesteckt - und in seinen Kaskaden von flüchtig schwirrenden Bildern kein Klischee des Zwischenreichs zwischen den Lebenden und den Toten auslässt.

Für Musils Mann ohne Eigenschaften ist „Kakanien" ebenso wie jede Festlegung des eigentlich fließenden, immer weiter suchenden menschlichen Denkens und Wollens eine Verirrung, ein Gegenstand der mit Lust ausgesponnenen Satire, nicht wirklich ernstzunehmen. Schulz dagegen gestaltet Drohobycz, sein „Schtetl", eine Musterstadt im Herzen Kakaniens unter dem dräuenden Schatten des ewig weiterregierenden Franz Josef I., zu einem Raum des Herzens und der Erfüllung - die nur pausenlos hinausgeschoben wird. Der Ort, die Familie, die kindlichen Prägungen sind nichts, wogegen das Ich dieser Erzählungen, das kunstvoll und doch nicht konsequent auf seiner kindlichen Stufe festgehalten wird, sich auflehnen könnte oder müsste. Sie werden vielmehr mit tiefer Bedeutsamkeit beladen, die dieses jugendliche Ich in seinem ganzen Leben nicht wird ausschöpfen können. Sie liefern nicht nur die üppige gegenständliche Welt und die Bilderflut für das sich begeistert ergehende mehr lyrische als epische Ich dieser Prosa. Sie liefern zugleich die Mythen, meist Trivialmythen, den Faden, auf den die tausend Einzelheiten aufgereiht werden, und die Unart, den Faden keineswegs geradlinig abzuspulen, sondern in vielerlei Schlaufen und Verzweigungen an den Anfang zurück oder in unübersehbare Weiten zu führen.

---

1 Unter dankbarer Benutzung eines Vorlesungsskripts von Heinrich Olschowsky zum gleichen Thema.

1. Jüdische Dankbarkeit mit einem Schuss Unzufriedenheit

Schulz selbst begriff sich als ein Produkt seiner historischen Landschaft, aber er wollte nicht differenzlos in ihr aufgehen. Das kaiserlich österreichische Kronland Galizien und Lodomerien, seit 1772 unter der Herrschaft der Habsburger, bildete als solches eine geistige Entität, die mit dem Untergang der Habsburger Monarchie 1918, mit der Wiedererlangung der staatlichen Souveränität Polens keineswegs beendet war. Es war ein Schmelztiegel der ukrainischen, der polnischen, deutschen, jüdischen Kultur gewesen und hinterließ schon dieser Gemengelage wegen eher Melancholie als nationalen Eifer, jedenfalls in der Literatur. Phantasievoll zu schreiben war gewissermaßen ein Erbe dieser Landschaft und dieser Geschichte. So unterschiedliche Autoren wie Leopold Ritter von Sacher-Masoch, Martin Buber, Joseph Roth, Manes Sperber und einige bedeutende polnische Autoren stammten aus Galizien. Unter ihnen war Bruno Schulz kein Außenseiter, sondern eine durchaus repräsentative Gestalt.

Schulz, ein Altersgenosse von Roth, 1892 geboren, lebte und arbeitete keineswegs allein, wie es sein Ruf als Sonderling und die spezifische Versponnenheit seiner Prosa glauben machen könnten. Er pflegte Kontakte zu den Avantgarde-Künstlern seiner Zeit, Malern wie Schriftstellern. Eine besonders intensive Freundschaft, und zwar Arbeitsfreundschaft, auf der Diskussion ihrer künstlerischen Produkte beruhend, verband ihn mit zwei anderen genialen Außenseitern: dem betont intellektuell-spekulativen Witold Gombrowicz, dem Erfinder des „Antiromans" und einflussreichen Vertreter eines polnischen Existenzialismus, und dem Maler, Dramatiker und Philosophen des Phantastischen Witkacy (Stanisław Ignacy Witkiewicz), dem Theoretiker der ganz klar gedachten, aber dann nie ganz darstellbaren „reinen Form". Wie seine Freunde wollte Bruno Schulz „aufbrechen", d. h. der geistigen Enge seiner Provinz entkommen. Er studierte in Lemberg und Wien (Architektur), er versuchte in Berlin und in Paris Fuß zu fassen. Er hatte aber mit beidem keinen Erfolg und kehrte in sein Drohobycz zurück. Diese „einmalige Stadt der Welt", „am Ufer der Ewigkeit", ersetzte ihm die Welt, die ihm zu weit und abweisend gewesen war. In seinen beiden Erzählzyklen *Die Zimtläden* (1934) und *Sanatorium zur Todesanzeige* (die zweite Bedeutung wäre: „zur Sand- oder Wasseruhr") von 1937,[2] vergegenwärtigt er ihre Eigentümlichkeit, ihren Charme wie ihre Enge und Banalität. Zugleich aber weitet er ihre verwinkelten Gassen zu unermesslichen Labyrinthen aus, bevölkert sie mit ganzen Ketten von Gebilden der Botanik, der Zoologie und des Spiritismus, setzt unvermittelt neben ihre skurrilen Menschentypen ausgesuchte, anzüglich herbeibeschworene Größen der Weltge-

---

2 Beide Zyklen, von denen der erste die früher entstandenen Konstellationen des zweiten aufnimmt und etwas bündiger variiert, sind vereinigt in dem Band: Bruno Schulz, *Die Zimtläden* (vgl. die Auswahlbibliographie im Anhang dieses Bandes). Zitate werden nach dieser Ausgabe belegt, mitunter in abweichender Übersetzung des Verfassers, und zwar, wie in der Schulz-Philologie üblich, nach den thematisch geschlossenen Einheiten des Textes sowie, gegebenenfalls, deren Unterkapiteln (mit arabischen Ziffern) im fortlaufenden Text. („Zimtläden" und „Sanatorium" beziehen sich dementsprechend auf die *Untereinheiten* der gleichnamigen Sammlungen). Der vollständige polnische Text ist zugänglich in: Bruno Schulz, *Opowiadania. Wybor esejow i listow*, Wrocław 1989 ff.

schichte von der Schöpfung der Welt bis zur Gegenwart. Schulz arbeitete als Zeichenlehrer am Gymnasium, wurde zunächst als Graphiker und Maler bekannt und blieb in Drohobycz, ca. 100 km südwestlich von Lemberg (Lwów) gelegen und heute zur Ukraine gehörig, zwangsläufig auch, als die einrückenden Deutschen es zum Ghetto machten. Hier wurde er 1942 auf offener Straße von dem Gestapomann Karl Günther erschossen; am gleichen Tage verloren fast 100 Juden des Städtchens ihr Leben.

Das Verhältnis des zeichnenden und fabulierenden Künstlers zu diesem seinem Ausgangspunkt wie zu allem natürlich und geschichtlich Gegebenen ist zutiefst ambivalent. Schulz feiert die Eigentümlichkeit alles Seienden, stellt dessen errungene ebenso wie prätendierte Bedeutsamkeit heraus, ihren Reichtum an Varianten und Entwicklungsmöglichkeiten. Er kann sich gar nicht genug tun in der Aufzählung dessen was ist. Die Materie mit ihrer Schmiegsamkeit zu welchen Zwecken auch immer, das Leben in seinem Überfluss von Formen, Erscheinungen, Farben, Bewegungen und die Fülle der dadurch geweckten Begehrlichkeiten, „Versuchungen", Sehnsüchte, Lüste, Ideen, Willensbestrebungen oder halbwillentlichen, unbewussten Neigungen scheint ihn zu überwältigen. Er rafft die Erscheinungen nicht nur zu bunten Sträußen zusammen oder lässt sie in gewaltigen Kaskaden über die Stufen seiner Syntax herabrieseln. Er konzentriert sich auch mit einer überzeugend gespielten Ergriffenheit auf die kleinsten Einzelheiten und staunt sie an, langt tollpatschig oder vergeblich nach dem Kern hinter dem faszinierenden Schmelz der Oberfläche. Indem er einen kindlichen Helden ins Zentrum seiner fabulierenden Explorationen stellt, kann er das längst Bekannte wie etwas zum ersten Mal Gesehenes behandeln. Das Innere eines Hauses, die Komposition einer Mahlzeit, die hinreißende Verspieltheit eines jungen Hündchens wird jeweils so ausgekostet und in Worten gehätschelt, als sähe man dem Schöpfer am 4. oder 5. Tag der Genesis zu, wie er es gerade ins Leben ruft. Und dennoch sollen wir uns vom Gestus der vollkommenen Hingabe nicht täuschen lassen. Die durchgängige Verderblichkeit wird nicht weniger behaglich (freilich mit einem widerwilligen Behagen) ausgemalt als die Verheißungen des Frühlings. Das Umschlagen von konzentriertester Süße in Übersüße und Widerwärtigkeit wird sogar als ein besonders fruchtbarer Punkt der Kunst behandelt, ein delikater Vorgang mit allen Assoziationen dieser höchst fragwürdigen Delikatesse. Die kindliche Begeisterungsfähigkeit des Helden bildet in dieser im Bachtinschen Sinne äußerst „hybrid" gestalteten Prosa kein Hindernis, ihm die massivsten Urteile über die Verworfenheit der begegnenden Erscheinungen auf die Zunge zu legen. Nur wirken derartige Endurteile dank dieses Verfahrens so, als wären sie von undurchschaubar fremden Autoritäten entliehen, und fordern sie ihrerseits zu allerlei Übermut oder Trotz heraus. Die Fülle der Erscheinungen ebenso wie ihre Intensität und Denkwürdigkeit im einzelnen bleibt ein faszinierendes Moment dieser Prosa.[3] Jede Einladung aber, bei ihnen zu verweilen, wird zugleich

---

3 Unter den vielen Einflüssen, die Jerzy Speina verzeichnet - vgl. *Bankructwo realnosci. Proza Brunona Schulza*, Warszawa/Poznan 1974, S. 30-32 u. passim - ist Proust nicht nur wegen des Themas, Rückkehr zur Kindheit, sondern vor allem wegen der ausgedehnten Empfindlichkeit und Empfindsamkeit, der Hingabe an Eindrücke, der Passivität bedeutsam. Laut Speina trifft auf beide zu,

gekontert von dem Bewusstsein, dass die vermeintliche Welt in diesem Nest zugleich die nichtswürdige Welt, ein schäbiger Ersatz, eine Imitation der anderswo oder vielleicht nirgendwo existierenden wahren Welt ist.[4]

Alle Ausgangsbedingungen von Schulz' Existenz verschärfen noch diese grundlegende Ambivalenz. Der Tuch- und Kleiderhandel seines Vaters suggerierte Solidität, auf ansehnliche Dinge gegründet, aber er hielt den Turbulenzen schon der Jahrhundertwende nicht stand. Der Vater starb frühzeitig und ließ die Familie in Armut zurück. Die Judenheit des Städtchens mit ihren selbstverständlichen, aber aufwendigen Riten und mit ihrer spezifischen Armenfürsorge bot einen wahren Kindheitsschatz, der aber später, in der Begegnung mit anderen Gebräuchen und Forderungen, auch merkwürdig berührt und im fertigen Werk einer fast belustigten Sicht von außen preisgegeben wird. Bruno selbst soll „ein schwaches, introvertiertes, menschenscheues Kind" gewesen sein, das von seiner verständnislosen Umgebung als „Sonderling", als „Lebenskrüppel" diffamiert wurde.[5] Die wesentlichen Strategien seiner Phantasie lassen sich zugleich als Kompensationen dessen, was ihm abgesprochen wurde, und als fiktive Verkehrungen der Schwäche in Glanz und geheimen Sinn begreifen. Zu welchen Einsichten, welchen poetischen Resultaten hat der Autor dieses üppige Knäuel von Ambivalenzen verarbeitet?

2. Aufquellende, platzende Wirklichkeit

Insbesondere das organische Leben ist von unerschöpflichem Reichtum nicht allein an Formen und Farben, sondern an Einfällen, Verheißungen, Übergängen. Die Natur selbst, wie sie in einem üppig wucherndem Garten erscheint, verglüht in einer Orgie der Hervorbringung von überflüssigen, übel beleumdeten Pflanzen wie Disteln und Kletten („Pan"). Kirschen, aus dem Feuer des glutentbrannten Tags geholt, werden als „reine Poesie" apostrophiert, denn: Ihr Duft übertrifft alles, was ihr Geschmack erfüllen kann („August" 1). Aus den Ausdünstungen der Menschen in lange nicht genutzten Räumen wird eine sprießende, aber schale Vegetation herausgesponnen, in Blatt- und Rankenformen, die sehr an die fiebrigen floralen Gebilde in den Gemälden Witkacys erinnern. (Dieser verdankte seine Phantasiegebilde diversen Rauschmitteln und notierte auf dem Bild, welche Mischung er jeweils genommen hatte). Besonders anzüglich wird die Natur dadurch, dass sie in ihrer Gier, ihrer Leichtigkeit oder Hinfälligkeit die Menschen an sich selbst erinnert. „Tiere", begeistert sich der kindliche Erzähler: „Ziel ungestillter Neugier, Exemplifikationen des Lebensrätsels, wie geschaffen, um dem Menschen den Menschen zu zeigen, indem sie dessen Reichtum und Verworrenheit („Komplikation") in Tausende kaleidoskopischer Möglichkeiten zerlegen, jede bis an den Rand des Paradoxen, bis zur Üppigkeit voll von Charakter getrieben" („Nimrod"). In der Sympathie mit

---

dass alle Erscheinungen durch die Schleuse des Gedächtnisses geführt werden, doch anders als bei Proust belasse Schulz das Vergangene in der Vergangenheit.

4 Zu diesem Interpretationsansatz wie zur folgenden Interpretation vgl. *Czytanie Schulza*, hg. von J. Jarzebski, Kraków 1994.

5 Andrzej Wirth im Nachwort zu: Bruno Schulz, *Die Zimtläden*, München 1961, S. 239.

diesen „fremden Emanationen des ewigen Lebens" meldet sich, in diesem Fall „unbelastet vom Geflecht egoistischer Interessen", ein „maskierter Hunger nach Selbsterkenntnis" (ebd.).[6]
Es sind nur selten Rosen oder andere Preziosen, mit denen die üppige Natur sich schmückt und die Menschen erfreut. Häufiger werden „ungeschickte", entstellte und groteske oder notdürftig geflickte Wesen als Exempel der unerschöpflichen Lebenskraft der Natur herangezogen. Noch in den Pusteln im Frühjahr werden „gesunde Frühlingspickel heißen Blutes" anerkannt, und der ganze Park ist dann „unverschämt gepustelt", „alle Bäume schütteln sich in Pustelknospen, die vor Gezwitscher platzen" („Frühling" 13). Das Leben selbst, wie es ein junges tierisches oder menschliches Wesen vor sich hat, erscheint als ein „glänzendes Unternehmen", „voller Pikanterie, unerwarteter Nervenkitzel und Pointen" („Nimrod"). Oder, weniger charmant, doch ebenso naiv-lebensgläubig: Die „Wonne des Gähnens" kann „bis zur Wollust, zum schmerzhaften Krampf des Gaumens, zu einem mächtigen Brechreiz" ausgedehnt werden („Heimsuchung" 1). Der wissende Blick aber erkennt bei aller Hochachtung vor dem Lebenswillen in dem und um das Leben ein unendliches Getümmel. Da streiten nicht nur die einen Kreaturen mit anderen, sondern da tobt ein Kampf um den Tummelplatz Leben selbst. Das Abgelebte, Vermoderte ebenso wie das noch nicht wirklich Gewordene giert nach Leben. Ausgestopfte Tiere eines Naturalienkabinetts kehren „für ein kurzes, illusorisches Leben in ihren Urwald zurück" („Die Zimtläden"). Die Vögel aller Art, aus denen der phantasievolle „Vater" dieser Geschichten sein eigenes Reich auf dem Dachboden errichtet hatte und die schon längst zugrunde gegangen sind, tauchen im letzten Kapitel der *Zimtläden* in verkümmerter Form wieder auf, „wie die Rumpelkammer eines Vogelparadieses". „Leer" und sogar „ohne Leben" sind sie; ihre ganze Lebenskraft ist „ins Gefieder geschossen und ins Phantastische gewuchert". Einige fliegen auf dem Rücken, andere blind, mit zwei Köpfen, mit vielen Flügeln; „auch Krüppel gab es, die einflügelig und ungeschickt durch die Luft humpeln". Aber auch noch als dieser Spuk wiederum erschlagen ist, z.T. bucklig, klebrig und stinkend auf dem Pflaster liegt, z.T. in der Luft hängen bleibt und dort verwelkt, triumphiert wiederum das Leben, nur in einer anderen Gestalt, die in früheren Kämpfen als feindselig galt: „In der Küche oben mahlte Adela [das Dienstmädchen], noch warm vom Schlaf mit zerzausten Haaren, den Kaffee in einer Mühle, die sie an ihre weiße Brust drückte, von welcher die Bohnen Glanz und Hitze annahmen". Was einmal gelebt hat und insbesondere was aus seinem „natürlichen" Leben herausgerissen wurde, kann niemals wieder zur Ruhe kommen - man wird an die jüdischen Friedhöfe erinnert, die mit der Heiligkeit jedes einmal gesetzten Steins eindrücklich gegen die gleichwohl nicht zu bestreitende Vergänglichkeit protestieren. Der besorgte „Vater" nimmt in seinen häretischen Diskurs ein großes Lamento der zerstörten Bäume und „einander hassenden" Holzarten auf, die sich

---

6 Dem Übersetzer lag hier ein Text vor, in dem statt 'Hunger' (der zumeist tradierten Lesart) 'Stimme' stand (statt 'głodem' 'głosem'). Beim gegenwärtigen Stand der Schulz-Philologie konnte ich nicht herausfinden, welche Lesart auf den Autor zurückgeht, halte aber die übliche auch für die passendere.

gegen das Hobeln und Polieren, gegen „ihr Zusammenschmieden" zu Möbeln oder
Intarsien auflehnen („Traktat", Schluss). Ebenso findet er nur gedachte Subjekte von
Geschichten in ihre läppische Verbildlichung gebannt und darin unglücklich bis zum
Proteststurm. „Habt ihr in den Nächten das schreckliche Heulen dieser Wachs-
puppen gehört, die in den Jahrmarktsbuden eingesperrt sind, den traurigen Chor
dieser Rümpfe aus Holz und Porzellan, die mit den Fäusten auf die Wände ihrer
Kerker hämmern?" („Traktat", Fortsetzung).

Als höchst prekär wird die unwillkürliche Zustimmung zur lebenden Natur in
den Versuchungen dargestellt, denen der „Vater" wiederholt erliegt: Er starrt die
charaktervollen oder rätselhaften Wesen so lange an und denkt sich in sie hinein, bis
er in ihnen verschwindet. In seiner Liebe zu seinen Vögeln benimmt er sich wie ein
Vogel oder wird mal zu einem ausgestopften Geier, mal zu einem weisen faltigen
Kondor, mit dem er auch sein Nachtgeschirr teilt. Wenn er von dem gequälten Holz
spricht, gleicht die „nachdenkliche Lineatur" seines Gesichts den Ästen und
Schichten eines glattgehobelten Brettes („Traktat", Schluss). Als Gipfel der Widerwärtigkeit wird seine lauernde Aufmerksamkeit auf die Küchenschaben dargestellt,
eine Faszination per Abscheu. Die Panik ihres Laufs im Zickzack lässt ihn nicht los,
bis er sich selbst so ähnlich bewegt, „in der vielgliedrigen, komplizierten Gangart
eines sonderbaren Rituals", und selber eine Schabe wird. Vielleicht hockt er in einer
Ritze des Fußbodens, vielleicht hat ihn das Mädchen schon mit dem übrigen
Kehricht hinausgefegt („Die Küchenschaben"). Auch die Regression in tierische
Gestalten ist aber nie endgültig. In einem bösartigen Hund kann man mit einem
Blick von nahem einen armen Menschen erkennen, der nur das Pech hat, seinen
„explosiven Leidenschaften" zu erliegen. Denn: „Die Beschaffenheit des Hundes ist
eine innerliche und kann sich ebenso gut in menschlicher wie in tierischer Gestalt
manifestieren" („Sanatorium" 5).

Die „natürlichste" Natur und der drastischste Ausdruck ihrer „fermentierenden"
Kraft, die die Erscheinungen wie Hefe aufquellen lässt und schließlich zum Platzen
bringt, wird hier, wie in einem breiten, nicht sehr koscheren Strang der Tradition, in
der Sexualität gefunden. Die geschilderten Zustände quellen über von Bildern der
geschlechtlichen Attraktion, scheuen auch vor Beschreibungen von Geschlechts-
akten nicht zurück, obgleich derlei „Erfüllungen" merklich seltener sind, und stellen
die Urkraft der Vermehrung in vielen Erscheinungen heraus. Wenn Frauen auftauchen, werden oft Sexualität und Fruchtbarkeit als ein und dasselbe behandelt.
Daneben gibt es das Bild der Versucherin, eine Weiterentwicklung der femme fatale
aus dem fin de siècle, welche Schulz in seinem Graphikzyklus *Das Buch vom
Götzendienst* (1924) noch direkt als Herrscherin mit oder ohne Peitsche, vor der die
Männer sich erniedrigen, gestaltet hatte. Ein misogyner Zug ist in Schulz' Bild von
der Frau und von der Sexualität beider Geschlechter nicht zu übersehen. In einem
Brief an Gombrowicz erkennt der Autor immerhin ein Problem darin und macht,
mehr spöttisch als ernsthaft besorgt, seinen eigenen psychischen Entwicklungsstand
dafür verantwortlich. Er nennt seine Einstellung zur Frau „janusköpfig", indem er sie
„als Eigentümerin entweder ihrer Beine oder ihres Intellekts" betrachtet. Als
Erklärung (Entschuldigung?) bietet er an, „dass unsere Geschlechtlichkeit samt ihrer

ideologischen Aura einer anderen Epoche der Entwicklung angehört als unser
geistiger Zustand".[7] Die *Zimtläden* zeichnen die Weiblichkeit oder die über die
ganze Natur ausgegossene Fruchtbarkeit mit einer widerwilligen Faszination, als
eine rücksichtslos siegreiche Naturkraft, die aber aus sich heraus hohl oder
„ephemer" werden kann. Wie eine gehässige Replik auf das Stereotyp der über-
behütenden jüdischen „Mame" wird im üblichen Gejammer einer Tante nichts als
„die Stimme dieses weißen und fruchtbaren Fleisches" ausgemacht, „das gleichsam
schon außerhalb ihrer Persönlichkeit wucherte", ja „eine schier selbstgebärende
Fruchtbarkeit" kreiert („August" 3).

Trotz des bösartigen Tons, mit dem Mütter ebenso wie Jungfrauen bedacht
werden, trotz der Indignation über die allverbreitete Lüsternheit, zu der die auftre-
tenden Männer noch stärker neigen als die Weiber, läuft Schulz' Darstellung dieses
„kitzligen" Themas nicht auf eine Denunziation der Sexualität hinaus, sondern auf
eine Exploration der Erkenntnis- und Selbsterkenntniskräfte, welche sie stimulieren
kann. Der „Kitzel", in jedem Sinn, die Verlockung ins Unbekannte und gewöhnlich
Tabuierte wird mit mehr Spürsinn behandelt als die Verstrickungen und Verschlin-
gungen, die leicht aus der Erregung folgen, die aber wie jede „Abfuhr" aus einer
wunderbaren Erwartung ein Nichts oder, schlimmer, etwas höchst Triviales macht.
Der Junge mit seiner wachen, stöbernden, noch nicht auf einen Trieb reduzierten
„Sinnlichkeit" weiß nicht, was das ist, was sein Vetter ihm in pornographischen
Bildchen nahebringen will („August" 3) oder was er selber in der Nähe des schönen
willigen Dienstmädchens Adela sucht. In kindlicher Unschuld - aber was wäre in
dieser Welt unschuldig? - stellt er seine Entflammbarkeit ohne Bemächtigungs-
begehren dar, und doch könnte es ein alter Lüstling nicht raffinierter fassen. Was ihn
an Bianca, seiner Jugendliebe, die er wie ein Page von weitem verehrt, besonders
erregt, ist die aufgeschundene Haut an ihren Knien. „Alles andere, höher und tiefer,
ist transzendental, unvorstellbar" („Frühling" 14, vgl. „Frühling" 20). Eine ähnlich
explorierende Kraft der Sexualität, wie er sie sich selbst in seiner Kindergestalt
konzediert, billigt der Erzähler auch dem wissenden, aber immer hingerissenen
„Vater" zu. Dieser trägt im Mittelteil der ersten Sammlung, der sich als dessen
sinngebendes Zentrum verstehen lässt, in drei Anläufen oder Sektionen einen ebenso
gewaltigen wie tief ironischen „Traktat" über eine zweite, menschengemachte
Schöpfung vor, der durch und durch erotisch, verführerisch gehalten wird; das wird
noch dadurch unterstrichen, dass er ihn seinen Lehrmädchen vorträgt und deren
biegsame Körper zu Demonstrationszwecken für seine tief häretischen Gedanken
nutzt. Es geht aber nicht um sexuelle Belästigung am Arbeitsplatz, sondern um
Einweihung in Gedankengänge, in denen die Trennung zwischen Mensch, Natur und
Ding sowie zwischen Männern und Frauen (zwischen den sozialen Schichten
sowieso) außer Kraft gesetzt werden soll. Die Ausführungen werden gekontert durch
die Gegnerin, Adela, die den „Vater" auf seinem Gebiet und mit ihren Waffen

---

7 Brief vom Juli 1936, nur als Offener Brief in der Zeitschrift *Studio* erhalten; abgedruckt in: Bruno
   Schulz, *Z listow odnalezionych*, Warszawa 1993, S. 52 f, deutsch in: Bruno Schulz, *Die Wirklichkeit ist
   Schatten des Wortes. Aufsätze und Briefe*, hg. von Jerzy Ficowski, München 1992, S. 97.

schlägt, d.h. sie führt das verführerische Gerede zu dem Punkt, an dem sie sich als unbestreitbare Meisterin erweist. Die erste Lektion wird mit einer mächtigen aggressiven Geste beendet: Adela hebt im Sitzen den Saum ihres Kleides, streckt einen Fuß in die Höhe und richtet diesen Schritt in die Luft „wie das Mäulchen einer Schlange" gegen den Vater, wobei zierlich, wie von Beardsley gemalt, die ganze Zeit das hochgestreckte Pantöffelchen an ihrem Fuß leise zittert und „glänzt wie das Zünglein der Schlange". Am Ende der zweiten Lektion sollen wir uns offenbar einen noch gewaltigeren Zusammenstoß vorstellen, aber nur noch frei ausmalen in welcher Richtung auch immer. Adela geht auf den Vater zu und verlangt „mit scheinbar betonter Festigkeit, sehr nachdrücklich..." (es folgen nur drei Reihen von Punkten). Die dritte und letzte Lektion endet mit der Vertreibung des Vaters durch den drohenden, wie zum Kitzeln gekrümmten Zeigefinger Adelas, mit dem sie früher bei ihm Ausbrüche des Entzückens ausgelöst hat und den er in dieser Situation offenbar nicht erträgt.

3. Spiritualisierung der Welt

So stark das Sinnliche oder Animalische an allen Erscheinungen betont wird, so sehr wird es auch, oft im gleichen Akt der Verbildlichung, überhöht und zur „Manifestation" eines verborgenen „Sinns" gemacht. Da alles in der Welt dieser *Zimtläden* von geheimnisvollen Zwecken erfüllt ist, reicht es schon, einem Ding oder Lebewesen seinen Platz im Kontinuum des Seienden zuzuweisen, und es nimmt die Bedeutsamkeit eines Sternbilds, eines Emblems, einer Figur in einer Aufführung an. Der Frühling nimmt „seinen Text" beim Wort, „dieses begeisterte Manifest" (1. Satz von „Frühling" 1). Eine großartige Nacht, die alle Menschen auf die Straße treibt, ist schon als solche erfüllt von „glücklichen Gedanken, Eingebungen, prophetischen Fingerzeigen Gottes" („Zimtläden"). Eine schlichte Hausmauer am Markt ist durch ihre Striche und Sprünge „bemalt" mit „Hieroglyphen", und ein Häuflein zerlumpter Kerle bewirft sie mit Knöpfen und Münzen, als ob sie aus deren „Horoskop" das Geheimnis der Mauer ablesen könnten („August" 1). Erst recht lädt die „Lineatur" eines Gesichts zu jederlei Spekulation ein. Sie kann sich darbieten, „demütig", kann „mit raffinierter Schläue" wieder eingerollt und verschlossen werden; das Gewirr der Falten kann aber auch einen „Trichter" bilden, der in eine wo auch immer vorzustellende „Tiefe" führt („Traktat" und Fortsetzung). Alles was ist erfüllt einen geheimen Bauplan; was geschieht folgt einem Textbuch und kann seiner „Aufgabe" entweder Genüge tun oder sie verletzen oder versäumen. Es schwirrt von „Gerüchten"; die Erde „wispert"; „dein Ohr pulst unerschöpflich Überredung". In der „Wärme des Getuschels, des Gelächters, der Verheißung [alle drei im Plural]" wirst du „von Fragen wie von Millionen süßer Mückenstiche pikiert" - süß deshalb, weil die Mücken vorher das Blut von Mädchen gesaugt haben („Frühling" 17 u. 18).

Natürlich produziert die Vielfalt dieser Botschaften und Regieanweisungen, die sich nie ordentlich bestimmen lassen, eine unaufhörliche Verwirrung. Die Lektüre dieser Kapitel, die je in sich eine starke Intensität entfalten und dann beliebig den Dunstkreis eines früheren Kapitels wieder aufrufen oder auch nicht, wirkt betäubend. Selbst wenn man sie zum fünften oder sechsten Mal liest, kann man sich ihrem Rausch nur schwer entziehen. Um dem bloßen Gewusel von sich überlappenden Eindrücken zu steuern, werden eine Reihe von kundigen Führern, Mystagogen, in den Text eingebaut, aber wohin führen sie? Der Zeichenlehrer, der offenbar aus einer Jugenderinnerung stammt,[8] trägt ein „esoterisches Lächeln" zur Schau. Er erscheint im Klassenzimmer (mit Verspätung) „voll diskreter Verschweigungen und dem Aroma des Geheimnisses" („Zimtläden"). Beliebige Passanten, die im „goldenen Tag waten", werden zu „Anbetern" der Sonne ernannt, die in ihrer „bacchantischen Grimasse" unter dem allzu strahlendem Licht „die goldene Maske der Sonnenbruderschaft" tragen, diese „barbarische Maske eines heidnischen Kultes" („August" 1). Der „Vater" ist in seinen stummen „Meditationen" ebenso wie in seinen wilden, expressiven Gestikulationen der zentrale Agent einer Einweihung in die Geheimnisse der Natur wie des menschlichen Seins wie vor allem der geheimen Entsprechungen zwischen ihnen. Er ist der große „Häresiarch", der Stellvertreter des „Demiurgen", von dem er spricht, eine Prophetengestalt oder ein Ersatzprophet – selbst der Sohn, der nie einen Propheten des Alten Testaments gesehen hat, beginnt beim Anblick des Vaters in seinem verbissenen Kampf mit Gott oder mit einem Geist seines Inneren an die Existenz von Propheten zu glauben („Heimsuchung" 1). Er beobachtet an seinem Vater, dass dessen Geist um so schärfer und spitzer (obzwar sonderlicher) wird, je hinfälliger sein leibliches Wesen erscheint. Immer sind es besondere und verborgene, oft unter ihrer trivialen Oberfläche verborgene Dinge, die dieser Spinner und Genießer ausfindig macht: verfallene, leere oder von Scheinvegetation erfüllte Räume, Verstecke, Mauselöcher, die Welt unter dem Fußboden, die Kamine. Der Sohn glaubt ihm ohne weiteres, dass er Zugang zu einer unsichtbaren Welt hat, die er sich voll von geheimnisvollen und höchst attraktiven Einsichten denkt - aber bei diesem Verweis bleibt es. Alles ist voll von Zeigefingern, aber man gelangt nie zu dem, worauf sie deuten. Verheißung geht in Enttäuschung über und umgekehrt. Mitten im Essen kann sich der Vater plötzlich erheben, katzenartig an die Tür des benachbarten leeren Zimmers schleichen und durchs Schlüsselloch spähen. Dann aber kehrt er „wie beschämt, mit bekümmertem Lächeln" und vertieft in seinen „inneren Monolog" zum Tisch zurück („Zimtläden", Beginn).

Die durchgehende Enttäuschung, die die immer erneuerte Erwartung immer wieder zusammensinken lässt, liegt nicht, jedenfalls nicht nur an der Geistesart der höchst unzuverlässigen Mystagogen. Wesentlicher als deren durchaus sympathische „Schwäche" ist, dass das Geheimnis selbst sich nicht lüften lässt, sondern Geheimnis bleiben soll. Die Geschöpfe in ihrem riesigen Zug, jedes exemplarisch wie in der Arche Noah, scheinen in der Vielfalt ihrer Art, mit Buckeln, Hörnern und in all ihren Verkleidungen und „Rüstungen", darauf zu warten, dass sie benannt werden, dass ihr „Rätsel" gelöst wird, „welches sie nicht verstehen" („Geniale Epoche" 2). Aber mit den Namen ist nichts „gelöst" und sind alle „Rätsel" nur festgeschrieben. „Alles

---

8 Schulz hat ihm sogar seinen authentischen Namen belassen, wie die Schulz-Philologie bald herausgefunden hat.

ist in seinem Sinn eingemauert", sagt ein Dieb, der, jedes Frühjahr erneut freigelassen, zum Alltagsbild der Stadt gehört. „Überall klopft man nur an die Ziegelsteine, wie an die Wand des Gefängnisses" („Geniale Epoche" 4). Im Leben der Nähmädchen findet der Vater eine eigentümliche „These", die Lösung einer „Aufgabe" („Die Mannequins"). Diese aber ist in eben ihrem Alltagsleben beschlossen; indem der Vater es als „einfach" oder „glücklich" qualifiziert, schneidet er sich zugleich ab von der Möglichkeit einer Analyse, geschweige denn einer Kritik. Manchmal wird der geheime Sinn hinter den Dingen in ihre „wahre" Gestalt oder ihr eigenes Gesicht gesetzt. An den alten Häusern am Markt z.B. wird erwogen, wie sie „von innen geformt sind", was nur hervorkommt, wenn die „verlogene Glasur" oder „der Schimmel des Verputzes" abgeklopft wird („August" 1). Aber die Geheimnisse dieser Welt sind gerade nicht durch Konzentration auf irgendein statisches „Wesen" hinter den Erscheinungen zu erreichen, auch nicht durch Einklagen einer gewissen moralischen Wesenhaftigkeit wie „Tradition und Gericht", die im banalen Zeitablauf vermisst werden („Die Mannequins"). Sie bestehen eher in „ausschweifenden Streichen von unsichtbaren Sphären" („Zimtläden"), die sich jeder Festlegung und Berechnung entziehen. Mitunter mahnt der Erzähler sich selbst, derart zweideutige Vorgänge wie das Abenteuer mit den Vögeln solle man besser nicht ans Tageslicht zerren („Vögel", vgl. „Sanatorium" 4). Obgleich er es faktisch doch tut, hüllt er es mit seinen warnenden Ausdrücken („die unheimliche, verworrene, zutiefst sündige und widernatürliche Wendung") in einen zusätzlichen Nebel der verführerischen Unzugänglichkeit.

Weil die gesamte organische und anorganische Welt von „Texten" aller Art durchzogen ist, bekommt das Geschriebene und Gedruckte wie der Vorgang des Aufschreibens eine leitende Funktion in den Imaginationen dieser Erzählungen. Im Kapitel „Das Buch", welches Schulz an den Anfang der zweiten Sammlung stellt, wird die Zentralstellung des gedruckten Wortes feierlich inthronisiert an einem verehrten „Kodex", der zugleich ein jämmerlicher zerfledderter Schmöker ist. Der Sohn erinnert sich an irgendein Buch, an dem ihm sein Vater vermutlich den ersten Begriff von „Buch" überhaupt klargemacht hat. „Das" Buch ist aber nicht mehr zu haben. X-beliebige Bücher, die die schuldbewussten Eltern zur Ablenkung herbeischleppen, können es nur verdecken, nicht ersetzen. Selbst die Bibel, „das" Buch schlechthin für Juden wie für Christen, ist bestenfalls eine Metapher für das, was er im Sinn hat: Es geht nicht um Heiligkeit, sondern um Ursprünglichkeit, um die elementare Funktion;[9] vermutlich hätte der Vater mit der Fibel richtiger gelegen. Aus diesem jugendlichen Denkfehler macht der Erzähler eine hochsymbolische esoterische Lehre: Alle Bücher streben zu dem einen authentischen, dem Original (im Polnischen: „Autentyk"). Als der Vater, in diesem Punkt einmal aufklärerisch-

---

9 Ebenso wie die offiziell noch dominierende Religion wird auch die Welt der klassischen Bildung in den Erziehungsprozessen der höchst bildungswilligen, aber häretischen Jugendlichen zurückgestuft oder eingeklammert. Der ganze „Olymp" ist in einem verschlossenen Kabinett des Gymnasiums präsent, aber nur in Gips, ein Schutthaufen, eine „Götterdämmerung", in deren „von Seufzern und Flüstern erfüllter Stille" die Zeichenschüler sich nur, wenn die Gegenwart nichts Dringlicheres bietet, „manchmal" gern ergehen („Zimtläden").

modern, ihn besänftigen will, es gäbe doch nur Bücher im Plural und das BUCH sei ein Mythos aus der Kinderzeit, hält der Sohn seine Überzeugung dagegen, das BUCH sei ein Postulat, eine Aufgabe, ja eine „Mission", deren Schwere ihn drückt. Anders als bei den Romantikern wird von den Avantgardisten des 20. Jahrhunderts das Auratische oder Mythische keineswegs verherrlicht. Es kann sich in höchst trivialen, ästhetisch wie moralisch fragwürdigen Inhalten beglaubigen. Der jugendliche Sucher findet plötzlich das ersehnte BUCH in spärlichen Überresten eines Konvoluts von Werbeprospekten und volkstümlichen Erbauungsschriften niedrigsten Niveaus. Er erlebt Entzückungen des Wiedererkennens an den darin beschriebenen Horden von Leierkastenmännern. Was an dem BUCH im Großen vorgeführt wird, wird im längsten Kapitel beider Zyklen, im „Frühling", an den winzigen Denotaten ganzer Länder, Atmosphären und politischer Verwicklungen durchgespielt: an Briefmarken, die jedermann mit dem farbigen Schein eines vor allem exotisch klingenden Landes blenden und die dem Wissenden Aufschlüsse über die Kehrseite aller bekannt gewordenen Geschichte verschaffen. Und auch dieses Geheimwissen, sehr verworren und mit ganzen Serien von Intrigen - vor allem gegen den von Habsburg verstoßenen Kaiser Maximilian -, erhält noch ihr volkstümlich-demokratisches Pendant: Die Scharen von heilungsuchenden Krüppeln, die sich aus einer Seite des BUCHES ergießen, schreiben dann und wann Briefe nach Briefstellern, kleben sorgenvoll Marken darauf und vertrauen sie voll Misstrauen dem Briefkasten an, an den sie mit Fäusten schlagen, als ob sie ihn aufwecken wollten. Im Traum aber erscheinen ihnen weiße Tauben mit (ihren) Briefen im Schnabel und entschwinden in den Wolken („Das Buch" 4).[10]

4. „Häresie" und Abstoßung von der „Religion des Durchschnittlichen"

Das Vorhandene kann mittels der dahinterfassenden, abirrenden Blicke so gerafft werden, dass es durchsichtig oder schlechterdings fadenscheinig wird. Der „Zirkus" ist schon als solcher eine despektierliche Metapher für ein wild-melodramatisches Geschehen. Wenn er aber noch als „unendliches Getriebe von Engeln, Bestien und Akrobaten" vorgestellt wird, ist nichts mehr ernstzunehmen, weil alles von zu viel (prätendierter) Bedeutsamkeit erfüllt ist („Frühling" 37). Ferne Wirklichkeiten

---

10Schulz teilte in seinem poetischen Verfahren die Hochachtung vor dem Text, ja vor der geheimnisvollen, „in die Tiefe" führenden Kraft der Sprache, und verhielt sich gleichwohl kritisch (d.h. zugleich selbstkritisch) gegen alles, was die Sprache handlich anbietet. Eine ziemlich autonabe Figur lässt er räsonieren, es gehöre „zur Eigenart meiner Existenz, daß ich in Metaphern schmarotze und mich leicht von der erstbesten Metapher hinreißen lasse" („Einsamkeit"). Die Sprache sei zu grob, um „den Grad der Realität dosieren und ihre Dichte definieren" zu können („Krokodilgasse"). Wenn etwas wahrhaft Komplexes wie die Besonderheit des besagten BUCHES transportiert werden solle, führe „das Pathos der Adjektive und die Aufgeblasenheit der Epitheta" nicht weit. Der „wahre Leser" hingegen werde den Erzähler auch so verstehen, „wenn ich ihm tief ins Auge schaue und tief unten [in mir] von dem gleichen Glanz aufleuchte" („Das Buch" 1, Anfang). - Die ebenso sprachmagische wie sprachspielerische Verwirklichung seines Programms, der üppige Gebrauch von Assonanzen, Klangspielen, semantischen Reimen oder Anklängen ließe sich nur mit vielen Zitaten aus dem polnischen Text andeuten. Siehe dazu u.a.: Piotr Wróblewski, „Charakterystyka składniowo-stylistyczna prozy Brunona Schulza", in: Prace Filologiczne, 1980. Bd. XXIX, S. 289-307.

gehen, nicht nur in der Logik des Briefmarkensammlers, unversehens in Fabelländer über: „Honduras, Nicaragua, Abrakadabra, Hiporabundia..." („Frühling" 7). „Weniger Inhalt, mehr Form!", fordert der große Häresiarch zur Verbesserung der Schöpfung, wie sie vorliegt („Die Mannequins"). „Weniger Absichten und Ansprüche" wünscht er sich - hier sucht der Autor Schulz, der sichtlich von Kafka gelernt hat (er hat ihn auch mit übersetzt), das verehrte Vorbild noch zu radikalisieren oder für sich selbst eine gewisse einseitige Konsequenz zu ziehen. Seine Form, zu der auch Bewegungsformen, Verhaltensformen und eine Menge Spielformen gehören, emanzipiert sich von den so klobigen, vor allem zu statischen Inhalten. Ein schönes Beispiel ist ein Strauß Pfauenfedern im tadellos aufgeräumten („disziplinierten") Paradezimmer der Mutter. Der Schönheit wegen hat der Strauß dort seinen Platz, aber die Beweglichkeit, Leichtfertigkeit der Federn entschlüpft dieser Funktionalisierung; die Schönheit wird gar nicht erwähnt. Statt dessen wird an ihnen ein „mutwilliges und gefährliches Element von ungreifbar revolutionärem Geist" erkannt und geschwind mit einer „Klasse zügelloser Gymnasiastinnen" gleichgesetzt: „ins Gesicht hinein voller Bigotterie, aber voll ausgelassenen Mutwillens hinter dem Rücken".

> Den ganzen Tag schweiften diese Augen kichernd und spitzbübisch umher, bohrten Löcher in die Wände, blinzelten und zwinkerten, rollten mit flatternden Wimpern, den Finger auf dem Mund, übereinander. Sie füllten das Zimmer mit Gezwitscher und Geflüster, zerstreuten sich wie Schmetterlinge rings um die vielarmige Lampe, schlugen als farbige Klumpen auf die matten, greisen Spiegel, die aller Bewegung und Fröhlichkeit entwöhnt waren, und schauten durch die Schlüssellöcher. Nicht einmal in Gegenwart der Mutter, die mit verbundenem Kopf auf dem Sofa lag, konnten sie sich zurückhalten, blinzelten einander zu, gaben sich Zeichen und redeten in ihrem stummen, bunten Alphabet voll geheimer Bedeutungen. („Die Küchenschaben")

„Noch im Faktum des einzelnen Daseins ist Ironie, Witz, die närrisch herausgestreckte Zunge enthalten", schreibt Andrzej Wirth.[11] Im Unterschied zu Kafkas oft beklemmender Darstellungsweise aber sei Schulz' Prosa „antiillusionistisch". Er mute dem Leser nicht zu, seine Visionen für wirklich zu halten, vielmehr unterstreiche er oft „trotzig" ihren traumartigen Charakter. Sämtliche Möglichkeiten findet der jugendliche Erzähler und Räsonneur überzeugender als die immer etwas schale Wirklichkeit, und die Möglichkeitsform als solche ist die Krönung dieser Art von Poesie. Als hätte Schulz außer Kafka auch Musil gelesen, spricht er von „einem gewissen Herzensmut", einem „Traumflug", den der von der Präferenz für alles nur Mögliche Geleitete benötigt, um z.B. der feurigen Spur der Dinge (und Seelen) auf den Seiten eines Briefmarkenalbums zu folgen („Frühling" 21). Die noch nicht erwachten Absichten Gottes[12] nehmen bei Schulz eine leicht veränderte Gestalt an. Der Erzähler wendet sich an Gott, der gegen die verengte Welt, gegen die „Herr-

---

11 Vgl. Andrzej Wirth, „Nachwort" zu: Bruno Schulz, *Die Zimtläden*, München 1961, S. 242.
12 Vgl. dazu oben, S. 13 f.

schaft der Prosa" in „ungeheure, bunte und prächtige Lästerungen" ausbreche: „Du griffst mit der Hand in die Tasche und zeigtest mir wie eine Hand voll Knöpfe die in Dir wimmelnden Möglichkeiten". Während Musils Mann ohne Eigenschaften „Genauigkeit und Seele" zusammenzubringen sucht, geht es dem Schulzschen Gott der unbegrenzten Möglichkeiten ausdrücklich „nicht um Genauigkeit". „Du sprachst, was Dir der Speichel auf die Zunge brachte" („Frühling" 7). Der spielerisch-parodistische und doch mächtige „Traktat" des Vaters über die Mannequins sagt, wie man sich eine zweite Schöpfung oder vielleicht hundert weitere Schöpfungen neben der einen in jedem Sinne fertigen vorstellen soll, und zeigt zugleich, wie solche frei flottierenden Möglichkeiten im Moment des Redens, des Fabulierens in die Welt gesetzt werden.

Der Vater selbst ist, was er der Natur und ihrer Potenz zuschreibt: „unerschöpflich". Schöpfung, die nicht länger dem einen Demiurgen vorbehalten bleiben soll, beginnt mit der Verlockung zum Formen. „Die Materie wogt von unbegrenzten Möglichkeiten", „lockt mit Tausenden süßer Rundungen und Weichheiten" und ruft damit den belebenden Atem des Geistes herbei. Die menschlichen oder Phantasieschöpfungen aber bleiben aus Protest gegen die fatalen Verknöcherungen, von denen die Wirklichkeit voll ist, beim ersten Akt, bei der Initiation, der Skizze oder Improvisation stehen. Im Mittelpunkt der großen Häresie, sich andere Welten als die bestehende auszudenken, steht das Lob auf die Unvollkommenheit dieser sekundären Schöpfungen. Sie werden „oft nur für eine Geste, für ein einziges Wort", nur „auf einen Augenblick" ins Leben gerufen. Sie werden nur halb gemacht und aus minderwertigem Material, eben nicht auf Dauer. Der Künstler dieser Desillusionierungskunst schwärmt für die Künstlichkeit seiner Geschöpfe.[13] Er macht nicht nur, wie die Avantgardisten der Zwanziger Jahre z.B. auf dem Theater, die Maschinerie sichtbar, sondern er hebt noch dahinter die „Flaumigkeit und Durchlässigkeit" der Materie selbst hervor, „ihr Knirschen, ihren Widerstand, ihre puppenhafte Unzierlichkeit". Der Täppischkeit der Materie, ihrer mangelnden Eignung zu seiner Umschöpfung macht er eine solche Liebeserklärung („süße Bärenhaftigkeit"), dass er prompt aus der Lektion über die Schöpfungsbedingungen einer zweiten Kreatur in die Hinnahme der existierenden Schöpfung zurückfällt. Die Verbindung ist so undurchdringlich, dass auch in der Wirkung seiner Lektion die Ambivalenz pur triumphiert: Die Mädchen waren davon so reglos geworden, ja „verblödet", dass sich nicht mehr unterscheiden ließ, ob sie „zur ersten oder zur zweiten Generation der Schöpfung", zur Realität oder zur hier gerühmten Scheinwelt gehörten („Traktat").

So charmant und verlockend aber die Welt der hundert nur angedachten Möglichkeiten aussieht, wir dürfen sie uns nicht zu harmlos vorstellen. Zwischen ihr und der real existierenden Welt besteht nicht nur das Verhältnis des Spotts, des Übermuts, des Ausweichens in jenseitige und zusätzliche Räume, die der Juris-

---

13 Auch mit Masken verfährt der Autor (und sein Häresiarch) unkonventionell in einer illusionssprengenden Weise, die Ute Brylla jedoch als spezifisch männlichkeitszentriert deutet; vgl. „Die Maske des Unmaskierten. Eine Zusammenschau von Bruno Schulz und Michail Bachtin", in: *Maskeraden. Geschlechterdifferenz in der literarischen Inszenierung*, hg. von Elfi Bettinger/Julika Funk, Berlin 1995, S. 307-322.

diktion der Realität entzogen sind.[14] Zwischen den Neuformungen und der herkömmlichen Ordnung der Dinge herrscht auch Konkurrenz, Polemik, ja Krieg. Wenn Daseinsformen „aufgehört haben, interessant zu sein", findet der Vater Gewalt gegen sie gerechtfertigt. Er spricht sich für den Mord „im Interesse eines aufschlussreichen und wichtigen Experiments" aus und leitet daraus „eine neue Apologie des Sadismus" ab. Das war in der damaligen Avantgarde, man denke an die Surrealisten und Futuristen, nicht ganz so unerhört, wie es heute, nach den Erfahrungen des Holocausts, klingt, aber es kommt noch schlimmer. Mit pflicht-schuldigem Schauer, doch mit weniger Mitleid, als die naturwidrig zusammen-geleimten Holzrassen hervorrufen, wird als ein Beispiel für „treue Liebe auch in der Verwandlung" die Lampe eines gewissen Kapitäns angeführt, welche malaiische Balsamierer aus seiner ermordeten Geliebten – deren Mörder nicht angegeben wird – hergestellt haben („Traktat', Schluss). Sowohl das Material dieses Phantasierens als auch sein Gestaltungsprinzip oder sein Modus kann fürchterlich missbraucht werden. Die Quittung für sein hemmungsloses Phantasieren erhält der Vater, indem sein Laden, diese Schatzkammer und Springflut von Stoffen und vor allem Farben, entwirklicht wird (in der „Nacht der großen Saison", nach den mannigfachen Anläufen im titelgebenden Kapitel des *Sanatoriums*) und indem die von ihm so methodisch-heuristisch gebrauchte ideale „Minderwertigkeit" von der Schmutz-konkurrenz, den amerikanisierenden Händlern der „Krokodilgasse", ohne jedes ironische Funkeln zur Geschäftsmaxime erhoben wird. Die Phantasie zieht ihren Anhängern und schließlich sich selbst den Boden unter den Füßen weg. Die Wege durch die Luft können überall enden.

5. Auflösung, aber wohin führt sie?

Keine Begrenzung, keine Bestimmtheit hält dem Spiel des Möglichkeitssinns mit seiner uferlosen (gedachten) Veränderung stand. „Zugemauert?" „Es gibt kein so fest zugemauertes Zimmer, in dem sich nicht eine solche [d.h. eine intensiv herbei-gewünschte] vertrauliche Tür öffnen ließe, wenn nur die Kräfte langen, sie hinzu-denken" („Einsamkeit").

Das Pathos des Aufbruchs, ja des Sturms trägt die Sätze und Kapitel der beiden ungefügen Zyklen. Durch die meisten ihrer Handlungen zieht sich die Gewissheit einer Bewegung, die durch nichts zu bremsen ist, die nur schlimmstenfalls in sich selbst kreist. Die Vokabeln und Bilder tönen von Revolutionsfanfaren, von Märschen, aufgeregten Aufläufen, zwischendurch von einer „Frühlingsmarseillaise" („Frühling" 1).[15] Selbst ein nicht erklärter Krieg, unbekannt gegen wen, gibt den „Unzufriedenen" Aufschwung, die „ironische, dunkle Blicke um sich werfen" und ihren Lachreiz zurückhalten, welcher sonst „diese ganze Mystifikation" entlarven

---

14 So wie die Teilhaber von „Die geniale Epoche" (Teil 1) ihr Problem, Ereignisse unterzubringen, „die keinen Platz in der Zeit haben", genial, obgleich „ein wenig illegal" und „problematisch" dadurch lösen, dass sie ein „Nebengleis" der Zeit eröffnen.
15 Andererseits scheinen die „schwarzen Reichstage" („Sturm") und die „schwarze Börse" („Große Saison") auch die historisch ständig drohende Perversion des Aufruhrs ins Bild zu rufen.

würde („Sanatorium" 5). Gegen die historisch längst abgetane Herrschaft Franz
Josefs I., die auf der Jugendzeit des Erzählers mit ihrer erstickenden Ausrichtung der
gesamten Welt schwer gelastet haben soll, ist die Strategie des Hervorbrechens und
Überflutens – intellektueller gewendet: der nicht zu verbietenden Illusionen und
Alternativen – einfach siegreich. Im Namen der alles zudeckenden schwarz-gelben
Streifen, Gitterstäben ähnlich, sollte die rote Farbe, „die flatternde Standarte der
Begeisterung", verboten werden, aber das brennende, explodierende und alles über-
gießende Rot ließ sich nicht aus der Welt schaffen. Der griesgrämige Kaiser musste
es selbst amnestieren und musste ein Lächeln mindestens „imitieren" („Frühling"
29). Das ist natürlich ein billiger Sieg. Die politische Thematik wird nicht beherr-
schend, sie gibt dem Spiel der freischweifenden Phantasie nur einen zusätzlichen
spöttisch-polemischen Unterton.[16]

Weil aber der dominierende Übermut, der Übermut der Imagination, der Alternativen, der Möglichkeitsform als solcher keinen ernstzunehmenden Gegner hat,
keinen als höchstens sich selbst, ist seine Herrschaft auch ungesichert. Sie taugt
vielleicht zu einem letzten, aber nicht zum entscheidenden Wort. Das Schwirren,
Drehen und Plappern sämtlicher Potenzen der Menschen, der tierischen oder auch
der unbelebten Natur erzeugt einen Sog, einen Schwindel. Manchmal führt dieser an
einen in der Logik der Bewegung begründeten Haltepunkt: die Einsicht oder
Ahnung, die Stille, das Nichts.[17] Doch selbst die Stille, „die gelbe, grelle, böse
Stille", redet mit sich selbst, zankt und flucht ordinär „ihren manischen Monolog"
(„August" 2). Der „Vater" ist von seiner ersten Einführung an dem Tod geweiht. Er
zwingt seine genialen Aufschwünge seiner sich einfressenden Krankheit ab oder
verdankt sie ihr, aber er kann nicht sterben, so oft er auch totgesagt wird oder sich
ohne Umkehr in ein tierisches Dasein verrennt. Im „Sanatorium zur Sanduhr" oder
zur „Todesanzeige" wird ihm ein bedingter, partieller „Lebensersatz" zugebilligt.
„Nur dank dem solidarischen Durch-die-Finger-Blicken, dem allgemeinen Augen-
verschließen vor den offensichtlichen krassen Unzulänglichkeiten dieses Zustands
konnte sich eine Weile der traurige Schein von Leben auf dem Gewebe der Wirklichkeit halten" („Sanatorium" 2). Nicht nur diese zentrale Figur, sondern alle
wesentlichen Erscheinungen und Entdeckungen werden in die äußerste Fragwürdigkeit geführt und erhalten sie zugesprochen als ihre zutreffende, signifikante,
markante Auszeichnung. Der jugendliche Erzähler verstrickt sich in selbstespon-
nene Händel und schart dazu eine ganze Truppe aus abgelegten Größen der
Geschichte um sich, einen „glänzenden Stab", wie er findet, eine Garde „zwar aus
Invaliden, doch was für genialische!" („Frühling" 40). An der „Genialen Epoche",
auf die die Geheimniskrämerei um das BUCH hinausläuft, bleibt von Anfang an
ungewiss, ob sie sich überhaupt je ereignet hat. Ebenso ja wie nein, muss man sagen.

16Vgl. als Komprimat der herrschenden Meinung z.B.: Russell E. Brown, *Myths and Relatives. Seven
    Essays on Bruno Schulz,* München 1991, insb. S. 119-28: "Politics and Society in the Fiction of Bruno
    Schulz. Impressions and Allusions". Browns Schluss, dass die Politik in Schulz' „poetischer" Welt gar
    keine Rolle spiele, scheint mir wegen der o.a. Belege überzogen.
17Die ungeheuer hohen Stapel von Schachteln und Kartons in der „Krokodilgasse", vielleicht schon
    ihrerseits leer, zerfallen oben „in die Kubatur der Leere, in das schale Bauholz des Nichts".

Es gibt nämlich Dinge, die zu groß, zu großartig sind, als dass sie einen Platz in der Reihe der Erscheinungen finden könnten. Sie versuchen nur zu geschehen, ziehen sich dann zurück, weil sie durch die Gebrechlichkeit der Realisierung ihre Integrität einbüßen würden. So bleibt von ihnen nichts übrig als „verlorene silberne Spuren von nackten Engelsfüßen, in gigantischen Schritten über unsere Tage und Nächte verteilt" („Das Buch" 5).

In einem Brief an Witkacy bekennt Schulz, er sei ebenso wie der Adressat – womöglich müssen wir in sein „Wir" auch Gombrowicz eingeschlossen denken – interessiert am „Bankrott der Realität". Er zieht die Folgerung daraus, der moderne Künstler müsse an der „universellen Desillusionierung der Wirklichkeit" arbeiten.[18] Diese Desillusionierung wird aber seiner Auffassung nach „unerträglich, wenn sie nicht eine Entschädigung in irgendeiner anderen Dimension erhielte". Das Füllhorn der phantastischen Gebilde seiner Erzählprosa ist voll von Entschädigungen, und vor allem soll die Einsetzung zu einem sekundären Demiurgen, zur Erfindung noch unerprobter Konstellationen und Wendungen etwas Besseres bieten als die diskreditierte trügerische Wirklichkeit. Zum vollgültigen Ersatz taugen die schieren Möglichkeiten schlecht. Sie sträuben sich dagegen, an die Stelle des Abgetanen zu treten und etwa ebenso zu werden wie dieses. Der Hang des großen Häretikers zu Werg und Pappmaché für seine wunderbaren Schöpfungen gibt einen wichtigen Fingerzeig: Nur auf dem Papier, innerhalb der Fiktion entfalten die beschriebenen Möglichkeiten ihre reine Attraktion und das Möglichkeitsdenken seine unkorrumpierte Kraft.

18An Stanislaw Ignacy Witkiewicz, in: *Aufsätze und Briefe,* a.a.O., S. 92. Speina wählt die Stelle zum Titel und zum Motto seiner Dissertation *Bankructwo realnosci,* a.a.O. Ob Schulz persönlich bzw. ob die ganze künstlerische Gruppe eine Differenz zwischen „realnosc" und „rzeczywistosc" (Wirklichkeit) bestehen lässt, ist nicht mit Sicherheit erkennbar.

Das Phantastische als Simulacrum: Jorge Luis Borges

Carlos Rincón

Dem anderen, Borges, passiert immer alles. Ich schlendere durch Buenos Aires und verweile, vielleicht schon unwillkürlich, um einen Bogengang und die Gittertür zu betrachten; von Borges erhalte ich Nachrichten durch die Post und erblicke seinen Namen in einem Professorenkolleg oder in einem biographischen Lexikon. Ich habe Freude an Sanduhren, an Landkarten, an der Typographie des achtzehnten Jahrhunderts, an Etymologien, an dem Aroma von Kaffee und an der Prosa Stevensons; der andere teilt zwar diese Vorlieben, aber in aufdringlicher Art, die sie zu Attributen eines Schauspielers macht. Es wäre übertrieben, zu behaupten, daß wir auf schlechtem Fuß miteinander stünden; ich lebe, ich lebe so vor mich hin, damit Borges seine Literatur ausspinnen kann, und diese Literatur ist meine Rechtfertigung.

Borges und Ich ist ein parabelähnlicher Text, in dem die Figur des Doppelgängers ein Schatten ist, ein Gespenst, ein Bild. Sie bildet materialisierten Geist ohne Metapher, das heißt nicht das Abbild eines Originals, sondern eine Figur, zu der eine duale Beziehung besteht. Das Spiel mit der Dissoziation und der Doppelung des Ichs entzieht sich der Paranoia des Ego und erlaubt es, private und öffentliche Mythen in den Text einzubringen, mit deren Hilfe das Leben gelebt wird - seine Alltäglichkeit, seine Manien, seine Wünsche, seine Melancholie - und die Texte von Borges geschrieben werden. Der kurze Text *Borges und Ich* verweist am Ende auf drei Hauptphasen im Schreiben des Autors: Der Bogen spannt sich von den Erzählungen *Hombres pelearon* (1928) und *Hombre de las orillas* (1933) über die Prosastücke der Bände *El jardín de senderos que se bifurcan* (1941) und *Ficciones* (1944) bis zu *El informe de Brodie* (1970), allesamt Exerzitien in der permanenten Neuschreibung der Texte und damit des universellen Intertextes.

Vor Jahren wollte ich mich von ihm befreien: von den Mythologien der Vorstädte ging ich zu Spielen mit der Zeit und mit dem Unendlichen über, doch treibt heute Borges diese Spiele, und ich werde mich anderen Dingen zuwenden müssen. So ist mein Leben eine Flucht, und alles geht mir verloren und fällt dem Vergessen anheim oder dem anderen. Ich weiß nicht einmal, wer von uns beiden diese Seite schreibt.[1]

---

1 Beide Zitate: Jorge Luis Borges, „Borges und Ich", in: *Ausgewählte Werke*, Bd. III, S. 5 f.

1. Annäherung an einen Autor, der sich verzweigt

„Dem anderen, Borges, passiert immer alles." Wem der beiden konnte wohl folgendes passieren? Woody Allen legt in seinem Film *Annie Hill* die von ihm immer wieder erzählte Geschichte der Beziehung des Stadtneurotikers mit einem jungen Mädchen neu auf. Hier heißt sie Annie Hill und wird von Diane Keaton gespielt. Die Liebesbeziehung dauert selbstverständlich nicht lange, Annie verlässt New York und zieht nach Kalifornien. Nach Jahren treffen sich die beiden zufällig an einer Straßenecke in Manhattan wieder. Annie hat jetzt eigene Ideen, eigene Pläne. Was aber ist das Emblem für ihre Sensibilität und ihren Denkstil? Das Objekt ihrer intellektuellen Begierde ist - was sonst? - ein Interview mit Borges.

Diesseits des Atlantiks hat Borges ebenfalls die denkwürdigsten Annäherungen erfahren. Stefano Rosso beschreibt Umberto Ecos Roman *Der Name der Rose* als Kriminalroman und gleichzeitiges Pastiche von verschiedensten Debatten theologischer, politischer und ästhetischer Art sowie historischen Referenzen, moralischen Reflexionen und persönlichen Wortspielen mit dem Leser.[2] Das sind die gleichen Kennzeichen, die auf viele der phantastischen Detektivgeschichten von Borges zutreffen. Eco brachte es einmal auf den Punkt: „Letzten Endes ist die Grundfrage aller Philosophie (und jeder Psychoanalyse) die gleiche wie die Grundfrage des Kriminalromans: Wer ist der Schuldige?"[3] Um das in Erfahrung zu bringen, muss man von der Annahme ausgehen, dass die Geschehnisse einer Logik gehorchen und dass im Labyrinth, diesem auf Vermutungen basierenden Raum, der auf verschiedensten Wegen durchquert werden kann, ein abstraktes Modell zu finden ist, das es erlaubt, Mutmaßungen aufzustellen. Wer ist der Mörder in *Der Name der Rose*? Jedenfalls heißt der Herr des Labyrinths, der Bibliothek also, der blinde - wie Borges - Bibliothekar - wie Borges - in dieser Geschichte aus dem 13.Jahrhunderts Jorge de Burgos. Er lässt die Seiten des zweiten Bandes der Poetik von Aristoteles-Bachtin mit Gift tränken. Aber ist der Schuldige auch Jorge Luis Borges? Walter E. Stephens scheint sich in seiner semiotisch-textuellen Studie über Ecos ersten Roman dessen sicher zu sein:

> Es ist deutlich, dass das Buch vom literarischen Standpunkt aus viel der Erzählkunst und der Essayistik von Borges verdankt, und das erklärt auch, wie ein großer Teil der Semiotik Ecos sich von Borges herleitet.[4]

Ist Borges vor allem der Schuldige, weil er der Verfasser von *Der Tod und der Kompaß* (1942) ist? Denn in dieser Erzählung wird mit rabbinischen Erklärungen, existierenden und nicht existierenden Büchern gespielt - eines hat den Titel „Ehrenrettung der Kabbala", ein anderes ist eine Monographie (auf deutsch) über das Tetragrammaton (den Namen Gottes) - und die Existenz eines griechischen Labyrinths behauptet, das aus einer einzigen geraden Linie besteht. Nach dem ersten Mord wird in dieser betont artifiziellen Detektivgeschichte ein Blatt Papier gefun-

---

2 Vgl. Stefano Rosso, "A Corespondence with Umberto Eco", in: *Boundary 2*, 12 (1983), S. 1-13.
3 Umberto Eco, *Nachschrift zum Namen der Rose*, dt. von B. Kroeber, München/Wien 1984, S. 64.
4 Walter E. Stephens, "Ec(h)o in fabula", in: *Diacritics*, 2 (1983), S. 58.

den, auf dem der Satz steht: „Der erste Buchstabe des Namens ist artikuliert
worden." Ist Borges der Schuldige, weil der plot der Erzählung *Der Tod und der
Kompaß* Jorge de Burgos als Leitfaden dient, was auf ebenso authentische Weise
geschieht, wie ihm die Zitate des Heiligen Ambrosio, Efraim und Bernardo, von
Ugo di San Vittore oder des Pseudo-Diogenes dienen, um mit dem Franziskaner-
mönch William von Baskerville die 'quaestio' des Lachens zu debattieren?

Michel Foucault schreibt in seiner Einleitung zu *Les mots et les choses* (1966),
der „Geburtsort" seines Buches liege in dem Lachen, das die Lektüres eines Textes
von Borges in ihm ausgelöst habe.[5] Die phantasmatische Eigenschaft des Klassifi-
kationsschemas der chinesischen Enzyklopädie, die Borges imaginiert, ist es, die
Foucault interessiert. Für Elena Rosch ist das Interessanteste, dass sie, obwohl sie
gar nicht existiert, Anlass zur Diskussion über Wissen und Klassifikation gibt, und
Richard A. Shweder sieht in einer seiner Arbeiten, die für die Postmoderne eine
große Tragweite haben, den wichtigsten Aspekt der Klassifikation darin, dass mit
ihr die Kultur als willkürlicher Code fassbar wird.[6] Man kann sich ausmalen, wie
Borges gelacht haben mag, als er etwa die Nachricht von seinem Verleger erhielt,
dass seine Geschichte des Dr. Yu (im *Garten der Pfade, die sich verzweigen*), oder
die arabische Geschichte von Ibn Hakkan al-Borakkan, der in seinem Labyrinth
gestorben ist, ins Japanische und ins Arabische übersetzt worden sind. Ich versuche
mir vorzustellen, ob für Borges etwas Phantastisches darin gelegen hätte, wenn auf
einer unermesslichen Zahl von Leinwänden und Fernsehschirmen in der ganzen
Welt von einem apokryphen Interview mit ihm die Rede ist oder wenn er unter dem
Pseudonym „Jorge de Burgos" einer Reihe von Giftmorden für schuldig erklärt
worden wäre. Was wäre wohl die Ursache seines Lachens? Würde er damit feiern,
was der Roman von Eco und seine eigenen Fiktionen zelebrieren, das Prinzip der
Intertextualität und der Semiose ohne Grenzen? Wenn es als sicher gelten darf, dass
Borges in *Der Name der Rose* eine Strategie des Textes und viel mehr noch eine
„intertextuelle Referenz" ist,[7] so ist es angebracht, sich folgende Definition der
Disziplin, die Eco in vieler Hinsicht inspiriert hat, vor Augen zu halten:

> Die Semiotik ist im Grunde eine Disziplin, die alles untersucht, was zum
> Lügen benutzt werden kann. Wenn etwas nicht zum Lügen benutzt werden
> kann, kann es umgekehrt auch nicht dazu benutzt werden, die Wahrheit zu
> sagen.[8]

Tatsache ist, dass in der vorgeblichen Übersetzung eines verlorengegangenen lateinischen Manuskripts aus dem 14. Jahrhundert ins Italienische Jorge de Burgos ein
giftiges Buch nach dem bewährten Rezept verfertigte, das eine französische Königin

---

5 Vgl. Michel Foucault, *Les mots et les choses. Une archéologie des sciences humaines*, Paris 1966, S. 7.
6 Vgl. *Cognition and Categorization*, hg. von Eleanor Rosch/R. B.Lloyd, Hilldale 1978; *Culture Theory.
   Essays on Mind, Self, and Emotion*, hg. von Richard A. Shweder/Robert LeVine, Cambridge 1984.
7 Vgl. Rocco Capozzi, "Intertextuality and Semiosis: Eco's 'education sémiotique'", in: *Recherches
   sémiotiques/Semiotic Inquiry*, 3 (1983), S. 294.
8 Vgl. Umberto Eco, *Trattato di semiotica generale*, Milano 1975.

aus dem 16. Jahrhundert in einem von Alexandre Dumas im 19. Jahrhundert verfassten Roman erproben ließ, um es am Ende zu verschlingen.

Wenn wir uns Borges in dieser Form nähern, verfolgen wir eine doppelte Strategie, die ich gleich weiterentwickeln möchte. Nach dieser Einführung werde ich im folgenden Teil eine Reihe von philosophischen und literarischen Szenarien umreißen, die den Zeitgeist mitgeprägt haben und in denen Borges' Fiktionen eine herausragende Rolle spielen. Im letzten Teil wird am Beispiel einer der bekanntesten Erzählungen (*El Aleph*) herausgearbeitet, wie es Borges mit der Tradition der phantastischen Literatur, ihren Paradigmen und Stereotypen hält. In diesem Zusammenhang versuche ich auch, die Rolle zu bestimmen, die Borges' Fiktionen in der literaturwissenschaftlichen Debatte über die phantastische Literatur seit 1970 spielen.

2. Die Ursuppe von Literatur und Theorie der Gegenwart

Wie die obigen Zitate von Foucault und Stephens verraten, ist Borges Bestandteil der Ursuppe der zeitgenössischen theoretischen Debatte und literarischen Produktion. Die Essays und Erzählungen, die er in den 30er und 40er Jahren schrieb und die in den 50er Jahren ins Italienische und Französische sowie in den 60er Jahren ins Englische übersetzt worden sind, stehen in einem direkten Zusammenhang mit drei intellektuellen und philosophischen Projekten, die die komplexe Konstellation des Denkens in der Gegenwart, wie sie sich bereits zwischen 1966 und 1969 abzeichnete, mitbestimmten: diejenigen von Michel Foucault, von Gilles Deleuze und von Jacques Derrida. In erster Linie beziehe ich mich auf die Analysen der Beziehungen zwischen den Formen des historisch verorteten Diskurses und den Formen des Wissens und der Subjektivität von Michel Foucault. Borges ist präsent in der Art, wie Foucault eine neue Frage aufwirft, die Frage nach den diskursiven Praktiken, auf denen die Artikulationen des Wissens basieren, über die Oppositionen zwischen Wissenschaft und Ideologie hinaus, um sich so von der traditionellen, auf teleologischen Prämissen gründenden Geschichte der Wissenschaften und der Ideen zu verabschieden. Borges und seine Essayistik dient als direkte Referenz und, mehr noch, als Quelle thematischer Inspiration, als Modell für das Projekt der Subversion und Desorganisation der westlichen Philosophie und ihrer Kategorien auf der Suche nach einer anderen Denkweise von Gilles Deleuze. Die Idee der Philosophie als einer Kunst, Konzepte zu erfinden, zu fabrizieren, und die ersten Spiele, die Gilles Deleuze mit „konzeptuellen Figuren" und „ästhetischen Figuren" betreibt, sowie sein Interesse für das Simulacrum sind Teil seines Dialogs mit Borges. Als drittes Projekt ist Jacques Derridas Versuch der Dekonstruktion der herrschenden Tradition des westlichen Denkens, des Logozentrismus, zu nennen.

Später, zwischen 1976 und 1981, wird ein anderer Text von Borges, eine in den 50er Jahren veröffentlichte Allegorie als Transkription eines nicht existierenden Textes, zu einem direkten Bestandteil der Theoriebildung von Jean Baudrillard über den historischen Wandel der Simulacren im Zeitalter der elektronisch-massenmedialen Produktion von Wirklichkeiten. Gilles Deleuze untersucht in seinem Buch

Logik des Sinns (1969) die Differenz zwischen Kopie und Simulacrum bei Platon und Lukrez. Am Ende stellt er fest: „Die Moderne ist durch die Macht des Simulakrums zu definieren." Mitte der 70er Jahre schlug Baudrillard im Kapitel „Die Ordnung der Simulacren" seines Buches *Der symbolische Tausch und der Tod* (1976) eine Definition und ein theoretisches Modell vor. Mit dem Terminus 'Simulacrum' bezeichnete er ein abstraktes Zeichensystem, das eine spezifische Beziehung mit der materiellen Welt aufrechterhält, ein Konstruktionsmodell von Wirklichkeit bildet, von dem ausgehend auf symbolische Art und Weise „Welt" produziert und interpretiert, stabilisiert und reproduziert wird.

Baudrillards Modell unterscheidet drei Formen der zeichenhaften Wirklichkeitsproduktion: die „Ordnung der Imitation", in der ein metaphysischer Nebel das Zeichen verhüllt und eine Trennung von Sein und Schein, Wesen und Erscheinung, Realem und Zeichen statuiert wird; die „Ordnung der Produktion" bzw. der industriellen Produktion mit ihren unendlichen identisch reproduzierten Serien, in denen der Nebel entzaubert wird und die bisher aufrechterhaltene Trennung ihre Plausibilität verliert, aber scheinhaft wiederholt wird; und die „Ordnung der Simulation", das heißt die Ordnung der Konstruktionsformen der Welt unter den Bedingungen der virtuellen Kommunikation, womit die tradierte „Äquivalenz zwischen Zeichen und Realem" überholt wäre. Den Thesen Baudrillards zufolge stellt die Simulation „die Differenz zwischen 'Wahrem' und 'Falschem', 'Realem' und 'Imaginärem' immer wieder in Frage". In der Simulation kommen Imaginäres und Reales im Hyperrealen zur vollständigen Deckung: Die Realität selbst ist heute hyperreal. Unter diesen Bedingungen ist folglich die Irrealität nicht mehr die des Traums oder des Phantasmas, sondern die halluzinierende Ähnlichkeit des Realen mit sich selbst. In seinem bekanntesten Essay, der Einleitung zum Buch *Simulation et simulacres* (1981), geht Baudrillard von einem Epilog Borges' aus, der in der Abteilung „Etcetera" der *Universalgeschichte der Niedertracht* unter dem Titel „Von der Strenge der Wissenschaft" zu finden ist. Diesen Text, den Borges einem fiktiven Autor des 17. Jahrhunderts, Suárez de Miranda, zuschreibt, bezeichnet Baudrillard als „die schönste Allegorie der Simulation". Bei Borges heißt es:

> In jenem Reich erlangte die Kunst der Kartographie eine solche Vollkommenheit, daß die Karte einer einzigen Provinz den Raum einer Stadt einnahm und die Karte des Reichs den einer Provinz. Mit der Zeit befriedigten diese maßlosen Karten nicht länger, und die Kollegs der Kartographen erstellten eine Karte des Reichs, die die Größe des Reichs besaß und sich mit ihm in jedem Punkt deckte. Die nachfolgenden Geschlechter, die dem Studium der Kartographie nicht mehr so ergeben waren, waren der Ansicht, diese ausgedehnte Karte sei unnütz, und überließen sie, nicht ohne Verstoß gegen die Pietät, den Unbilden der Sonne und der Winter. In den Wüsten des Westens überdauern zerstückelte Ruinen der Karte, behaust von Tieren und von Bettlern; im ganzen Land gibt es keine anderen Überreste der geographischen Lehrwissenschaften.[9]

---

9 Jorge Luis Borges, „Von der Strenge der Wissenschaft", in: *Ausgewählte Werke*, Bd. I, S. 82 f.

Baudrillard nahm diesen Text über das Imperium und die Karte zum Ausgangs-
punkt, um die Situation der heutigen Zeit, die er als die Zeit der Simulacren dritter
Ordnung versteht, zu diagnostizieren. Besser gesagt, um eine der einflussreichsten
Theorien über die Postmoderne zu formulieren.

Die Beispiele für die offensichtliche Anziehungskraft, die Borges' Fiktionen
auslösen, sind zahlreich. Man könnte ganze Inventare der Faszination postmoderner
und postkolonialer Erzähler wie Gabriel García Márquez, Thomas Pynchon, Italo
Calvino, John Barth, Tahar ben Jallou oder auch von Literaturkritikern und Theoretikern wie René Etiemble, Geoffrey Hartman oder Harold Bloom aufstellen. Nicht
zu vergessen die Kunstkritiker, die Anfang der 80er Jahre die Frage des allego-
rischen Impulses in der postmodernen Kunst aufwarfen, so Craig Owens, Douglas
Crimp, Joel Fineman oder Rosalind Krauss.

Nicht ohne Grund sah Hans Robert Jauß am Ende seiner Universitätslaufbahn in
dem Text *Pierre Menard, Autor des Quijote* (1939) den Beginn des Booms von
Theorien der Lektüre, die Vorwegnahme der Theorien der Intertextualität und der
Dekonstruktion sowie einen Beitrag zum philosophischen Theorem der Posthistorie.
Wissenschaftsgeschichtlich ist überdies Borges' Rolle beim Zustandekommen der
französischen Narratologie wichtig. Heute ist „das Narrative" nicht nur eine formale
Eigenschaft der Literatur, sondern vor allem eine neue analytische Kategorie auf
den unterschiedlichsten nichtliterarischen Feldern. Edward W. Said schreibt dazu:
„Das Narrative hat heute in den Human- und Sozialwissenschaften den Status einer
höheren kulturellen Konvergenz erhalten."[10] Beim Versuch, Instrumente für die
Beschreibung und die Analyse der narrativen Struktur und den Schritt zu einer
Theorie des Textes zu finden, ist Borges ein Stichwortgeber der narratologischen
und literaturtheoretischen Projekte sowohl von Gérard Genette als auch von Jean
Ricardou und Pierre Macheray.

3. Ein mikrokosmisches Emblem des Universums?

„Dieses Jahrhundert ist borgianisch. Borges' Werk wird glossiert, wie das von
Proust, von Kafka oder von Joyce", stellt Michel Lafon fest.[11] Gewiss ist dies so,
aber ebenso gewiss ist, dass es nicht auf die gleiche Art und Weise geschieht. Eine
Durchsicht der unterschiedlichen Lektüren, die von Borges' Erzählung *Das Aleph*[12]
vorliegen, bestätigt das. Darüber, dass sie „zentral in Borges' Werk" ist, „vielleicht
die bekannteste aller Erzählungen des argentinischen Autors überhaupt",[13] herrscht
allerdings Übereinstimmung.

---

[10]Edward W. Said, "Representing the Colonized: Anthropology's Interlocutors", in: *Critical Inquiry* 15
(1989), S. 221.

[11]Michel Lafon, *Borges ou la réecriture*, Paris 1990, S. 9.

[12]Jorge Luis Borges, „Das Aleph", in: *Ausgewählte Werke*, Bd. I, S. 365-384. (Zitate daraus werden im
folgenden durch bloße Angabe der Seitenzahl im fortlaufenden Text belegt).

[13]Raúl Silva-Cáceres, "Jorge Luis Borges y la cultura latina en *El Aleph*", in: *Ibérica*, 5 (1985), S. 75;
José Manuel Pedrosa, "Borges y la rétorica del 'disparate': fuentes y correspondencias medievales,
recentistas y folclóricas de *El Aleph*", in: *Dicenda. Cuadernos de filología hispánica*, 14 (1996), S.
215.

Diese 1945 veröffentlichte Erzählung ist mit dem ersten Buchstaben des hebräischen Alphabets betitelt. Ein fiktives Ich, das der Leser mit der biographischen Person des Schriftstellers Borges identifizieren kann, erzählt die Geschichte seiner obsessiven, aber nicht erwiderten Liebe zu Beatriz Viterbo, einer jungen Schauspielerin, die seit ihrer Scheidung sozial im Abseits stand und mitten im argentinischen Sommer, im Februar 1929, starb. Der Wunsch, „sich ihrem Andenken zu widmen" (366), bewegt den Erzähler, sich an jedem 30. April, ihrem Geburtstag, in die kleinbürgerliche Intimität des Hauses ihres Vetters, eines mittelmäßigen Schriftstellers italienischer Abstammung namens Carlos Argentino Daneri, zu begeben. Dieses Ritual wiederholt sich bereits seit zwölf Jahren, als Daneri ein so großes Vertrauen gefasst hat, dass er dem Erzähler am 30. April 1941 Fragmente seiner Dichtung *Die Erde* vorliest, an der er seit Jahren arbeitet. Anfang August ist der Optimismus und der Stolz, den Daneri angesichts der Modernisierung seines Wohnviertels empfunden hatte, verschwunden, als er erfährt, dass auch sein Haus abgerissen werden soll. Er ist vor allem deswegen so beunruhigt, weil dann das Aleph, das sich nach seiner Darstellung im Keller unter dem Speisezimmer befand und ihm seit seiner frühesten Jugend Inspirationsquelle war, verschwinden würde. Daneri lädt „Borges" ein, sich das Aleph anzusehen, „eine[n] jener Punkte im Raum, die alle Punkte in sich enthalten" (375), „de[n] Ort, an dem, ohne sich zu vermischen, alle Orte des Erdenrunds sind, von allen Ecken aus gesehen" (376). „Borges" folgt der Einladung, allerdings in der Annahme, dass Daneri verrückt geworden sei, eine Vorstellung, die ihn „mit boshafter Wonne" erfüllt.

Die Alltagswirklichkeit der Erzählung gleitet jetzt offen ins Phantastische. „Borges" betritt das Haus, geht hinunter in den Keller, befürchtend, dass Daneri ihn, „um seinen Wahn in Schutz zu nehmen", töten wird, sieht aber plötzlich in der Dunkelheit das Aleph: „[D]er kosmische Raum war ohne Schmälerung seines Umfangs da. Jedes Ding (etwa die Scheibe eines Spiegels) war eine Unendlichkeit von Dingen, weil ich sie aus allen Ecken des Universums deutlich sah" (379). Teil der Vision sind neben vielen anderen Erscheinungen „obszöne, unglaubliche, unmißverständliche Briefe" von Beatriz an Daneri. Daneri unterbricht mit seinem Erscheinen die Vision des Aleph, die gesehen zu haben „Borges" aus einem unbestimmten Gefühl der Rache vor Daneri nicht zugeben will. Die Nachschrift vom März 1943 gibt der Erzählung ein doppeltes Ende. Es wird berichtet, dass Daneri für eine Auswahl seiner Gedichte aus *Die Erde* den Zweiten Nationalpreis für Literatur erhalten hat, während „Borges" für sein Werk *Die Würfel des Spielers* leer ausging. Mit zwei Bemerkungen deutet der Erzähler an, dass das Aleph im Keller des Hauses von Daneri ein „falsches Aleph" war, und stellt fest, dass Beatriz' Gesichtszüge im Zuge des Vergessens immer mehr verschwimmen.

Seit dem Beginn der akribischen Exegesen des *Aleph* führte das Gespür für die Rätsel und Tücken der Textdeutung die Interpreten dazu, drei Ebenen in der Erzählung zu unterscheiden, die mit der Metapher der ‚Schichten' beschrieben wurden. Die erste: eine Gefühlsebene, auf der „Borges" von seiner Liebe zu Beatriz erzählt. Die zweite: eine literarische, in der Daneri die unendliche Dichtung *Die Erde* schreibt, einer Poesieauffassung verpflichtet, die der von „Borges" entgegengesetzt ist. Die dritte: jede transzendente mystisch-metaphysische Bedeutungsebene der Aleph-Vision. Stets wurden diese Deutungsversuche mit einem Bündel Indizien plausibel gemacht. Daniel Devoto wies als erster auf den Dante-Bezug hin, der in der Onomastik Beatriz-*Beatrice*, Dan(*te Aligh*)eri steckt.[14] Daneris verschrobene Auslegung seiner Verse kann als Parodie auf Dantes Kommentare seiner *Vita Nuova* gelesen werden. Die Reihe des „ich sah" ("vi") in dem Fragment, das die nicht-rationale Erleuchtung wiedergibt, ist ähnlich der "I' vidi" der *Divina Commedia*. Die Jury des Nationalpreises ignorierte in dieser Zeit die Publikation von *Der Garten der Pfade, die sich verzweigen*. 1942 bekam Borges für das Buch den zweiten Literaturpreis der Stadt Buenos Aires, was von seinen Freunden derart als Affront empfunden wurde, dass sie einen „Desagravio a Borges" (*Sur* 94, 1942) veröffentlichten. Die satirischen Anspielungen in *Das Aleph* auf die Gepflogenheiten des literarischen Lebens in Buenos Aires waren offensichtlich.[15] Die Bezugnahmen auf Neruda, den Dichter des *Großen Gesang*s, waren ein offenes Geheimnis. Ein anderes die erotischen Konnotationen der Form und der Farbe des Aleph. Sicher ging das alles nicht ohne Mehrdeutigkeiten und Paradoxa ab, denn letztlich war auch „Borges" der Dante dieser Beatriz, und viele der Verse Daneris besitzen den Rhythmus und Klang von Borges' Versen.

Allerdings war es nicht in erster Linie das Wechselspiel zwischen den unter-schiedlichen Ebenen, das die Faszination der Lektüren bestimmte, sondern die Überzeugung, dass in der Kabbala und dem Vermögen der mystischen Intuition das höchste Arkanum der Fiktion von Borges lag.[16] Ana María Barrenechea zufolge steht das Aleph für „die Angst vor der Unendlichkeit".[17] Zum anderen wurden Ähnlichkeiten zwischen dem Aleph (einer Kugel) und zentralen Symbolen in anderen Erzählungen dieser Zeit gesucht, etwa in *Der Zahir* (eine Münze), *Die Inschrift des Gottes* (ein Rad), die als mikrokosmische Bilder auf emblematische Art und Weise das gesamte Universum und seine möglichen Bedeutungen fokussieren. Estela Canto, der *Das Aleph* gewidmet ist, schreibt von der „Begegnung mit Gott, der das Aleph ist".[18] In der dritten Variante, bei der unter Rückgriff auf Freud und Jakobson der Reflex im Spiegel und die Umkehrung des Doppels das Verständnis leitete, wurde *Das Aleph* als unmögliche Suche nach einem universalen Schlüssel gelesen, der Borges' Code auf einer mythischen Ebene zu entschlüsseln erlaubt.[19]

14 Vgl. Daniel Devoto, "Aleph et Alexis", in: *Cahiers de L'Herne: Borges,* Paris 1964, S. 281-285; vgl. a.: Alberto J. Carlos, "Dante y *El Aleph* de Borges", in: *Duquesne Hispanic Review*, 1 (1966), S. 35-50; Roberto Paoli, *Borges: percorsi di significato,* Messina/Firenze 1977.

15 Vgl. Horacio Salas, *Borges. Una biografía,* Buenos Aires 1994, S. 203; María Luisa Bastos, *Borges ante la crítica argentina 1923-1960,* Buenos Aires 1974, S. 147-49.

16 Vgl. Salomón Lévy, "El Aleph, símbolo cabalístico y sus implicaciones en la obra de Jorge Luis Borges", in: *Hispanic Review*, 44 (1976), S. 143-161; Mario Satz, "Borges, El Aleph y la Kabala", in: *Borges y la literatura*, hg. von V. Polo García, Murcia 1989, S. 73-83.

17 Ana María Barrenechea, La expresión de la irrealidad en la obra de Jorge Luis Borges, México 1957, S. 19.

18 Estela Canto, *Borges a contraluz*, Bogotá 1991, S. 173.

19 Vgl. Didier Anzieu, "Le corps et le code dans les contes de Borges", in: *Le corps et l'oeuvre*, Paris 1981, S. 294; Jaime Alazraki, *Versiones, Inversiones. Reversiones. El espejo como modelo estructural del relato en los cuentos de Borges*. Madrid 1977, S. 74.

4. Ein phantastisches Emblem des Schreibens?

Borges wollte sicher den Titel seiner Erzählung für alle möglichen Lesarten öffnen, um wiederum jede einzelne als irrelevant zu entlarven, genau so, wie er es beispielsweise mit dem Dante-Bezug tat. Damit löste er bis in die 80er Jahre hinein eine Lawine von Interpretationen aus. Immerhin legt bereits seit zehn Jahren die Beschäftigung mit Borges, anstatt die paranoide Suche nach geheimen Bedeutungen in seinen Erzählungen weiterzuverfolgen, größere Zusammenhänge frei. Die Liste wichtiger Neuerungen beginnt mit der prägenden Wirkung des Kinos auf zentrale Aspekte in Borges' Erzählkunst. Mit dem wachsenden Interesse an der Intermedialität bei Borges entwickelte sich eine theoretische Meta-Ebene, die es erlaubte, den Metaphern- und Bildbegriff so extensiv auszudehnen, dass er auch die Objekte und Abbildungsbereiche deckte, die Borges Simulakrum nannte.

Die sozio-historische Kontextualisierung von Borges' Texten hob hervor, dass man auch in der peripheren Welt Argentiniens Zeuge der Krise und des Zusammenbruchs der europäischen Kultur nach Ende des spanischen Bürgerkrieges und Ausbruch des zweiten Weltkrieges war. 1940 gab Borges zusammen mit Adolfo Bioy Casares und Silvina Ocampo die erste Anthologie phantastischer Literatur in spanischer Sprache heraus. Allerdings erweiterte er den Begriff und suchte mit der Auswahl die Grenzen der verfügbaren Modelle der Gattung auszuloten. Bioy Casares' Roman *Die Erfindung Morels* (1940) und *Der Garten der Pfade, die sich verzweigen* (1941) sind Beispiele eines neuen Typs phantastischer Literatur, als deren Manifeste das Vorwort von Bioy Casares für die Anthologie und das von Borges für den Roman von Bioy Casares anzusehen sind.

Die Annäherung von literarisch-fiktionalem und philosophischem Wirklichkeitsdiskurs, den Borges Anfang der 40er Jahre entwickelte, ist Teil des Problemkreises, den der Herausgeber von *Critical Inquiry*, W.J.T.Mitchell, wie folgt umrissen hat:

> Die außerordentlichen selbstreflexiven „Labyrinthe" von Jorge Luis Borges, mit ihren Pastiches akademischer und historischer Dokumentation, die Realismus und bizarre Phantasie mischen, werden oft als Paradigmen literarischer postmoderner Darstellung zitiert.[20]

Diese rein literaturtypologische Klassifizierung erlaubt es, die Unterschiede zwischen Borges und den schon früher anerkannten Klassikern der Moderne wie Joyce, Proust und Kafka nachzuweisen. Sie lässt jedoch Entscheidendes beiseite: das räumliche Bewusstsein, sich einer peripheren Geographie zugehörig zu fühlen (der urbanen Welt von Buenos Aires, die dem gesellschaftlichen Leben als Grundlage dient), das Wissen darum, was sich am Körper, an den Sprachen, an den Kulturen mit den Imperien verschob, das Bewusstsein der Krise, als Europa seine souveräne, seit Jahrhunderten nicht in Frage gestellte zentrale Stellung verlor. Entscheidend ist die selbstreflexive Ironie und die ironische Form der

---

20 W. J. T. Mitchell, "Representation", in: *Critical Terms for Literary Study*, hg. von F. Lentricchia/T. McLaughlin, Chicago/London 1995, S. 17.

Kommunikation, die nicht nur in dem Bewusstsein der Antinomien und auferlegten Selbstwidersprüche ruht, weil sich das Subjekt in die Sprache eingeschrieben wiederfindet. Auf diese Prämissen stützt sich Borges, um mit seinem Pastiche den christlich-romanischen Haupttext des Archivs der westlichen Literatur, die *Divina Commedia*, zu hinterfragen: eine bestimmte Auffassung von Geschichte, der geographischen und politischen Gegebenheiten, die die privilegierte Stellung dieses Textes voraussetzte.

1944/45 die Erzählung *Das Aleph* zu schreiben, war ein Akt des kulturellen Überlebens. In der ironischen Metafiktion stellte sich Borges der Aufgabe, den Status der Moderne von der Peripherie her zu diskutieren. Sobald „Borges" das Aleph im Kellergeschoss des vom Abriss bedrohten Hauses erblickte, erfolgt nicht dessen Beschreibung, sondern eine Selbstreflexion über die Grenzen des Sag- und Darstellbaren: „Nun komme ich zum unaussprechlichen Mittelpunkt meines Berichts; hier beginnt meine Verzweiflung als Schriftsteller." (378) Gewiss ist das Aleph als magisches Objekt eine visuelle Allegorie. Worin besteht seine relativ klare metaphorische Bedeutung? Vielleicht ist es ein phantastisches Emblem des Schreibens, der Poesie. Ende der 20er Jahre war in Buenos Aires die „argentinische" Literatur ein umstrittenes Erbe. Fragen der Genealogie, der Bildung, der Besonderheiten im Gebrauch der spanischen Sprache entschieden darüber, wer legitimiert war, in die Literatur Argentiniens einzugehen. Das satirische Ethos in der Erzählung, das Karikatureske in dem Enkel italienischer Emigranten, ist sicher als Echo dieser Polemiken zu sehen, aber einige der Angaben, die Daneri charakterisieren, gehören auch zur Person Jorge Luis Borges. Die Ironie des postmodernen selbstreflexiven Pastiche ist jedoch weit umfassender. Sie ist kein simples modernes Plädoyer für die Erweiterung der Sinnes- und Subjektgrenzen, sondern implizite Kritik der selbsttransparenten bzw. identitätslogischen Vernunft und ihres Subjekts, der subjektzentrierten Kultur und ihrer Formen der Weltaneignung.

5. Die Verallgemeinerung des Simulacrums

Todorovs Einführung in die phantastische Literatur führt im Englischen den Titel *The Fantastic: A Structural Approach to a Literary Genre*. Die Werbung verdeutlicht, was den Erfolg des Buches bei seinem Erscheinen ausgemacht hat: ein Musterbeispiel der Anwendungspraxis strukturalistischer Literaturtheorie auf eine Gattung. Doch was die Behandlung des Phantastischen selbst betrifft, so war die Reaktion von Kritikern und Schriftstellern kontrovers. Jean Bellemin-Noel zweifelte offen die Zulänglichkeit des Versuchs an:

> Eine Synthese dessen, was sich phantastisch nennt, ist zum gegenwärtigen Zeitpunkt verfrüht, da die Forschung noch am Beginn steht. Es wird

versucht, das Problem zu stellen, einen Platz für das Phantastische zu finden, seinen Platz.[21]

Italo Calvino, der zu dieser Zeit im Dialog mit Borges die Bücher *La memoria del mondo e altre storie cosmicomiche* (1968) und *Le città invisibili* (1972) schrieb, gab folgende Argumente zu bedenken:

> Auf Italienisch (wie ursprünglich auf Französisch, glaube ich), implizieren die Begriffe 'Phantasie' und 'phantastisch' auf keinen Fall die Selbstüberlassung des Lesers an die im Text enthaltene emotionale Strömung; im Gegenteil setzen sie eine Distanzierung voraus, die Akzeptanz einer anderen Logik in bezug auf andere Objekte als die der täglichen Erfahrung.[22]

In *Le récit fantastique* rückte Irène Bessière noch weiter von Todorovs apodiktischen Schemata und dogmatischen Folgerungen ab und zog einen Schlussstrich: „Das Phantastische rührt nicht aus der Unschlüssigkeit zwischen zwei Ordnungen her, sondern aus ihrem Widerspruch und ihrer gegenseitigen Abstoßung". Texte wie die von Borges widerlegen Todorovs These vom „Tod des Phantastischen" seit Freud. Es ist im Gegenteil „eine Erneuerung des Phantastischen" zu beobachten. Mit den Fiktionen von Borges rückt „die Antinomie des Phantastischen in den Kern des Subjekts selbst", sind „die Antinomie der phantastischen Erzählung und ihre Doppelung die Zeichen einer Dualität, die zugleich eine Einheit ist".[23]

Heute scheinen für die phantastische Literatur als Diskursform die Wahrscheinlichkeit der Repräsentation, die Relevanz des Ortes und der Dauer sowie die Präsenz von Personen unerlässlich zu sein: Es geht darum, auf dem Papier „auszudrücken, was man nicht denkt, was man nicht zu denken wagt, das, was man zu denken vermeidet".[24] Und so ist das Phantastische im weitesten Sinn ein Effekt-Affekt. Darum die Rolle von Borges als archimedischer Punkt in der internationalen Diskussion über das Phantastische in den letzten vierzig Jahren. Drei Aspekte der neuen Bestimmungen des Phantastischen sind dabei hervorzuheben: die Tendenz, das Phantastische weder auf eine Gattung noch auf die Arbeit mit Bildern oder Repräsentationen zu begrenzen; die Akzentuierung der Art von Faszination, die das Phantastische beim Leser oder Zuschauer weckt; die Verwandlung des Phantastischen in eine Schlüsseldimension der heutigen Zeit mit ihrer Proliferation der Repräsentationen und der absoluten Medialisierung der Welt. Das Phantastische ist keine Randerscheinung mehr. Es steht, wie bei Borges, im Zentrum. Aber vor allem ist es, wie Borges zeigt, eine inhärente Dimension der Welt: die unaufhörliche Multiplikation der Repräsentationen, die Verallgemeinerung des Simulacrums.

---

21 Jean Bellemin-Noel, "Notes sur le fantastique", in: *Littérature* 8 (1972), S. 3.

22 Italo Calvino, "Définitions de territoires: le fantastique. Réponse à une enquête de *Le Monde*", in: *La Machine littéraire. Essais*, Paris 1984, S. 61.

23 Irène Bessière, *Le récit fantastique. La poétique de l'incertain*, Paris 1974, S. 57, 156 und 237; vgl. a. Rosemary Jackson, *Fantasy. The Literature of Subversion*, New York 1981, S. 33-37; Lance Olsen, *Ellipse of uncertainly*, Westport (CT) 1987, S. 17 f.

24 Charles Grivel, *Fantastique-fiction*, Paris 1992, S. 37.

„dein und mein Alter und das Alter der Welt": Ingeborg Bachmanns Roman *Malina*

Carola Opitz-Wiemers

1. „Das Spiel ist aus"

Auf einem Bild Anselm Kiefers aus dem Jahr 1996 finden sich die Worte „dein und mein Alter und das Alter der Welt". Es ist ein Vers aus Ingeborg Bachmanns Gedicht „Das Spiel ist aus" (I 82 f).[1] Kiefers Rückgriff auf dieses frühe Gedicht, das Bachmanns zweiten Zyklus *Anrufung des Großen Bären* von 1956 eröffnet, ruft die im dichterischen Wort angelegten Zeit- und Raumdimensionen vierzig Jahre später erneut auf. Der zarte, schwarze Schriftzug am oberen Bildrand scheint die dunklen Konturen der verbrannten Sonnenblumen, die der Mitte zustreben und die einander kaum berühren, metaphorisch aufzuladen. Dadurch bekommen Text und Bild eine Tiefe, die Geschichte als unendliche Landschaft der Bedrohung und des Grauens, aber auch als immer während es Reservoir phantastischer und utopischer Entwürfe zeigt.

Im Gedicht „Das Spiel ist aus" regiert bereits jenes poetologische Prinzip die reale Phantasielandschaft, das in Bachmanns Werk von zentraler Bedeutung sein wird und im Roman *Malina* schließlich zu einer neuen radikalen Schreibposition führt: das Prinzip der figuralen Spiegelung im Doppelgängeraspekt.

Die Strophen drei bis fünf lauten:

> Mein lieber Bruder, dann will ich an den Pfahl
> gebunden sein und schreien.
> Doch du reitest schon aus dem Totental
> und wir fliehen zu zweien.
>
> Wach im Zigeunerlager und wach im Wüstenzelt,
> es rinnt uns der Sand aus den Haaren,
> dein und mein Alter und das Alter der Welt
> mißt man nicht mit den Jahren.

---

1 Ingeborg Bachmann, *Werke*, München 1982. Zitate daraus werden hier wie im folgenden durch bloße Angabe von Band- und Seitenzahl im fortlaufenden Text belegt. Zitate mit der Sigle *G* verweisen auf: Ingeborg Bachmann, *Wir müssen wahre Sätze finden. Gespräche und Interviews*, München 1983; solche mit der Sigle *T* auf: Ingeborg Bachmann, *Todesarten-Projekt*, Bd. 3.1, München 1995.

Laß dich von listigen Raben, von klebriger Spinnenhand
und der Feder im Strauch nicht betrügen,
iß und trink auch nicht im Schlaraffenland,
es schäumt Schein in den Pfannen und Krügen.

Das Gedicht eröffnet eine Topographie, die sich voller märchenhaft-phantastischer
Entwürfe zeigt. Im facettenreichen Spiel mit diesen Entwürfen entwickelt sich jene
poetisch-utopische Qualität der Sprach-Bilder im Gedicht, denen Ernst Bloch als
„Phantasiebilder" einst Zeichentalent zusprach. Im ersten Band seines Hauptwerkes
Das Prinzip Hoffnung finden sich unter der Überschrift „Wunschbilder im Spiegel"
zahlreiche Märchen- und Mythenstoffe, in denen jene „Phantasiebilder" präsent
sind. Die darin vorgeführten Erzähl- und Bildräume zeigen das in ihnen angelegte
Rätselhafte und geheimnisvoll Verwunschene als Imaginationsleistung menschlicher Sehnsucht. Sie enthalten eine Skizze von Traumländern, in denen die
Außenwelt die Grenzziehungen bestimmt, denn noch „das inwendigste Märchen
enthält dieses Stück auswendigen Ort"[2] und damit seinen Realitätsgehalt.

Ganz im Sinne dieser Polarität begründet sich die Bildlichkeit der Lyrik Ingeborg Bachmanns. Wie in Blochs Ausführungen Kiplings Knabe aus dem Traum-
märchen *The Brushwood Boy* „durchs Abendlicht seiner Wunschgeographie"[3] reitet,
fliehen auch die Geschwister reitend - doch noch „zu zweien" - im eingangs
zitierten Gedicht durch jene „Täler aus Wunder und Unvernunft",[4] wohl wissend um
die Zeichen realer Bedrohung, die das vertraute Terrain menschheitlicher Kind-
heitserfahrung bereits überschatten.

Bachmanns Gedicht signalisiert im Titel sowie im vierten Vers der ersten
Strophe - „und wir gehen unter" - eine Endzeit des Entwurfs. Wie auch die
Wunschgeographie - „wir zeichnen aufs Papier/viele Länder und Schienen" - von
den „schwarzen Linien", den Demarkationslinien einer anderen Geographie, durch-
kreuzt und zerschnitten wird.[5] Ein Bild umfassender Zerstörung assoziierend, das
(im Sinne Hölderlins) bleiern heraufzieht. Der darin enthaltene Bruch mit dem
Wunderhaften läßt die „Landschaft des Magischen" in ihrem „archetypischen Glanz
von Tausendundeiner Nacht" erblassen. Doch das Gedicht als „Ort der Utopie"[6]
bleibt vorerst noch bewahrt. Wenn sich auch im Umgang mit vertrauten Bildern und
Ritualen ein grundlegender Zweifel zeigt, der als poetische Klage zeitlich vorgreift,
so wird in der Suche nach dem einst geschützten Traumland der Märchen und
Mythen die Frage nach der poetischen Imaginationskraft der Sprache gestellt.
Literarischen Beistand liefern dabei Autoren der Moderne wie Robert Musil, Paul
Celan, Günter Eich oder Hugo von Hofmannsthal.[7] Innerhalb dieser Vernetzung

---

2 Ernst Bloch, *Das Prinzip Hoffnung*, Berlin 1954, Bd. I, S. 390.
3 A.a.O., S. 389.
4 Ebd.
5 Vgl. Hans Höller, *Ingeborg Bachmann. Das Werk*, Frankfurt a. M. 1987, S. 41 f.
6 Sigrid Weigel, *Die Stimme der Medusa. Schreibweisen in der Gegenwartsliteratur von Frauen*, Reinbek
   1989, S. 269.
7 Die Geschwister-Konstellation korrespondiert - wie auch in *Das Buch Franza* - mit Robert Musils
   Geschwisterpaar Ulrich und Agathe aus dessen Roman *Der Mann ohne Eigenschaften*. Der von diesen

verortet sich das Gedicht zeitgeschichtlich. Zwar ragt die Katastrophe geschichtlicher Ereignisse der Jetztzeit bereits unübersehbar in die phantastischen Entwürfe hinein, doch noch hält die Reimstruktur die lyrische Form fest.

Das Motiv der Geschwister, das nicht nur das Märchenreich regiert, sondern auch innerhalb der literarischen Moderne dank Robert Musils siamesischem Zwillingspaar Ulrich und Agathe aus seinem Roman *Der Mann ohne Eigenschaften* zum modernen Mythos avanciert, verkörpert ebenso in Bachmanns Werk jenen möglichen Rest „schattenhafter Verdopplung" des Selbst in einer ansonsten aufgeklärten, kalten Welt. Sind es im Gedicht noch die Bilder des Okkulten, der geheimnisvollen Zwiesprache, die eine bedingungslose Vertrautheit begründen, so erwächst im späteren *Buch Franza* aus dem Getrenntsein von Bruder (Martin) und Schwester (Franza) erst eigentlich die Notwendigkeit einer Re-Konstruktion von Herkunft und Identität. Einer mythischen Schablone gleich liegt ihrem identitätsstiftenden Sprechen die Isis-Osiris-Konstellation in der Musilschen Adaption zugrunde. Die ägyptische Gottheit Osiris, spiegelbildlich mit Isis verbunden, verkörpert darin eine Vielzahl familiärer Figurationen. Als kulturgeschichtliches Muster öffnet dieser Familienverbund einen Raum, in dem Trennungs- und Verlustängste bewältigt scheinen und ein geheimes, ritualisiertes Wissen verborgen sein soll. Im eingangs zitierten Gedicht war im Monologisieren des kindlichen Geschwister-Ich solch „fiktive Regression auf Kinderspiel und familiäre Intimität" erzeugt worden.[8] Sowohl das „lyrische" Geschwisterpaar als auch Franza und Martin können so als Vorläufer jener weiblichen Ich-Konstruktion gelten, die im Roman *Malina* eine neue, andere Schreibposition begründet.

2. Zerschreiben von Herzländern

Zwischen dem Gedicht „Das Spiel ist aus" und Bachmanns Roman *Malina* liegen nahezu zwei Jahrzehnte, in denen sich innerhalb des Erzählens sowie der ästhetischen Konzeption mehrfach Wandlungen und Brüche abzeichnen. Getilgt sind nicht nur Sprachgesten, welche die frühen Metaphern des „Aufbruchs" und der „Ausfahrt" auf das „immerwiederkehrende Sonnenufer zu" (I 29) enthielten. Ausgehend von der lyrischen Produktion über die Hörspiele und Essays bis hin zum Projekt der *Todesarten* läßt sich die Genese einer Poetologie erkennen, die als Weg, den die Kunst gehen muss, lesbar wird. „Konsequent, konsequent", heißt es in Bachmanns Rede zur Verleihung des Büchner-Preises, „Konsequenz [...] im Verfolgen des Risses - eines Risses, der für Lenz durch die Welt ging und der ihn nur traurig den Kopf schütteln ließ auf alles, was man ihm sagte, in guter Absicht, wie wir auch wissen." (IV 278) Das einst wärmende Sonnenlicht der frühen lyrischen Entwürfe im Gedichtzyklus *Die gestundete Zeit* wird in den späteren Prosatexten zum scharf fokussierenden, aber kalten „Scheinwerferlicht". In einem Nachlassentwurf schreibt Bachmann: „Die extreme Zivilisation nimmt nur dem

---

ersehnte „andere Zustand", den die absolute, utopische Liebe darstellt, wird ebenso vom Ich in *Malina* ersehnt.

8 Vgl. Höller, a.a.O., S. 38.

Verbrechen seine schreckliche Poesie und erlaubt dem Schriftsteller nicht, sie ihm zurückzugeben." [9] Aus dieser Haltung gewinnt sie in den 60er Jahren ein ästhetisches Verfahren, das gerade den Phantasiereichtum der späteren *Todesarten*-Texte und -Entwürfe ausmacht. Dazu gehört, sich in die Spalten des Textgewebes einzunisten, um dem brüchig gewordenen Erzählkontinuum mit literarischen Phantasien zuzuarbeiten.[10] Nicht jedoch als „Schablone des Kunstabenteuers, der Exhibition, des Verrats und des Selbstbetrugs" (IV 359), wie sie es in ihrem „Entwurf" zu Sylvia Plath nannte, sondern in jener Radikalität des Denkens, die es ermöglicht, die sublimen Mechanismen des alltäglichen Terrors freizulegen. „Man stirbt an dem, was mit einem angerichtet wird", ist einer ihrer Kernsätze, der in der Vorrede zum *Buch Franza* an Sophokles' *Antigone* anknüpft und das Leitmotiv konstituiert:

> Ich behaupte und werde nur versuchen, einen Beweis zu erbringen, dass noch heute sehr viele Menschen nicht sterben, sondern ermordet werden. Denn nichts ist ja [...] ungeheurer als der Mensch [...]. Die Verbrechen, die Geist verlangen, an unsren Geist rühren und weniger an unsre Sinne, also die uns am tiefsten berühren - dort fließt kein Blut, und das Gemetzel findet innerhalb des Erlaubten und der Sitten statt, innerhalb einer Gesellschaft, deren schwache Nerven vor den Bestialitäten erzittern. Aber die Verbrechen sind darum nicht geringer geworden, sie verlangen nur ein größeres Raffinement, einen anderen Grad an Intelligenz. (III 342)

In *Malina* begegnet diese andere Schreibweise als angestrengte intellektuelle und kulturelle Arbeit auf mehreren Ebenen, aufs engste verbunden mit einer Vielzahl experimenteller Schreibstrategien. In einem Interview aus dem Jahr 1971 liefert die Autorin für dieses Verfahren den Begriff des „Zerschreibens", der einen eigenwilligen Vorgang des Erzählens meint, in dem die vorgefundene Sprache, die sich aus Phrasen und leeren Wortgefechten zusammensetzt, zu zerstören sei (vgl. G 84). Mit diesem Verfahren wird die Tendenz des Wegstrebens aus einer technisierten, restlos erklärten und kalten Welt in eine „verrätselte Welt der Phantasie" signalisiert schonungslos zugleich aber eingekreist und letztendlich klarer denn je fokussiert.

Malina gliedert sich in drei Teile, deren Struktur durch verschiedene Formen des Erzählens gekennzeichnet ist und die bereits in ihren Überschriften - „Glücklich mit Ivan", „Der dritte Mann", „Von letzten Dingen" - die Stadien markieren, in denen sich die Titelgestalt immer schärfer konturiert.

Im ersten Kapitel „Glücklich mit Ivan" wird ein facettenreiches Spiel phantastischer Entwürfe vorgeführt, in denen die Liebe als Kunstfigur absolut gesetzt ist. Dazu leistete die Autorin schon frühzeitig Vorarbeiten wie im Hörspiel *Der gute Gott von Manhattan*. Fortan stehen die Namen Jan und Jennifer innerhalb der literarischen Landkarte neben Romeo und Julia, Tristan und Isolde oder Francesca und Paolo als Chiffren für die Passion der Liebe und deren Verrat. Sie sind Namen für

---

9 Zitiert nach Ortrud Gutjahr, *Fragmente unwiderstehlicher Liebe*, Würzburg 1988, S. 33.
10 So ist Christiaan L. Hart Nibbrig zuzustimmen, wenn dieser (in: *Die Auferstehung des Körpers im Text*, Frankfurt a. M. 1985, S. 53) formuliert: „In der Sprachlücke, auch der zwischen Körper und Sprache, steckt, wenn überhaupt, was Ingeborg Bachmann in ihren Gedichten das Unsägliche nennt."

eine Schuld und verweisen auf das Unglaubliche und der Welt gegenüber Anma-
ßende, das der Separation und Ekstase: „auf einen dieser seltenen ekstatischen Fälle,
für die es tatsächlich keinen Platz in der Welt gibt und nie gegeben hat." (G 86)
Peter von Matt bezeichnet sie gar als „naturwüchsig subversiv",[11] denn Liebende
geben stets vor, ihre eigene, also eine neue Ordnung zu leben. So bildet sich ein
Koordinatensystem heraus, in dem sich die scheinbare Banalität der Privat-
geschichten mit der Literatur- und Kulturgeschichte über Gestalts- und Ortsnamen
vielfach verzweigt. Sie stellt eine Topographie geheimnisvoller Verknüpfungen dar,
die der Phantasie seit Jahrhunderten zuarbeitet.

Die Bedingungslosigkeit, mit der Jennifer im *Guten Gott von Manhattan* ihr
Glücksverlangen aussprach, ist mit der Ausschließlichkeit des weiblichen Ich in
Malina aufs engste verwandt, denn auch die Ich-Ivan-Konstellation ist von diesem
Grundschema und Erzählimpuls beherrscht. Lebbar ist keine von ihnen. Da solch
ekstatische Liebe als reine Größe dem Anderen nicht mitteilbar wird, bleibt sie
unerwidert. Zwischen Ivan und Ich findet keine sinnreiche Kommunikation mehr
statt, und jeder auf Mitteilung hoffende Dialog scheitert bereits im Ansatz. Ein
wildes Versteckspiel wird inszeniert, in dem das Aneinandervorbeigeraten burleske
Züge annimmt. Besonders deutlich wird diese Kluft in den banal anmutenden
Telefonaten zwischen dem Ich und Ivan, in denen ein kunstvolles „Verschreiben"
(G 98) praktiziert wird. Gerade in diesen Passagen verbirgt sich hinter dem Prinzip
des Verhinderns von Mitteilung eine Hypertrophierung und Überblendung von
Schreibstrategien. Immer dann, wenn das Ich neue „Injektionen von Wirklichkeit"
(T 45) ersehnt, die nur von Ivan kommen können, treten technische Störungen im
System der Übermittlung auf. Eine Verständigung wird nicht nur erschwert, sondern
unmöglich. Für das weibliche Ich ist jedes dieser Telefonate etwas Ungeheuerliches
- für Ivan eben nur ein Telefonat:

> Könntest du dich nicht etwas deutlicher?
> Ich muß den Hörer, geht es jetzt?
> Und du, was hast du noch vor?
> Ich? Ach, nichts Besonderes. (T 319)

Züge von Idololatrie, die dem Pathos des Liebesanspruchs bildlich entsprechen,
kennzeichnen jene Textstellen, in denen sich das Telefongerät blitzschnell in ein
Mordinstrument verwandeln kann.

Sagt Ivan ein ersehntes Treffen ab, gleicht dies einem Todesurteil:

> Der Hörer fühlt sich eiskalt an, nicht aus Plastik, aus Metall, und rutscht
> hinauf zu meiner Schläfe, denn ich höre, wie er einhängt, und ich wollte,
> dieses Geräusch wäre ein Schuß, kurz, schnell, damit es zu Ende sei, ich
> möchte nicht, dass Ivan heute so ist und dass es immer so ist, ich möchte
> ein Ende. (T 320/321)

---

11 Peter von Matt, *Liebesverrat. Die Treulosen in der Literatur*, München 1989, S. 61.

Auch wenn im phantastischen Bilderspiel alltäglicher Verrichtungen versucht wird,
Ivan als reale Figur zu imaginieren, ist sie fleischlose Kunstfigur von Anbeginn. Für
die Autorin wird die Liebe ohnehin einzig mitteilbar in der Kunst, „in der sie ihre
Form findet, wo sie Ausdruck wird" (G 75); und so treibt sie das Spiel um Ivan
weiter, in dem seine Repräsentanz als „Außenwelt" oder bloße „Traumwelt" kaum
noch unterschieden werden kann.[12] Ihm scheint die Funktion überantwortet,
„Phantasiebild" im Sinne Blochs zu sein oder eine „in der Sprache der Kunst
gestaltete Konstellation: Figur der Sehnsucht oder der Klage, der die Kunst ihre
Stimme leiht".[13]

Aus dieser codifizierten, körperlosen Präsenz Ivans ergibt sich, dass er als
sprachreflektorisches, vorwiegend aber schweigendes Medium fungiert. Hart
Nibbrig vertritt sogar die These, dass Ivan und Malina „als herausgestülpte Verkör-
perungen innerer Verhältnisse" erscheinen, die im Text lediglich „als wechselnde
Partner und Katalysatoren eines Selbstgesprächs"[14] zu verstehen sind.

3. Präsentation phantastischer Entwürfe

„Es war Mord", lautet der letzte Satz in *Malina*, an dessen Ausgang nur eine
Stimme zurückbleibt: die Malinas, der als „sehr scharf überlegener und wissender
Doppelgänger" (G 89) des Ich von nun an die Geschichte übernimmt. Mit ihm
kündigt sich die spiegelbildliche Doppelgängerfiguration vorerst auf. Zugleich ist in
diesem Satz der erste sprachliche Ausdruck einer Erzählinstanz enthalten, die in der
Vergangenheitsform ein „Heute" als Gewesenes bündelt. Ein „Heute", mit dem das
erzählende weibliche Ich seine größten Probleme hat, da es die erzählende Präsenz
des Ich und dessen Repräsentationsfunktion einer nach dieser kommenden anderen
Erzählinstanz bereits reflektiert.

In ihrer III. Frankfurter Vorlesung bezeichnete Bachmann das „schreibende Ich"
als ein „Ich ohne Gewähr":

> Denn was ist denn das Ich, was könnte es sein? –[...]: Myriaden von
> Partikeln, die 'Ich' ausmachen, und zugleich scheint es, als wäre Ich ein
> Nichts, die Hypostasierung einer reinen Form, irgendetwas wie eine
> geträumte Substanz, etwas, das eine geträumte Identität bezeichnet, eine
> Chiffre für etwas, das zu dechiffrieren mehr Mühe macht als die geheimste
> Order. (IV 218)

Im Prozess sich auflösender Ich-Konstruktion wird auf die Schwierigkeit hingewiesen, sich im Prozess des Schreibens auf eine autonome Erzählerinstanz zu
berufen. In *Malina* buchstäblich aus der Körperlichkeit in eine nur noch in Initialen
sich zeigende Existenz überführt, tragen sämtliche Ich-Entwürfe in der Literatur für
Bachmann den Ehrgeiz formaler und ästhetischer Stilisierung in sich. Daraus leitet

---

12Hans Mayer, "Malina oder Der große Gott von Wien" (1971), in: *Kein objektives Urteil - nur ein
lebendiges*, hg. von Christine Koschel/I. von Weidenbaum, München 1989, S. 164.
13Weigel, a.a.O., S. 221.
14Hart Nibbrig, a.a.O., S. 50.

sich poetologisch eine Konsequenz ab, die erstens die Darstellbarkeit des Lebens als benanntes „ritzenloses bewohnbares Text-Gehäuse", als Kontinuum des Erzählens negiert und zweitens das Ich, da es nicht über seine Geschichte verfügt, als personale Instanz grundsätzlich in Frage stellt. Sigrid Weigel ist zuzustimmen, wenn sie diese Veränderung als „Schritt von dem klassischen autobiographischen Entwicklungsmodell eines Subjekts, das über seine und die Geschichte zu verfügen glaubt, zum ortlos gewordenen Ich, dem seine Identität problematisch geworden ist", beschreibt.[15] Ein „ortlos gewordene[s] Ich" kennzeichnet, „daß es sich nicht mehr *in* der Geschichte aufhält, sondern daß sich neuerdings die Geschichte *im* Ich aufhält" (IV 230). Diese Ver-rückung macht ein unvergleichlich engeres Netz einer anderen Ver-ortung sichtbar, die das Gefangensein in einer Vielzahl von Erzählweisen und Erinnerungsebenen hervorbringt. Als ein Ort der Präsentation phantastischer Entwürfe und der Repräsentation neuer Schreibstrategien.

Damit wird deutlicher, worauf Bachmann nach dem Erscheinen von *Malina* mit dem Begriff der „geistige[n], imaginäre[n], Autobiographie" zielte.[16] Ungeachtet dessen, dass sich darin ihr Bemühen zeigt, hinter dem „Schutzwort"[17] „imaginär" jene Möglichkeiten des Erzählens zu erproben, die auch die Problematik der Ich-Figur erfasst, nämlich das phantastische Spiel, „erkannt und nicht erkannt zu werden, sich zu zeigen und sich zu verbergen".[18] Es gibt in *Malina* auch keine Geschichte mehr, „nicht die des Ich, die des Doppelgängers,[19] die Ivans" (G 73). Der Sehnsucht nach dem „ordentliche[n] Nacheinander der Tatsachen", einer Aufreihung dessen, „was in Raum und Zeit geschehen ist, auf einen Faden",[20] wird eine Absage erteilt. Anhand der Verunsicherung und Aufkündigung einstiger Räume des Erzählens eröffnen sich jedoch neue, die ganz und gar von jener chaotischen Komplexität vergangener und gegenwärtiger Ereignisse angefüllt sind, durch die das Ich inthronisiert und destruiert wurde. In diesem Vorgang rückt das Labyrinth seiner Innenwelt ins Zentrum der Darstellung, tritt die Faktizität der „Ereigniszeit" hinter das Wuchern der inneren Zeit zurück.[21] Erzähltechnisch bedeutet dies, dass die „großen Aufregungen des 'Ich'" nicht länger durch äußere Handlungen angeregt werden, vielmehr „durch Auseinandersetzungen mit sich selbst" (G 109) auf dem Feld innerer Landschaften, also in monologischer Weise

---

15 Weigel, a.a.O., S. 142.
16 Wichtig ist in diesem Zusammenhang Hans Magnus Enzensbergers Nachwort zu Carlo Emilio Gadda (*Die Erkenntnis des Schmerzes*, München 1963), in dem es heißt: Gaddas Schriften "sind [...] imaginäre Autobiographien, Kämpfe im Dunkeln, die der Autor mit sich und seinen Furien ausrichtet." (S. 312).
17 Christine Koschel, "Malina ist eine einzige Anspielung auf Gedichte", in: Ingeborg Bachmann/Paul Celan, *Poetische Korrespondenzen*, Frankfurt a. M. 1997, S. 19.
18 Ebd.
19 Bereits 1967 erscheint - resultierend aus der Konfiguration eines Schriftstellerpaares - die für den Roman grundlegende Doppelgängerfigur Ich/Malina. Werkgeschichtlich löst diese die Geschwisterkonstellation in *Das Buch Franza* ab und „beerbt die innere Zerrissenheit Eugen Tobias'". Vgl. Bachmann, *Todesarten-Projekt*, a.a.O., Bd. 3.2, S. 769 f.
20 Wolfgang Emmerich, "Der verlorene Faden. Probleme des Erzählens in den siebziger Jahren", in: *Literatur der DDR in den siebziger Jahren*, hg. von Peter Uwe Hohendahl/P. Herminghouse, Frankfurt a. M. 1983, S. 153.
21 A.a.O., S. 157.

entstehen. Eingeschnürt von jener imaginären Topographie schwarzer Demarkationslinien, von der im eingangs zitierten Gedicht „Das Spiel ist aus" bereits die Rede war - „Mein lieber Bruder, wir zeichnen aufs Papier/viele Länder und Schienen./Gib acht, vor den schwarzen Linien hier/fliegst du hoch mit den Minen" (I 82) - und zu der nun auch die traumatische Erinnerungslandschaft gehört. Indem sich die einst aus der okkulten Geheimsprache des Geschwisterpaares entworfene Phantasielandschaft mit den realen, todbringenden Grenzziehungen in den Träumen dunkel verschränkte, kündigte sich die Problematik eines Erzählens nach der Katastrophe bereits an.

Da *Malina* bis auf jenen bereits zitierten Satz „Es war Mord" ein Ich-Roman im Präsens ist, resultiert aus der Zerrissenheit des erzählenden (weiblichen) Ich schließlich ein grundlegender Zweifel am Vorgang des Erzählens selbst.

4. Traumata

Das Romankapitel „Der dritte Mann"[22] enthält eine Vielzahl von Träumen, welche die Last des traumatisch Erlebten im Ich verbildlichen, dessen spiegelbildliche Doppelexistenz in einem Horoskop aufgefangen ist. Aus diesem ist eine „unheimliche Spannung" zu lesen, da es „nicht das Bild von einem Menschen, sondern von zweien ist, die in einem äußersten Gegensatz zueinander" stehen.

> Getrennt [...] wäre das lebbar, aber so, wie es sei, kaum, auch das Männliche und das Weibliche, der Verstand und das Gefühl, die Produktivität und die Selbstzerstörung, träten auf eine merkwürdige Weise hervor. (T 580)

Um diese durch Bedrohung und Gewalt erzeugten Traumata zum erzählbaren Inhalt zu machen, bedarf es einer dem Ich nahezu feindlich gegenüberstehenden personalen Instanz, die als Kehrseite seiner selbst agiert. Diese Funktion einer scheinbar autonomen, therapeutisch geschulten Instanz füllt das alter ego Malina aus.

Hinter der Kapitelüberschrift „Der dritte Mann" verbirgt sich die omnipotente Vatergestalt des Romans, die in vielfachen symbolischen Verwandlungen auf traditionelle Machtzentren der abendländischen Kultur verweist. Dieser Vater regiert die Träume, in denen sich das Tochter-Ich vielfachen Methoden umfassender Vernichtung ausgesetzt sieht. Als Initiator eines endlosen Infernos mutiert er zu jener „Figur des Mörders [...] und zwar des Mörders, den wir alle haben" (G 89), der das gefürchtete „Heute" besetzt. Innerhalb der Träume vollzieht sich damit ein radikaler Ortswechsel des Ich, indem dessen innere Zersetzung aufgrund sublimer Zerstörungsstrategien vorgeführt wird. Dieser Form von Liquidation ist der Begriff der „Auslöschung" verwandt, der spätestens seit Thomas Bernhards gleichnamigem Roman aus dem Jahre 1986 für ein Prinzip steht, das als „erzählerisches Auslöschungsbegehren"[23] bezeichnet wird. Es legt eine Spur hin zur Poetik Bernhards, der

---

22Die Überschrift verweist auf Graham Greenes Roman *Der dritte Mann*, dessen Verfilmung zu einem Kultfilm der Nachkriegszeit wurde.

23Hans-Ulrich Treichel, *Auslöschungsverfahren. Exemplarische Untersuchungen zur Literatur und Poetik der Moderne*, München 1995, S. 52.

in endlosen Entwürfen sarkastisch, bisweilen zynisch dem Schrecklichen nicht ausweicht, es im Gegenteil vermehrt erschreibt, da in Wirklichkeit alles noch „viel schrecklicher und fürchterlicher" sei. Für Ingeborg Bachmann ist das Neue in seinen Texten deshalb „äußerlich nicht ablesbar",[24] es zeigt sich ihr in einer

> Radikalität, die im Denken liegt und bis zum Äußersten geht. Wie sehr diese Bücher die Zeit zeigen, was sie gar nicht beabsichtigen, wird eine spätre erkennen, wie eine spätre Zeit Kafka begriffen hat. In diesen Büchern ist alles genau, von der schlimmsten Genauigkeit, wir kennen nur die Sache noch nicht, die hier so genau beschrieben wird, also uns selber nicht. (IV 361 f)

Sie ist deshalb der Überzeugung, dass die letzten Texte Bernhards durch ihre Unausweichlichkeit und Härte über die Prosa Becketts weit hinausgehen.[25] Hans-Ulrich Treichel betont, dass Bernhard im Roman *Auslöschung* der verehrten Dichterfreundin Bachmann ein literarisches Denkmal gesetzt habe. Anhand der Auslöschungs-Metapher wird das Denken über den Aspekt der Liquidierung zusammengeführt, wobei sich gerade darin das unterschiedliche poetologische Verfahren beider zeigt. Während im „lustvoll-aggressiven" Hantieren mit den Wörtern Auslöscher oder Umbringer die erzeugte „Auslöschungsobsession" in Bernhards Text zu einer „rhetorischen und erzählerischen Energiequelle des Erzählens" wird,[26] fehlt Bachmanns Verfahren des „Zerschreibens" jegliche zynische Distanz im Umgang mit dem eigenen Material.

Wie sich die gewaltvollen Spuren der Geschichte hingegen in das Bewußtsein einlagern und dieses besetzen, zeigt sich in den Träumen, die als eigenständige Erzählebene, als Text im Text jener Reise ins Innere den Raum geben. Es ist eine beschwerliche Reise in eine Trümmerlandschaft, mit der zugleich ein „anarchistisches Erzählen"[27] einsetzt, das die Zerrissenheit in der Erzählstruktur auch visuell markiert.

Traumbeispiel:

> Die Gesellen mit frostigen klammen Fingern ziehen die Gestelle weg, es kracht alles nieder, die Totenmaske von Kleist flattert eine Weile vor mir und Hölderlins Bild, unter dem steht: dich Erde, lieb ich, trauerst du doch mit mir! [...] und nur diese Bilder fange ich und drücke ich an mich [...] Die Männer verlassen das Haus, jeder hat ein Trinkgeld bekommen, sie schwenken ihre großen Taschentücher, rufen: Buchheil, und zu den Nachbarn und allen, die neugierig herumstehen, sagen sie: Wir haben ganze Arbeit geleistet. [...] [I]ch hocke betäubt und blutend inmitten der Bücher,

---

24Gemeint ist Bernhards Produktion bis zu den Jahren 1971 (*Gehen*) und 1972 (*Der Ignorant und der Wahnsinnige*).

25So beschreibt der Erzähler in *Auslöschung. Ein Zerfall* (Frankfurt a.M. 1986) sein Spiel mit der Auslöschung: dass „ich in diesem Bericht tatsächlich alles auslösche, alles, das ich in diesem Bericht aufschreibe, wird ausgelöscht, meine ganze Familie wird in ihm ausgelöscht, ihre Zeit wird darin ausgelöscht, Wolfsegg wird ausgelöscht." (S. 201).

26„Mit anderen Worten: der in zwei Richtungen zielende Begriff der Auslöschung sichert dem Text ein Leitmotiv von hoher erzähltechnischer Praktikabilität" (Treichel, a.a.O., S. 55).

27Bettina Stuber, *Zu Ingeborg Bachmann: Der Fall Franza und Malina*, Berlin 1995, S. 149.

es hat ja so kommen müssen, denn ich habe sie gestreichelt jeden Abend
vor dem Schlafengehen, und Malina hat mir die schönsten Bücher
geschenkt, das verzeiht mir mein Vater nie; [...] Gute Nacht, meine Herren,
gute Nacht, Herr Voltaire, [...] meine Verehrung, Herr Proust [...]. Zum
erstenmal sagen die Herren heute gute Nacht zu mir (T 512).

In diesem die Bücherverbrennung assoziierenden Traum erscheinen Bilder eines
totalitären Übergriffs auf Körper und Geist, bis das Ich geistig abgestorben und
physisch versehrt zurückbleibt. Kafkas kalte Perspektive führt hier dem Bachmann-
Text unverkennbar die Feder: Die Gesellen gemahnen an dessen zwei „Gehilfen"
aus dem Roman *Das Schloß*, wobei ihre „klammen Finger" lautlich an den angeblich hohen Schlossbeamten Klamm erinnern, dessen Äußeres K. später im Spiegel
hundertfach zurückgeworfen wird. In seiner unauslotbaren Macht jedoch, im
Verborgenen scheint Klamm die Fäden in der Hand zu halten: eine „vermummte
Herrschaft",[28] stets anwesend, doch unsichtbar. Im Ohnmachtsgedanken wirft diese
kafkasche Konstellation ihre Schatten erneut auf die omnipotente Vater-Figur, die in
Bachmanns Text von den geschichtlichen Ereignissen bereits eingeholt worden ist.
Auch dieser weist an, wechselt seine Gestalt immerfort und entgleitet so einer
definitiven Darstellung: Sein kostümierter Wandlungsreichtum hat sich inzwischen
beträchtlich erweitert.

Es ist aber auch der Versuch, im ehrerbietigen Monologisieren mit den geliebten
Autoren der Weltliteratur die Phantasiekraft des geschriebenen Wortes ein letztes
Mal heraufzubeschwören: bevor die große Nacht, auch als Topos geschichtlicher
Verdunkelung konnotiert, hereinbricht. Der Sprachgestus ist dabei dem kindlichen
Zwiegespräch im eingangs zitierten Gedicht „Das Spiel ist aus" verwandt. Als läge
im literarischen Zitat noch geistige Heimat und Trost, wird mit den Worten „dich
Erde, lieb ich, trauerst du doch mit mir!" auf einen Vers aus Friedrich Hölderlins
Gedicht „Dem Sonnengott" rekurriert. Im Bild des Entschlummerns der Trauernden
- das in beiden Texten präsent ist - wird im Zeichen der Gottferne die Verlassenheit
prognostiziert. Die beiden letzten Strophen des Gedichts lauten:

> Dich lieb' ich, Erde! trauerst du doch mit mir!
> Und unsre Trauer wandelt, wie Kinderschmerz,
> In Schlummer sich, und wie die Winde
> Flattern und flüstern im Saitenspiele,
>
> Bis ihm des Meisters Finger den schönern Ton
> Entlokt, so spielen Nebel und Träum' um uns,
> Bis der Geliebte wiederkömt und
> Leben und Geist sich in uns entzündet.[29]

„Nein, ich nehme keine Drogen, ich nehme Bücher zu mir" (T 388), hatte es in
einem Interview in *Malina* geheißen, in dem ein Herr Mühlbauer von der *Wiener
Nachtausgabe* dem Ich gegenüber „die Indiskretion an eine äußerste Grenze getrie-

---

28*Kindlers Neues Literatur Lexikon*, hg. von Walter Jens, Bd.2, München 1994, S. 279.
29In: Friedrich Hölderlin, *Sämtliche Werke* (Große Stuttgarter Ausgabe), Bd. I.1, Stuttgart 1946, S. 258.

ben hatte" (T 382). Ironisch wurde das süchtig-erotische Verhältnis zwischen dem weiblichen Ich als Kunstfigur und dem literarischen Text stilisiert. Das Bild einer innigen, körperlichen Verschmelzung im Büchermeer kehrt in diesem Traum in einer erweiterten Bildlichkeit wieder: „Ich lege mich zwischen die Bücher, ich streichle sie wieder, eines nach dem anderen" (T 512). In dem Versuch, sie sich vom Leib zu halten, damit wenigstens sie keine Blutspuren tragen, zeigt sich der Trost im Bewahren jener Erotomanie, die Bachmann als „völlige Identität" zwischen „Leben Schreiben Lieben", als eine Utopie des Schönen versteht. Die schönsten Bücher, wie könnte es anders sein, sind im Roman ein Geschenk Malinas. Auch in der gemeinsamen Wohnung gibt er sich als Eigentümer der Bibliothek, des archivierten Wissens zu erkennen.

Die Stimme „Josef K.'s" (T 512) beschließt diesen Traum, wobei unklar bleibt, ob „Josef K." aus Kafkas Roman *Der Proceß* gemeint ist oder „K." aus dem *Schloß*, der ebenfalls den Namen Josef ausspricht (als er nach den Namen seiner vorgeblichen „alten Gehilfen" gefragt wird). Mit ihm ist eine Parallele zur IV. Frankfurter Vorlesung gezogen, in der Bachmann diesem Namen größtes Misstrauen entgegenbringt. Als sich „K." bei einem Anruf aus dem Schloss weigert, seinen Namen preiszugeben, erklärt die Autorin:

> Es besteht nämlich ein eklatanter Zusammenhang zwischen dieser Namensverweigerung von seiten des Autors (im reduzierten Namen K.) und der Verweigerung all dessen an K., was ihn berechtigen könnte, einen Namen zu tragen. Herkunft, Milieu, Eigenschaften, jede Verbindlichkeit, jede Ableitbarkeit sind der Figur genommen. (T 242)

„Josef K." ist es auch, der im *Proceß* als Kunstfigur in der sinnlosesten aller sinnlosen Angelegenheiten selbst Regie führt und aus dieser Selbstinszenierung nicht mehr austreten kann. Ein Kosmos absurder Fragen nach der Schuldhaftigkeit und Schuldzuweisung sowie Schuldsprechung per Gesetz begleitet diesen Prozess im *Proceß*. Diese Erschütterung einer naiven Namensgebung hat die Literatur des 20. Jahrhunderts folgenreich beeinflusst; die Autorin stellt sich dieser nicht nur in ihren Essays und Vorlesungen, sondern auch im Roman *Malina*. Der Traum als kreatives, künstlerisches Mittel trägt so auch Züge einer reflektierenden Literaturkritik.

5. Topographien des Risses

„Es ist eine Katastrophe" (IV 283) - lautet ein Satz in Ingeborg Bachmanns Büchner-Preis-Rede „Ein Ort für Zufälle" aus dem Jahr 1964. Er bezieht sich auf die von historischen Zäsuren gezeichnete, reizüberflutete Stadt Berlin, deren inszeniertem Chaos surrealistische Bilder entsteigen:

> Alles ist versehrt, nicht durch Geschosse, sondern inwendig, die Körper sind durcheinander, sie sind oben oder unten zu kurz, das Fleisch ist ganz stumpf und gelähmt in den Gesichtern, ganze Mund- und Augenwinkel sind schief. (ebd.)

Wie in einem Zeittunnel rasen die Beschreibungen der Autorin durch die historischen Ereignisse des 20. Jahrhunderts. Die Stadt Berlin wird dabei zum „Symptom
der Geschichte".[30]

Die Träume im *Malina*-Roman knüpfen in ihrer bildlichen Komplexität an diese
der modernen Schnitttechnik im Film gleichende Wahrnehmung an und markieren
in poetischer Fortschreibung wiederum jenen Wandel im Schreiben, der sich seit
den sechziger Jahren für die letzte Schaffensperiode der Autorin abzeichnet. Er ist
aufs engste mit Deutschland und der geteilten Stadt Berlin verbunden, wo die
Autorin von 1963 bis 1965 lebte. Es ist ein Ort der Krankheit und der Zerstörung.
Für sie trägt diese Stadt reale und imaginäre Stigmata: sichtbar und hörbar als Risse
im Stadtgefüge, in den Häusern, in der gesamten Topographie. Überdeutlich wahrgenommen von den Kranken, denen sich die deutsche Kulturmetropole adäquat
ihrer eigenen körperlichen Versehrtheit als „verstümmelte Städtetopographie"[31]
zeigt. In einem Text aus dem Nachlasskonvolut dieser Jahre ist zu lesen:

> Ich habe Angst, zu schreiben, weil ich hasse, weil ich nicht die Menschen,
> aber doch, was sie zuwege bringen seit einiger Zeit zu sehr hasse, weil mich
> die Lektüre von unseren Zeitungen jeden Tag in einen Zustand bringt, von
> dem kein Nervenarzt, kein Fatalist, kein Gläubiger einen je heilen könnten,
> und ich hasse die Deutschen, nicht weil sie schlecht sind, denn wie sollten
> sie schlechter sein als andere, aber weil sie uns wieder das Fürchten lehren,
> und ich hasse sie, weil sie nicht begreifen, dass sie es tun.[32]

Fortan wird ihr Schreiben als Existenzraum, als durch Tradition und Mythen
geschütztes Terrain von Ängsten erneuter Vernichtung bedrängt. Eine Parallele
zeichnet sich hierbei zum erzählten Zustand des weiblichen Ich in *Malina* ab, dem
dieses „Heute" ein Wort ist, „das nur Selbstmörder verwenden dürften" (T 278). Für
das Ich gibt es kein Gestern als Vergangenes, bedeutet ein Nennen von „Heute"
bereits, dass der Atem unregelmäßig zu gehen beginnt, dass jene Arhythmie
einsetzt, die dem Angstanfall vorausgeht. In dieser „pathologischen Erregung" wird
bis zum letzten Augenblick „Heute" sein. Erst in dem Moment, wo das erzählende
Ich in der Wand verschwindet, wechselt das Tempus des Erzählens zum Präteritum.
Diese Schreibstrategie könnte der Hoffnung geschuldet sein, der „stumpfen Reproduktion des Bösen"[33] etwas entgegenzusetzen. Sie ist zugleich vom kalten Röntgenblick begleitet, der mit dem Wissen des Analytikers jegliches Geheimnis zum
Erlöschen bringt. Ivans Verschwinden wird im Roman von diesem Blick begleitet:
„Ivan ist nicht mehr Ivan, ich sehe ihn an wie ein Kliniker, der eine Rönt-
genaufnahme studiert, ich sehe ein Skelett, Flecken in seiner Lunge vom Rauchen,
ich sehe ihn selber nicht mehr." (T 665) So ist sein Verlust identisch mit dem
Verankern eines anderen, neuen Erzählerstandortes. In Malinas ungeduldiger

---

30 Corina Caduff, „Chronik von Leben und Werk", in: *du* 1984, Heft 9, S. 84.
31 Ebd.
32 Zitiert nach: Holger Gehle, *NS-Zeit und literarische Gegenwart bei Ingeborg Bachmann*, Wiesbaden
    1995, S. 173.
33 Ingeborg Bachmann, Nachlass in der Österreichischen Nationalbibliothek, Wien, 734/K 7974.

Antwort, dass hier keine Frau sei und schon gar nicht die eines im Text nicht genannten Namens, vollzieht sich schließlich der fundamentale Wechsel im Sprechen/Schreiben. Damit einher geht das Zerschreiben von „Herzländern", das letztendlich erzählerischen Raum schafft. Aus diesem Grund war aus der realen Ungargasse einstmals das fiktive „Ungargassenland" geworden und zum „Herzland" erhoben worden. Zu einem imaginären Raum, der nicht nur die Geschichte des Ich - und dessen uneinlösbare Hoffnung auf eine gemeinsame mit Ivan - vor den Übergriffen der Gegenwart schützen sollte. Mit ihm war ein Gegenentwurf zur Vereinnahmung des erwähnten Lebens-, Schreib- und Liebesraumes geschaffen, der sich jener Totalität der Aneignung von Räumen widersetzt, wie sie im *Buch Franza* als Aufklärungskritik vorgeführt wird. Auf das Erzählen in *Malina* bezogen, erschien dieses als Möglichkeit, die Zerstörungserfahrungen spiegelbildlich auf der Folie des verzweifelten Versuchs einer Wiedergewinnung[34] preisgegebener innerer Landschaften zu erfassen. Selbst diese Gasse war noch einmal zusammengeschmolzen und kunstvoll stilisiert zum Ort, der als „Gedankenbühne" bezeichnet werden konnte und auf der sich ohnehin sämtliche Dramen abspielen.

Das namenlose weibliche Ich räumt das ihm vertraute Terrain für Malina, der am Romanende lakonisch konstatiert: „Ja, Ungargasse 6./Nein, gibt es nicht./Hier ist keine Frau./Ich sage doch, hier war nie jemand dieses Namens." (T 694) Es markiert die Aufgabe einer Erzählerpräsenz und die Auslöschung eines Erzählens, das mit der Auslöschung des Ich zusammenfällt.

Nach der Entweihung und Zerstörung des Terrains muss folgen, was Hart Nibbrig als „Übertragungsvorgang" bezeichnet. In diesem Vorgang „gibt sich das Ich endgültig auf und verschwindet aus dem Text oder besser: in ihn hinein. Denn die 'Wand' mit dem Riss ist eine Objektivation jener 'Störung': Sprachwand, Sprachlücke." Das Ich „gibt mit der Sprache auch das Mittel seiner Verkörperung preis [...]. Insofern hat sich die Ich-Erzählerin schließlich zuende geschrieben."[35]

Die als männlich beschriebene Stimme Malinas übernimmt von nun an die allein die Geschichte. Eine Konsequenz, die einer indiskreten Welt Rechnung trägt, in der ein Erzählen in der ersten Person, zumal einer weiblichen, nicht länger möglich ist. Vorbereitet wurde dies im Aspekt spannungsvoller, spiegelbildlicher Ich-Polarität, in dem „das Männliche und das Weibliche, der Verstand und das Gefühl, die Produktivität und die Selbstzerstörung" (T 580) in Widerspruch zueinander standen. Malina verhindert diesen Text und ist als Instanz, von der aus noch Sätze möglich sind, doch unverzichtbar. Nicht „Kohärenz"[36], sondern Störung treibt ein Erzählen im Heute an.

Der Künstler Anselm Kiefer, auf dessen Bild zu Beginn hingewiesen wurde, vermag in der Metapher der verbrannten Sonnenblumen Blochs Aussage vom Zeichentalent der „Phantasiebilder", welche als Sehnsuchts- und Utopiemoment die Geschichte auch in dunkelndsten Zeiten begleitet, mit Ingeborg Bachmanns

---

34 Vgl. den textkritischen Kommentar, in: Bachmann, *Todesarten-Projekt*, a.a.O., Bd. 3.2., S. 791.
35 Hart Nibbrig, a.a.O., S. 52.
36 A.a.O., S. 53.

Überzeugung zu verschränken, dass nur „enttäuscht" vom Vorgefundenen, aber „ohne Täuschung" das Ersehnte und Erwünschte zu sagen sei (IV 277). In ihrer Kriegsblinden-Rede entwickelt Bachmann den Gedanken vom „Widerspiel des Unmöglichen mit dem Möglichen", das fortan unser Handeln bestimmt. Dieses „Spannungsverhältnis" ist in einem der Sprach-Bilder wiederzufinden, das in der sechsten Strophe ihres Gedichts „Das Spiel ist aus" die Phantasielandschaft entstehen läßt:

> Nur wer an der goldenen Brücke für die Karfunkelfee
> das Wort noch weiß, hat gewonnen.
> Ich muß dir sagen, es ist mit dem letzten Schnee
> im Garten zerronnen.

"Not a disentanglement from but a progressive knotting into": (Sprach-)Spiel, Paranoia und der Traum vom freien Selbst im Erzählwerk Thomas Pynchons

Heinz Ickstadt

In Jorge Luis Borges' Erzählung *Tlön, Ucqbar, Orbis Tertius* führen ein Spiegel und eine Enzyklopädie den Erzähler zur Entdeckung des höchst merkwürdigen und merkwürdig unbekannten Ucqbar. In Thomas Pynchons *The Crying of Lot 49* (1967) sind es ein Bild und ein Testament, welche die Heldin, Oedipa Maas, auf die Spur des geheimnisvollen Tristero-Systems bringen. Die Paralellen zwischen Borges und Pynchon sind in der Tat bemerkenswert: hier wie dort die allmähliche Infiltration des Phantastischen in die Realität der Normalwelt; die Vorliebe für Spiegel und Labyrinthe; die unheimlichen Verfremdungen des Alltäglichen. Die Unterschiede scheinen freilich ebenso deutlich. In Borges' Geschichte ist es ein intellektuelles Spiel, das zur Verschwörung wird: die Vorstellung von einer Gegen- und Spiegelwelt, die zum Faktum mutiert und allmählich die Wirklichkeit auffrisst; oder - wie Carlos Rincon es im Hinblick auf Borges formulierte - die das Wirkliche durch ein Simulacrum des Wirklichen ersetzt. In Pynchons Roman dagegen entdeckt Oedipa im System des Tristero möglicherweise ein wahres Wirkliches, eine wirkende Macht der Geschichte - möglicherweise, denn sie weiß bis zum Ende nicht, ob sie entdeckt oder erfindet, ob sie einer Verschwörung auf der Spur ist, einem bösen Jux aufsitzt oder ihren Verstand verliert.

1. Phantastisches, Wunderbares und Unheimliches

Dass sich für Oedipa (und mit ihr: für die Leserin) mit jeder Entdeckung das Laby-rinth der Fragen nur erweitert, so dass sie am Ende in einem lähmenden Zustand der Unentscheidbarkeit verharrt, macht sie zur typischen Heldin des phantastischen Romans - zumindest nach der Theorie Tzvetan Todorovs, der das Zögern von Heldin und Leserin, über den ontologischen Status von „unheimlichen" Personen, Dingen und Ereignissen zu entscheiden, zum zentralen Kriterium seiner Definition des Genres macht. Denn wenn Protagonist und Leser endlich doch erkennen, dass die beschriebenen Phänomene noch im Bereich erklärbarer Wirklichkeit liegen, dann - so Todorov - gehört das Werk in das Genre des Unheimlichen. Kommen sie jedoch zu dem Ergebnis, dass durch unheimliche Personen und Vorgänge ein bestehendes Naturgesetz außer Kraft gesetzt ist und nur durch ein neues oder anderes erklärt werden kann, so gehören sie ins Genre des Wunderbaren. Insofern ist für Todorov das Phantastische nicht (oder nicht nur) über das Ereignis selbst, sondern auch über eine besondere Form der Wahrnehmung definiert - einer Wahrnehmung nämlich, die (zumindest für eine mehr oder weniger lange Dauer des Erzählens) der gewohnten Sicherheit in der Bestimmung des Realen beraubt ist, aber im übrigen auf der prinzipiellen Unterscheidbarkeit des Wirklichen vom Phantastischen beruht. („Es ist folglich die Kategorie des Realen, die für unsere Definiton des Phantastischen grundlegend gewesen ist", meint daher auch Todorov.)[1] Obwohl so in Oedipa Todorovs Definition des Phantastischen eingelöst scheint, wird sie in ihr zugleich auch aufgehoben: In ihrer Wahrnehmung ist Todorovs Konzept so radikalisiert, dass gerade umgekehrt das Phantastische zur Wahrnehmungsbedingung des Realen wird: Oedipa kann sich nicht entscheiden, weil sich Wirkliches und Phantastisches fast nicht mehr unterscheiden lassen. Aber eben doch nur fast: Oedipa will als hingebungsvolle Sucherin nach dem wahrhaft Wirklichen offensichtliche Fiktionen von möglichen Nicht-Fiktionen unterschieden wissen. Andererseits wird ihr zunehmend bewußt, dass sich das, was sie als wirklich von den Phantasien anderer unterschieden glaubt, als eine Projektion der eigenen Phantasie erweisen könnte. In einer Welt, die beständig zwischen Erfahrungen des Alltäglichen, des Unheimlichen und des Wunderbaren fluktuiert und in der sie sich nie sicher sein kann, ob sie wirklich entdeckt oder nur halluziniert oder ob, falls sie entdeckt, ihre Entdeckung nicht auch von einem Dritten inszeniert und manipuliert sein könnte, steht sie immer nur am Rande oder auf der Schwelle einer Offenbarung („das unmittelbare epileptische Wort, der Schrei, der die Nacht beenden würde"), - einer Offenbarung, die sie schließlich ebenso fürchtet wie herbeisehnt. Da sie mit jeder Spur, die sie erkennt, das Rätsel nur vertieft, das sie zu lösen hoffte, verbleibt sie am Ende im qualvollen Zwitterzustand des „Als ob".

Es ist das Problem Oedipas, dass die Zeichen, von denen sie immer mehr entdeckt, zugleich bedeutungsvoll und vieldeutig sind, sowohl auf Sinn verweisen als auch Sinn verstellen, und dass ihre momenthaften Erfahrungen des Unaussprechlichen sich in der Artikulation verflüchtigen. Obwohl sich alle fünf Romane Pynchons aus diesem „Sprung" erklären ließen, der seinem phantastischen Erzählen Anstoß gibt, so bleibt doch zunächst festzuhalten, dass sie dies auf sehr unterschiedliche Weise tun. Bei aller Verschiedenheit gemeinsam ist ihnen jedoch die Verbindung des Phantastischen mit dem Historischen. Denn der phantastische Roman ist auch der Raum der historischen Erfahrung - nicht nur weil hier das Unheimliche, Schreckliche oder auch Wunderbare im Alltäglichen aufbricht, sondern weil das wahrnehmende Bewußtsein in einen Zustand des Zweifels, der Verrätselung, der Unentscheidbarkeit gerät, den Todorov in besonderem Maße mit dem Phantastischen verbindet. Dass dies mit einer Situierung in der Gegenwart

---

1   Todorov, *Einführung in die fantastische Literatur*, S. 148 (frz. Ausgabe, S. 175: "C'est donc la catégorie du réel qui a fourni sa base à notre définition du fantastique").

Hand in Hand geht, leuchtet insofern ein, als für die Vergangenheit das zunächst als unerklärlich Erfahrene meistens seine Erklärung bereits gefunden hat. Ähnlich situiert Pynchon alle seine Romane - mit Ausnahme seines letzten, *Mason & Dixon* - in der Gegenwart des noch nicht Geschichte gewordenen geschichtlichen Augenblicks, den er zugleich zur Vergangenheit hin öffnen und in seiner Unentscheidbarkeit, seiner Kontingenz und Möglichkeit, erfassen will ("the moment and its possibilities").

2. *V.* und die phantastisch inszenierte Verdinglichung der Welt

In seinem ersten Roman, *V.* (1963), gestaltet dies Pynchon freilich auf - im Rückblick - eher uncharakteristische Weise. Zwar umspielt *V.* bereits die zentralen Themen seines späteren Werks mit intellektueller Brillanz (Kritiker sprachen vom besten Erstlingwerk zumindest der amerikanischen Romangeschichte)[2], aber auch mit vergleichsweiser Unverbindlichkeit. *V.* ist unverkennbar ein Buch der fünfziger Jahre: geprägt vom Existenzialismus Sartres und Camus' (aber auch Norman Mailers und der Beat Generation) auf der einen und dem *Waste Land*- Modernismus T. S. Eliots auf der anderen Seite. Entsprechend hat der Roman zwei Helden, die verschiedenen Handlungsebenen zugeordnet sind: Die eine ist die der erzählten Gegenwart, die einen Zeitraum von sechs Monaten umfasst und auf dem Höhepunkt der Suezkrise im Sommer 1956 endet. Ihr Protagonist ist der Ex-Seeman Benny Profane, der im Kreis der New Yorker Bohème (der "whole sick crew") verkehrt, aber sich nirgendwo zu Hause fühlt. Seine Handlungs- und Bewegungsräume sind Straße und Untergrund, die New Yorker U-Bahn und das Abwassersystem, in dem Profane im Auftrag der New Yorker Stadtreinigung Alligatoren jagt und vom seltsamen Tagebuch des Pater Fairing erfährt, der dort versucht haben soll, die Ratten (vor allem seine Lieblingsratte Veronica) zum Katholizismus zu bekehren. Profane ist besessen von der Sorge um die zunehmende Verdinglichung der Welt: Er spricht mit den riesigen Rechnern eines Instituts, das sich mit künstlicher Intelligenz beschäftigt (sie heißen SHOCK oder SHROUD)[3], und träumt von Robotern und Automaten. In einem Alptraum sieht er, wie sein Körper Schrott wird und in alle Einzelteile auseinanderfällt.

Sein Gegenstück auf der zweiten Handlungsebene ist Herbert Stencil, der nicht der Offenheit der Straße, sondern dem abgeschlossenen „Treibhaus der Geschichte" zugeordnet wird. Sein Name (wie auch der Profanes) bezeichnet weniger eine Identität als ein Programm, denn Stencil (so viel wie 'Muster' oder 'Schablone') rekonstruiert aus Tagebuchnotizen seines Vaters, Zeitungsberichten, mündlichen Erzählungen die Geschichte der geheimnisvollen Veronica Wren, die möglicherweise seine Mutter ist und am Tode seines Vaters beteiligt war, eines britischen Geheimagenten, der 1919 auf Malta spurlos verschwand. In den fünf Kapiteln dieses Erzählstrangs, die den ersten vielfach unterbrechen, inszeniert Stencil mögli-

---

2 Richard Poirier, "Cook's Tour", in: *New York Review of Books*, 1, No.2 (1963), S. 32.
3 Die Kürzel für: *S*ynthetic *H*uman *O*bject, *C*asualty *K*inematics und *S*ynthetic *H*uman, *R*adiation *O*utput *D*etermined (vgl. Pynchon, *V*, Kapitel 10).

che Episoden aus dem Leben der V., die er zu verschiedenen Zeiten und unter verschiedenen Namen und Verkleidungen an den Rändern, aber immer an Krisenpunkten, der europäischen Geschichte zwischen 1898 und 1945 auftauchen läßt: als Agentin einer zielgerichteten Verschwörung, der er zuweilen kosmische Ausmaße zuschreibt ("the great cabal, the big one"[4]). Beide Handlungsstränge treffen sich am Ende in Malta, laufen wie die beiden Schenkel im V. des Romantitels in einem Punkt zusammen. In diesem Roman, in dem Spiegel eine zentrale Rolle spielen (wie etwa in der Episode "V. in Love") sind Spiegelungen und Verdoppelungen ein Strukturprinzip: Stencil entwirft in den V. gewidmeten Erzählungen weniger die Geschichte einer Person als die Allegorie eines Konzepts, das der Erfahrung Profanes auf der anderen Handlungsebene entspricht. Denn die Veränderungen, die in den verschiedenen Episoden an V. sichtbar werden, sind Elemente einer Transformation ins Dingliche: Als eine der Personifikationen von *V.* (oder ist es doch nur *eine* Person?) 1944 während der italienischen Bombenangriffe auf Valletta stirbt, besteht ihr Körper nur noch aus künstlichen Gliedern - Profanes Alptraum hat sich an ihr bereits vollzogen. Ebenso wie die allegorische Verkörperung eines kulturellen Verfalls ins Dingliche überall im Roman Bestätigung findet, ist der Buchstabe V ein wucherndes Zeichen, das, je öfter es erscheint und je mehr es verbindet, desto mehr an konkreter Bedeutung verliert: „ein bemerkenswert diffuses Konzept".

Insofern ist Pynchons Roman - wie Tony Tanner bereits vor mehr als fünfundzwanzig Jahren demonstrierte[5] - zwar bis an den Rand der Selbstparodie überdeterminiert, aber zur großen Frustration des Lesers gerade dadurch auch seltsam unterkodiert. Das Eröffnungsbild des Buches ist hierfür symptomatisch: Aus der Perspektive des menschlichen Yo-Yo Profane erscheint die Straße wie ein asymmetrisches V, das Ankunft verspricht, sich aber in der Bewegung auf ein Ziel hin ständig mitverschiebt - so wie in Stencils Unternehmen die Suche Selbstzweck wird: Er ist der, der V sucht. In seiner Rekonstruktion der Geschichte der V. verweist Stencil explizit auf das Vorbild von Henry Adams. Der hatte um die Jahrhundertwende in seiner Autobiographie stoisch-spielerisch das Zweite Thermodynamische Gesetz (das Gesetz der Entropie) als historische Metapher verwendet. Jede kulturelle Ordnung, so schrieb er dort, sei eine Projektion des menschlichen Bewusstseins gegen das übermächtige Chaos der Natur, von dem es sich umgeben wisse; und wie jedes geschlossene System betreibe auch das der abendländischen Kultur in einem nicht umkehrbaren Prozeß (von der Ordnung der Venus zur Ordnung der Virgo, zu der des elektrischen Dynamo) den eigenen Verfall.[6] Wie sehr

---

4 Diesem Gedanken einer „kosmischen Verschwörung" hat Pynchon vor allem in seinem dritten Roman, *Gravity's Rainbow*, den Ausdruck gegeben, dass sich das kosmische „Programm" von Weltenentstehung und -zerstörung des Menschen als Instrument der Vernichtung bedienen könnte.
5 Tony Tanner, *City of Words: A Study of American Fiction in the Mid-Twentieth Century*, London 1971, S. 153-180.
6 Relevant ist hier das berühmte Kapitel "The Virgin and the Dynamo", in dem Adams - wie Stencil von sich selbst in der dritten Person sprechend - über die Pariser Weltausstellung von 1900 reflektiert: „[D]och für Adams wurde der Dynamo ein Symbol des Unendlichen. Als er sich an die große Galerie der Maschinen gewöhnt hatte, begann er die vierzig Fuß hohen Dynamos als moralische Kraft zu empfinden, ähnlich wie die frühen Christen das Kreuz empfunden haben mußten", und: „Gleich ob

Stencil Henry Adams als Modell benutzt, wird in vielen seiner Episoden deutlich - etwa in „Mondaugens Geschichte" einer belagerten kolonialen Ordnung in Deutsch-Südwest („ein Treibhaus der europäischen Seele"), die sich auf sadistische Rituale von Macht und Unterwerfung stützt, aus ihnen ihre Lebenskraft bezieht.[7] Aber man könnte durchaus auch behaupten, dass Pynchon in der Doppelstruktur des Romans Adams' Umdeutung der Entropie zur historischen Metapher gleich zweimal inszeniert: einmal auf der Ebene Stencils als Prozeß des Ordnungsverfalls, zum andern auf der Ebene Profanes als Endzustand aufgelöster Ordnung. Insofern markieren die richtungslosen Wanderungen Profanes eine kulturelle Befindlichkeit der *post-histoire*, in jedem Fall einer Geschichte post-V., die Stencil mit dem Etikett: „Herrschaft des Unbelebten" versieht, in der alle Katzen grau und alle Zeichen V sind.

Solch linear-einsinniger Lesart widersetzt sich allerdings die diskontinuierliche Erzählweise des Romans. Zudem ist dem Diskurs von Ordnungsverfall, Dekadenz und Verdinglichung, der vor allem seine Makrostruktur bestimmt, ein subversiver Subtext eingelagert, der Dinge, Personen und Ereignisse aus linearen Erzählzusammenhängen herauslöst und in das lockere Nebeneinander statistischer Ordnung und zufälliger Begebenheiten stellt. Das trifft vor allem auf die nicht von Stencil erzählten Episoden zu, etwa auf das Tagebuch, das der Malterser Dichter Fausto Majstral während der Kriegsjahre führt. Faustos Abstieg zu den Dingen und seine allmähliche Rückkehr aus einem Zustand innerer Versteinerung implizieren ein Selbstverstehen, das sich aus der Annahme einer sinnlich gegebenen Dingwelt definiert ("living in a universe of things that simply are"), somit V's Geschichte zugleich wiederholt und ihr entgegenläuft. Noch deutlicher wird dieser Gegendiskurs im auktorial erzählten Epilog, der in logischer Auflösung des Stencilschen Verschwörungsszenarios (und doch im Widerspruch zu ihm) das Geheimnis um den Tod des Vaters lüftet und die Geschichtsmächtigkeit des Zufälligen und Singulären etabliert. Denn Stencil Sr., der im Dienste seiner Majestät die alte Ordnung zu bewahren sucht, fürchtet nicht - wie der Sohn - Verschwörung ("plot" und "plotting"), sondern das Mirakel der revolutionären Situation, wenn aus der anarchischen Vielfalt von Personen und Umständen ein ereignishaftes Zusammenwirken revolutionär Handelnder entsteht, und bisher Stumme plötzlich Stimme und Rede finden. Nicht dies jedoch geschieht, sondern der planlos-zufällige eigene Tod, der sich jeder Interpretation und jedem Einbezug in narrative Ordnung widersetzt - es sei denn der

---

Symbol oder Energie, die Jungfrau hatte als die größte Kraft gewirkt, welche die westliche Welt jemals erfahren, und die Handlungen stärker an sich gebunden, als jede andere natürliche oder übernatürliche Kraft es je vermocht hatte. Die Aufgabe des Historikers war es, die Spur der Energie zu verfolgen, herauszufinden, woher sie kam und wohin sie führte, ihre komplexe Quelle und ihre sich ständig verschiebenden Kanäle, ihre Werte, Äquivalenzen und Verwandlungen" (Henry Adams, *The Education of Henry Adams* [1918], Boston 1961, S. 379-390, Übersetzung von mir [H.I.]).

7 Die Künstlichkeit jeder Ordnung verdeutlicht Pynchon in jener Episode, in der ein deutscher Offizier mit dem sprechenden Namen Weissmann in den chaotischen Signalen aus der Stratosphäre, die Mondaugens Geräte aufzeichnen, Mondaugens persönlichen Code KURT MONDAUGEN (oder ist es: GOD MEANT NUURK?) plus Wittgensteins „DIE WELT IST ALLES, WAS DER FALL IST" zu erkennen glaubt. (Kapitel 9)

von Maltesischen Legenden, in deren Zentrum Mara steht ('mar', 'amara', 'maria'), die „launenhafte Göttin" von Ordnung und Zufall, deren Mandala das Rad ist, das sich nicht abendländisch vertikal, sondern maltesisch erd- und felsverbunden horizontal um die eigene Achse dreht.

3. *The Crying of Lot 49* und der mögliche „Einbruch einer anderen Welt in diese"

Obwohl sich auch auf der Erzählebene Benny Profanes allerhand Groteskes, Burleskes oder Surreales ereignet, steht das Phantastische vorwiegend in Verbindung zu *V.*, im Umkreis der privaten oder kollektiven Traum- und Fieberwelten, den Treibhausblüten abendländischer Ordnungsphantasie. Sie sind in allen Fällen inszeniert: Was immer von außen einfällt, ist bewusstseinsproduziert. Entsprechend gibt die erzählte Wirklichkeit des Romans von Anfang an durch Konventionsbrüche aller Art (Genreüberschreitungen, Vaudeville- und Gesangsnummern, Zeichnungen, optische Markierungen) ihren inszenierten, fiktionalisierten Charakter deutlich zu erkennen. *V.* enthält bereits alle wesentlichen Elemente von Pynchons Erzählrepertoire, und es bedarf nur einer Drehung dieses Kaleidoskops durch eine Veränderung des historischen Kontexts des Erzählens, um neue Muster zu erzeugen: etwa die Umbrüche der sechziger Jahre, die Pynchons nächster Roman, *The Crying of Lot 49*, zugleich registriert und hellsichtig vorwegnimmt. Oedipa Maas entdeckt, wie eingangs ausgeführt, die Spuren des rätselhaften Tristero-Systems durch ein Bild und durch ein Testament: Das Testament ist das ihres früheren Liebhabers Pierce Inverarity, eines Großindustriellen und Bodenspekulanten, der sie gleichsam von jenseits des Grabes mit der Vollstreckung seines letzten Willens beauftragt. Das Bild ist das der spanischen Exilmalerin Remedios Varo, „Bordando el Manto Terrestre" (keine Erfindung Pynchons), bei dessen Anblick Oedipa in Tränen ausbricht. Es zeigt in surrealer Verzeichnung des Wirklichen junge Frauen, die in einen Turm gesperrt sind und an einem Teppich weben, der aus den Fensteröffnungen ins Leere hängt. In ihn verwoben ist ein Bild der Welt; mehr noch: der Teppich *ist* die Welt. Varos Bild nimmt Oedipas epistemologisches Dilemma unauflöslicher Selbstbezogenheit vorweg und fungiert zugleich als Metapher, durch die das auf sich selbst zurückgebogene Erzählen Pynchons mitverhandelt wird. Was Oedipa nicht sieht und der Ezähler nicht erwähnt, ist die schwarz gekleidete Figur, die hinter den Mädchen, doch im Zentrum des Turms, steht und in einem Gefäß rührt, das die Form eines Stundenglases hat: Ist sie Schöpfer der Bilder, die die Mädchen weben? ihr Antreiber und Quälgeist? die Gestalt gewordene Ahnung ihrer Sterblichkeit? In der Struktur der Welt, die Oedipa im folgenden entdeckt oder auch erfindet, wiederholt sich die Struktur des Varoschen Bildes in einem Netzwerk analoger Phänomene aus unterschiedlichen Bedeutungsbereichen, die Oedipa mit der Metapher des Tristero zwar verknüpfen, aber nicht deuten kann. Die Vermessung des wirtschaftlichen Imperiums Pierce Inveraritys, dessen Hauptstadt überdeutlich San Narciso heißt und dessen Machtstrukturen ganz Kalifornien überziehen, gerät Oedipa unversehens zur Bestandsaufnahme der Hinterlassenschaft

Amerika: Unter den Graffiti an Straßenecken, Häuser- und Toilettenwänden entdeckt sie das Kryptogramm W.A.S.T.E., hinter dem sie das Codewort eines Kommunikationssystems der Kommunikationslosen vermutet, das sich dem Monopol des etablierten Postdiensts widersetzt (sein Logo ist ein verstopftes Posthorn) und dessen Spuren sie von nun an plötzlich überall entdeckt: Abfalleimer erweisen sich auf den zweiten Blick als Briefkästen von W.A.S.T.E., und nichtuniformierte Briefträger befördern Briefsendungen von einem Teil San Franciscos in den andern. Oedipa nennt dieses geheimnisvolle Alternativsystem 'Tristero' (ein Name, der Trauer und Schrecken, aber auch Vertrauen, 'tryst', konnotiert) nach dem schwarz gekleideten Mordkommando eines elisabethanischen Rachedramas mit dem sinnigen Titel *The Courier's Tragedy* (Die Tragödie des Kuriers), eine der vielen *mise-en-abîmes* des Romans. Von da an häufen sich die Hinweise und Ahnungen, „bis schließlich alles, was sie sah, roch, träumte, erinnerte, irgendwie mit Tristero verbunden war." Weitere Recherchen bringen sie auf die Spur eines „historischen" Tristero, der - zuerst in Europa, später in Amerika - je nach Interessenlage als anarchistische Guerilla oder im Dienste der Konterrevolution agierte: Der volle Name der Gründerfigur: Tristero y Calavera (span. 'Totenschädel') verheißt in jedem Fall nichts Gutes. Andererseits entdeckt sie gegen Ende, dass das Kryptogramm W.A.S.T.E. für "We Await Silent Tristero's Empire" steht („Wir erwarten des schweigenden Tristeros Reich") und so die Idee des entfremdeten Untergrunds mit der Möglichkeit eines anderen Amerika verbindet, das in den Träumen und apokalyptischen Erwartungen seines menschlichen „Abfalls" ("waste") zu entstehen scheint. Ob jedoch Tristero erlösende oder zerstörerische Kraft ist, ob er innerhalb oder außerhalb des Systems operiert oder ob er vielleicht doch nur eine paranoidsehnsüchtige Phantasie Oedipas ist, mit der sie sich - wie viele andere Figuren des Buches - ihrer wachsenden Einsamkeit erwehrt, bleibt offen. Pynchon hält diesen wie die meisten seiner Romane in der Schwebe zwischen Umbruch (einer katastrophischen oder wunderbaren Wendung der Geschichte) und Erstarrung.

So entwirft *The Crying of Lot 49* eine prä-apokalyptische (oder vielleicht auch nur entropierende) Welt ominöser Zeichen und Symptome, die zwar unablässig zur Deutung einladen, sich aber dennoch nicht entschlüsseln lassen, eben weil sie auf so vielen Ebenen gleichzeitig lesbar sind: auf der sakralen wie auch der profanen, auf der epistemologischen wie auch der gesellschaftlichen und politischen. (Entsprechend vielfältig und widersprüchlich sind die Deutungen, die dieses schmale Buch von wenig mehr als 130 Seiten inzwischen erfahren hat.) Dennoch scheint sich Oedipa, unabhängig davon, ob Tristero nun wirklich wirklich oder nur Fiktion ist, mit dem letzten Satz des Buches selber in die Gemeinschaft der Wartenden einzureihen: „Passerine[8] breitete seine Arme aus in einer Geste, die der Priesterschaft einer fernen Kultur zu eignen schien; vielleicht einem herabsteigenden Engel. Der Auktionär räusperte sich. Oedipa lehnte sich zurück und wartete auf die Versteige-

---

8 Passerine, der Name des Auktionärs, verweist wortspielerisch ("pass her in", d.h. „lasst sie herein") auf die mögliche Aufnahme Oedipas in die Gemeinde der auf Tristero Wartenden - oder auf den endgültigen Eintritt in die einsinnige (Bewusstseins)Welt der Paranoia, in der Phantasiertes und Wirkliches endgültig und ununterscheidbar zusammenfallen.

rung von Nummer 49." Oedipa könnte die Wahrheit über den Status Tristeros nur dann erfahren, wenn entweder er „in seiner ganzen schrecklichen Nacktheit" sichtbar in die Geschichte einbricht oder sie eintritt in die Fiktion des Tristero und damit der bloßen Metapher (vielleicht) die falsche Wirklichkeit der Paranoia gibt. Auf das erste wartet sie, auf das zweite lässt sie sich (noch) nicht ein. An der Schwelle zur Offenbarung auf der einen und am Rand der Paranoia auf der anderen Seite werden jedoch Metapher und Fiktion zu Instrumenten einer relativen Wahrheit, die Oedipa auf ihren Wanderungen durch Pierce Invaritys trostlose Hinterlassenschaft eine Wirklichkeit wahrnehmen lassen, die sich vorher ihrem Blick entzogen hatte.

4. Erdflüchtige Raketenmystik und wunderbare Erdverbundenheit der Schwerkraft: *Gravity's Rainbow*

Wie schon in *V.*, umspielt Pynchon auch in *The Crying of Lot 49* die Metapher der Entropie und die Möglichkeit einer Umkehrung dieses unerbittlichsten aller physikalischen Gesetze, da es den Verfall geschlossener System als unumkehrbar festschreibt. Er macht sich dabei den Umstand zunutze, dass Entropie in der Physik ein Maximum an Systemauflösung, in der Informationstheorie dagegen ein Maximum an Informationszuwachs bezeichnet. Tristero fungiert daher als selbstzerstörerischer Dämon des Systems wie auch als anarchistischer Betreiber befreiter Information.[9] (Die utopische oder auch nur illusionäre Hoffnung, dass sich dieses Mehr an Information auch als ein Mehr an Kommunikation erweisen könnte, schlägt sich in der mit Tristero assoziierten Bildlichkeit des Pfingstfests und der Glossalie nieder, die diesen Roman - wie schon vorher *V.* - kontrapunktisch durchzieht.) Unter leicht veränderter Perspektive ließe sich auch behaupten, dass das Buch die Frage stellt, ob der Abfall des Systems nicht mehr sein könnte als nur dessen Ausscheidung; ob nicht das Abfällige, Ausgeschiedene und Übergangene auch Neuanfänge möglich macht - eine Frage, die sich immer deutlicher als zentrales Thema der zeitgenössischen amerikanischen Literatur entpuppt. Sie ist ganz sicher zentral für Pynchons immer noch bedeutendstes und aufregendstes Buch, *Gravity's Rainbow* (1973),[10] das freilich alle Dimensionen sprengt, die Vorstellung von Rand und Zentrum außer Kraft setzt und damit auch den letzten Rest einer möglichen Unterscheidung zwischen Phantastischem und Wirklichem löscht. Denn das Heulen der V2 über dem Himmel Londons, mit dem der Roman beginnt, markiert den Einbruch (und Anbruch) einer Wirklichkeit, die in ihrem Kern bereits phantastisch ist: Da das Heulen erst nach ihrem Einschlag hörbar wird, stellt die Rakete, die im ersten Kapitel auf London und im letzten auf die Welt herabstürzt, die eherne Sequenz von Ursache und Wirkung auf den Kopf und mit ihr auch die Lehre von

---

9 Zur Komplexität des Entropiebegriffs und seiner vielfältigen Verwendung in der amerikanischen Nachkriegsliteratur vgl. Peter Freese, *From Apocalypse to Entropy and Beyond: The Second Law of Thermodynamics in Post-War American Fiction*, Essen 1997.
10 Dt. als *Die Enden der Parabel* in der ausgezeichneten Übersetzung von Elfriede Jelinek und Thomas Piltz, Reinbek 1981.

der Unmkehrbarkeit.[11] Die todbringende und alle Ressourcen aufsaugende Rakete wird daher zum Mysterium einer neuen diskursiven Ordnung, die ihre eigenen Hohenpriester und Verwalter, ihre Gralssucher und Exegeten, ihre Mystiker und Utopisten, ihre Propheten und Häretiker, ihre Mythen und Heiligenlegenden hervorbringt.

Die Sprengkraft der Rakete findet freilich auch ein Echo in Pynchons radikaler Auflösung der Erzählform. *Gravity's Rainbow* ist, wie einer seiner vielen Interpreten bemerkt hat, ein Buch von „außerordentlicher Inkohärenz".[12] Das liegt einmal an der chaotischen Handlungsstruktur mit ihren unübersehbar vielen Haupt- und Nebenfiguren, großen und kleinen Handlungssträngen; zum andern an der Kontrastierung und Aneinanderfügung äußerst disparater Diskurse (etwa von Film und Chemie, Raketentechnik und Psychologie, *count-down* und Kabbalah), oder auch an der hemmungslosen Überschreitung konventioneller Genregrenzen. Für den Leser noch beunruhigender ist der unsichere Status des Textes selbst. Auf den ersten Blick scheint es zwar einen auktorialen Erzähler zu geben, aber auf den ist kein Verlass, weil er seine Standpunkte und Tonlagen häufig wechselt. Daher gibt es auch keine privilegierte Textebene, die Reales von nur Geträumtem, Phantasiertes von tatsächlich Erlebtem unterscheiden hilft. Da ist z.B. Pirate Prentice, der die Träume anderer träumen kann, oder das Medium Carrol Eventyr, über dessen Kontaktmann im Jenseits, Peter Sachsa, der Leser die Geschichte von Leni und Franz Poekler im Berlin der zwanziger Jahre erfährt. Eventyr hat Aufzeichnungen von einer Séance mit Peter Sachsa, die wiederum die Aufzeichnungen Sachsas von einer Séance mit Walther Rathenau enthalten u.ä.m. Mit anderen Worten, die Welt des Romans ist eine durch und durch theatralisierte und textualisierte: Realität wird als von Sprache und Fiktion immer schon vorgeprägte erzählt - was eine seltsame Verklammerung von imaginierter und erlebter (oder auch dokumentierbarer) Wirklichkeit zur Folge hat. (Mit Vergnügen verwendet Pynchon die authentische Geschichte, wonach die deutsche Raketentechnik ihre Entwicklung zuerst der Ufa - Fritz Langs *Frau im Mond* - und dann erst der Wehrmacht verdankt.) Daher spielt in *Gravity's Rainbow* nicht nur der Film eine besondere Rolle, sondern der Roman versteht sich selbst als Film, der am Ende reißt, wenn in der herabstürzenden Rakete Fiktion und Wirklichkeit zusammenfallen.

Schauplatz ist zunächst London unter der Bedrohung der V2, die paranoide Phantasien von Ordnung und das Verlangen nach Kausalerklärungen wuchern lässt. Zentrale Figur dieses ersten Teils von *Gravity's Rainbow* ist der Pavlovianer Pointsman, ein Fanatiker der Konditionierung und ein "cause-and-effect man", dem Zufall und Offenheit ein Greuel sind. Sein Gegner auf deutscher Seite ist der SS-Hauptmann Weissmann (Captain Blicero), ein Rilke-Schwärmer, der - ordnungs-fixiert und wagnerianisch todessüchtig - die V2 entwickelt und dann von Holland aus nach London schießt. Weiter erzählt der Roman die Geschichte des amerikanischen Leutnants Tyrone Slothrop, der wie seine puritanischen Vorfahren auf

---

11 Ähnlich verfährt - wie Wilhelm Füger in diesem Band ausführt - Joyce am Anfang von *Ulysses*.
12 Tony Tanner, *Thomas Pynchon*, London 1982.

Zeichen, die vom Himmel kommen, reagiert. Jedenfalls nehmen seine Erektionen die Einschläge der V2 vorweg, was ihn für den Britischen Geheimdienst interessant macht, - zumal Pointsman weiß, dass Slothrops Vater Baby Tyrone zu wissenschaftlichen Experimenten an ein Labor in Harvard ausgeliehen hatte. Slothrops von Pointsman ferngesteuerte Suche nach der Rakete und dem geheimnisvollen Plastikstoff Imipolex G führt ihn ins Deutschland der unmittelbaren Nachkriegszeit (nach Berlin, Nordhausen, Peenemünde), das Pynchon in einer erstaunlichen Genauigkeit geographischer und historischer Details verankert und gleichzeitig zu einer mythischen Zone anarchischer Offenheit stilisiert.

Die Zone markiert ein „Interregnum", in dem die alte Ordnung zerbrochen ist und die entstehende neue sich nur in Umrissen erkennen läßt: einen historischen Augenblick von Dezentralisation, Unbegrenztheit, Möglichkeit, dem das Nachwachsen der Strukturen freilich schnell ein Ende macht. Hier gibt es im wesentlichen nur Manipulierer und Manipulierte. Die Manipulierer sind die Repräsentanten von Herrschaft, die Instanz der Väter, das System (oder einfach nur "They"). Manipulierte sind vor allem die „Kinder", von deren Konditionierung, von deren Selbstfindung in der väterlichen Ordnung Kontinuität und Überleben dieser Ordnung abhängen. Am Ende opfert in einer rituellen Urszene der Erzvater Blicero das Kind Gottfried dem eigenen Verlangen nach Transzendenz. Dagegen träumt Slothrop von einer Freiheit *vor* jeder Sozialisation. Er wird vom Auserwählten zum Aussteiger, gerät aus der Kontrolle Pointsmans, vergißt seinen Auftrag und verliert sich in den Flüchtlingsströmen der Zone. Reste seines Selbst, so heißt es von ihm später, seien über die ganze Zone verstreut.

Analog zu Slothrops Selbstauflösung verliert auch der Roman zunehmend an Kohärenz, bis er am Ende nur noch Fragmente kollagiert (Fernsehnummern, Comic Strip-Sequenzen oder phantastische Erzählungen wie die von Byron, der unsterblichen Glühbirne). In diesem narrativen Trümmerfeld der Geschichte und der Zeichen suchen rivalisierende Gruppen (politische, ethnische) nach dem verborgenen „wahren Text" der Rakete: Oberst Enzian und sein Schwarzkommando z.B. (die „Zonen-Hereros"), die an ihrer eigenen Rakete bauen und im post-apokalyptischen und post-kolonialen Welttheater Pynchons ethnische Alterität repräsentieren. Doch obwohl Enzian glaubt, dass irgendwo unter den Abfällen der Welt der Schlüssel sein müsse "that will bring us back, restore us to our Earth and to our freedom", kann auch er den „wahren Text" nicht entziffern. Zwar gibt es einen 'plot', doch „weisen alle Pfeile in verschiedene Richtungen." Dem analog sind in das Chaos dieses Textes (noch weit verwirrender als in *V.*) Deutungsmuster eingelagert, die diesen entgegengesetzten Richtungsweisungen entsprechen, nämlich die Varianten linearer und nicht-linearer Geschichts- und Erzählordnungen. Unzweifelhaft erscheint - in einer Art Chronik der historischen Ereignisse der Nachkriegsjahre - das ständige Anwachsen staatenübergreifender Bürokratien und Wirtschaftskartelle. In der fortschrittsgläubigen Deutung des dominanten Diskurses ist dies mit utopischen Bildern besetzt: dem progressiven Aufbau einer weltweiten „Raketenstadt". In der Umkehrung dieses Diskurses durch die Deutungsmuster von Verfall und Dekadenz überwiegt dagegen die Trauer über die Verluste fortschreitender

Säkularisierung und Modernisierung: dass das Verlangen nach Transzendenz im Fetisch der Rakete eine neue Fleischwerdung erfahren hat; dass selbst- und weltvergessene Ingenieure die 'Wahrheit' der Mythen und die Sprache der Mystik in die profane Begrifflichkeit der Rakete übersetzen. (Echos von Henry Adams' Theorie von der Verdrängung der kreativen Kraft der „Jungfrau" durch die Energie des Dynamos, von Max Webers Verbindung der Moderne mit dem Verlust des Charismatischen oder von Lévi-Strauss' Klage am Ende von *Traurige Tropen* über den unaufhaltsamen [Kultur]Verfall, der die Anthropologie eigentlich zu einer Entropologie mache, sind hier unüberhörbar.)[13] Muster für eine nicht-lineare Geschichte findet der Erzähler bei der Statistik, im mathematischen Konzept der Singularität oder dem Gödelschen Theorem. Sie halten die übermächtigen Strukturen des Linearen und Zwangsläufigen für alternative Denkfiguren des Zufälligen und Einmalig-Wunderbaren offen. (Die „wunderbare", weil gänzlich unerwartete Öffnung der Berliner Mauer war in diesem Sinne ein Pynchonesques Ereignis.) Doch keines dieser Muster ist der „wahre Text", den nicht nur Enzian, sondern auch der Leser sucht. Vielmehr spielt Pynchon unterschiedliche Lesarten gegeneinander aus. *Gravity's Rainbow* ist an der Grenze von erzählter Ordnung und erzähltem Chaos angesiedelt. Der Text gleicht daher - im Sinne Douglas Hofstadters - einer Schleife, die das Denken über Realität und Geschichte auf sich selbst zurückverweist, die in jedem Fall den Leser zwingt, sich an der unabgeschlossenen Form erzählter wie auch erfahrener Geschichte abzumühen.[14]

5. Das Begehren nach „Amerika" und die Entzauberung vom Paradies:
**   *Mason & Dixon***

Natürlich verknüpft Pynchon die „Zone" metaphorisch mit dem Amerika der sechziger Jahre, und es ist offensichtlich, dass dieser enzyklopädische und zugleich anarchische Roman seine experimentelle Vitalität auch aus der geschichtlichen Nähe zur Systemkritik der Gegenkultur bezieht. Dass Pynchon mehr als fünfzehn Jahre brauchte, um sich aus dem langen Schatten eines solchen Buches zu lösen, kann daher kaum verwundern. Die auf *Gravity's Rainbow* eingeschworene Lesergemeinde konnte daher an Pynchons viertem Buch, *Vineland* (1990), wenig Gutes finden. Es ist der letzte in einer Serie von drei Romanen, in denen Pynchon mit den Mitteln der Fiktion die Bestandsaufnahme des historischen „Augenblicks mit seinen Möglichkeiten" betreibt, und kann insofern auch als Pynchons Abgesang auf eine

---

13 „Jedes ausgetauschte Wort, jede gedruckte Linie stellt eine Verbindung zwischen zwei Partnern dar und nivelliert eine Beziehung, die vorher durch unterschiedliches Wissen, also durch größere Organisation gekennzeichnet war. Statt Anthropologie sollte es *Entropologie* heißen, der Name einer Disziplin, die sich damit beschäftigt, den Prozeß der Desintegration in seinen höchsten Erscheinungsformen zu untersuchen." (Claude Lévi-Strauss, *Traurige Tropen*, Berlin 1970, S. 367).
14 Zu *Gravity's Rainbow* vgl. Hanjo Berressem, *Pynchon's Poetics: Interfacing Theory and Text.* Chicago 1993, S. 119-200, und Heinz Ickstadt, „Technologie, Geschichte und offene Romanform", in: *Medien und Maschinen: Literatur im technischen Zeitalter*, hg. von Theo Elm/Hans H. Hiebel, Freiburg 1991, S. 258-270. Zu Schleife und Gödels Theorem vgl. Douglas R. Hofstadter, *Gödel, Escher, Bach.* New York 1980.

(wenn auch nicht seine) Generation der Counter Culture verstanden werden kann, die vom „System" verschluckt wurde und an das Fernsehen verloren ging.[15] Es erscheint daher nur logisch, dass sein jüngster Roman, *Mason & Dixon* (1997), einen Neuanfang markiert. Denn *Mason & Dixon* ist Pynchons erster wirklich „historischer Roman", der mit der für ihn charakteristischen Akribie und mit enzyklopädischem Detailwissen die geographischen wie auch die mentalen Räume, die Denk-, Sprach- und Erzählfiguren des 18. Jahrhunderts rekonstruiert. Er stellt sich damit in eine Tradition des Fabulierens, die aus der postmodernen Gegenwart zurück zu Sterne und Fielding reicht. Die Wildnis des prä-revolutionären Amerikas, durch welche der englische Astronom Mason und der schottische Landvermesser Dixon ihre geometrische Ordnung schlagen, ist - ähnlich wie die „Zone" in *Gravity's Rainbow* - zugleich historischer und mythologischer Raum, in dem die kollektive Seele ihre Ängste und Sehnsüchte ausagiert, in dem historisch Dokumentierbares und Phantastisches nebeneinanderstehen und der infolgedessen sowohl von legendären Figuren der Nationalgeschichte (Benjamin Franklin, George Washington) wie auch von allerhand Fabelwesen der Natur und Wissenschaft bevölkert ist: einem sprechenden Hund, einer unsterblichen Uhr, der mechanischen Ente des französischen Mathematikers Vaucanson u.ä.m. Gleichzeitig deckt Pynchon die Strukturen eines Denkens auf, in dessen Widersprüchen künftige Katastrophen bereits vorbereitet sind. Mason und Dixon, schreibt Friedrich Kittler in einer erhellenden Rezension, „sind nur Räder in einem modernen Wissenschaftsbetrieb, der diese Erde und ihren Ort im Weltall in reelle Zahlen und exakte Karten übersetzt."[16] Mit der Grenze, die sie legen, durch die Schneisen, die sie durch die Wildnis schlagen, leisten sie nicht nur neuer sozialer Ordnung Vorschub, sondern auch Kapitalinteressen und hemmungslosem Spekulantentum. Obwohl das Zentrum jener Machtverbindung zwischen Kolonialreich und Wissenschaft, in deren Dienst Mason und Dixon stehen, London ist, und der Roman mit der Reise der beiden nach Südafrika beginnt, ist sein eigentlicher Gegenstand Amerika - Amerika als Ursprung, als das ganz Andere der europäischen Metropole, das diese im Versuch der kolonialen Einverleibung Stück für Stück zerstört. Der erdverbundene Dixon wird sich erst allmählich seiner Komplizenschaft bewußt: Er beginnt, die Legenden der Indianer ernst zu nehmen und registriert die ökologische Lehre des chinesischen Feng Shui. Er ist es auch, der - anders als der auf den Sternenhimmel fixierte Mason - die Sklaverei nicht länger übersehen kann und einen Sklaventreiber niederschlägt. Gegen Ende seines Lebens träumt er den resigniert-sehnsüchtigen Traum von einer Spiegel- und Gegenwelt im Innern der Erde, deren Bewohner nicht konvex voneinander weg, sondern konkav einander zugebogen wären: „Ihr Gott wie der der Irokesen lebt an ihrem Horizont."

Das Buch endet nicht mit dem Tod seiner beiden Protagonisten, sondern mit dem Wunsch der Kinder Masons, dass der Vater sie doch bitte mit nach Amerika

---

15 Zu *Vineland* vgl. die vorzügliche Darstellung von Martin Klepper in *Pynchon, Auster, DeLillo: Die amerikanische Postmoderne zwischen Spiel und Rekonstruktion*. Frankfurt a. M. 1996, S. 210-248, sowie Berressem, a.a.O., S. 200-242.

16 Friedrich Kittler, „Das Jahrhundert der Landvermesser", in: *Die Zeit*, Nr. 27, 27. Juni 1997, S. 46.

nehmen möge: „Die Sterne sind dort so nah, dass man kein Fernrohr braucht. Die Fische springen einem in die Arme. Die Indianer verstehen sich auf Zaubertricks. Dorthin wollen wir gehen, dort wollen wir leben. Dort wollen wir fischen. Und du auch." So endet der Roman, wenn auch ironisch-melancholisch, mit der Setzung jenes Traums von Amerika als Ursprung und Paradies, den er und (auf ganz andere Weise) seine beiden Helden auf fast 800 Seiten demontiert hatten und der am Ende nur noch als Kinderglaube übrig bleibt. Und doch: Obwohl sich in Pynchons Erzählwelt das Ursprüngliche dem Handeln wie der Sprache entzieht, sind seine Romane - wie eine anonyme Stimme aus dem Internet es formulierte - vom Bewusstsein eines unmöglichen Möglichen durchdrungen, vom Verlangen, „tatsächlich im Wunderbaren zu leben". Seine Bücher zielen daher auf der einen Seite darauf ab, den fiktionalen Status des scheinbar Realen und Rationalen aufzudecken, und auf der anderen, das vom Diskurs des Realen Ausgeschlossene, das Phantastische und Wunderbare, in den Radius des Erzählens wieder aufzunehmen. Seine Loyalität gilt daher (oft bis an die Grenzen des Sentimentalen) dem Abfälligen und Übergangenen ("waste"); aber auch den Kindern, die, wie in *The Crying of Lot 49* oder am Ende von *Vineland,* dem verlorenen Ursprünglichen näherstehen und dem Verfall, der sie umgibt, magisch-märchenhaft entzogen sind.

Ein Teil der Kritik hat diese Spannung in Pynchons Werk zwischen der Sehnsucht nach Ursprung und Offenbarung einerseits und der ironisch-parodistischen Rhetorik der Unumkehrbarkeit andererseits mit den Theorien des Poststrukturalismus erklärt, wonach gerade die Kluft zwischen Signifikant und Signifikat, die Unfähigkeit der Sprache, Ursprüngliches auszusprechen, dem Sprechen immer neuen Anstoß gibt. Ralph Waldo Emerson hat - mehr als hundert Jahre vorher - mit anderer Akzentsetzung und in einem anderen Kontext Ähnliches formuliert. In einem seiner düstersten Essays, der aus der Trauer über den Verlust seines Sohnes entstanden ist, kleidet er das Problem der Nachträglichkeit in eine paradoxe Metaphorik der Entdeckung des amerikanischen Westens: „Ich komme dort an und sehe, was bereits vorhanden ist. Ich mache! O nein! Ich klatsche staunend und in kindlicher Freude in die Hände vor dem, was sich meinen Augen zum ersten Mal in seiner majestätischen Großartigkeit eröffnet [...] Ich bin bereit, aus der Natur herauszusterben und in diesem neuen, doch nie erreichbaren Amerika noch einmal zu entstehen, das ich im Westen gefunden habe."[17] Selber Schaffen im (und aus dem) Bewusstsein des Immer-schon-Geschaffenen und Vorgefundenen, Ankommen in einem Land, das dennoch unerreichbar bleibt: Mit diesem Paradox scheint sich Emerson in einer Fiktion des Möglichen zu situieren, die ihre Unmöglichkeit stets

---

17 Meine Übersetzung [H.I.]. Die Passage lautet - ungekürzt - im englischen Original: "I arrive there, and behold what was there already. I make! O no! I clap my hands in infantine joy and amazement, before the first opening to me of this august magnificence, old with the love and homage of innumerable ages, young with the life of life, the sunbright Mecca of the desert. And what a future it opens! I feel a new heart beating with the love of the new beauty. I am ready to die out of nature, and be born again into this new yet unapproachable America I have found in the West." (Ralph Waldo Emerson, „Experience", in: *Essays & Lectures,* New York 1983, S. 485). Gerhard Bauer verdanke ich den Hinweis auf eine ähnliche Passage bei Gilles Deleuze/Félix Guattari, *Tausend Plateaus* (1980), Berlin 1992, S. 33.

mitdenkt. Für Pynchon ist das „neue, unerreichbare Amerika" auch dann noch Quelle des Erzählens, wenn es im „Westen" seiner phantastischen Geschichten zugleich gefunden und doch immer schon (und immer mehr) verloren ist.

Das tickende Fleisch unterm Gras:
Wolfgang Hilbig, *Alte Abdeckerei*

Uwe Schoor/Gerhard Bauer

1. Weggehen – doch wie weit führt das?
2. Zwielicht, „Haltlosigkeit"
3. Gemeinsam verdammt?
4. Nicht-Wissen; Stolpern über Massengräbern
5. Sprachliche Unterhöhlung der Realität

> „Wolln die Schindmähre zuschanden reiten."[1]

Wer heute eine Abdeckerei sucht, besinnt sich entweder darauf, dass er ja keine braucht, oder dringt bis zu dem Hinweis vor: „siehe Tierkörperverwertung". Diese setzt ein, wenn Kadaver aus der Welt geschafft werden müssen. Auf Papier oder Monitor kann man den Zerfall organischen Lebens exakt in chemischen Formeln ausdrücken, aber die rechte Vorstellung davon führt unweigerlich auf den Geruchssinn. Dass wir wieder zu Staub werden, ist ein dankbar angenommener Euphemismus, aber er überspringt jene übel riechende Zwischenstufe, welcher die Literatur mit Baudelaire, Heym oder Benn, der Film etwa mit Peter Greenaway ausführliche Aufmerksamkeit entgegengebracht haben.

Der Titel von Hilbigs 1990 beendeter Erzählung[2] stimmt also ein. Worauf – da sollte sich der Leser nicht zu rasch festlegen. Wer jedoch jüngere Prosa Hilbigs ein wenig kennt, erwartet keinen Spaziergang, wenn die Erzählung – nach einem Goethe- und einem Joyce-Motto – mit dem Satz anhebt: „Ich besann mich auf ein Flüßchen hinter der Stadt, ein seltsam schimmerndes, an manchen Tagen fast milchfarbenes Gewässer" (7). Tatsächlich präsentiert schon die erste Seite, obwohl sie nichts beschreibt als den immer wieder beschrittenen Weg an einem kleinen Fluss, einen markerschütternden Schrei, die bläuliche Klinge eines geraden Messers, entzwei geschnittenes Gelände und eine langgezogene dampfende Wunde. Dies alles aber läuft im Kopf des Erzählers ab; man meint etwas zu sehen, doch es scheint nur so. Auch die Wahrnehmung eines „winzigen Sprühens oder Zischens im Fluß" ist nur eine „Vorstellung" (9).

1. Weggehen – doch wie weit führt das?

Eine Person, die zwischen zwei „unguten Orten" und zwei Zeiten pendelt, bestimmt den Gang der Erzählung. Der Stadt, die der erwachsene Erzähler als Zentrum seiner

---

1 Wladimir Majakowski, „Linker Marsch", in: *Ausgewählte Gedichte und Poeme,* Berlin 1953, S. 33 (Nachdichtung: Hugo Huppert).
2 Zitate aus Wolfgang Hilbig, *Alte Abdeckerei,* Frankfurt a. M. 1991 (auch als Fischer Tb. 11479, mit gleicher Seitenzählung) werden im folgenden mit bloßer Seitenangabe im fortlaufenden Text belegt.

jahrelang erlittenen Müdigkeit ausmacht, ist das Kind, das dieser Erzähler einmal gewesen ist, noch leichtfüßig entkommen. Immer weiter hat es sich in ein verbotenes Territorium vorgewagt: ausgekohlte Tagebauflächen, verrottende Industrieanlagen, in denen eine wuchernd gedeihende Natur mit Erfolg ihre Rückübertragungsansprüche angemeldet hat. Dabei war es, schon als Kind, dem Geheimnis dieser Landschaft gefährlich nahe gekommen. Die Nähe begreift der Erwachsene als Schlüssel für den notwendigen Rückweg in seine eigene Vergangenheit, der vielleicht Befreiung bringen wird. Der Junge auf seinen Streifzügen beginnt zu ahnen, dass es eine verhängnisvolle Verquickung gibt zwischen dem freudlos aufrecht erhaltenen Betrieb eines Gemeinwesens, das ihm nichts zu bieten hat außer einer „Riesenlast Zukunft", und dem stinkenden Flüsschen, gegen dessen Stromrichtung er in täglich neuen Anläufen dem Ort nahe kommt, wo „der Kadaver der Republik angestochen" ist (86 f). Adorno hat auf die kindliche Empfänglichkeit für die „Faszination" hingewiesen, „die von der Zone des Abdeckers, dem Aas, dem widerlich süßen Geruch der Verwesung, den anrüchigen Ausdrücken für jene Zone ausgeht".[3] Während der Fortgang der Zivilisation dieses unbewusste Wissen wieder zudeckt, setzt Hilbig seine „Versuchsperson" auf eben diese Spur an. Das unerwachsene Wesen in Matrosenhemdchen und weißen Kniestrümpfen, mit einem Holzschwert, wird wie eine Sonde in jene verkommene Landschaft geschickt, wo es schon beim Sturz von einem schmierigen Plateau hätte ums Leben kommen können.

Im Strom der erzählten Erinnerungen ist die Erfahrungswelt des etwa Sechzehnjährigen, in die noch frühere Kindheitssituationen eingehen, vom Subjekt des späteren Erzählers nicht mehr eindeutig zu trennen. Die Kraft zum Weggehen hat der Junge aufgebracht. Weggehen als Voraussetzung für das Ankommen bei sich selbst ist oft beschrieben worden; Kafkas „Plötzlicher Spaziergang" ist ein berühmtes Beispiel. Wird da der mögliche Gewinn an Freiheit so sehnsuchtsvoll durchgespielt, im Konjunktiv – wenn man am späten Abend noch einmal wegginge, den friedlichen Ausklang des Familienalltags rücksichtslos störte, draußen „die Schenkel schlagend" Konturen gewönne -, so hat sich in Hilbigs Erzählung der Herumstreunende diese Freiheit schon so nachdrücklich genommen, dass eher seine allabendliche Rückkehr den Familienfrieden stört. Der kindliche Ungehorsam ist die Keimform einer viel weiter reichenden Verweigerung: Der Junge will sich nicht auf jenes Selbst reduzieren lassen, das für ihn vorgesehen ist, auf ein „erbärmliches Ich in Erwartung der Riesenlast seiner Zukunft, in der es ausweglos gefangen sein sollte" (29). Auf den Streifzügen in die vom vermeintlichen Fortschritt abgekehrte Seite, die vieldeutig „Rückwege" genannt werden, drückt ihn jedoch eine andere Riesenlast: die der Vergangenheit. Sie zu erahnen wird dem gut geölten Lebenslauf in der oberen Etage vorgezogen, wo für gutes Funktionieren sichere Positionen in Aussicht stehen. „Setzt Puppen in eure Sessel", hieß es in einem frühen Gedicht Hilbigs.[4]

---

3 Theodor W. Adorno, *Negative Dialektik*, Frankfurt a. M. 1994, S. 358.
4 Wolfgang Hilbig, *zwischen den paradiesen. Prosa. Lyrik*, Leipzig 1992, S. 245. Dieser Text von 1965 formuliert nur ein freies Angebot, sich seitlich des schon gebahnten Weges durchs Gestrüpp zu schlagen, ohne dass der Weg mit den anderen gänzlich zurückgewiesen würde.

Das Ich kommt bei all seinen Ausflügen nicht los von seinem Ausgangsort. Alle Erlebnisse draußen führen den Nestflüchter wieder zurück auf sich selbst. Was bei Hoffmann, bei Poe und anderen Architekten phantastischer Welten oft die tiefsten Schocks ausgelöst hat: Du bist es selbst, das Grauenhafte steckt nirgends als in dir, das kann auch in unseren Zeiten noch schrecken oder verunsichern.

Das jugendlich gezeichnete Ich wird sich hier zwar nicht unheimlich, aber unauflösbar fremd. Es ist jung und alt zugleich, es findet sich in alles involviert und steht ihm doch befremdet gegenüber. Indem es als sein „Ziel" seine Herkunft bestimmt, sowohl die Erforschung seiner Vergangenheit als auch deren Fortsetzung, bleibt es in einem Zwischenreich, unentschieden, stagnierend; oft kommt es sich selbst wie ausgelaugt oder abgestorben vor. In einer lebensfeindlichen, hochgradig aggressiven Umwelt ist es selbst erstaunlich wenig aggressiv, es ist vor allem müde, zum Umfallen müde. Umfallen heißt hier wörtlich: in den Morast der sich zersetzenden Substanzen fallen[5] oder von einer glitschigen Höhe hinunter stürzen. Es kann nirgends ausruhen, der „Lärm" seiner Müdigkeit jagt es weiter (96).

Das reflektierende Ich ist anfangs noch ziemlich munter und beobachtet das stolpernde und taumelnde erlebende Ich mit einer nur prinzipiell solidarischen, im einzelnen eher ungerührten Sorgfalt. Aber es erlahmt ebenfalls. Die Beobachtungskraft stumpft ab an den unaufhörlichen Variationen des Verfalls. Das Denken beginnt zu kreisen; gegen Schluss verlieren auch die Ausdrücke ihre feste Gestalt und Zweckbestimmtheit. Auf sich zurückgeworfen zu werden kann noch, wie in der Romantik, Schrecken *oder* Lust bedeuten, aber hier bedeutet es vor allem eine Überforderung. Dieses Ich müsste alles allein leisten und bewältigen, alles verstehen und be- oder verurteilen; es ist dazu aber nur bereit und gar nicht gerüstet. Zu einem Selfmadephilosophen und -intellektuellen, wie Hilbig ihn in vielen anderen Texten ansetzt, fehlt diesem hier jegliche Reife. Der jugendliche Ausreißer und Stromer sieht sich einer ebenso chaotischen wie verdammten Welt gegenüber. An vielen Stellen kann er nur resigniert oder empört oder auch selbstkritisch feststellen, einer so verrotteten Natur sei er nicht gewachsen.

2. Zwielicht, „Haltlosigkeit"

> Wie auch nur hätte ich begreiflich davon sprechen sollen, daß ich auf das Erlebnis jener Stunde nicht verzichten konnte, von der ich mich am meisten gebannt fühlte: auf die Stunde des Übergangs, auf die des Waltens jener Grenzenlosigkeit, die dem Einbruch der Nacht vorausging, die sich in kaum merklichen Überlagerungen von Licht ausdrückte, in unwirklichen Farben manifestierte, Geräuschen, deren Ursache verloren war... (30)

Auf Abwegen nicht klar sehen, was kommt, ist gewollte Verunsicherung. Von diffusen Lichtverhältnissen dieser Art ging in Zeiten des Übergangs immer wieder ein unwiderstehlicher Reiz aus. In Eichendorffs *Ahnung und Gegenwart* stehen vier

---

5 und zwar eine „schwarzgrüne Jauche", „mit Blut vermischt", die der Junge schon einmal nach dem Aufwachen aus dem Traum an seinem Bein angetrocknet gefunden hat (18).

Strophen, die später separat unter dem Titel „Zwielicht" ihren Weg in fast all seine Gedichtausgaben und viele Anthologien antraten. „Dämmrung will die Flügel spreiten, / Schaurig rühren sich die Bäume, / Wolken ziehn wie schwere Träume - / Was will dieses Graun bedeuten?"[6] Ist die Antwort im Romangeschehen zunächst auf eine gefährdete Liebe gemünzt, wird das Gewitterbild gegen Ende noch einmal aufgenommen und jetzt auf eine viel weitere Perspektive, einen anstehenden „ungeheuren Kampf zwischen Altem und Neuem" bezogen:

> Mir scheint unsere Zeit dieser weiten, ungeheuren Dämmerung zu gleichen! Licht und Schatten ringen noch ungeschieden in wunderbaren Massen gewaltig miteinander, dunkle Wolken ziehen verhängnisschwer dazwischen, ungewiß, ob sie Tod oder Segen führen, die Welt liegt unten in weiter, dumpf stiller Erwartung. Kometen und wunderbare Himmelszeichen zeigen sich wieder, Gespenster wandeln wieder durch unsere Nächte, [...] alles weist wie mit blutigem Finger warnend auf ein großes, unvermeidliches Unglück hin. [...A]us dem Zauberrauche unserer Bildung wird sich ein Kriegsgespenst gestalten, geharnischt, mit bleichem Totengesicht und blutigen Haaren.

Am Ende aber geht, wie zumeist in Eichendorffs Romanen, die Sonne prächtig auf. Der „Zauberrauch unserer Bildung" indes hat die Kriegsgespenster auf eine Weise Wirklichkeit werden lassen, die nicht einmal Eichendorff sich ausgemalt haben dürfte.

Mehrere Akte des angekündigten Unheils liegen hinter uns, wenn Hilbigs Text einsetzt. Dem „Gebanntsein" von der „Stunde des Untergangs" entspricht die Unmöglichkeit oder zumindest das Zögern, dieses als unverzichtbar Erlebte auf Begriffe zu bringen. Statt herkömmlicher Sprache mit gewohnten Bedeutungen wächst „irgendein dunkler Ausdruck"; „unnennbare Empfindungen des Atems" scheinen verlässlicher als „logische Gedanken" (31 f). Elemente einer tradierten Bildwelt des „Schaurigen" fügen sich in diese tastenden Beschreibungen bruchlos ein. „Wie unter lautlosem Flügelschlagen" folgt das Ich seinem Weg; auch das Wort „Zwielicht" fällt (32 f). Die unwirkliche, verkommene Landschaft, bevölkert mit schemenhaften Gestalten und „klirrenden Stimmen" (33), entfaltet eine Bedrohlichkeit, in der Finsternis sich allenfalls zu Zwielicht aufhellt. Nur in der Finsternis aber, heißt es schließlich, war sehen zu lernen. Die Wahrnehmung wird fieberhaft, und lassen sich gefährliche Details zunächst noch harmlos erklären, so bereiten sie uns doch darauf vor, daß wir ihnen wiederbegegnen werden. Ein Schatten, verursacht durch Autoscheinwerfer, die die verzerrte Silhouette einer Litfaßsäule an die Zimmerdecke projizieren, wird für das schlaftrunkene Kind zur Fleischeraxt; diese kehrt als Beil in der Hand der Abdecker wieder. Die Weiden am Flussufer werden im Zwielicht so unheimlich wie die in Goethes „Erlkönig", die der Vater angeblich „genau" ins Auge fasst, womit er jedoch weder die eigene noch die Angst des Sohnes zu vertreiben vermag. Auch bei Hilbig wispern und säuseln die Zweige, vielleicht verlockend, und scheinen die Weiden „sich in phantastische Wesen zu

---

6 Joseph von Eichendorff, *Ahnung und Gegenwart*, in: *Ausgewählte Werke*, München 1987, S. 231.

verwandeln". Als ob er auf Eichendorffs „Hüte dich" reagierte, lässt der Herumstreunende sich seine Wahrnehmung nicht ausreden, denn woraus sollte sich in
einer Landschaft allgegenwärtigen Verfalls so ungehemmtes Wachstum speisen? Er
folgert, „ich durfte den alten Weiden nicht zu nah kommen, welche das Öl der
Fleische ausschwitzten, von denen sie sich nährten...". Der Plural von Fleisch dürfte
so ungewöhnlich sein wie fleischfressende Weiden, und schließlich fällt das Wort
„Abdeckerweiden", welches zum ersten Mal explizit auf das im Titel genannte
Handwerk anspielt. Wenn sie sich im Zwielicht in Pappeln verwandeln, die nach
mythischen Vorstellungen in der Unterwelt wurzeln und Sinnbilder der Totenklage[7]
sind, wird man vorbereitet auf das grauenhafte Geheimnis einer Gegend, in der
solche Vegetation gedeiht.

Zwischen dem Zentrum der Müdigkeit und den abgelegenen Gebieten, in denen
sich Menschen aufhalten, die aus der als zivilisiert geltenden Welt ausgestoßen sind,
entsteht eine merkwürdige Verbindung. Deren Logik lässt an die von Kindern
denken, die zuweilen offene Enden völlig verschiedener Kommunikationsbereiche
verknüpfen, weil sie in einer für den Bedeutungszusammenhang irrelevanten
sprachlichen Struktur zueinander „passen". Suchmeldungen des Roten Kreuzes, die
noch viele Jahre nach Kriegsende im Rundfunk verlesen und anscheinend Abend für
Abend von den Erwachsenen gehört werden, verbinden sich mit dem Vordringen
des Jungen in ein Reich der Verschwundenen. Dieses wird zu seiner eigentlichen
Lebenssphäre, so dass er die täglichen Suchmeldungen vor allem in Erwartung des
eigenen Namens abhört. Ein winziger Ausschnitt wird aufgelistet: Schiller, Frank,
Franz, Franz Heinrich, Franz Otto, Friedrich, Fritz, Gustav. Sieben verschwundene
Menschen namens Schiller müssen aufgerufen werden, und im Alphabet der
Vornamen ist man gerade von F bis G vorgerückt. Das doch eher spärlich besiedelte
Land scheint von Menschen zu wimmeln, die nur in der für Hilbig charakteri-
stischen Form der „Abwesenheit" vorkommen. Die dürrste, alphabetisch-lineare
Ordnung schließt gerade nicht, sondern markiert die Lücken in einem – einst realen?
oder seit je nur vorgestellten? – Geflecht sozialer Beziehungen. Schiller, Friedrich,
erhält seinen Platz im Lexikon abgebrochener Lebensläufe.

Wer nach Gesuchten fragt, läuft selbst Gefahr zu verschwinden. Diese Logik
mündet in schweigendes Mitwissen, das unendlich müde macht. Aber Gesucht-
werden erhält zunächst in der Kindheitserinnerung, dann auch in der Reflexion des
Erwachsenen eine Gegenwartsdimension, die als Struktur totalitärer Herrschaft den
ursprünglichen Sinn der Suchaktion, mit der durch den Krieg zerrissene Familien
wieder zusammengeführt werden sollten, verblassen lässt.

Für einen jener „unguten Orte", der zu meiden ist, der sich aber durch seine
Abwässer und die begleitenden Gerüche immer schon an seine Umgebung verraten
hat, meldet der Erzähler sein „sonderbares Interesse" an und stellt zu seiner Überraschung fest, dass dahinter „das ebenso uneingestandene wie unklare Interesse an
unserer Herkunft" stand (65). Der Wechsel in den Plural ist eindrucksvoll. Plötzlich
gelingt es doch, in der Einzel-Müdigkeit, mit der man in den Kellern, Senkgruben,

---

7 Später sind es noch deutlicher „tote Pappeln, Kruzifixen gleich" (51).

Schächten, Schlachthöfen den „elendigsten Arbeiten nachgeht" (66), das gemeinsame Los wahrzunehmen, das eine Gruppe konstituieren und dessen Ursachen nachgespürt werden soll. Das Ich bleibt zwar strikter Einzelgänger, wie fast alle die reflektierenden, meist auch schreibenden Subjekte in Hilbigs Prosa. Gerade deshalb aber fühlt es sich angezogen von einem sonderbaren Kollektiv, von dem es durch Herkunft, Bildung und Familiendünkel ausgeschlossen ist. Etwa in der Mitte der Erzählung geht die Auseinandersetzung mit der geschändeten Natur und den verrotteten Resten der Industrie sowie der deutschen Geschichte über in die Konfrontation mit einer sozialen Gruppe, die aus lauter Verfemten und Schlechtweggekommenen besteht und die anscheinend gerade deshalb für das abseitige Ich äußerst attraktiv ist. Bis dahin standen seine Erlebnisse unter dem Motto: „ich pflegte meine Kämpfe fast nur mit mir selbst auszutragen" (16), in der Vorbereitung auf dieses Zusammentreffen aber reaktiviert das Ich seine sozialen Qualitäten. Von der Familie stößt es sich weiterhin nur ab, in Gedanken aber verschafft es sich eine Wunschgenealogie.

In Peter Weiss' *Ästhetik des Widerstands* schließt die Suche nach Identität mit der Erkenntnis, „sie müßten selber mächtig werden dieser weit ausholenden und schwingenden Bewegung, mit der sie den furchtbaren Druck, der auf ihnen lastete, endlich hinwegfegen könnten".[8] Die potentiellen Träger dieser Bewegung beschreibt Hilbigs Erzähler, sich einbeziehend, als   .

> Exilanten, nicht aufgrund einer sauberen, widerstandsfähigen Idee, sondern solche aus Haltlosigkeit ... aus Unbedarftheit, Unwissen, Asozialität, wir waren nicht von den Wurzeln gerissen worden, wir hatten nicht unsere Rechte verloren, wir waren exiliert, weil wir Wurzeln und Rechte nie gehabt hatten, wir suchten diese nicht einmal zu finden, vielleicht suchten wir andauernd nach der übelsten aller Weltgegenden, um in unserer Wurzellosigkeit auszuruhen; wie eine graue Vegetation, die ohne Gegenleistung von den Nährstoffen des Bodens fraß, siedelten wir in den öden Provinzen, die der Hort der Bosheit waren, siedelten wir uns an zwischen Abraum und Schutt, wo wir geil und kampflos wuchern konnten. (65).

Die wuchernde Natur mit fleischfressenden Weiden und überernährten Schmeißfliegen ist nun mit der eigenen parasitären Existenz verfilzt.

3. Gemeinsam verdammt?

Das solchermaßen erweiterte – „geadelte"? – und festgelegte, also der Diskriminierung freigegebene Ich findet erstaunlicherweise seinesgleichen – oder es dichtet einer amorphen Bevölkerungsgruppe an, Heimat, Entsprechung und Ziel seiner negativen Karrierewünsche zu sein. In einem noch intakten Rest der Fabrikruinen spürt es die „sogenannte Leutestube" auf und macht sich Gedanken über die „einstig menschenfreundlichen Einrichtungen" (immerhin Bäder, Kantinen und „Aufenthaltsstuben"), allerdings gleich auch über deren „sinnreiche Pervertierung": inmitten

---

8 Peter Weiss, *Die Ästhetik des Widerstands*, Bd. 3, Frankfurt a. M. 1981, S. 268.

von „stankdurchseuchten Rauchschwaden" (64, 70 f). Die ebenso üppige wie
verfallende Werkslandschaft oder alte Kohlengrube bildet immer noch die „Zuflucht
aller Verschwundenen", und sie verwandelt den streunenden Jungen in einen
„Mitwisser", ja in „den Teilhaber irgendeines *tausendjährigen Reichs* und seiner
Historie". So vorbereitet, erklärt der Junge auf die immer dringlichere Frage nach
seinem Berufswunsch, er wolle Arbeiter in jenem doch noch irgendwie betriebenen
Werk namens „*Germania II"* werden. Mit dem Wunsch ist es nicht getan. Das
Kollektiv jener Arbeiter ist nahezu unzugänglich; die Zugehörigkeit lässt sich an
keinem sicheren Zeichen als höchstens an ihrem Geruch erkennen. (An eine
Betriebsleitung oder ein Personalbüro soll man nicht einmal denken). Von den
diversen Schwundstufen des ideologischen Kollektivs Proletariat in Hilbigs Werk
haben wir hier eine der sonderbarsten und finstersten vor uns.

Es ist ein gemischter Haufen aus lauter „lichtscheuen" Gestalten. Dazu gehören
Fremde („Polen, Russen"), die Gründe haben, in Deutschland unterzutauchen,
„Staatenlose, Abtrünnige", auch „Kriminelle". Es heißt, dass „alte SS-Männer gar
und sonstiger Abschaum" sich da herumtrieben, andererseits aber auch „Kommunisten" (vermutlich aus einer früheren Vergabe dieses Ehrentitels). Auch kleinere
Stasi-Mitarbeiter sinken, wenn sie unbrauchbar geworden sind, in diese Schicht ab.
Obgleich es sich um einen Bodensatz der Arbeiterschaft handelt,[9] hat selbst er noch
seine Aristokratie; so sind die „Alteingesessenen von Germania II" auf keine Weise
zugänglich, nur mit dem von woanders zugeströmten Abschaum kann der Junge in
Kontakt treten, vor allem durch wortloses gemeinsames Trinken. Was diese merk-
würdige Klasse von Menschen eigentlich produziert, ist nicht klar. Sicher keine
Kohle mehr, auch sonst nichts Substanzielles, Wirtschaftswichtiges, vermutlich nur
Seife. Sie heißen zwar „Arbeiter", werden aber nie bei ihrer Arbeit vorgestellt. Ihre
Haupt„arbeit" besteht darin, ihr Leben zu fristen.[10] Sofern einzelne von ihnen ins
Blickfeld geraten, denken sie an keinerlei Arbeitsbedingungen (nicht einmal an den
Lohn, der erstaunlicherweise hoch sein soll), sondern an ihre Kündigungsschreiben.
Alle scheinen daran zu laborieren, dass sie kündigen wollen und die Briefe mit ihrer
Kündigung nicht formulieren oder nicht loswerden können.

Hier gewinnt die „unartikulierte", sonst nur stolpernde und fluchende, tierähn-
liche Existenz dieses Auswurfs an Arbeitern eine moralische und deshalb den Intellektuellen besonders angehende Dimension. Die Arbeiter hadern mit einer Instanz,
die sie nicht zu fassen bekommen, von der sie sich beleidigt fühlen - vermutlich
durch ihre Existenz als zur Arbeit Verdammte (?). Ihre „längst wieder durchgestri-
chenen Briefe" richten sie an Gott und die Welt. Es sind „Briefe an das Gewissen",
„Briefe an die Mitläufer und Vorstände", an die „Vorstände des Gewissens", en
passant auch mal „an die Verbände der Schriftsteller". Wie eine Reminiszenz
nehmen sie noch die Vokabeln aus den besseren Tagen der Arbeiterklasse auf, aber
als schon passé: „Feuerbefehle an die gespenstischen Panzerzüge der verlorenen

---

9 Das Verhältnis dieser heterogenen Truppe zu der der „Fremden" oder „der Verschwundenen" (S. 21-
   26) müßte auch noch, kann hier aber nicht untersucht werden.
10 Einmal, als der Stromer zu seiner Überraschung in den Fabrikresten doch noch ein Licht wahrnimmt,
   folgert er, da müsse „noch Leben an der Arbeit" sein (68).

Revolution, von keinem mehr zitiert". „Schriftstille" ist das, was dann eintritt, wenn die ungelenken Anstrengungen der Briefschriftstellerei sich totgelaufen haben (81-85). Diese verachteten Wesen tragen, auch in mündlichen Gesprächsfetzen voller „Zorn und Verachtung", einen Kampf aus „mit Mächten, in deren Verantwortung sie sich fühlten" und die ihrerseits nie antworten, von denen die sich keine „Gerechtigkeit" mehr erhoffen können. Die Allianz des anschlusssuchenden Jungen mit diesem „Rand der Gesellschaft" bleibt rein voluntativ. Er ähnelt ihnen „täuschend" (vermutlich täuscht er sie, sich und andere), indem er ähnlich stolpert, nach Luft schnappt und sich bemüht, sich nach allen Seiten zu sichern, „so als sei jedermann [!] in der Stadt mit der Begutachtung meiner [!] Observierungstechnik beauftragt" (86). Er *hätte* nur ihre Gedanken - „in der ganzen Unausweichlichkeit dieser Gedanken" - auf sich beziehen müssen, so *wäre* er wie sie „für alle Welt verloren" gegangen (96). Wichtig für den Fortgang der Selbstbestimmung ist, dass das Ich in ein - wenn auch fiktives - Bündnis des berechtigten Vorwurfs gegen wen auch immer eintritt und dass es als einzigen Garanten der Integrität solcher Vorwürfe die Position ganz unten, jenseits aller Reputation und Sicherheit, ansetzt.[11]

Vor dem Hintergrund dieser Suche nach Anschluss ist die zentrale Szene der *Alten Abdeckerei*, lange angekündigt durch Talgreste an der Uferböschung, zerkochte Knochen, ja „tickendes Fleisch", nicht nur als Zeugenschaft des Erzählers zu lesen. Er steht im „toten Winkel" der Geschichte, aber für den Leser durchaus kenntlich als ein Zuschauer. Er beobachtet, wie an der Rampe etwas ausgeladen wird - „vermutlich waren es Tierkadaver" - mit Eisenhaken aus dreckigen Viehwaggons geschleift. „Es waren Haken, ich hatte sie in einem Film gesehen, mit welchem man Baumwollballen über Hafenmolen zu ziehen pflegte", so wird erläutert. 1985 wurde in den Kinos der DDR ein Dokumentarfilm über das Jahr 1945 gezeigt.[12] Darin waren KZ-Opfer zu sehen, die in Massengräber geworfen wurden; mit eisernen Haken wurden die zum Teil schon verwesten Leichname aufgenommen und transportiert. Bei einer Aufführung in Berlin rief ein Schüler angesichts der Leichenberge in die Stille hinein: „Hallo Chappi" (Hundefutter dieser Güte war in der DDR nur durch die westliche Fernsehwerbung bekannt). Ein etwa sechzigjähriger Zuschauer rief nach der Vorführung erregt aus, er hätte den Jungen erwürgen mögen. Beide wussten entschieden nicht, was sie da sagten. Es waren zwei Formen des verschobenen, im Wortsinne deplazierten Grauens; Hilbigs Beschreibung des Geschehens auf der Rampe ist eine andere. Es sind Tierkadaver, aber „die Opferstatt der deportierten Tiere" (72) lässt dem Leser keine Ausflucht. Mit Beilen wird lebendes Vieh „erledigt"; von Leichen ist die Rede, und wenn der Zeuge „der Geschäftigkeit schattenhafter Uniformen" zusieht, sind die Uniformen nicht weit, zumal auch Scheinwerfer und Befehlsgeschrei nicht fehlen. In Heiner Müllers

---

11 Strukturell ist dieser „Weg nach unten" der Entdeckung eines anderen Sechzehnjährigen verwandt, der sich in Thomas Bernhards Jugenderinnerungen entscheidet, statt weiter ins Gymnasium in die *Scherzhauserfeldsiedlung* zu gehen, deren Name in Salzburg berüchtigt ist: „Die anderen Menschen fand ich in der entgegengesetzten Richtung" (Thomas Bernhard, *Die Ursache. Der Keller. Der Atem. Die Kälte*, Berlin 1983, S. 107).

12 *Das Jahr 1945*, Regie: Karl Gass (DEFA-Dokumentarfilm).

Schlacht befiehlt der Truppführer, als der beim Absturz verwundete Pilot eines amerikanischen Bombenflugzeugs aufgespürt ist, einem SA-Mann: „Das fällt in dein Fach" – „du bist Fleischer".[13]

Die Abdeckerei führt noch auf eine weitere Spur, der wir kurz nachgehen wollen. In Ernst Jüngers *Auf den Marmorklippen* gibt es die „Schinderhütte" als einen Ort, der für Quälereien perfide hergerichtet ist, wozu auch die im Wind schaukelnden Haken an der Wand gehören; in der eben beschriebenen Szene sahen wir Haken in Aktion. Noch weitere Details sprechen dafür, dass sich bei Hilbig diese Schinderhütte zur industriell betriebenen Abdeckerei „hochgewirtschaftet" hat. Die merkwürdig zusammengewürfelte Gruppe derer aber, die dort arbeiten, findet man bei Jünger nur in strikt polemisch-abstoßender Gestalt vorgeprägt: im „Waldgelichter", jener Schar, die die üble Sache des Oberförsters vertritt.

„Abdeckerei" bedeutet nicht nur einen Ort. Sie wird betrieben, wie Wäscherei und sonstige Handwerke; in der heutigen Verwendung des Synonyms „Schinderei" steht die Dauer im Vordergrund. Die Abdeckerei geht weiter, solange eine Gesellschaft sich der Beweise ihres Scheiterns entledigen muss. Auf verhängnisvolle Kontinuität deutet der Name der Anlage: *Germania II*, benannt nach einem ausgedienten Schacht. Der zweite Akt eines großen Dramas? Die Fortsetzung einer Zeit, in der Berlin „Germania" heißen sollte? In der Abdeckerei vermischen sich die Zeiten; sie ist schließlich auch *die Firma* – verdeckende Formulierung für den Staatssicherheitsdienst der DDR – und eine Seifenfabrik. Seife ist das Produkt, mit dem sich die Abdeckerei selbst aus dem schmutzigen Sumpf ziehen will, eine ähnlich verzweifelt verdinglichte Hoffnung wie die Farbe, mit der die Bürger von Frischs Andorra ihre Häuser weißeln. Überdies verweist die Herstellung von Seife – Hilbigs Ich-Erzähler kann die chemische Formel nirgendwo finden – wiederum auf die Konzentrationslager.[14]

Industriezentren höchster Produktivität sind literarisch oft effektvoll auseinandergeflogen,[15] doch nur als literarische Gegenspieler einer realgeschichtlichen Welt, wo sie nach größten anzunehmenden Unfällen bislang immer (und oft gefeiert) wieder erstanden sind. Sinkt damit die literarische Glaubwürdigkeit, wenn sich für die Abdeckerei, Zerrbild auch der technischen Zivilisation, am Ende die Erde auftut, um diesen unguten Ort zu verschlucken? Wenn mythische Bilder einschließlich der Apokalypse für den Zusammenbruch aufgerufen werden, sind darin auch die realen Katastrophen erkennbar mitgemeint. Die dann eintretende Stille ist offenbar gar nicht auszuhalten. Sofort wendet sich der Text wieder dem gerade verklungenen Geräusch zu: „ein Zischen, das von dort unten gekommen war, als sei eine Batterie glühender Heizkessel schlagartig von Wasser gelöscht worden, ein

---

13 Heiner Müller, *Die Schlacht/Traktor/Leben Gundlings Friedrich von Preußen Lessings Schlaf Traum Schrei*, Berlin 1981, S. 17.

14 Vgl. nochmals Heiner Müller: „Als Kind hörte ich die Erwachsenen sagen: / In den Konzentrationslagern wird aus den Juden / Seife gemacht. Seitdem konnte ich mich mit Seife / nicht mehr anfreunden und verabscheute Seifengeruch" („Seife in Bayreuth", in: *Werke I. Die Gedichte*, hg. von Frank Hörnigk, Frankfurt a. M. 1998, S. 245).

15 Etwa am Ausgang des expressionistischen Jahrzehnts in Kaisers „Gas"-Dramen oder nach dem Zweiten Weltkrieg in Hermann Kasacks *Der Webstuhl*.

schmetterndes Zischen, das bis zu den Wolken auffuhr" – die Titanic kann auch untergehen, wenn sie mangels Verbindung zum freien Wasser gar nicht ausläuft. Hilbigs Schlussbild ist keine blühende Landschaft auf rekultivierter Tagebaufläche. Wenn die Welt der Abdeckerei in den Orkus geschickt wird, mit dem sie, die Pappeln haben es gezeigt, schon lange beste Verbindungen unterhielt, scheint der Fall erledigt. Der Krater wird sich mit Wasser füllen, wird einer jener Seen werden, die „wegen ihrer tückischen Tiefenverhältnisse" immer wieder Opfer fordern. In der Ruhe dieser Seen, heißt es, „schien ein Hinterhalt zu liegen". „Bäume und Ruinen" tauchten die Spiegelbilder „in ihre kalten Trichter", und man fragte sich, „ob sie erneut anfangen würden zu kreisen, wann sie sich in Strudel verwandeln würden, erneut alles mit sich reißend, um noch tiefer in die Erde abzufahren" (107).

4. Nicht-Wissen; Stolpern über Massengräbern

Bei dieser moralischen Verurteilung des historischen status quo, inklusive Selbstverurteilung, bleibt aber das dichtende Ich, das diesen Text organisiert, nicht stehen. Ebenso wenig beim Hohn auf die gewesene DDR, auf ihre Wirtschafts- und Menschenführungskünste, auf ihr schmachvolles Ende. Vermutlich ist es am Schluss wirklich die DDR, die unter der Firmenbezeichnung *Germania II* „zur Hölle fährt", aber das kann keine bleibende Genugtuung gewähren. Schon die empörten Arbeiter richten ihren Zorn nicht gegen den „Verfall des Landes", sondern tiefer: auf die „furchtbare Inkompetenz des Todes", auf die „Korruption der Materie dort unten", nur bleibt die Richtung ihrer Gedanken rätselhaft, hinter naturhaften oder existentialistischen Metaphern versteckt. Der Kampfplatz ihrer täglichen Plackerei oder ihrer schwerfälligen Auseinandersetzung mit ihrem Los als Arbeiter ist „die Stätte der Erfahrung von Fleisch und Blut", ja „die Stätte der Erfahrung der Seele... des Ruchs der Seele... des Wesens von Sein und Zeit" (91-93). Die politische Kritik dieser Erzählung zielt über die DDR hinaus auf die Existenz und Duldung von „sich machtlüstern ablösenden Regimes" jeder Art. Die Gegend ist seit Jahrhunderten unterhöhlt. Kein Amt kennt mehr die leeren, verwitternden Stollen; die Akten über ihre Lage wurden beiseite gebracht, „damit die Burgen der jeweils neuen Sklavenhaltereien auf dünnen Decken errichtet würden". Das ganze Geschäft der „sogenannten Politik" besteht darin, dass irgendwelche Oberen „die ihnen zustehenden Fallen" auf ihre Leute weiter vererben, und jetzt ist einmal eine der Fallgruben eingebrochen und hat „die Falschen [offenbar die Fallensteller selbst] verschluckt" (104 f).

Der Zusammenbruch hat keine neue, etwa Gerechtigkeit garantierende Ordnung gebracht. Er könnte jedoch genutzt werden für eine intellektuelle Befreiung von der Gewöhnung an die Subalternität und das „Geklapper", das die gesamte Öffentlichkeit erfüllt, ja ausmacht. Eine Chance immerhin wäre gegeben - 1990 - „für das Aufwachen zerschlagen geglaubter Gedanken" (106). Das hier erzählende, gegen Ende pochende und mahnende Ich vermag an die Zukunft nicht recht zu glauben. Ein „Wissen um Vergangenheiten" dagegen oder auch nur „rieselnder Rauch, trübe über Dingen, die zu wissen gewesen waren", liegt in der gesamten ausgebluteten, jetzt in der Mitte eingebrochenen Geschichtslandschaft parat (108-111). „Niemand wollte wissen", nämlich wo der alles erfüllende Geruch herkommt und was für Wesen es sind, die da so aufdringlich verwesen. „Unbewußt unter ihren felsharten Panzerschalen" träumen die Zeitgenossen, die Augenzeugen des jetzigen Zusammenbruchs - „Und niemand von ihnen wußte, was zu tun war, um zu wissen" (113 f). Durch Verschärfung der Negation, durch die Ausstellung eines defekten, selbstschädigenden Geisteszustands wird das Postulat, aus der miterlebten Katastrophe wenigstens für das eigene Bewusstsein Folgerungen zu ziehen, eindringlich und unüberhörbar. Selbst das leere Papier weiß etwas „vom Wissen aller Welt", von dem die unmittelbar Betroffenen nichts wissen wollen. „[V]erbranntes Papier wußte von erloschener Schrift: Niemands Wissen aber lag wie Schleim unter den Erdkrusten" (114).[16]

„Ich mußte ein unbrauchbares Stück in der Gesellschaft sein, wenn ich ihre Grenzen überschreiten wollte", heißt es in Hilbigs *Kunde von den Bäumen.*[17] In der *Alten Abdeckerei* gelingt die Überschreitung nie so, wie gewünscht. Das erzählende wie das einstige erlebende Ich bleibt aufs Zuschauen beschränkt, aber die aggressive Versprachlichung verleiht seinem Blick, seinen Impressionen eine kritische Gewalt (oder Gewaltsamkeit). Mit einem Blick, den die Finsternis geschärft hat, durchdringt er die Oberfläche. Das Ungeschick, die fehlende Souveränität, der nichtaufrechte Gang stößt mit der Nase auf das, was unter den Füßen verscharrt ist:

> Oh, stolpernd über Massengräbern, oh strauchelnd im bleichen Gras über den Massengräbern, oh Hall des Pflasters, abdeckend die Massengräber, oh, in einem Land, zusammengesetzt aus den Parzellen von Massengräbern, Land mit Philosophien die Massengräber abdeckend, auferstanden aus Ruinen über den Massengräbern, über den Massengräbern der Diktatur des Proletariats, über den Massengräbern der allmächtigen Lehre Lenins, oh über den Massengräbern von „Wissen-ist-Macht" (82 f)

Es war das Nicht-Wissen, welches ganze Landstriche in die lähmende Müdigkeit zwang, aus der keine Befreiung möglich war. Die Kombination von Bechers Versen der Nationalhymne mit Massengräbern spitzt Brechts Notiz von den unausgeräumten Kellern zu, auf denen jeder Neubau ein riskantes Unternehmen sein musste. In einer höhnischen Beweisführung verrät sich das Nicht-Wissen um die Leichen

---

16Diese Wendung antwortet zugleich auf den einstigen Argwohn, was in Wahrheit den Boden unter unseren Füßen ausmache: „Worüber schreiten wir denn tatsächlich hinweg: über Verschwiegenes, über Verschwundenes, über die Grundsubstanz unserer selbst, über das Schweigen in unseren Gedanken" (39).

17Wolfgang Hilbig, *Die Kunde von den Bäumen,* Frankfurt a. M. 1994, S. 108. Hier wird, nach einer Reifungsphase des Textes von 1991 bis 94, über die DDR, ihre Geschichte und ihre Müllhalden gewissermaßen Klartext geschrieben. Aus dieser Vereindeutigung aber, die eine Reduktion der Problematik bedeutet, ragt die raffinierte Metaphorik der geschichtlichen Stunde heraus. Der hier zentrale Schriftsteller Waller kommt über seinen ersten Satz nicht hinaus und lebt mithin von der gestundeten Zeit. Der Scharfrichter gewährt Aufschub, um noch das Ende der Geschichte zu hören; Gott wartet, bis Johannes sein Buch vollgekritzelt hat (vgl. S. 11) - so kann Waller auf einer riesigen Mülldeponie nach der Sprache suchen, in der er mit den Müllarbeitern kommunizieren könnte.

dicht unter der Grasdecke immer zwingender als ein Doch-Wissen, Gewusshaben, schuldhaftes Mit-Wissen. „Niemand wollte wissen, welcher Geruch die Felder aus Fett bedeckte [...] Jener schwindelerregende Geruch, dessen Ursprung niemand kennen wollte [...] Niemands Sippe aber wußte nichts vom Wissen aller Welt" (113). Niemand hat etwas gewusst – dieser Satz kehrt in der deutschen Geschichte mit großer Verlässlichkeit immer wieder. Das Palliativ gegen jedes Wissen oder Gewusshaben, der Krieg, darf in Hilbigs Text nicht aufhören. Wenige Zentimeter unter dem Gras liegen die Leichen, die noch immer über Kimme und Korn gen Osten starren und „auf die Zukunft zielen" – man darf annehmen, dass auch die Stabsärzte, die sie k.v. schreiben würden, irgendwo dienstbereit vor sich hin verwesen. Das Spiel des Kindes, mit Holzsäbeln, grün von zerfetzten Brennnesseln, mit Kompanien von Bleisoldaten, die in Blumentöpfen vergraben auf ihre Mobilmachung warten, ist an diesem Krieg geschult.

5. Sprachliche Unterhöhlung der Realität

Nicht nur sinnlich und imaginativ wird die gewohnte Wirklichkeit unterhöhlt, dass man ständig einzubrechen droht. Nicht nur Synästhesien totalisieren das Widerwärtige, z.B. in dem „stinkenden Knall", mit dem eine riesige aufgeblähte tote Ratte platzt (44) – worauf sich mitten im Ekelhaften schillernde, fragile oder betörende Attraktionen entfalten, denn die Blumen des Bösen verbreiten noch über hundert Jahre nach Baudelaire einen penetranten Duft, auch wenn es in dieser Schlachthoferzählung nur um die Künste geht, sie abzuhauen und unter die Erde zu bringen. Hinter und unter der realen oder nur ahnbaren Doppelbödigkeit setzt sich eine zweite Unterhöhlung durch. Die sprachlichen Versuche der Orientierung und Selbstpositionierung werden überflutet von uneigentlicher Rede, Anspielungen, Mythen oder Redeweisen mit mythischem Einschlag. Anscheinend kann man sich auf die Sprache so wenig verlassen wie auf den Boden und seine diversen Gewächse. Das Aufsprießen unerwarteter sprachlicher „Blüten" bildet, wenigstens metaphorisch, ein Echo der unpassenden, perversen in diesem Text ausgestellten botanischen Fruchtbarkeit.

Gleich auf der zweiten Seite ist das Ich dem Rieseln des Wassers so ausgesetzt, dass es selbst „mitzufließen" glaubt, und zwar „in einer Barke von ätzender Trauer, unergründlich treibend in ziellosen Kreisen, um auf dem Sand ganz anderer Gegenden zu stranden" (8). Die „Barke", ein Ausdruck, mit dem das jugendliche Erzähler-Ich weit über seine stilistischen Verhältnisse hinausgreift - sonst zieht es nämlich eher triste oder schäbige Ausdrücke vor -, bringt unvermeidlich den Acheron ins Spiel. Er wird zwar nirgends benannt, ist aber ständig präsent in der weggleitenden Bewegung, in der durchgehenden Metapher der Beseitigung, im Ausblick auf ein anderes Ufer oder eine andere Existenz, wie unter Gestorbenen. Wasser rieselt und schwappt überall, von einem Boot ist seltener die Rede. Die Weiden, diese „phantastischen" oder „monströsen Lebewesen", auch „Larven" genannt, verwandeln sich nicht nur in armlose Kruzifixe, sondern wechseln „ohne Unterlaß den Charakter ihrer Grimassen" (49). Wenn die Weiden hinter ihrem Lichtzauber und ihrem

„gierigen Keuchen" einmal den Blick auf den Boden freigeben, in dem sie wurzeln, dann besteht der aus „trocken-feuchtem Felsengrau von Schalengetier aus prähistorischen Ozeanen" (50). Das klingt endlich einmal stabil, auch intellektuell vertraut: eine Erklärung aus der Geologie, wissenschaftlich-nüchtern benannt. Im Zentrum der wissenschaftlichen Kausalzuschreibung aber steht eine Art von Hexerei. Das Festland wird aus seinem Gegenteil, aus dem Meer erklärt; es ist „trocken-feucht". Hilbig hat sich schon lange über dieses zauberische Hin und Her Gedanken gemacht, hat „Das Meer in Sachsen" in einem großen Gedicht (1977) mit dem Eifer des Propheten und dem Spott eines Ethnologen überzogen.[18] In den verhexten Alltagsbeschreibungen treten „ghettoisierte Götter" auf (83); Mutter „Gaia" wird beschworen (93), aber vielleicht ist sie schon nicht mehr so ewig-fruchtbar wie die der Griechen, vielleicht angesteckt von der modernen Zerebralisierung, denn: „Niemands Wissen klapperte hölzern und monoton an der Schädeldecke der Erde" (114). Blut scheint „aus dem Weltraum" zu dringen (100); ein hoher zackiger Mauerrest erinnert an „die Klaue eines Riesen, die aus dem Erdboden gefahren war, vielleicht in dem irrwitzigen Versuch, ballzuspielen mit dem roten Ballon des Mondes..." (102). Der „Leviathan", der hustend und schnaubend die ganze Herrlichkeit der spukhaften Industriebetriebe verschlingt, wird ausgiebig ausgestaltet, „bis zu den äußersten Enden seiner Darmfortsätze hinab" (103 f).

Es ist auffällig, daß die im Wesentlichen chemisch-biologische Bildebene dieses Textes, die das Vergehen oder Verfaulen minutiös in seinen Mikrovorgängen erscheinen läßt, an ungeahnten Stellen durch solche kosmogonischen und mythologischen Makroerscheinungen überhöht oder auch unterspült wird. Die zumeist kurze Sicht wird momentan bis in sehr weite, entlegene Dimensionen ausgeweitet. Das Gewicht der Vorgänge wird verstärkt: Es soll um grundsätzliche Entscheidungen gehen, um Entwicklungen von Bedeutung für die Menschheit. Aber die Bedeutsamkeit wird wie bei Joyce oder, noch stärker, bei Woolf nur offen usurpiert, an den Haaren herbeigeholt. In den höheren Sphären kann man sich nie mit einer ähnlichen Sicherheit auskennen wie in den materiellen Vorgängen, wo eben alles, was einmal gelebt hat, verwest. Da oben wogt ein ewiger Kampf, hin und her, „Oystrygods gaggin fishygods", was Hilbig als Motto über sein Buch setzt.[19] Philologen sowie einfache Leser haben es schwer, die fishygods genau im Sinne von Joyce von den oystrygods zu unterscheiden.[20] Auch wenn man glauben darf, sie richtig zu deuten (was immer bei Joyce „richtig" heißen mag), ist noch längst nicht klar, was auf beiden Seiten dieses Streits steht und welche Seite gerade obenauf sein mag. Vielleicht kam es darauf gar nicht an, Joyce nicht und Hilbig 50 Jahre später

---

18Vgl. Wolfgang Hilbig, *zwischen den paradiesen*, S. 280-83.

19Davor noch Goethes geheimnisvolle, auf die Hoffnung bezogene Verse von der „widerwärt'gen" Pforte, die entriegelt werden soll und dennoch in ihrer alten Felsenhärte beschworen wird; vgl. zur Stelle und zur Dimension der griechischen Mythologie in Hilbigs „Posttext": Bärbel Heising, *„Briefe voller Zitate aus dem Vergessen". Intertextualität im Werk Wolfgang Hilbigs*, Frankfurt a.M./Bern usw. 1996, S. 147-150.

20 Sollen da noch die verballhornten Westgoten anklingen, sollen wir wirklich an fischige Götter denken, oder eine Mischung daraus, oder etwas Drittes? Vgl. die Kommentare zu der Stelle gleich im Eingangskapitel von *Finnegans Wake*.

auch nicht. Der Kampf als ein Weltprinzip, in der fernsten Vergangenheit, in entle-
gensten Mythologemen, wird wichtiger als alle nur locker herbeizitierten Kombat-
tanten.

Höchstens im Paradox kann das Hin und Her einmal stillstehen. „Gefangen in
den Grenzen ihrer Endlosigkeit" wünscht sich das Ich gegenüber der „verschwundenen Art" (von Pflanzen oder von Menschen, 96). Die Sprache kreist nicht weniger
als der „Maelstrom" der ebenso kindlichen wie endzeitlichen und außerdem natur-
haft-politisch-moralischen Großereignisse im kleinsten Raum, Horizonte in
Pfützen.[21] Im ganzen Verlauf, sich steigernd gegen Ende, sind Litaneien oder
hymnenartige Ballungen eingebaut, Passagen, in denen der Gedanken gewissermaßen auf der Stelle tritt und die emotionale Intensität einer Einstellung mit einem
Wirbel von Losungswörtern und absichtlich deplaziertem Sprachmaterial, in einer
Art von freien Rhythmen in Prosa, ausgelotet wird. Hilbig hatte seit seinem Eintritt
in die Literatur gewissermaßen als sein Markenzeichen die Freiheit ausgebildet,
etwa in den schwärzesten Kohlenbunkern unversehens einen grünen Fasan auftreten
zu lassen. In unserem Text tauchen mehrmals derart aufreißende, erleuchtende oder
überrumpelnde Bilder auf: ein einsames Gehöft „mit einem einzigen Fenster wie ein
gelber Reißzahn" (34) oder in einem stehengebliebenen Mauerrest wiederum ein
„einzelnes" Fenster, „aus dem die gespenstische Fahne einer Gardine wehte,
schwarz flatternd über einem gelbroten Schimmer" (98).

In dem großen Rondeau oder Ritornell des Schlusses werden im Rückblick auf
die dargestellten Gänge und Gedankengänge die Stichworte noch einmal genannt
und abgewandelt, durchgespielt, in eine Bewegung des Tanzes versetzt. Seinen
ersten Roman, *Eine Übertragung*, hatte Hilbig mit einer Szene übermütiger Sprach-
spielerei vor einem düsteren Hintergrund beschlossen.[22] Hier, in der *Alten Abdeckerei*, wird der Titel verdreht und immer weiter abgewandelt. Das Prinzip stammt
womöglich von Joyce, weniger hochgegriffen vom Kalauer ödester Art, vielleicht
auch von der „méthode automatique" der Surrealisten.[23] Wenn man sich aber nicht
nur die sprachliche Machart ansieht, sondern das in das Spiel eingehende Wortmate-
rial, dann ist der Sinn nicht beliebig, die Variation keineswegs automatisch, sondern
als genaue Reprise komponiert. Das Grundthema des Textes, die Erledigung dessen,
was sich eben nicht erledigen, jedenfalls nicht verscharren lässt, taucht in immer
wieder anderen Neologismen auf: „alte Abmacherei" - „Abwerferei" - „Abfinderei".
Die abgebrochene intellektuelle Bewältigung des Geschehens klingt nach in „alte
Abdenkerei" - „Abschreiberei". Noch die klangliche Komprimierung des Titels
spielt nicht nur mit der Morphologie, sondern zugleich mit der Semantik, entdeckt

---

21 Die Metapher Maelstrom für den Duktus von Hilbigs Prosa hat unseres Wissens Adolf Endler
eingeführt: „Hölle/Maelstrom/Abwesenheit. Fragmente über Wolfgang Hilbig", in: *Neue deutsche
Literatur*, Heft 465, 1991, S. 9-35; dasselbe als Nachwort in: Wolfgang Hilbig, *zwischen den
paradiesen*, a.a.O.

22 Aus dem Klang „ach" des Namens Feuerbach wird eine Kaskade von Reimen und Abwandlungen
herausgehört und laut gerufen, von „Nacht", „Staatsmacht, Fluchtverdacht" bis „Rache" und
„Acheron!" (fünfmal - da war der „Acheron" noch ausgesprochen worden, der in unserem Text nur im
Hintergrund präsent ist). Vgl. Wolfgang Hilbig, *Eine Übertragung*, Frankfurt a. M. 1989, S. 342 f.

23 Vgl. Heising, *Briefe voller Zitate*, a.a.O., S. 162 f.

neue Bezüglichkeiten in den Sprachrudimenten: "Altdeckerei ... Alteckerei ... Alteckerei ... Alterei...". Die Bezeichnung, die Vorstellung, die assoziierte Wirklichkeit wird durch Gesten des sprachlichen Übermuts ebenso zu Schanden geritten wie beschworen. Immerhin gibt das Gleiten und Kreisen den vorher ausgemacht finsteren Inhalten jetzt eine gewisse Beschwingtheit, so als ob am Schluss alles an sich Konträre nebeneinander bestehen bleiben dürfte und sich nicht mehr stören müsste. Zudem werden im Fließtext dazwischen ausgesprochen zarte, luftige Bilder hingetuscht oder ganze Bildteppiche ausgespannt. „Unten aber der Fische gewundenes Licht: wie Sternenschrift, gewunden und mit sachtem Zirpen aus der Luft gefallen." Das Eklige ist ganz zurückgetreten, die unterirdischen Schächte enthalten jetzt „Wasser voller Sternenlicht". Selbst die „Schädelplantagen", eine Bildung der geballten Denunziation der Weltgeschichte auf deutschem Boden, erscheinen nur noch als befriedeter Teil einer Friedhofsarchitektur. Im Schlusssatz führt die Bewegung nur noch „vorüber" „an einigen [!] untergegangenen Ruinen", „wo die Minotauren weiden" (117).

Wir nehmen nicht an, dass Hilbig uns mit einem versöhnlichen, die Problematik entschärfenden poetischen Schluss aus seiner Erzählung in die Wirklichkeit entlassen möchte. Wir glauben, dass wir diese Verringerung der Wut, die Öffnung für die Veränderungskraft der Phantasie in striktem Zusammenhang mit dem Erkenntnisfortschritt in seiner Erzählung lesen sollen. So wie er vorher kunstvoll, schon immer sacht gleitend den Blick über die DDR mit all ihrem Unrecht und ihrem verdienten Ende hinausgelenkt hatte auf die frühere Geschichte und das weiterhin ausgeübte und hingenommene Unrecht, so will er uns am Schluss, vermuten wir, noch einmal bedeuten, daß auch die Obsession des Nachdenkens, zu der die deutsche Geschichte soviel Anlass bietet, selbst noch nicht die Lösung des Problems wäre. Das Denken darf nicht starr, d. h. nicht fanatisch werden. Es muss über noch so berechtigten Zorn hinwegkommen, muss die eigenen Ziele, die eigene Methode, die alles belebende Dynamik immer wieder reflektieren, d. h. auch: durchspielen. Nicht einmal an Worte darf es sich klammern, an Worte schon gar nicht.[24] Bei allem notwendigen Protest brauchen wir noch etwas ganz anderes, die Wendung zu immer wieder anderem, eben eine große „Alterei".

Eine Rezensentin schrieb: „Es gibt Bücher, die lassen sich nicht feiern. Die werden uns nicht geschenkt, die werden uns aufgebürdet."[25] Eine Landkarte, in die man Orte aus Hilbigs Texten eintrüge mit Mühlen, verkommenen Industrieanlagen, stehenden und fließenden Gewässern, wäre in der Tiefe zu erweitern um Stollen, Gänge, Hohlräume, die die Fixpunkte der Oberfläche permanent bedrohen. *Germania II* verschwindet in dieser Tiefe. Wer darin den Untergang der DDR bebildert sehen mag, geht vielleicht erleichtert aus der Lektüre hervor. Andere beschleicht das Gefühl, in dieser Tiefe sei Platz für viel mehr. Unsere Tagesgeschäfte von Aalräuchereien bis Zylinderstifte führen von nun an über *Alte Abdeckerei*.

24Zu Hilbigs Umgang mit der Sprache vgl. die Dissertation von Gabriele Eckhart, *Sprachtraumata in den Texten Wolfgang Hilbigs*, Frankfurt a. M./Bern usw.1996.
25Marion Titze, in: *Freitag* 18/1991. Zitiert nach Adolf Endler im Nachwort zu: Hilbig, *zwischen den paradiesen*, a.a.O., S. 316.

Schluss:
Entdeckungen und Verrückungen durch literarische Phantasie

Gerhard Bauer

Eine Summe wäre vielleicht zu viel verlangt. Die betrachteten Werke von sieben wesentlichen Autorinnen und Autoren und die vier ganzen Felder von Phantasmen und Faszinosen, die weit über die Literatur hinausreichen, sind zu unterschiedlich, um sie einfach zusammenzufassen. Aber sie rufen außer dem Vergnügen so viel Anschauung und Erkenntnis hervor, dass es sich lohnt, noch einmal festzuhalten, was die Phantasie auch im gerade beendeten Jahrhundert ans Tageslicht befördert hat.

Schon bei einem einfach abzählenden Rückblick fällt die Fülle und Ausgepichtheit der literarischen Phantasmata ins Auge. Es ist noch alles da, was vor, in und nach der Romantik ausgebildet wurde, und es ist noch vervielfältigt, potenziert. Es ist viel raffinierter gemacht, modal eins ins andere verschachtelt. Selbst Tieck, der sich schon an ziemlich unordentliche, verblüffende Vertauschungen der Realitätsebenen gewagt hat, wäre von den sich verzweigenden Doppelgängern bei Borges oder Hilbig[1] oder den ebenso methodischen wie unklassifizierbaren Unsicherheiten à la Pynchon überfordert. Die Phantasie selbst ist nicht mehr nur eine. Sie entwickelt ihr Ober- und ihr Unterhaus, in sozialer wie in mentaler und psychologischer Hinsicht. Neben sehr hohen Flügen und tiefen Tauchzügen der Phantasie finden wir ausgesprochen flache, sogar unproportional viel mehr, als hier berücksichtigt wurden. (Brittnachers Vorwurf, dass die übrigen Beiträger sich vom „ästhetischen Ernstfall des Möglichkeitssinns": von der handfest-phantastischen Literatur der Monsterwesen, zu rasch verabschiedet und, ebenso elitär wie unberechtigt, den „ästhetischen Nonkonformismus" vorgezogen hätten, müssen wir wohl oder übel auf uns sitzen lassen.) Günter Kunert findet in einem neueren Artikel (in dem er vom heutigen Stand des Phantasiegebrauchs eher wehleidig spricht): „Es bedarf einer Phantasie, die mit einem dem Sexualbereich zugehörigen Adjektiv 'ausschweifend' genannt wird, um sich überhaupt vorzustellen, was das ist - Phantasie!"[2]

---

1 Am üppigsten ausgebaut in der Erzählung „Er, nicht ich", in: Wolfgang Hilbig, *zwischen den paradiesen*, Leipzig 1992, S. 134-189, vgl. dazu: Gerhard Bauer/Uwe Schoor, „Die Kraft der Negation. Beginn eines Kommentars zu Hilbigs Text *Er, nicht ich*", in: *Wolfgang Hilbig. Materialien zu Leben und Werk*, hg. von Uwe Wittstock, Frankfurt a. M. 1994, S. 190-215.
2 Günter Kunert, „Phantasie als Ausflucht. Von der Ohnmacht des Schriftstellers im allmächtigen Alltag", in: Heckmann/Dette (Hg.), *Phantasie als Leistung*, S. 94.

Die Phantasie bleibt auch nicht feierlich, zum Wundern und Bewundern geeignet. Obgleich sie ständig den Bereich dessen streift, was einstmals als das Erhabene geführt wurde, soll und will sie im 20. Jahrhundert kaum noch in die Höhe, die Unbelangbarkeit des Erhabenen entführen. Sie ist als ständig ausgreifendes, nicht selten sich selbst bedienendes Vorstellungsvermögen ebenso dem Witz verwandt. Das Selbstbewusstsein der Witzigkeit, des Spies, der Willkür, des Übermuts von literarischen Produkten hat in unserem Jahrhundert gegenüber früheren stark zugenommen. Es ist bei Joyce unnachahmlich ausgebildet; bei Bruno Schulz, bei Borges, bei Pynchon wird es jeweils wieder anders und jeweils mächtig hervorgekehrt. Wenn wir alle hier eruierten Anzeichen zusammennehmen, finden wir es auch in tief ernsten und leidenden oder warnenden Gestaltungen, sicher bei Kafka, bei Zamjatin, bei Virgina Woolf; vermuten würde ich es auch in Bachmanns *Malina*. Der Ernst wird durch den Unernst nicht verringert. Er wird nur nicht zur Obsession totalisiert und unbeweglich, erdrückend gemacht, was ein Vergleich zwischen dem hier interpretierten Zamjatin und dem nur punktuell herangezogenen Orwell untermauern könnte, der natürlich ebenfalls jenes Jahrhundert geprägt hat, der aber von der ironisierenden, relativierenden Kraft der Komik innerhalb der Phantasie nur wenig Gebrauch macht.

Das Kriterium der Auswahl war jedoch nicht die besonders üppige oder besonders konsequente Phantasie, die in den vorgestellten Werken ihr Wesen treibt. Vielmehr sollte die spezifische Wirkungsweise der Phantasie in ihnen beobachtet werden, ihre Methode, wenn man das bei einem so freien Vermögen wie der Phantasie sagen dürfte.

- Nach dem Modell von Musil oder von Joyce besteht die heilsame Wirkung der Phantasie, ihre entnaturalisierende, antifanatisierende Wirkung vor allem darin, dass sie den festgefahrenen, als zwangsläufig geltenden Lauf der Dinge unterbricht. Sie hält ihn wenigstens im Kopf für eine Weile an, stellt ihn in Frage, kontert ihn mit erdachten, ersponnenen, logisch zulässigen oder unzulässigen Alternativen. Die Produkte des Möglichkeitssinns werden vor allem in der zweiten Hälfte des Jahrhunderts, nach den wüsten Phantasien, die die Faschisten und, auf einem anderen Blatt, die Stalinisten in die Wirklichkeit umgesetzt haben, immer ätherischer, sie werden um so nachdrücklicher in ihrer bloßen Möglichkeitsform festgehalten. Ein Gespür für „freie", d. h. weder technisch noch ideologisch genutzte Möglichkeiten zieht sich durch die Literatur unseres Jahrhunderts. Diese Freiheit vor allem unterscheidet die hier bevorzugten ästhetisch komplexeren Werke von den schematischen, seriell gefertigten Produkten der 'fantasy'.
- Ein anderes Lieblingsverfahren der avancierten literarischen Phantasie ist die Verrückung der Begriffe. Borges ist sein Meister. Es ist immer wieder verblüffend, auch 50 Jahre nach der Anmeldung der „Methode Borges" auf dem Weltliteraturmarkt ein Erlebnis, wie frei und wie tückisch bei ihm die Gegensätze ineinander umschlagen und aus dem Teil das Ganze, aus Innen Außen machen usw. Nicht nur der Raum, das gehört schon zur älteren Methode, sondern auch die Zeit wird löcherig und macht Sprünge. Der Surrealismus kann geradezu als die Schule definiert werden, die sich der logischen Verrückung verschrieben hat.

Unter der am Surrealismus meist wahrgenommenen literarischen Spitze der
Bewegung hat uns Karlheinz Barck den ganzen Eisberg von Recherchen, Erfin-
dungsstrategien, eine Art Wissenschaft der Verwunderung (obzwar mit Vorbehalten gegen „das Phantastische") gezeigt und aus seinen Recherchen mitgeteilt,
dass surrealistische Praktiken heute noch weltweit angewandt werden.
- Eine weitere Methode bringt Heinrich Olschowsky auf die Formel „fermentierende
Wirklichkeit". Die umgebende Wirklichkeit wird nicht nur entstellt oder pauschal
abgelehnt wie in der älteren Literatur des Unheimlichen, sondern der Erzähler
lässt sich auf die Stofflichkeit der Materie, auf die Lebenskraft der Kreaturen tief
ein, entweder fasziniert und übertreibend wie Bruno Schulz oder tief indigniert
und aus Abscheu übertreibend wie Hilbig. (Marie Darrieussecqs Roman *Truismes*
oder *Schweinerei* bietet womöglich beides zugleich).[3]
- Eine Reihe weiterer Methoden der Entstellung und Verrückung lässt sich nennen:
die Blicke der zarten und strengen Sympathie wie bei Virgina Woolf, das Entsetzen über die Barbarei in angeblich hoch zivilisierten Gesellschaftsverhältnissen
wie bei Ingeborg Bachmann u.a. Das Schaukelspiel zwischen Bedeutsamkeit und
Verruchtheit in Thomas Manns *Mario* bildete im Kapitel über die „Zauberer" ein
wichtiges Motiv. Gut und gern hätte es ein Kapitel über Bulgakovs *Meister und
Margarete* geben können, in dem der Übermut, der nicht ganz geglaubte und
trotzdem handfeste Schabernack von eo ipso überlegenen Teufeln seine besonderen, gegenüber Mann sehr andersartigen bildungsbürgerlichen Interessen spielerisch durchsetzt und dieser Übermut zugleich satirisch gegen die Stalinsche
Bedrückung des Vorkriegslebens in Moskau gewendet wird. Mit all diesen
Verfahren werden fiktive Welten und Konfigurationen erfunden, die es zuvor
nicht gab, und werden Verhältnisse, die es gibt, die nur die kultivierte Menschheit
so nicht wahrhaben will, zur Kenntlichkeit entstellt und eindringlich der Beachtung empfohlen. Die Dynamik der Abweichung und Neubetrachtung emanzipiert
sich nicht selten von dem, *was* neu betrachtet, enthüllt oder erfunden werden soll.
Christa Reinig notiert als eine Eintragung ihres fortlaufenden Kalenders, also als
Abstoßung von der puren Form der Alltäglichkeit: „Ich möchte mal / irgendwas /
erleben was mir nicht / passieren kann".[4]
Wo aber zeigen sich und wie wirken die wirklichen Schrecken, die, wie wir als
Zeitgenossen oder als Historiker wissen können, hinter den schönen Entdeckungen
und Gestaltungen des Möglichkeitssinns lauern? Auf der Ebene der in die Phanta-
sien einbezogenen Inhalte kehrt alles wieder, was dieses Jahrhundert geschreckt hat.
Die Kriege tauchen in drastischer oder bei Woolf in dezenter und dennoch schnei-
dender Form auf, die Zusammenbrüche der Zivilisation und der angeblich erreichten
Humanität, der nackte und der subtile Wille zur Macht, die Verführung durch die
Machbarkeit und der Horror der Gleichschaltung. Unter Ingeborg Bachmanns
erschrockenem Blick und in ihrer unerschrockenen Sprache nimmt das, was man
schon sonst über das Patriarchat und den Faschismus wusste, eine höchst merkwür-

---

3 Vgl. Marie Darrieussecq, *Schweinerei*, übers. von Frank Heibert, München/Wien 1997.
4 Christa Reinig, „Müßiggang, 20. Juni", in: *Sämtliche Gedichte*, Düsseldorf 1984, S.147.

dige, unwiderstehlich eindringliche Form an. Wie reagiert man in der flüssig parlie-
renden Wiener Gesellschaft, unter den skrupulösen, jede Nuance eines Wortes
abschmeckenden Figuren ihres Romans auf einen solchen Block wie den Friedhof
der ermordeten Töchter?

Die Struktur des Erschreckens wird manchmal, in unserem Jahrhundert aber
nicht eigentlich bevorzugt literarisch ausgebildet. Um ein kurzes Beispiel nachzu-
tragen: Antoni Słonimski hat in einem neunzeiligen Gedicht nach dem Krieg die
folgende Situation entworfen:

> Ich fand in einem alten Notizbuch
> Die Telefonnummern
> Toter Freunde
> Adressen von abgebrannten Hausern.
> Ich wähle die Ziffern. Ich warte.
> Das Telefon klingelt.
> Jemand nimmt den Hörer ab.
> Stille. Ich höre atmen.
> Oder vielleicht das Flüstern des Feuers[5]

In eine vertraute Situation einzuladen und dann plötzlich den Boden wegzuziehen
oder mit einer eben erst aus Worten geballten Keule zuzuschlagen, ist eine schon
geläufige Strategie. Typisch für ihren neuerlichen Gebrauch ist, wie auch in diesem
Beispiel, die spielerische Verdrehung der Modalität, die offene Unwahrscheinlich-
keit oder Unmöglichkeit des Geargwohnten, die Nähe zum Absurden also. Die
Beklemmung ist echt und kann inzwischen mit wenigen Strichen hergestellt werden.
Aber sie wird offen konstruiert. Man muss nicht daran glauben, es wird nur der Sinn
für das Unheimliche erregt, das selber nicht in der gezeichneten Situation, sondern
in der Wirklichkeit dahinter liegt, hier im Nebeneinander der Lebenden und der
Toten, die bei der Besetzung Polens verbrannt sind oder ermordet wurden.

Ein Schrecken steckt tief im Möglichkeitsdenken als solchem: Die Menschen
merken bei all ihrem Vernunftgebrauch, dass sie die Orientierung verloren haben.
Sie sind längst nicht so souverän, wie sie sich das aus der Verfügung auch noch
über das nur Denkbare, weit jenseits des Wirklichen, versprochen haben. Die
Grenzenlosigkeit der Erfindungskraft ist nach den Erfahrungen von Autoren dieses
Jahrhunderts unheimlicher als der Zusammenstoß mit immer noch bestehenden
Grenzen der Realität und mit der Strenge der Logik, welche sich auch von gewagten
Erfindungen nicht außer Kraft sezten lässt. In den phantastischen Geschichten der
Romantiker gibt es eine Vorahnung davon in absonderlichen Ich-Zuständen. Das
erlebende Ich hat vielleicht die Buntheit der fabulierten Welt und die Leichtigkeit,
sich in ihr fortzubewegen, genossen, aber es hat sich verstiegen, es droht sich zu
verlieren. In der zarten Kunst des 19. Jahrhunderts, den beliebten Novellen z. B.,
fühlen sich die Protagonisten verwirrt, ohne ausreichende Atemkraft. Sie können in
der Regel noch aufwachen, aussteigen oder zurückkehren, oft indem sie damit das
ganze Trugbild und das Phantasieren überhaupt verwerfen. In unserem Jahrhundert

---

5 „Notes", in: *Poesie der Welt. Polen,* hg. von Peter u. Renate Lachmann, Berlin 1987, S. 272f.

scheint es überhaupt kein Halten mehr zu geben. Die ältere Ahnung, dass es jenseits der durchschrittenen Stadien der Fragwürdigkeit etwas zweifelsfrei Richtiges gäbe, stellt sich als ebenso fragwürdig heraus.

Kafka erlaubt zwar dem Leser seiner *Strafkolonie* zusammen mit seinem Protagonisten, dem Reisenden, den wüsten Ort, den er in einer Art von Strafphantasie ausgeschritten hat, und die bis zu einem clou gebrachte horrende Handlung hinter sich zurückzulassen, also „abzufahren". Richtig heil aber verlässt man diesen Ort nicht, wenn man ihn einmal aufgesucht hat. Die bannende Kraft, die die perfide erdachte Maschine und die vor allem die devote Verehrung für die Strafrituale der Vergangenheit ausübt, erlischt nicht, nicht einmal, wenn die Maschine sich selbst auffrisst, auch nicht, wenn der Reisende sich zu einem pflichtschuldigen Nein aufrafft. Er bleibt bis zum letzten Satz der Erzählung in der Geste der panischen Abwehr. Er schwingt das Tau gegen „die Falschen", die Opfer, die er nicht mit entkommen lassen will, während sich die unaufgeklärten, schwärenden Reste der Vergangenheit, der fatale Kult des „Alten" wie ein Schatz, den er mitschleppen wird, in ihm festsetzen. Die dagegengesetzte neue Herrschaft ist nicht neu genug und ist wieder nur eine Herrschaft, keine Befreiung. Er selbst ist kein Mann des Neuen, geschweige denn ein Befreier. Das Verhältnis zwischen Alt und Neu bleibt undurchdacht: ein Bann, keine Potenz der Veränderung. Wenn wir unser eigenes Verhalten bei der Lektüre kühl genug analysieren, müssen wir zugeben, dass wir ebenfalls in Abwehrbewegungen verharren. Ganze Teile der horrenden Geschichte oder gerade ihr Kernstück, diese bleibende Lähmung, wollen wir nicht wahrhaben, und auch uns nützt die Abwehr nichts: wir verlassen die Erzählung nicht so frei, wie wir frei gewesen waren, sie aufzuschlagen oder nicht. Dass die freie Erfindung des Schriftstellers, die ausgesprochen kühne, rücksichtslose Phantasie der Tötungs-maschine und der ganzen Strafkolonie, dazu dient, uns Beklemmungen zu bereiten statt unseren Denk- oder Handlungsraum zu erweitern, ist nur eine Folge der in der Einleitung skizzierten Dialektik von Grenzüberschreitung und Entdeckung von Grenzen, Konsequenzen sowie Denkzusammenhängen. Literarisch erzeugte Betrof-fenheit oder das Gefühl des Ertapptseins kann als Last empfunden, u. U. abgewehrt werden. Die Situation erlaubt aber kaum, sich aufatmend in den Zustand der „Unschuld", vor dieser Konfrontation, zurückzusehen. Was der Angriff auf unsere Freiheit uns eingetragen hat, erweist sich als gewichtiger, ja attraktiver als das nichtsahnende Gefühl von Freiheit, das wir um dieser Erkenntnis willen fahren lassen mussten. Den meisten übrigen Helden Kafkas, den K.s seiner verwirrenden Romane, den Käfern, Mäusen und Landärzten wird nicht einmal die Chance geboten, aus ihren phantastisch sich abspulenden Prozessen oder den Materiali-sierungen ihrer Anfangswünsche etwa auszusteigen. Der „Bau" begräbt seinen Erbauer um so zwingender, je raffinierter dieser ihn ausbaut und Fluchtmöglich-keiten einbaut.

Bei den diversen Zauberern oder Magiern, die nach den Forschungen von Robert Stockhammer erst in den ersten Jahrzehnten des 20. Jahrhunderts den Zenit ihrer suggestiven Macht erreichen, ließ sich - bei allem Respekt vor ihrer Meisterschaft - immer wieder fragen, wie weit sie doch dem Schicksal des Zauberlehrlings erliegen.

Es waren aber weniger die impliziten sächlichen Folgen ihrer Experimente, die sie eingeholt haben, als vielmehr die Konsequenz innerhalb ihrer erfinderischen, nicht mehr zur Ruhe zu bringenden Köpfe. Ein Zauberer muss weiter zaubern, auch wenn ihm Hören und Sehen schon vergangen ist. Er verliert nicht nur den Boden unter den Füßen, das war der ältere, vergleichsweise konservative Einwand. Er findet vielmehr mit seinen losgelassenen, sich beschleunigenden Gedankenbewegungen keine Balken oder spirituellen Sicherheiten, an denen er sich festhalten könnte. Bei dem Wortmagier Bruno Schulz oder vorsichtiger gesagt: bei seiner Figur des zaubersüchtigen Vaters, dieses großen „Häresiarchen", findet sich beides nebeneinander. Er denkt sich aus Faszination oder aus Abscheu so intensiv in die Gestalt des Kondors oder der Küchenschabe hinein, daß er sich darin verliert; er findet nicht den Rückweg zu einem zivilen Mitglied der Familie, die auf ihn wartet. Zugleich aber dreht sich in seinem Kopf die Maschine der Versuchungen und Verirrungen. Er entzückt sich so sehr an der bloßen Vorstellung von „ephemeren", halb lebenden, nur zeichenhaften Wesen, dass er jeden Maßstab für das ihm Zuträgliche und anderen Zumutbare verliert. Diese zweite, entgrenzende Bewegung siegt eindeutig über die erste, denn so sehr er sich in eine Gestalt verrannt hat, durch sein weitertreibendes Denken lässt er sie, nun plötzlich ohne Mühe, hinter sich zurück und nimmt zur Probe oder in der Vorstellung wieder andere an. Der Erzähler folgt ihm in seiner skeptischen Verherrlichung des unübersehbar produktiven irdischen Demiurgen so weit, dass er ihn immer wieder auferweckt, wenn er in der Folge eines besonders hingebungsvollen Experiments sich bis auf Null, bis auf den Leichnam, verausgabt hat. Er gesteht dieser Figur, so als habe er sich an ihrem kategorienüberschreitenden Denken angesteckt, die Existenz eines halb Lebendigen, eines nur schwach Lebendigen oder eine zweifelhafte, nur von Mal zu Mal aufzufrischende Lebendigkeit zu. Ähnlich spannende Warnungen und Selbsteinwände zeigen sich an verschiedenen Stellen der hier gewählten Werke. Von ihnen aus ließe sich auch die Kühle, die Unangreifbarkeit von Borges' inkalkulablen Produkten als eine aus sich heraus höchst gefährdete Machart begreifen: ein ständiger Kampf gegen das Bewusstsein, dass der Kopf sich etwas zu lösen herausnimmt, was de facto nicht dem Kopf unterliegt. Das führt zu einem Paradox ohne Ende - echt Borges, möchte man sagen. Hier soll das Unerschöpfliche nicht erschöpft, es soll nur noch eine Bemerkung zur Ästhetik dieser durchgehenden Skrupel angefügt werden.

Günther Anders wirft in seiner philosophischen Reflexion der Methode Kafka, die er zugleich als Einspruch gegen Kafka angelegt und deshalb *Kafka pro und contra* genannt hat, die Frage auf, warum Kafkas Prosa „schön" sei. Er spricht sogar, in der Terminologie der klassischen Ästhetik, von „Anmut" und findet es unbestreitbar, dass selbst die bannenden und quälenden Partien etwas „Bezauberndes" hätten. Seine Erklärung ist: Eben weil das Ich sich reell als ohnmächtig gegenüber einer übermächtigen Welt begreift, gewissermaßen de facto und reell abdankt, ergeht sich die Sprache um so entlasteter, „unbeschwert von der Wirklichkeit", in den „tausend gedachten Möglichkeiten", diesen „Konjunktiven und Wennsätzen".[6] Mir scheint die beobachtete Anmut eher eine picaresk-stolpernde und durchweg brüchige Grazie, aber ihre Herleitung aus der Ohnmacht und dem Weiterschreiben trotz der Ohnmacht finde ich einen bestechenden Gedanken. „Die Grazie entsteht dadurch, daß die Sprache, einem spielenden Hunde gleich, um die, die ganze Straßenbreite einnehmende übermächtige Welt herumtollt; ihre Leichtigkeit ist die Leichtigkeit dessen, der, im Vergleich zum Gewicht der Welt, für zu leicht befunden ist; und ihre Heiterkeit die des Nichternstgenommenen, nicht die des Unernsten." Aber auch bei dieser gebrochenen und nur kompensatorischen Schönheit bleibt es nicht. Man kann sie ähnlich noch bei Virgina Woolf, einen Abglanz bei Ingeborg Bachmann finden. Nach Johnson jedoch, nach dem nouveau roman und den Sprachclowns des Poststrukturalismus büßt die „Schönheit", auch die Schönheit der Ohnmacht, ihre leitende und stützende Kraft ein, und zwar nicht nur für die realistische, sondern auch für die phantastische, die betont fiktionale und experimentelle Literatur. In den letzten beiden Beispielen dieser Untersuchung, bei Pynchon und Hilbig, gibt es durchaus noch Momente des Innehaltens und der Betrachtung. Der Schreck oder auch die Wut wird für eine Weile suspendiert, auch die Indignation, der strafende Ton treten zurück. Aber es ist, wenn überhaupt Ruhe, dann eine Ruhe nach einem Vernichtungssturm. Nachdem die Katastrophe eingetreten ist, wird der Blick oder der Weg an „untergegangenen Ruinen vorüber" geführt, bis dahin, „wo in der Flut die Sternbilder spielen, wo die Minotauren weiden". Weil das Schreckliche eingetreten ist, findet eine gewisse Entlastung Platz, keine Aussöhnung, aber ein Aushalten dessen, was ist. Alles deutet darauf, dass die Katastrophe sich nicht abwenden ließ. Wie zur Besiegelung bleibt der Blick darauf gerichtet, unabwendbar, wie aus der Perspektive der von Kleist so hervorgehobenen Augen, von denen die Augenlider weggeschnitten sind. Es sind ästhetisch sehr reflektierte Werke, aber die Ästhetik hat in unserer Zeit nichts Tröstendes mehr. Sie setzt uns dem, was ist, nur umso hartnäckiger aus, und die Phantasie ist ein besonders beliebtes Medium dieser Hartnäckigkeit.

---

6 Günther Anders, *Kafka pro und contra* (1951), München [3]1967, S. 68 f.

Auswahlbibliographie:

Literarische und theoretische Texte zum Thema Phantasie und Phantastik

(Auf die hier angeführten Texte wird in den Aufsätzen dieses Bandes mit Kurztiteln verwiesen.)

Berg, Stephan. Schlimme Zeiten, böse Räume. Zeit- und Raumstrukturen in der phantastischen Literatur des 20. Jahrhunderts. Stuttgart 1991.

Borges, Jorge Luis. Ausgewählte Werke. Hg. von F. R. Fries. Berlin 1987 (4 Bde.).

Breton, André. [1.] Manifeste du Surréalisme (1924); Second Manifeste du surréalisme (1929), dt. in: Die Manifeste des Surrealismus. Reinbek bei Hamburg 1968.

Brittnacher, Hans Richard. Ästhetik des Horrors. Gespenster, Vampire, Monster, Teufel und künstliche Menschen in der phantastischen Literatur. Frankfurt a. M. 1994.

Feger, Hans. Die Macht der Einbildungskraft in der Ästhetik Kants und Schillers. Heidelberg 1995.

Freud, Sigmund. Der Dichter und das Phantasieren (1907 als Vortrag gehalten). In: Studienausgabe, hg. von A. Mitscherlich u.a., Frankfurt a. M. 1969-79, Bd. X, S. 169-180.

Gustafsson, Lars. Über das Phantastische in der Literatur. Ein Orientierungsversuch. In: Utopien. Essays. München 1970, S. 9-25.

Heckmann, Herbert/Dette, Gerhard (Hg.). Phantasie als Leistung. Voraussetzungen der Literatur und der Wirtschaft. Göttingen 1996.

Iser, Wolfgang. Das Fiktive und das Imaginäre. Perspektiven literarischer Anthropologie. Frankfurt a. M. 1991.

Jung, Werner. Von der Mimesis zur Simulation: eine Einführung in die Geschichte der Ästhetik. Hamburg 1995.

Franz Kafka. Schriften – Tagebücher - Briefe. Kritische Ausgabe. Hg. von Jürgen Born, Gerhard Neumann, Malcolm Pasley und Jost Schillemeit. Frankfurt 1983 ff. Darin insb.:

- Drucke zu Lebzeiten. Hg. von Wolf Kittler u.a. 1994.

- Nachgelassene Schriften und Fragmente I. Hg. von Malcolm Pasley. 1993.

- Nachgelassene Schriften und Fragmente II. Hg. von Jost Schillemeit. 1992.

Kamper, Dietmar. Zur Geschichte der Einbildungskraft. München/Wien 1981.

Matt, Peter von. Das Schicksal der Phantasie. München 1981.

Musil, Robert. Der Mann ohne Eigenschaften (1930-43). In: Gesammelte Werke in neun Bänden, hg. von A. Frisé, Bde. 1-5. Reinbek bei Hamburg 1978.

Quintilianus, Marcus Fabius. Institutio Oratoria/Ausbildung des Redners. Hg. u. übers. von H. Rahn. Darmstadt 1988. 2 Bde.

Räusch-Trill, Barbara. Phantasie. Welterkenntnis und Welterschaffung. Zur philosophischen Theorie der Einbildungskraft. Bonn 1996.

Schulz, Bruno. Die Zimtläden und alle anderen Erzählungen, hg. von Mikolaj Dutsch. Aus dem Polnischen von Joseph Hahn. Frankfurt a. M. 1994.

Thomsen, Christian W./Fischer, Jens Malte (Hg.). Phantastik in Literatur und Kunst. Darmstadt 1980.

Todorov, Tzvetan. Introduction à la littérature fantastique. Paris 1970. Dt.: Einführung in die phantastische Literatur. Frankfurt a. M./Berlin/Wien 1975.

Vietta, Silvio. Literarische Phantasie: Theorie und Geschichte. Stuttgart 1986.

Wünsch, Marianne. Die Fantastische Literatur der Frühen Moderne (1890-1930). Definition – Denkgeschichtlicher Kontext – Strukturen. München 1991.

Zondergeld, Rein A./ Wiedenstried, Holger E. Lexikon der phantastischen Literatur. Stuttgart/Wien/Bern 1998.

Namensregister

Sachregister

Verzeichnis der Autorinnen und Autoren

Barck, Karlheinz, geb. 1934, Dr. phil. Projektleiter im Berliner Zentrum für Literaturforschung. Mitherausgeber des work in progress *Ästhetische Grundbegriffe. Historisches Wörterbuch.* Arbeitsgebiete: Theorie und Geschichte ästhetischen Denkens, Wissenschaftsgeschichte der Literaturwissenschaft, Literaturtheorie. Publikationen u.a.: *Poesie und Imagination. Studien zu ihrer Reflexionsgeschichte zwischen Aufklärung und Moderne* (1993); *Surrealismus in Paris 1919 – 1939. Ein Lesebuch* (Hrsg., 1985); *Aisthesis. Wahrnehmung heute oder Perspektiven einer anderen Ästhetik* (Mithrsg., 1990).

Bauer, Gerhard, geb. 1935, Dr. phil. Seit 1971 Prof. für Neuere Deutsche Literatur an FU Berlin. Arbeitsschwerpunkte: Aufklärung, Vormärz, Autobiographien, proletarische Literatur, Čechov, Lyrik der Moderne. Publikationen u.a.: *Geschichtlichkeit* (1962); *Zur Poetik des Dialogs* (1969); *Oskar Maria Graf* (1987, ² 1994); *Lessings „Emilia"* (1987); *Sprache und Sprachlosigkeit im „Dritten Reich"* (1988, ² 1990); mit anderen: *Wahrheit in Übertreibungen* (1989); *Gewissensblitze* (1996).

Bettinger, Elfi, Dr. phil. Studium Anglistik, Slavistik, Germanistik, seit 1995 wissenschaftliche Assistentin für Englische Philologie an FU Berlin; Visiting Lecturer University of East Anglia, Norwich; Visiting Fellow Jesus College, Cambridge; Postdoktorandin im Graduiertenkolleg „Geschlechterdifferenz und Literatur", München. Forschungsschwerpunkte: Literatur- und Kulturtheorie, Literatur der Klassischen Moderne, Kultur der Frühen Neuzeit. Publikationen u.a.: *Das umkämpfte Bild. Zur Metapher bei Virginia Woolf* (1993); mit Julika Funk (Hrsg) *Maskeraden. Geschlechterdifferenz in der literarischen Inszinierung* (1995). Web-Site: userpage.fu-berlin.de/~betting.

Brittnacher, Hans Richard, geb. 1951, Dr. phil. Arbeitsschwerpunkte: Phantastische Literatur, Literatur der Goethezeit und des Fin de siècle. Arbeitet an einer Habilitationsschrift über Opferphantasien in der Literatur der Jahrhundertwende. Letzte Buchveröffentlichungen: *Delirien des Körpers. Phantastik und Pornographie im späten 18. Jahrhundert* (1998); *Vom Zauber des Schreckens. Studien zur Phantastik und zum Horror* (1999).

Füger, Wilhelm, Dr. phil. Studium Anglistik, Romanistik, Amerikanistik. 1960 Staatsexamen; 1961-63 Lehrbeauftragter; 1963 Promotion; 1970 Habilitation. Seit 1973 Professor für Englische Philologie, FU Berlin. Forschungsschwerpunkte: 18. Jahrhundert, Klassische Moderne; Roman, Narratologie. Veröffentlichungen u.a.: *Das englische Prosagedicht* (1973), *Eine ,extravagante Engländerin'* [Virginia Woolf] (1980), *James Joyce: Epoche-Werk-Wirkung* (1994), *Kritisches Erbe* [Dokumente zur frühen Rezeption von James Joyce im deutschen Sprachbereich] (im Druck). Aufsätze und Buchbeiträge zu allen Epochen der englischen Literatur. Mitherausgeber *Germanisch-Romanische Monatsschrift.*

Ickstadt, Heinz, geb. 1936, Dr. phil. (Berlin). Ab 1970 Assistent in München, seit 1978 Professor für amerikanische Literatur am Kennedy Institut, FU Berlin. Publikationen zur Literatur und Kultur des späten 19. Jahrhunderts und des fin-de-siècle, zum Verhältnis von Literatur und Malerei, zur Großstadtliteratur in den USA, zur amerikanischen Moderne in Malerei und Lyrik sowie zum amerikanischen Roman der Moderne und Postmoderne. Zuletzt: *Der amerikanische Roman im 20. Jahrhundert* (1998).

Miller, Norbert, geb. 1937, Dr. phil. Studium Deutsche Philologie und Kunstgeschichte, 1967 Promotion an FU Berlin. Seit 1972 Professor an TU Berlin. Mit Walter Höllerer Herausgeber der *Sprache im Technischen Zeitalter*, Mitherausgeber von *Daidalos. Berlin Architectural Journal.* Seit 1992 Leiter des Literarischen Colloquiums Berlin. 1978 Premio Montecchio, 1993 Sigmund-Freud-Preis. Herausgeber der Werke von Jean Paul, Henry Fielding, Daniel Defoe, Goethe („Münchner Ausgabe"), Gérard de Nerval, Marie Luise Kaschnitz und Nietzsche. Publikationen: über den Romananfang im 18. Jahrhundert (*Der empfindsame Erzähler*, 1968); *Giovanni Battista Piranesi* (*Archäologie des Traums*, 1978); *Horace Walpole. Die Ästhetik der schönen Unregelmäßigkeit* (1986); *Europäische Romantik in der Musik. Oper und symphonischer Stil 1770-1820* (mit C. Dalhaus 1998). Musikrezensionen in der *Süddeutschen Zeitung*, Aufsätze zu Fragen der Operngeschichte, zahlreiche Beiträge zu *Pipers Enzyklopädie des Musiktheaters*.

Opitz-Wiemers, Carola, geb. 1957, Dr. phil. Assistentin am Lehrstuhl für Neuere deutsche Literatur/Geschlechterproblematik der HU Berlin; Promotion 1985 über Ingeborg Bachmann. Publikationen über: Literatur Österreichs (18. - 20. Jh.); Jüdische Autorinnen (Nelly Sachs, Rahel Varnhagen, Else Lasker-Schüler); Sprache und Tanz im 19./20. Jh.; DDR-Autorinnen (Irmtraud Morgner, Brigitte Reimann, Maxie Wander).

Rincón, Carlos, geb. 1937 in Bogotá (Kolumbien), Dr. phil., Professor für Lateinamerikanistik, FU Berlin. Veröffentlichungen zu Theorie- und Methodenfragen in der Literaturwissenschaft (*El cambio de la noción de literatura,* 1978), zur Kulturtheorie (*La no simultaneidad de lo simultaneo. Postmodernismos, globalización y culturas en América Latina, 1995; Mapas y pliegues. Ensayos de cartografía cultural y de lectura del Neobarroco,* 1996); Aufsätze zur spanischen und lateinamerikanischen Literatur und Kunst, zur postkolonialen Debatte (Lorca, Borges, Buñuel, Carpentier, García Marquez, Botero); Mitarbeiter am *Historischen Wörterbuch ästhetischer Grundbegriffe.*

Schoor, Uwe, geb. 1960, Dr. phil. 1980-1981 Redaktioneller Mitarbeiter der *Neuen Zeit,* Berlin; 1981-86 Studium der Germanistik, 1988 Promotion an HU Berlin; 1994-96 Lektor an der Universidad Complutense de Madrid. Zur Zeit Assistent am Institut für deutsche Literatur der HU. Buchpublikation: *Das geheime Journal der Nation. Die Zeitschrift Sinn und Form 1949-1962. Chefredakteur: Peter Huchel* (1992).

Stockhammer, Robert, geb. 1960, Dr. phil. habil. Studium der Allgemeinen und Vergleichenden Literaturwissenschaft, Germanistik, Romanistik und Philosophie; 1989 Promotion; 1998 Habilitation; seither Privatdozent am Institut für Allgemeine und Vergleichende Literaturwissenschaft der FU Berlin, derzeit dort Gastdozent. Veröffentlichungen u.a.: *Leseerzählungen. Alternativen zum hermeneutischen Verfahren* (1991); *Zaubertexte. Die Wiederkehr der Magie und die Literatur, 1880-1945* (2000); (Mit-)Herausgeber von Anthologien mit Gespenstergeschichten, zum Ewigen Juden und zu Marsmenschen.